DERNIÈRES ANNÉES

DE

MADAME D'ÉPINAY

CALMANN LÉVY, ÉDITEUR

DES MÊMES AUTEURS

FORMAT IN-8o

L'ABBÉ F. GALIANI. Correspondance. Ouvrage couronné par l'Académie française ; avec un portrait de Galiani . . . . 2 vol.

LA JEUNESSE DE MADAME D'ÉPINAY, d'après des Lettres et des Documents inédits. . . . . 1 —

Pour paraître prochainement :

MADAME D'HOUDETOT et SAINT-LAMBERT, d'après des documents inédits . . . . 1 vol.

UNE FEMME DU MONDE AU XVIIIᵉ SIÈCLE

DERNIÈRES ANNÉES

DE

MADAME D'ÉPINAY

SON SALON ET SES AMIS

D'APRÈS

DES LETTRES ET DES DOCUMENTS INÉDITS

PAR

LUCIEN PERÉY ET GASTON MAUGRAS

QUATRIÈME ÉDITION

PARIS
CALMANN LÉVY, ÉDITEUR
ANCIENNE MAISON MICHEL LÉVY FRÈRES
3, RUE AUBER, 3

1883

Droits de reproduction et de traduction réservés.

INTRODUCTION

Les personnes qui ont bien voulu lire l'introduction de la *Jeunesse de madame d'Épinay* n'ont pas oublié l'heureux concours de circonstances qui nous a amenés à découvrir aux Archives nationales toute une partie ignorée des *Mémoires*. Malheureusement le manuscrit des Archives est incomplet ; il s'arrête un peu avant le départ de madame d'Épinay pour Genève, et nous nous trouvions fort empêchés pour suivre notre héroïne de 1757 à 1763, époque à laquelle se terminent les *Mémoires*[1].

1. M. Boiteau et M. Campardon croient l'un et l'autre que les *Mémoires* vont jusqu'en 1770. C'est une erreur; ils finissent en 1763 au plus tard; en effet, que le dénouement soit la mort de madame d'Épinay ou la maladie de Grimm, les deux manuscrits se terminent sur la destitution de M. d'Épi-

Nous nous rappelâmes très à propos qu'on nous avait signalé la présence à la bibliothèque de l'Arsenal d'un manuscrit de la main de madame d'Épinay[1], trouvé dans des papiers de Diderot, et dont le titre était *Madame de Rambures*[2]. Bien que cette indication fût assez vague, ne voulant rien laisser inexploré, nous nous rendîmes à l'Arsenal et nous eûmes la bonne fortune, en ouvrant le carton de *Madame de Rambures*, de retrouver au milieu de projets de pièces, de romans et autres papiers sans importance, toute la fin des *Mémoires* de madame d'Épinay. Le manuscrit des Archives se termine au fascicule 140, le manuscrit de l'Arsenal reprend au fascicule 141 et continue jusqu'au 187 et dernier. Ce sont bien les mêmes petits cahiers que ceux des Archives, attachés avec une mince faveur bleue ; c'est bien la même écriture. Le doute n'était plus possible : nous avions retrouvé là fin du manuscrit tronqué des Archives. A la suite de quelles vicissitudes ce manuscrit s'est-il trouvé divisé ? Comment une partie

---

nay et la disgrâce de Grimm ; or ces événements ont eu lieu en 1762, et il n'est fait dans les manuscrits aucune allusion à des événements postérieurs à 1763.

1. Nous devons cette précieuse indication à l'obligeance de notre ami M. Maurice Tourneux, qui supposait que ce manuscrit pouvait se rattacher aux Mémoires.

2. « 260 bis. Madame de Rambures : fragment d'un roman inédit. Articles détachés de Diderot XVIIIe siècle (3158).

s'est-elle échouée aux Archives, l'autre à l'Arsenal, classée dans les papiers de Diderot? Une seule chose est certaine, c'est que l'ouvrage entier fut pris chez Grimm lorsqu'on pilla sa maison en 1793.

Nous nous aperçûmes bien vite, en lisant la fin du manuscrit, que les éditeurs de 1818 avaient agi vis-à-vis de la seconde partie des *Mémoires* avec la même désinvolture que vis-à-vis de la première : ils avaient supprimé complètement les trente premiers cahiers du manuscrit; ils supprimèrent de même les trente derniers[1].

Mettant à profit notre découverte, nous avons suivi madame d'Épinay pendant son séjour à Genève, puis lors de son retour à Paris, et elle nous a donné encore des pages charmantes, dignes de sortir de l'oubli où elles étaient injustement laissées.

Mais en 1763 les *Mémoires* s'arrêtent. A partir de cette époque, c'est sur les nombreuses lettres et papiers, gracieusement communiqués par différents membres de la famille d'Épinay, que nous basons

---

1. Nous devons avouer que les suppressions sont infiniment mieux justifiées dans cette seconde partie des *Mémoires*. Le séjour à Genève, en particulier, contient des longueurs insupportables dont nous avons fait grâce à nos lecteurs.

notre travail. M. Édouard de Bethmann, de Bordeaux, nous a également permis de puiser dans la correspondance de son aïeul les détails les plus intéressants.

Nous tenons à témoigner ici toute notre reconnaissance aux personnes qui ont bien voulu nous fournir des éléments si précieux pour notre travail.

Nous avons eu entre les mains la correspondance de Grimm et de madame d'Épinay pendant le séjour à Genève, et nous avons pu ainsi rétablir le texte original. Nous possédons également les lettres de madame d'Épinay à son fils, celles de Louis à sa mère, un grand nombre de notes, poésies et papiers divers, écrits de la main de madame d'Épinay, des lettres de madame de Belsunce, de M. de Jully, etc., etc. Si nous n'indiquons pas nos sources d'une manière plus précise, c'est que la discrétion nous en fait un devoir. Nous affirmons seulement que nous n'insérons pas une lettre ni un fait dont nous n'ayons vérifié l'authenticité.

Nous ne nous sommes pas servis seulement de ces lettres intimes; les correspondances de Diderot et de mademoiselle Volland, de Catherine II et de Grimm, de Voltaire, de Galiani, ont été pour nous de précieux auxiliaires. Nous avons puisé d'intéressants renseignements dans les manuscrits de la

Bibliothèque nationale et des Archives [1]. Ces divers documents nous ont permis de continuer les *Mémoires* et de suivre madame d'Epinay presque jour par jour jusqu'à sa mort, c'est-à-dire pendant toute une période de sa vie sur laquelle les renseignements faisaient absolument défaut.

Puisque nous avons été amenés à parler des *Mémoires*, nous tenons à en affirmer une fois de plus la véracité. On ne peut croire à quel point madame d'Epinay est restée esclave de la vérité; toutes les fois que le hasard a mis sous nos yeux soit dans nos autographes, soit dans les dépôts publics, le récit d'un fait raconté par madame d'Epinay nous avons pu constater la parfaite exactitude de ce récit. Les dénégations passionnées de Musset-Pathay et autres ne peuvent rien contre un fait indéniable. Du reste, le but évident de Musset-Pathay,

---

[1]. Nous indiquons ici une fois pour toutes les éditions auxquelles nous avons eu recours pour nos citations.

Ce sont : pour la *Correspondance de Diderot et de mademoiselle Volland*, l'édition Assezat et Tourneux. Paris, Garnier frères, 1876.

Pour la *Correspondance littéraire de Grimm*, l'édition Maurice Tourneux. Paris, Garnier frères.

Pour la *Correspondance de Grimm avec l'impératrice Catherine*, l'édition publiée par la Société d'histoire russe sous la direction de M. de Grot.

Pour la *Correspondance de Galiani*, l'édition Perey et Maugras. Paris, Calmann Lévy, 1881.

était de glorifier Rousseau aux dépens de madame d'Épinay[1].

Le dernier éditeur des *Mémoires*, M. Boiteau, a suivi cet exemple, et il s'est montré en toute circonstance plus que sévère pour son héroïne. « M. Boiteau, dit M. Schérer, diffère de la plupart des éditeurs en ce qu'il professe un goût médiocre et une faible estime pour l'écrivain dont il publie l'ouvrage. Ou je me trompe fort, ou bien il n'a vu qu'une chose dans la publication des *Mémoires* de madame d'Épinay : une occasion de la sacrifier à Rousseau. Rousseau, il faut le savoir, a ses fanatiques, qui ne parlent de lui qu'en se signant, qui prennent au sérieux ses hallucinations, qui croient à la conspiration universelle dont il se regardait comme la victime. M. Boiteau est du nombre de ces apologistes passionnés. Les notes dont il a enrichi les *Mémoires* de madame d'Épinay n'ont souvent d'autre objet que de justifier les calomnies dont le philosophe genevois payait l'affection ou les

---

1. Musset-Pathay dans son *Histoire de la vie et des ouvrages de J.-J. Rousseau* attaque les *Mémoires* de madame d'Épinay avec la dernière violence; il agit de même dans les *Anecdotes inédites pour faire suite aux Mémoires de madame d'Épinay*. Ces deux ouvrages fourmillent d'erreurs et d'inexactitudes.

1. *Études sur la littérature comtemporaine*, par E. Schérer. Paris, Michel Lévy. 1866.

bienfaits de ses meilleurs amis. Rien de plus fatigant que ce commentaire. M. Boiteau a le droit d'être de la religion que bon lui semble, mais non pas de célébrer ainsi son culte sur la voie publique. »

D'autres critiques modernes portent le même jugement.

« On n'est pas juste pour Grimm, dit Sainte-Beuve ; on ne prononce jamais son nom sans y joindre quelque qualification désobligeante : j'ai moi-même été longtemps dans cette prévention et m'en suis demandé la cause ; j'ai trouvé qu'elle reposait uniquement sur le témoignage de J.-J. Rousseau dans ses *Confessions*. Mais Rousseau, toutes les fois que son amour-propre et son coin de vanité malade sont en jeu, ne se gêne en rien pour mentir ; et j'en suis arrivé à cette conviction, qu'à l'égard de Grimm, il a été un menteur. »

Saint-Marc Girardin, parlant de madame d'Épinay, exprime exactement la même opinion ; il regarde Jean-Jacques comme un maniaque, fou d'orgueil et de vanité.

« Rousseau dit qu'il est un être à part ; il a raison : oui, il est à part non pas seulement par son caractère et par son génie, mais par sa vie et par sa condition. Pauvre, il vivait avec des riches, chez des riches et n'osait pas s'y faire servir... Il acceptait tout le premier jour, services, bienfaits, carrosses ; il était prodigue à recevoir, si j'ose ainsi parler ; mais, dès le lendemain, il commençait à faire ses comptes et tâchait de s'acquitter par le mécontentement. Il recouvrait l'indépendance par l'ingratitude ; alors il sentait sa pauvreté et ses inconvénients, mais c'était pour s'en faire des griefs ; alors il parlait avec une emphase injuriante de ses souliers qu'il nettoyait lui-même au milieu de vingt domestiques qui le servaient. Il y avait en lui toutes les sortes de pauvres : le pauvre timide et embarrassé, le pauvre envieux et ingrat, enfin le pauvre gourmé et déclamateur, ce qui est un genre de pauvre tout récent et qui procède beaucoup de Rousseau. Ce sont tous ces pauvres, le bon et le mauvais, le vrai et le faux, que je retrouve dans cette lettre à Grimm!, qui est à la fois un chef-d'œuvre d'éloquence et d'ingratitude [2]. »

Voilà donc l'arrêt rendu par trois des maîtres de la critique moderne dans le procès pendant entre Rousseau et sa bienfaitrice. Pour le faire confirmer par les contemporains, nous pourrions citer mille passages de Voltaire, de Diderot, de d'Alembert, de

---

1. Voir la *Jeunesse de madame d'Épinay*, page 516.
2. Saint-Marc Girardin. *J.-J. Rousseau, sa vie et ses ouvrages*

Hume, de Tronchin, qui n'attesteraient pas moins notre impartialité, car on nous a reproché trop de bienveillance pour madame d'Épinay et Grimm, et un parti pris contre Rousseau.

Après les autorités que nous venons de citer, il nous semble qu'on pourrait en finir avec cette éternelle discussion sur Rousseau. Pourquoi ne pas admettre enfin, qu'il y a en Rousseau deux hommes : l'écrivain, le penseur auquel tout le monde rend justice ; puis l'homme dont on ne peut méconnaître l'affreux caractère.

Tous les partisans de Rousseau ont soutenu, pour l'excuser, qu'il était fou. Soit, mais alors comment nous imposer comme articles de foi les rêveries d'un cerveau troublé, comment ne pas voir le maniaque dans ses accusations perpétuelles contre ses amis ? Il n'y a pas à sortir de ce dilemme : ou Jean-Jacques était fou et ses allégations n'ont aucune valeur, ou il était dans son bon sens et les calomnies dont il abreuve ses amis justifieraient l'épithète de monstre dont Hume le qualifie.

Dans le cours du premier comme du second volume de ce récit, nous avons cherché à présenter à nos lecteurs le tableau fidèle de la vie d'une femme du monde au XVIIIe siècle. Aucun trait caractéristique des mœurs de cette époque ne nous a paru indifférent, aucun personnage typique n'a été écarté, depuis le comte de Preux jusqu'au chanoine Gaudon.

Nous croyons que l'étude patiente de cette époque, après avoir amusé notre curiosité, est utile à un point de vue plus élevé : elle nous fait assister aux débuts des grands mouvements qui se préparent ; elle nous initie, par une lecture un peu attentive, à quelques-unes des causes multiples qui produisirent enfin la terrible révolution politique et sociale dont nous ressentons encore le contre-coup.

Si nous n'avons pas insisté pendant le cours de cet ouvrage sur les conséquences à tirer des faits qui se déroulaient sous nos yeux, c'est qu'il nous a paru plus convenable de laisser ce soin au lecteur lui-même et de ne prendre la parole que forcé par les nécessités du récit.

Puissions-nous avoir fait partager à nos lecteurs un peu du vif intérêt que nous inspire un siècle encore si près de nous et dont nous procédons directement !

A quelque point de vue qu'on se place, il y a de véritables enseignements à tirer d'une étude impartiale du passé, et ce genre de travaux trouve de plus en plus faveur auprès du public. Nous serons largement payés de nos peines si nous avons réussi à rendre attrayante la lecture d'études parfois un peu sérieuses et arides [1].

1. L'ouvrage que nous offrons aujourd'hui au public était annoncé sous le titre de : *la Vieillesse de madame d'Épinay*. Sur la très juste observation qui nous a été faite qu'on ne pouvait parler de vieillesse pour une femme morte à cinquante-huit ans, nous avons cru devoir modifier notre titre et le remplacer par : *Dernières années de madame d'Épinay*.

DERNIÈRES ANNÉES
DE
MADAME D'ÉPINAY

I

1756

Départ de madame d'Épinay pour Genève. — Accident de Châtillon. — La confession. — Arrivée à Genève. — L'accueil de Voltaire. — Lettre de Rousseau sur *les Spectacles*. — Billets de Voltaire.

La première moitié de la vie de madame d'Épinay est écoulée. Nous l'avons vue, après six mois de bonheur, trahie par son mari, blessée à la fois dans son amour et dans sa dignité, sacrifiée à de vulgaires courtisanes. Elle était jeune, aimable, séduisante, entourée des plus mauvais exemples; elle entendait professer bien haut le principe *du choix librement consenti* et la morale dangereuse des philosophes. Comment ne pas succomber? Elle trouva sur sa route un homme qui joignait à toutes les qualités de l'esprit l'extérieur le plus agréable, elle l'aima, et bientôt la maîtresse de Francueil ne fut plus en droit d'adresser un reproche à M. d'Épinay.

Trois ans après, elle était trompée par son amant comme par son mari; les amis perfides qui l'avaient entraînée à sa perte abusaient de ses confidences pour la tyranniser; Duclos même cherchait à remplacer Francueil. Cette femme si faible de caractère, si imprudente, si incapable d'adopter par elle-même une règle de conduite tracée par la raison, trouva un appui dans le caractère énergique et froid d'un ami qui semblait fait exprès pour la guider. Malheureusement, c'est une chimère qu'amitié pure entre homme et femme de trente ans, l'amour reprend bientôt ses droits; c'est ce qui arriva, et Grimm succéda à Francueil. Nous ne cherchons pas à excuser madame d'Épinay, nous racontons simplement les faits.

A peine cette seconde liaison était-elle formée, que le passé se dressa tout à coup aux yeux de la jeune femme; une pensée fixe et douloureuse vint l'obséder: « Grimm me méprise, il doit me mépriser. »

Cette idée se reproduit sous toutes les formes dans ses lettres et dans son journal. « Ah! si cette réserve dont je me plains quelquefois, lui écrivait-elle, tenait à cela! Mon ami, il est dur d'être lié à une femme qui a si mauvais renom!... » Il la rassurait, mais avec un mélange de sévérité qui ne pouvait guère dissiper ses alarmes. Sa santé, déjà ébranlée, achevait de se détruire par les inquiétudes et les émotions.

C'est précisément dans cette crise de la vie de madame d'Épinay que fut décidé son voyage à Genève. Avant d'en entreprendre le récit, résumons la situation matérielle et morale dans laquelle elle se trouvait à Paris.

Au point de vue de la fortune, il n'y avait plus d'illusions à se faire : les prodigalités folles de M. d'Épinay dévoraient les bénéfices de sa charge de fermier général, et bien au delà. Si par la clause du testament de M. de Bellegarde, la substitution s'opposait à ce qu'il aliénât ses biens, rien ne l'empêchait de dilapider ses revenus, et il s'acquittait consciencieusement de cette tâche. Il restait à madame d'Épinay, pour elle et ses enfants, la modique somme de seize mille à dix-sept mille livres de rentes, y compris les trois mille livres que lui servait madame d'Esclavelles. Comment faire face aux dépenses nécessaires à sa tenue de maison et à l'éducation de ses enfants avec d'aussi modestes ressources ? Nous insistons sur ces difficultés d'argent, parce que nous croyons qu'elles ont joué un assez grand rôle dans le départ de madame d'Épinay. Éloignée, il lui était facile de rompre avec des habitudes de luxe et de régler définitivement son revenu sans subir l'influence de son mari; de près, elle craignait de céder.

Si la situation matérielle était déplorable, la situation morale ne lui cédait en rien. Madame d'Épinay avait vu mourir M. de Preux, madame de Roncherolles, M. de Bellegarde, madame de Maupéou, madame de Jully, c'est-à-dire tous ses appuis naturels, tous ceux qui, par leur âge ou par leur position, étaient bien placés pour la défendre. Elle avait rompu avec son ancienne société ; brouillée sans retour avec Rousseau, Duclos et mademoiselle d'Ette, elle trouvait en eux des ennemis redoutables.

Elle ne pouvait se dissimuler que les folies de sa jeunesse lui avaient fait perdre l'estime des gens sérieux qu'elle fuyait autrefois et dont elle souhaitait se rapprocher maintenant. Ce qui l'affectait le plus dans cette situation était la crainte que Grimm ne reçût le contre-coup de l'opinion du monde. En y réfléchissant, elle vint à penser qu'une absence un peu longue effacerait peut-être ces fâcheuses impressions et détournerait l'attention de cette société parisienne, qui oublie si vite. Voilà, croyons-nous, les véritables causes du départ pour Genève[1].

Il faut ajouter que madame d'Épinay ressentait déjà les atteintes de la maladie cruelle qui devait

---

1. Elles l'expliquent suffisamment sans recourir à la supposition d'une prétendue grossesse, que tous les faits démentent et qu'elle n'eût point été obligée de cacher, puisque, à cette époque, elle n'était pas séparée de son mari. (Voir la *Jeunesse de madame d'Épinay*, p. 514.)

l'emporter, et que, depuis de longs mois, sa santé devenait chaque jour plus misérable[1].

Sa mère et ses amis finirent par s'en inquiéter sérieusement et la décidèrent à consulter de nouveau le célèbre docteur Tronchin, dont la réputation était européenne et qui l'avait déjà soignée pendant un voyage à Paris en 1756[2].

Sur ces entrefaites, M. d'Affry vint à la Chevrette et fut effrayé du changement de sa pupille ; il insista fortement sur la nécessité d'un traitement sérieux. La réponse de Tronchin arriva ; il refusait de soigner madame d'Épinay à une aussi grande distance et demandait à avoir la malade sous les yeux.

Après quelques hésitations, elle se décida à partir, emmenant son fils et Linant, et laissant

---

1. Madame d'Épinay éprouvait les symptômes d'un cancer à l'estomac, et l'on a pu confondre ces accidents avec les malaises qui accompagnent habituellement les commencements d'une grossesse. Nous ignorons dans quel but les éditeurs des *Mémoires de madame d'Épinay* ont soigneusement supprimé tous les passages relatifs à sa maladie.

2. Le docteur Théodore Tronchin, né à Genève en 1709, était à cette époque célèbre dans toute l'Europe ; médecin du stathouder de Hollande, du duc de Parme, ayant déjà fait un séjour à Paris en 1756 pour inoculer les enfants du duc d'Orléans, il voyait affluer à Genève les étrangers de tous pays, qui venaient se placer sous sa direction. Il joignait à une grande expérience et à des connaissances approfondies en médecine un esprit élevé et une grande force de volonté, qui rendaient son empire absolu sur ses malades. Il se fixa à Paris en 1765, comme médecin du duc d'Orléans, et y mourut en 1781.

Pauline[1] et mademoiselle Drinvillé à madame d'Esclavelles. Elle prit aussitôt tous les arrangements nécessaires à son voyage avec un esprit d'ordre et un souci d'économie auxquels elle s'essayait depuis peu ; son mari la laissa maîtresse de fixer la pension qu'elle prendrait pour son fils, Linant et un laquais. Il offrit de payer aussi une pension à madame d'Esclavelles pour Pauline et mademoiselle Drinvillé, mais sa belle-mère refusa.

On cacha à madame d'Épinay les bruits fâcheux qui couraient sur son mari ; il ne s'agissait de rien moins que de lui faire perdre sa place au prochain renouvellement du bail des fermiers-généraux. La rumeur fut si forte à ce moment, que M. d'Épinay en fut averti. Il crut parer à tout en accompagnant sa femme à Genève et en proclamant bien haut qu'il avait rompu avec les Verrière.

M. d'Affry, que ses affaires appelaient en Suisse, voulut également accompagner sa pupille. « J'irai dans ma berline avec vous, lui écrivait elle, M. d'Épinay et mon fils. Linant ira par le carrosse de voiture avec mon cuisinier et mon premier laquais. Ma femme de chambre ira dans votre chaise ; votre laquais, celui de M. d'Épinay courront avec nous. Je vendrai mes chevaux et je donne à mon cocher l'ordre de se placer. Je renvoie mon

---

1. Le véritable prénom de mademoiselle d'Épinay était Angélique ; nous ne l'avons connu qu'après l'impression de la *Jeunesse de madame d'Épinay*. Nous continuerons à appeler la jeune fille Pauline pour ne pas dérouter le lecteur.

second laquais. Voyez, mon cher tuteur, si ces arrangements peuvent vous convenir. »

Madame d'Épinay partit le mardi 30 octobre 1757.

Un grave accident mit ses jours en danger avant son arrivée à Genève. M. d'Épinay se hâta d'en instruire madame d'Esclavelles ; le mari le plus tendre n'eût pas écrit en d'autres termes.

M. D'ÉPINAY A MADAME D'ESCLAVELLES.

De Châtillon[1].

« Ah! ma chère maman, quelles grâces n'ai-je pas à rendre à M. Tronchin! Il vient de sauver la vie à notre chère Louise, ou, plutôt, elle la doit à son courage et à sa présence d'esprit. Nous avons pensé la perdre. Elle est hors de tout danger, et nous continuons la route. En arrivant ici avant-hier au soir, elle s'est trouvée au plus mal, à faire craindre que le plus funeste accident ne nous arrivât trop promptement pour y apporter remède. Comme nous n'étions qu'à vingt lieues de M. Tronchin, j'ai pris le parti de lui envoyer un exprès avec la lettre la plus pressante, et, de mon côté, je fus

1. Châtillon de Michailles, département de l'Ain, à quinze kilomètres de Nantua, sur la route de Lyon à Genève, entre Nantua et Bellegarde.

chercher du secours à la ville la plus voisine. Je suis encore accablé de la douleur que m'a causé le danger de cette chère et admirable femme. Le spectacle de ses souffrances et de sa fermeté ne me sortira jamais de la tête. Elle n'a rien négligé de ce qui pouvait la sauver et édifier tout ce qui l'environnait; elle a voulu remplir également ses devoirs de chrétienne. Ah! ma chère maman, que ces moments font faire de réflexions! J'adore ma Louise comme le premier jour. Je laisse à M. Linant à vous faire les tristes détails de nos craintes, je n'en ai pas la force, et je me contente de vous apprendre la joie que nous avons d'avoir sauvé une femme si précieuse. Recevez, ma chère maman, les assurances de mon respect. »

Le récit de Linant donne exactement la note du caractère et de l'esprit du personnage auquel M. d'Épinay avait eu l'heureuse idée de confier son fils. Linant était un pédant dans toute l'acception du mot, sec, bouffi, plein de lui-même, emphatique et ridicule à l'excès dans son style et ses démonstrations; tout chez lui était préparé.

LINANT A GRIMM.

Pour communiquer avec précaution à madame d'Esclavelles.

« Quelle commission, monsieur, que celle que

me donnent notre belle convalescente et son cher époux, de vous tracer l'horreur de la situation dont le souvenir glace encore mon âme d'effroi et suspend le cours de ma plume! Je le dois, cependant, et l'heureuse délivrance d'une personne si chère me rend le courage.

» Oui, monsieur, madame d'Épinay a été si mal, que nous avons eu lieu de trembler pour ses jours. Ce fut avant-hier au soir, en arrivant dans ce lieu, le plus affreux, je crois, qui soit dans la nature, qu'elle se trouva mal. Cette chère et excellente dame, malgré tout son courage, ne put se dissimuler son danger; mais ferme dans les principes que lui a inspirés le grand Esculape qu'elle venait chercher, elle a refusé constamment tous les remèdes que lui conseillait de prendre le chirurgien du lieu... Hélas! monsieur, le danger redoubla; tout le jour se passa en angoisses, en convulsions, et j'ose dire en agonie. Nous fondions en larmes, sans pouvoir prendre sur nous de lui cacher notre douleur. Tandis que cette véritablement héroïne, d'un œil sec, et cependant touchée de notre peine, nous consolait et remplissait les devoirs pénibles que notre religion prescrit dans cette situation...

» Le ciel qui, sans doute, se plait quelquefois à éprouver la constance de ses fidèles, suscita au milieu de cette scène de douleur un orage épouvantable qui en redoubla l'horreur; mais de même que le calme qui suivit rendit au ciel sa sérénité, les petites précautions que madame d'Épinay avait prises pour arrêter les progrès du mal, jointes à l'effort de son âme, la mirent hors de danger, à l'arrivée de M. Tronchin et du médecin que son cher époux lui amena. Nous n'avons plus que des *Alléluias* à chanter; nous continuons la route, et M. d'Épinay fait à la prudence le sacrifice de sa tendresse, en cédant à M. Tronchin sa place dans la chaise à côté de madame son épouse.

» Vous voudrez bien, monsieur, faire part à madame la baronne de ces détails et lui offrir l'hommage de monsieur son petit-fils et de son serviteur.

» J'ai l'honneur d'être, etc. »

GRIMM A MADAME D'ÉPINAY.

« Ma chère, ma précieuse amie, est-il bien vrai que vous existiez encore? Que vous dirai-je de la consternation où je suis depuis hier que j'ai reçu la nouvelle de votre accident!... Hélas! quand est-ce que je saurai votre arrivée? Ce n'est pas sans raison que je souhaitais si vivement de voir vos lettres datées de Genève. J'aurais de belles choses à dire sur les pressentiments...

» Adieu, ma tendre amie. Ah! si je pouvais dormir jusqu'à l'arrivée de vos lettres de Genève, mais écrites par vous-même, mais signées de votre main!... Adieu, ils vous rendront tous des soins, excepté moi. »

« P.S. Mille compliments à M. d'Épinay; tous vos amis sont touchés de sa conduite et l'en remercient[1]. »

Dès que madame d'Épinay fut arrivée à Genève, Grimm lui demanda instamment le récit de son accident de Châtillon; il désirait le tenir d'elle-même, car la question de la confession et des sacrements le préoccupait fort. Voici comment madame d'Épinay se tire de ce récit qui l'embarrasse un peu.

MADAME D'ÉPINAY A GRIMM.

« Tu veux donc, mon ami, savoir par moi le détail de la journée de Châtillon? Je vais t'en rendre compte, quoique je sois bien sûre de renouveler par là tes peines, et de te rendre encore, s'il est possible, notre séparation plus amère.

---

1. La correspondance de Grimm et de madame d'Épinay est rétablie d'après le texte original. Toutes ces lettres sont d'une longueur interminable, nous n'en donnons que les passages intéressants.

» A six heures, nous arrivâmes à Châtillon. Je me sentais depuis une heure un peu fatiguée, au moyen de quoi nous décidâmes de ne pas aller plus loin. A peine fûmes-nous descendus de voiture que je me trouvai mal. Je me couchai en faisant le projet intérieur de séjourner le lendemain pour me reposer, malgré l'incommodité du lieu où nous étions.

» Imaginez une grande salle au rez-de-chaussée d'un cabaret, attenante à la porte cochère et adossée à une écurie, une cheminée antique et ouverte à la moitié de la hauteur de la salle, qui est pavée et éclairée par une lucarne qui sert de fenêtre et qui est masquée par une montagne d'une hauteur excessive et couverte de neige. Cette montagne est si proche de la maison, qu'elle y empêche absolument l'entrée du jour. La fumée excessive de cette chambre obligeait de laisser la lucarne ouverte. Elle renferme les quatre seuls lits qui soient dans cette habitation, de sorte que M. d'Épinay, mon fils, ma femme de chambre et moi, nous y étions tous réfugiés. Nos gens couchaient sur de la paille dans l'écurie. Au bout d'une demi-heure, il me prit des mouvements convulsifs dans tous les membres, des palpitations violentes et toutes les extrémités froides. Je ne m'étais jamais sentie dans cet état; j'en fus alarmée : je crus que la fatigue de mon voyage était peut-être au-dessus de mes forces, et je commençais à concevoir beaucoup d'inquiétude de mon état. J'en dis assez à M. d'Épinay pour le déterminer à envoyer un exprès à M. Tronchin pour le prier instamment de venir à mon secours!...

» À deux heures du matin il se joignit d'autres accidents à ceux de la veille, et un gonflement d'estomac si douloureux, que ma chemise seule me faisait jeter les hauts cris. Je me crus perdue. M. d'Épinay me dit qu'on venait de lui parler d'un habile médecin qui n'était qu'à deux lieues de Châtillon et qui avait la confiance et l'estime de Tronchin; il me proposa d'aller lui-même le chercher. Je saisis cette idée avec empressement, non avec l'espérance d'en profiter, mais je voulais mourir tranquille...

» Une réflexion terrible que j'avais faite, et qui ne m'est pas sortie de l'idée depuis, me rendait indifférente sur mon sort. La voici : je venais de jeter un coup d'œil sur toute ma vie ; qu'avais-je vu? Un enchaînement d'intentions droites, de conduite faible, de torts, plâtrés par des sophismes. J'ai pourtant une âme honnête et sensible. Qu'aurais-je fait de pire si j'eusse été corrompue? Je n'ai plus de ces excès de faiblesse à redouter, mais mon expérience ne m'a que trop appris que je ne puis me conduire seule, sans laisser toujours sur mes traces un vernis de faiblesse et de légèreté. Il vaut donc mieux mourir dès à présent... Mais, mes enfants? ma mère? n'y pensons pas. Mon mari est si ému; le spectacle de ma mort le frappe : peut-être se conduira-t-il de manière à réparer ses torts vis-à-vis de ses enfants. J'ai fait mon testament; je puis mourir tranquille.

» A neuf heures du soir, le médecin que M. d'Épinay était allé chercher arriva, et, après m'avoir bien examinée, il dit qu'il me trouvait très mal en effet, mais qu'il allait me donner un remède qui, avant deux heures, me remettrait dans mon état naturel. Il n'est pas possible de vous rendre le transport qui s'empara de tous mes gens à ces mots. M. d'Épinay sauta au col du médecin, et tous mes domestiques se jetèrent à la fois à ses genoux. Je vous avoue que mon premier mouvement me porta à être encore plus aise de ces marques d'attachement que du bonheur d'être rendue à la vie.

» Mais je vois qu'il faut venir à cette confession qui vous tourmente. J'avais entendu mes gens raisonner entre eux sur la nécessité de me parler des sacrements. Peu de temps après, Linant voulut en imposer à l'enfant qui riait et polissonnait au fond de la chambre; il répondit que, si j'eusse été si mal, son papa m'aurait fait confesser; et, dans un moment que tout le monde était éloigné, il vint près de moi et me confia tout bas que M. Tronchin devait amener un confesseur. Alors, ne pouvant plus être censée l'ignorer, je répondis à l'enfant que mon intention n'était pas d'attendre. J'appelai Linant, et le priai d'envoyer chercher le curé de la paroisse ; c'était un paysan. Il me parut ivre, je lui parlai en conséquence de son état, il m'exhorta à recevoir les sacrements, je lui représentai que, vomissant sans cesse, je ne le pouvais pas en ce moment. On me pressa sur l'Extrême-Onction, je remis à l'arrivée de Tronchin, et on n'osa plus m'en parler.

» Voilà, mon ami, l'exacte vérité de tout ce que vous avez voulu savoir. L'émotion que m'a causée le souvenir de ces événements, beaucoup plus vive, je vous jure, que ne l'a été la réalité, m'empêchera pour aujourd'hui de causer plus longtemps avec vous. Adieu, mon tendre ami. »

A la réception de cette lettre, Grimm éprouva la plus vive émotion :

« Ce détail de la journée de Châtillon que je viens de recevoir, écrit-il à madame d'Épinay, ne me sortira jamais de la tête, il m'a percé l'âme, je suis au désespoir de vous l'avoir demandé, non par l'impression qu'il m'a faite, mais parce que je vois que vous n'avez pas pu vous retracer ce tableau sans en être vivement affectée. Si je découvre dans votre première lettre une teinte de tristesse, je me serai absolument odieux... Si vous avez été peu satisfaite de votre vie passée, mon amie, c'est une raison de plus pour vous attacher à l'avenir. Il ne tient qu'à vous de faire oublier vos erreurs et tous vos malheurs au public, à vos amis et à vous-même... »

Puis, avec beaucoup de tact et de délicatesse, il indique à madame d'Épinay les causes de sa faiblesse et de ses fautes; il insiste tendrement, mais avec fermeté, sur la nécessité d'une confiance absolue et réciproque entre eux et termine ainsi :

« Des gens sans caractère vous ont fait plier toute votre vie à leur fantaisie, des méchants vous ont engagée sans peine dans des actions très équivoques, et moi qui n'ai jamais eu en vue que votre bonheur, sans aucun retour sur moi, j'ai souvent remarqué que vous voyiez mes conseils partir d'une source d'amour-propre et d'intérêt sur laquelle vous pensiez que je donnais le change à moi-même... »

MADAME D'ÉPINAY A GRIMM.

« Le tableau que tu me fais de ton état, mon tendre ami, à la nouvelle de mon accident, ne me sortira pas non plus sitôt de la tête. Oh! mon unique ami, ne parlons plus de toutes ces horreurs qui me remplissent l'âme de terreur, et rendons grâce au ciel de nous avoir sauvés d'un si grand malheur.

» Tu te plains que tu n'as pas sur moi autant de crédit que d'autres en ont eu, qui ne méritaient pas autant ma confiance, et cela, parce que je ne te parlais pas alors aussi naturellement qu'à présent. Oh! mon cher Grimm, toi qui connais si bien les hommes, quelle conclusion! Ne vois-tu pas, et n'as-tu pas toujours vu dans toutes mes actions que c'était au contraire la grande estime que j'avais de toi qui me faisait rougir d'être aussi peu digne de la tienne...

» Quand je serai guérie nous reprendrons ce sujet et tous ceux qui seront nécessaires à traiter pour ton bonheur et pour le mien. Mais, je l'avoue, celui-ci m'émeut trop pour mon état actuel. Tes doux reproches et la délicatesse de tes plaintes m'ont pénétrée; elles m'ont fait pleurer de reconnaissance et de joie. Oh! mon trésor, je ne puis penser à toi sans attendrissement; qu'il te suffise de savoir que, dans quelque cas que ce soit, je n'aurai de ma vie rien de caché pour toi. O mon cher Grimm, mon chevalier, n'ayez point de chagrin pendant mon absence, j'en serais trois fois plus malheureuse, voilà à quoi il faut que vous pensiez bien... »

Revenons à la fin du voyage de M. et de madame d'Épinay. Le jour de leur arrivée à Genève, Voltaire, averti par M. de Jully, alla au-devant d'eux et voulut les retenir à dîner[1]; mais madame d'Épinay refusa, au grand désespoir de son mari. « J'étais trop fatiguée, dit-elle dans une lettre à M. d'Affry, d'ailleurs, *m'étant confessée* et ayant *reçu la communion* l'avant-veille, je ne trouvais pas convenable de dîner chez Voltaire deux jours après. » Cette phrase cadre peu avec le récit que madame d'Épinay a fait à Grimm de l'aventure de Châtillon. Évidemment, elle a toujours eu au fond de l'âme des sentiments religieux, mais elle n'osait en convenir devant des sceptiques tels que Grimm et Diderot, et, sans avoir les préjugés d'une dévotion étroite, elle attacha

1. Avant de posséder Ferney, Voltaire avait acheté une charmante maison de campagne, située à Saint-Jean, à un quart de lieue de Genève. Il passait alors l'hiver à Lausanne et l'été dans cette nouvelle propriété qu'il avait baptisée « Les Délices ».

un grand prix à ce que ses enfants accomplissent leurs devoirs religieux. Elle n'a pas tout dit dans sa lettre à Grimm ; nous retrouvons là le défaut de caractère, dont elle s'accuse dans son portrait : « Je suis vraie, sans être franche. »

Madame d'Épinay descendit avec son fils et son mari dans un appartement qui lui avait été préparé, avec tous les soins possibles, par M. de Jully, dans le quartier aristocratique de Genève, rue du Grand-Mezel, à l'angle de la rue des Granges ; elle avait une belle terrasse dominant le jardin public et la promenade de la Treille.

L'arrivée de M. et madame d'Épinay avait été précédée d'une lettre de M. Sellon, résident de Genève à Paris ; cette lettre, adressée au Magnifique Conseil [1], leur ouvrait d'avance toutes les portes de la société genevoise [2].

---

1. Titre donné au pouvoir exécutif de Genève dans les pièces officielles ; les membres de ce conseil avaient le titre de Magnifiques Seigneurs, qualification assez bizarre dans une République.

2. Voici le texte de cette lettre :

M. DE SELLON A M. PICTET,
secrétaire du Magnifique Conseil.

Paris, 1er novembre 1757.

« Je dois vous faire part, monsieur, que madame d'Épinay, belle-sœur de M. de Lalive, introducteur des ambassadeurs, étant sur son départ pour aller passer l'hiver à Genève, à cause de sa santé, est venue me faire une visite de politesse à l'occasion du séjour qu'elle doit faire dans cette ville. Les liaisons d'amitié que j'ai avec M. de Lalive me font désirer

M. d'Épinay avait de l'esprit et s'occupait volontiers de littérature; il ne se consolait pas d'avoir manqué le dîner offert par Voltaire le jour de son arrivée. Il fut bientôt dédommagé par l'empressement du philosophe.

VOLTAIRE A M. ET MADAME D'ÉPINAY.

« Je ne suis point encore assez heureux pour être en état d'aller rendre mes devoirs à M. et madame d'Épinay. On m'assure que madame se porte déjà beaucoup mieux. Nous l'assurons, madame Denis et moi, de l'intérêt vif que nous y prenons et de notre empressement à recevoir ses ordres... »

Deux jours après, nouvelle lettre et invitation à dîner. Voltaire fut charmant, reçut ses hôtes à merveille; madame d'Épinay lui plut tout d'abord, et son mari ne fut point dédaigné, car le philosophe entendait bien les affaires et était enchanté de pouvoir se réclamer au besoin du fermier général[1].

qu'elle soit informée que j'ai écrit pour la recommander. Je me flatte, monsieur, que vous voudrez bien me rendre ce service et vos bons offices auprès de cette dame qui a infiniment de mérite, supposé que l'occasion s'en présente. »

1. Voltaire ne professait pas cependant une haute opinion de cette corporation. Pendant le séjour de M. d'Alembert à

M. d'Épinay quitta Genève le 16 novembre, très satisfait de l'accueil qu'il y avait reçu et enchanté d'être débarrassé pour quelque temps de sa famille. Cependant, il fit à sa femme toutes les protestations imaginables et lui écrivit à peine arrivé à Dijon.

M. D'ÉPINAY A MADAME D'ÉPINAY.

De Dijon.

« Je viens d'arriver ici sans aucun accident; mais l'idée d'être séparé de vous pendant six mois, ma chère amie, m'afflige, et je sens que je m'y accoutumerai difficilement. Je vous demande en grâce de me faire donner de vos nouvelles chaque ordinaire. Depuis le jour où je vous ai vue passer en une heure de temps de la vie à la mort, je ne suis point tranquille. J'ai ordonné à Linant de m'instruire de tout; je vous conjure de l'engager à être exact.

» Parlons maintenant de vos amusements. On vous défend l'application; ainsi, pour passer votre temps avec quelque agrément, il faut que vous vous formiez une société. Mais comme votre santé ne vous permet-

---

Ferney, où était M. Huber, on proposa de faire chacun à son tour quelque conte de voleur. La proposition fut acceptée. M. Huber fit le sien, qu'on trouva fort gai; M. d'Alembert en fit un autre, qui ne l'était pas moins. Quand le tour de M. de Voltaire fut venu : « Messieurs, leur dit-il, il y avait une fois un fermier général... Ma foi, j'ai oublié le reste. (*Corr. litt.*)

tra pas de sortir le soir de chez vous, je vous conseille de prendre le parti d'avoir tous les jours un souper de quatre ou cinq personnes qui vous plaisent. Il ne faut pas que la dépense vous arrête ; je suppléerai à celle que vous ne pourrez pas faire, vous y pouvez compter ; toute ma crainte est que vous ne vous ennuyiez. Il n'y a pas de moyens que je ne sois prêt d'employer pour vous éviter l'ennui. Adieu, ma chère amie, dès que je serai arrivé à Paris, je vous donnerai de mes nouvelles et de tous ceux que vous y avez laissés. »

Après le départ de M. d'Épinay, Voltaire se montre de plus en plus empressé.

VOLTAIRE A MADAME D'ÉPINAY.

Les Délices.

« André[1] est un paresseux qui n'a pas porté mes billets écrits hier au soir, selon ma louable coutume. Ces billets demandaient les ordres du ressusciteur et de la ressuscitée. Le carrosse ou le fiacre le plus doux est à leurs ordres à midi.

» Je n'ai pas un moment de santé ; je ne mange plus et j'ai des indigestions. Je suis sans inquiétude

1. Petit laquais de Voltaire.

et je ne dors point. C'est la *vecchiaja,* la *debolezza,* et c'est ce qui fait que je n'ai encore pu aller chez les dévotes du révérend père Tronchin. A midi précis le fiacre part.

» Frère V. »

MADAME D'ÉPINAY A GRIMM.

Le soir.

« J'arrive de chez Voltaire, où j'ai passé une partie de la journée avec Tronchin ; il est tard, malgré cela, il faut te dire un petit mot. Voilà le premier moment où je respire et où je peux te dire que je ne saurais me consoler d'être séparée de toi.

» J'ai fort bien soutenu cette journée ; je suis fort contente du grand homme ; il m'a accablée de politesses. Ce n'est pas sa faute si nous sommes revenus ce soir en ville ; il voulait nous garder. A demain. »

Les billets de Voltaire se succèdent, toujours aussi agréablement tournés.

VOLTAIRE A MADAME D'ÉPINAY.

30 novembre.

« Heureusement, madame d'Épinay ne craint point le froid ; sans cela, je craindrais bien pour elle ce maudit vent du nord, qui tue tous les petits tempéraments. Puisse-t-il, madame, respecter vos grands yeux noirs et vos pauvres nerfs! Quand honorerez-vous notre cabane de votre présence?

» V. »

VOLTAIRE A LA MÊME.

2 décembre.

« Madame, quand je vous appelai la véritable *philosophe des femmes*, cela n'empêcha pas que notre docteur ne fût le véritable *philosophe des hommes*. Il m'intitula fort mal à propos *singe de la philosophie*. Plût à Dieu que je fusse un singe! Mais, madame, faut-il que la pluie empêche deux têtes comme la vôtre et la sienne de venir raisonner dans mon ermitage! Nous aurons l'honneur de venir chez vous, madame, quand vous nous l'ordonnerez, quand vous voudrez nous recevoir et quand je serai quitte de ma colique.

» Je vous présente mon respect.

» V. »

Peu à peu, l'intimité devient telle, qu'on bannit toute cérémonie.

VOLTAIRE A LA MÊME.

« Je demande aujourd'hui la permission de la robe de chambre à madame d'Épinay. Chacun doit être vêtu selon son état. Madame d'Épinay doit être coiffée par les Grâces et il me faut un bonnet de nuit. »

La santé de madame d'Épinay n'avait pas fait de grands progrès depuis son arrivée. Des accidents assez bizarres la privaient par moments de la sensation du monde extérieur ; après ces absences assez longues, elle reprenait possession d'elle-même, comme si rien d'anormal ne s'était passé. Elle appelait, en plaisantant, cet état étrange : « Ses interruptions d'existence. »

VOLTAIRE A MADAME D'ÉPINAY.

« C'est grand dommage, madame, que vous n'existiez pas ; car, lorsque *vous êtes*, personne n'est mieux. Je n'existe guère, mais je souhaite passionnément de vivre pour vous faire ma cour.

» Si vous craignez *les escalades*[1], daignez venir jouir de la tranquillité dans notre cabane, lorsque nous aurons battu les Savoyards. Honorez-nous de votre présence, nous la préférons à tout. Nous sommes à vos ordres et à vos pieds... »

1. L'Escalade est une fête qui se célèbre à Genève le 12 décembre, en l'honneur du succès avec lequel les Genevois repoussèrent l'attaque nocturne du duc de Savoie

Voltaire attachait d'autant plus de prix à ses relations avec madame d'Épinay que sa présence aux Délices y attirait plus souvent Tronchin. Le docteur était parfois un peu las des fantaisies et des prétendues maladies mortelles de son illustre client, et ne se rendait pas toujours à son appel.

« Voltaire se porte on ne peut pas mieux, écrivait Tronchin à Grimm ; je l'ai rencontré hier entre les deux ponts du Rhône conduisant un cabriolet attelé d'un poulain qui n'a que deux ans. Je lui criai par la portière : « Vieux enfant, que » faites-vous? » Ce matin j'en ai reçu ce billet ; voyez si c'est l'allure et le ton d'un agonisant ; il est plus étourdi que jamais : « Le spectacle d'un » jeune pédant de soixante-dix ans ne se donne pas » tous les jours ; mon cher Esculape, j'allais chez » vous, j'avais quelque chose à vous dire ; je n'avais » point de chevaux de carrosse, et j'ai pris le parti » de vous allez voir en petit-maître : n'allez pas en » tirer vos cruelles conséquences que je me porte » bien, que j'ai un corps de fer, etc. Ne me calom- » niez plus et aimez-moi!. »

Malgré l'aimable accueil de Voltaire, l'agréable société qui l'entourait et l'espoir d'une prochaine guérison, madame d'Épinay ne pouvait se résigner à son exil. Elle écrivait chaque jour à Grimm ou à

---

l'an 1602. L'expédition des Savoyards avait été préparée avec le plus grand mystère.

1. SAYOUS, XVIIIe *siècle à l'étranger*.

sa mère, et voulait qu'on lui mandât de Paris les plus petits incidents.

MADAME D'ÉPINAY A GRIMM.

« Je vous en prie, dites-moi, mon ami, l'effet que la nouvelle de mon accident a produit, particulièrement sur ma fille et sur tous nos amis, entre autres le baron d'Holbach et le marquis de Croismare.

» Je veux vous demander aussi ce que c'est qu'une lettre imprimée de Rousseau, qui parait, à ce qu'on mande à Voltaire, et où il accuse un ami de la plus indigne de toutes les trahisons[1]. On dit qu'il désigne Diderot de manière à ne pas s'y méprendre. Qu'est-ce que c'est que cette nouvelle horreur? sur quoi fondée? et que veut-elle dire? Serait-ce ce que vous m'avez mandé relativement au marquis de Saint-Lambert?..... »

GRIMM A MADAME D'ÉPINAY.

«...J'ai toujours voulu vous parler de Pauline, et j'ai toujours craint de vous causer trop d'émotion.

---

1. C'était la *Lettre* de Rousseau *sur les spectacles*. Voir les *Sept Scélératesses* de Rousseau, *Jeunesse de Madame d'Épinay*, p. 537.

» La pauvre petite s'est trouvée mal en apprenant votre accident, et l'on n'a pu parvenir à lui faire prendre de nourriture que lorsqu'elle a vu de votre écriture. Elle prend, depuis ce temps, deux leçons d'écriture par jour, pour pouvoir, dit-elle, marquer sa reconnaissance elle-même à M. Tronchin et le remercier de vous avoir sauvé la vie. C'est une jolie enfant, bien intéressante, mais bien décidée. Il faut voir ce que ce caractère deviendra. Elle se porte très bien ; n'en ayez nulle inquiétude.

» M. de Francueil est venu tous les jours savoir de vos nouvelles. Il regrette bien, dit-il, de ne vous avoir pas accompagnée. Je crois que vous ferez bien de mettre dans une de vos lettres un mot de remerciements pour lui qu'on puisse lui lire.

» Je suis enchanté de vous, de M. Tronchin, de Voltaire, de M. de Jully, de tout le monde.

» Voici ce que vient de faire ce malheureux Rousseau et l'explication que vous me demandez. Il a fulminé contre Diderot, l'a accusé hautement d'avoir trahi méchamment son secret et manqué à la confiance, etc., et cela, pour s'être expliqué avec le marquis de Saint-Lambert sur cette lettre que Rousseau lui devait écrire. Les criailleries ont été si indécentes et si publiques, que Saint-Lambert s'est donné la peine d'aller lui-même trouver Rousseau à l'Ermitage pour justifier Diderot et conter à Rousseau comme l'explication s'était passée. Il l'a quitté convaincu qu'il l'avait dissuadé de ses soupçons, et prêt à faire à son ami une justification publique. Point du tout. Quatre jours après, il paraît une lettre imprimée de Rousseau où il redouble les accusations contre Diderot, et le note comme un homme sans honneur et sans religion. Cette lettre était sous presse, tandis qu'il jurait au marquis qu'il était bien doux pour lui de trouver son ami innocent.

» Votre réponse à sa lettre est très bien; mais on dit que Rousseau semble moins pressé de sortir de votre maison. Pour moi, je crois qu'après tout ce qui s'est passé, vous ne pouvez l'y laisser sans vous manquer.

» Madame votre mère a été demander à dîner au baron; cette débauche a été reçue avec le plus grand succès. On a bu à votre santé. Le pauvre marquis de Croismare ne sait que devenir; il dit qu'il ne passe pas devant votre porte sans émotion. Le chevalier de Valory arrive après-demain. Adieu, ma tendre amie. »

II

1758

La société genevoise. — Voltaire à Lausanne. — Correspondance intime avec Grimm. — Voltaire aux Délices.

Avec son esprit d'observation et de fine critique, madame d'Épinay devait trouver une abondante moisson à récolter dans cette société genevoise, si différente de la société française. La peinture qu'elle en fait est d'une rare exactitude, et ses piquantes descriptions sont aussi vraies aujourd'hui qu'il y a cent ans. C'est à Grimm qu'elle raconte tous les détails de sa vie :

MADAME D'ÉPINAY A GRIMM.

« ... Je me lève entre six et sept heures ; toutes mes matinées sont libres. A midi, je descends sur ma terrasse, et je me promène dans le jardin public lorsque le temps le permet. Les femmes ont ici la liberté d'aller partout, à pied, seules, sans laquais et sans servantes. Les étrangères mêmes se feraient remarquer et suivre, si elles en usaient autrement. Cette liberté me plaît et j'en use.

» Je dîne à une heure ordinairement, chez M. Tronchin ou chez moi. Depuis deux jusqu'à six, on fait ou on reçoit des visites; à six heures, tout est mort dans la ville, et les étrangers dans la plus complète solitude, parce que chacun se rassemble dans sa société particulière. Chacun tient l'assemblée à son tour ; on y prend le thé comme en Angleterre; mais la collation ne se borne pas à ce breuvage, on y trouve d'excellente pâtisserie, du café au lait, du chocolat, etc. Les assemblées qui portent le nom de sociétés sont composées d'hommes et de femmes ; on n'y admet guère de filles; elles ont leurs sociétés particulières où les hommes et les garçons ne sont introduits que lorsqu'une d'elles vient à se marier.

» Dans ces sociétés on s'y occupe diversement suivant l'âge et les goûts de ceux qui les composent. On y joue beaucoup, on y travaille, on y fait quelquefois de la musique. Le jeu me paraît être le plaisir dominant des femmes, et j'en suis étonnée, car on m'a dit qu'elles étaient toutes aussi instruites que celles que j'ai vues, et elles le sont beaucoup. Il y a quelques sociétés composées toutes de femmes. Il y a de même des assemblées d'hommes où les femmes ne sont pas admises, qu'on nomme cercles. Mais il n'est pas vrai qu'on y fume et qu'on s'y enivre. Ces cercles se tiennent dans des appartements qu'un certain nombre de gens qui se conviennent louent à frais communs. On s'y rassemble tel jour de la semaine convenu ; on n'y boit ni n'y mange ; on y trouve les papiers publics, et l'on y politique à perte de vue. On s'épuise en conjectures et en découvertes sur les vues et les projets des potentats, et quand l'événement ne confirme pas les conjectures de ces messieurs, ils n'en sont pas moins contents de leur sagacité d'avoir trouvé incontestablement ce que telle puissance n'a pas fait, mais ce qu'elle aurait dû faire[1]. C'est que

---

1. Le Consistoire de la ville de Genève ne voyait pas les cercles d'aussi bon œil que madame d'Épinay ; dix ans auparavant, il avait adressé au Magnifique Conseil la représentation suivante : « Le mal va croissant depuis trente
» et quarante ans ; il y a actuellement plus de cinquante
» cercles tant dans la ville que dans la banlieue ; s'il y a
» des cercles de gens de mérite, il y en a d'artisans de bas
» étage, d'autres où il n'y a que des enfants mineurs ; on y
» boit et mange, on y joue aux cartes, on y perd le
» temps et même les nuits, on y puise l'esprit de dis-
» sipation, d'oisiveté et d'irréligion ; enfin, les femmes et
» les filles sont poussées, par l'abandon où on les laisse à

tous les hommes sont les mêmes partout, à quelques petites modifications près, *car je connais à Paris de ces originaux-là.* Cependant, ils sont en général plus occupés ici de leurs affaires que de celles des autres; mais presque tous les Genevois ayant leurs fonds placés en France, en Angleterre et en Hollande, il est assez simple qu'ils prennent une part très intime à ce qui s'y passe. Mais me voilà bien loin de ce que je voulais dire; c'était, si je ne me trompe, qu'à six heures je me trouvais à peu près seule. Eh bien! ce serait l'heure où je commencerais à vivre si j'étais ici en famille et avec vous. Au reste, les mœurs et la manière de vivre de ces hommes-ci sont plus touchantes et plus satisfaisantes à voir qu'aisées à décrire. La vertu, l'honnêteté et surtout la simplicité sont la base de leur politique. Tout cela est cependant saupoudré d'un petit vernis de pédantisme qui, autant que j'en puis juger, est nécessaire chez eux pour maintenir leur simplicité, en quoi consiste toute la force de leur état...

» J'ai eu hier une conversation fort longue avec Tronchin sur ma santé et sur le terme qu'il met à ma guérison. Sans prononcer affirmativement, je

---

» faire des sociétés entre elles, où règne aussi l'esprit de dis-
» sipation. »

(CRAMER, *Extrait des Registres du Consistoire.*)

vois qu'il compte sur un an de séjour ici. Je n'ai pu lui cacher l'effroi que me causait cet arrêt. En effet, mon tendre ami, que deviendrais-je, s'il fallait être ce temps absente? Ne vous serait-il pas au moins possible de venir me voir après le retour de mon tuteur?...

» J'ai été passer encore une journée chez Voltaire. J'y ai été reçue avec des égards, des respects, des attentions que je suis assez portée à croire que je mérite, mais auxquels, cependant, je ne suis guère accoutumée. Il m'a fort demandé de vos nouvelles, de celles de Diderot et de tous nos amis. Il s'est mis en quatre pour être aimable, il ne lui est pas difficile d'y réussir. Sa nièce est à mourir de rire ; c'est une petite grosse femme toute ronde, d'environ cinquante ans, femme comme on ne l'est point, laide et bonne, menteuse sans le vouloir et sans méchanceté ; n'ayant pas d'esprit et en paraissant avoir, criant, décidant, politiquant, versifiant, raisonnant, déraisonnant, et tout cela sans trop de prétention, et surtout sans choquer personne, ayant par-dessus tout un petit vernis d'amour masculin, qui perce à travers la retenue qu'elle s'est imposée. Elle adore son oncle, en tant qu'oncle et en tant qu'homme ; Voltaire la chérit, s'en moque et la révère. En un mot, cette maison est le refuge et l'assemblage des contraires, et un spectacle charmant pour les spectateurs.

» Voltaire m'a beaucoup plaisantée sur ma confession de Châtillon ; il prétend que cette démarche ne va point à ce qu'il connaît de moi ; je m'en suis assez bien tirée sans me compromettre, ni dévoiler mes véritables sentiments.

» Mademoiselle Drinvillé me mande en détail ce que vous me dites en quatre mots de mon enfant. Comme je lui réponds, je me contente de vous dire que la sensibilité de cette enfant m'a fait pleurer de joie. Quelle différence d'elle à son frère ; je n'ai pas le temps de vous rien dire de lui aujourd'hui. Bonjour, mon tendre ami. »

GRIMM A MADAME D'ÉPINAY.

« Je ne m'attendais pas au terme que M. Tronchin met à votre guérison ; il n'y a cependant pas deux partis à prendre, il faut persévérer. Ah ! ma chère et tendre amie, que je serais heureux d'être libre ! de n'avoir plus d'autres soins que de te plaire et de passer ma vie près de toi. Dis-moi si tout ce que tu écris à ta mère est exact, et si Tronchin retient en effet tes lettres lorsque tu es incommodée. Cela me paraît bien dur et bien sage ; hélas ! il ne retiendrait pas les miennes, car, depuis votre départ, je suis comme une pierre, rien ne me touche, vous avez emporté mon cœur avec vous.

» Je crains bien que, lorsque j'aurai partagé votre exil, nous ne désirions qu'il soit éternel. Il est plaisant que depuis que tu es à Genève, l'idée de m'y établir me persécute comme si tu devais y passer ta vie ; je ne vois de bonheur que là...

» J'admire tout ce que me dit cette sublime Louise, mais elle me payera cher un jour la qualification d'*originaux* qu'elle ose donner à certains politiques de ma connaissance. On voit l'intention cachée sous les généralités ; laissez-moi reprendre ma vigueur tyrannique et vous verrez !

» J'ai passé hier la soirée chez madame votre mère, elle se porte à merveille, le chevalier de Valory et M. d'Épinay y étaient. Mademoiselle Drinvillé nous a lu la lettre où vous lui faites le détail de votre santé et du traitement du sauveur, nous en étions tous dans l'admiration. Mais M. d'Épinay s'est avisé aujourd'hui de dire chez le baron, au milieu de vingt personnes, qu'il espérait que Tronchin vous rendrait la médecine si ridicule que vous guéririez de tous vos maux, à force de rire.

» Nous sommes convenus, madame votre mère et moi, de ne lui transmettre aucun détail sur ce qui concerne votre régime. Les soins que Tronchin vous donnent sont dictés par l'attachement, il n'est pas juste d'y répondre en y donnant un ridicule.

» Vous voilà donc très bien avec Voltaire? Tant mieux, ma bonne amie, il doit vous être d'une grande ressource.

» Adieu, tendre et chère amie. »

MADAME D'ÉPINAY A GRIMM.

Février 1758.

« ...Tronchin a en vue une campagne délicieuse pour moi à la porte de la ville; il voudrait m'y établir au mois d'avril; elle est toute meublée et me coûterait cent francs par mois, comme l'appartement que j'occupe et que je ne garderais pas. Il y viendrait tous les jours, et il me promet d'y coucher deux fois la semaine. Ce projet me rit, puisque Tronchin décide que je ne puis rester ici moins d'une année; mais il me plaît surtout, parce que je compte fermement que vous y viendrez; oui, oui! j'en suis sûre. Oh! qu'alors nous serons heureux! Mais y resteras-tu tout l'été? Ne réponds pas, ne réponds pas, viens seulement... j'adore ton intention, ton désir. Eh! ne suis-je pas trop heureuse?...

»..Mais parlons de choses un peu plus étrangères. Mademoiselle Drinvillé me mande l'état affreux où vient d'être ta voisine; j'en ai souffert pour toi. Je suppose qu'elle est bien, puisque tu ne m'en parles pas. Oh! mon cher Grimm, n'aie point, je t'en prie, de chagrins pendant mon absence; tu n'aurais personne pour te consoler, et ta Louise serait dix fois malheureuse; voilà à quoi il faut que tu penses bien. Elle a donc fait dessiner ton profil, cette voisine? Elle l'a en sa possession? oui, mais j'ai le petit cordon noir, moi!... Cependant, ce profil est ressemblant!... Allons, fi! fi! Louise! »

Cette dernière phrase, mi-sérieuse, mi-plaisante, indique bien que l'éloignement augmentait encore le penchant naturel de madame d'Épinay à la jalousie. Voltaire, qui avait quitté les Délices à la fin de décembre pour passer l'hiver à Lausanne, la laissait aussi plus isolée et plus accessible aux tristes pensées.

VOLTAIRE A MADAME D'ÉPINAY.

« On est aux pieds de la véritable philosophe, on est pénétré de regrets de la quitter et de remords de n'être point allé à Genève; on demande pardon. On souhaite trois ou quatre années de langueur à la vraie philosophe, afin qu'elle ait besoin quatre ans du grand Tronchin. Les deux ermites lui sont atta-

chés avec tous les sentiments qu'elle inspire. Ah!
si elle pouvait venir à Lausanne! »

Cinq jours après, nouvelle invitation.

VOLTAIRE À MADAME D'ÉPINAY.

Lausanne, 27 décembre.

Des préjugés sage ennemie,
Vous de qui la philosophie,
L'esprit, le cœur et les beaux yeux
Donnent également envie
A quiconque veut vivre heureux
De passer près de vous sa vie,
Vous êtes, dit-on, tendre amie,
Et vous seriez encor bien mieux,
Si votre santé raffermie
Et votre beau genre nerveux
Vous en donnaient la fantaisie.

« Heureux ceux qui vous font la cour, malheureux ceux qui vous ont connue et qui sont condamnés aux regrets! Le hibou des Délices est à présent le hibou de Lausanne; il ne sort pas de son trou, mais il s'occupe avec sa nièce de toutes vos bontés; il se flatte qu'il y aura de beaux jours cet hiver, car, après vous, madame, c'est le soleil qui lui plait davantage. Il a dans sa maison un petit nid bien indigne de vous recevoir; mais quand nous aurons de beaux jours et des spectacles, peut-être, madame, ne dédaignerez-vous point de faire un petit voyage le long de notre lac; vous aurez des forces, M. Tronchin vous en donnera; j'espère qu'il vous accompagnera. Tous nos acteurs s'efforceront de vous plaire; nous savons que l'indulgence est au nombre de vos bonnes qualités.

» Je vous demande votre protection auprès du premier des médecins et du plus aimable des hommes, et je vous demande la sienne auprès de vous. Mais si vous voyez la tribu des Tronchin, et des Jallabert[1], et des Cromelin[2], comme on le dit, vous ne sortirez point de Genève, vous ne viendrez point à Lausanne. L'oncle et la nièce en meurent de peur.

» Recevez, madame, avec votre bonté ordinaire, le respect et le sincère attachement du hibou suisse. »

Il y avait alors à Lausanne une société charmante composée d'hommes instruits et de femmes aimables,

---

1. Jallabert (1712-1768), professeur distingué de philosophie à Genève.
2. M. de Cromelin fut plus tard résident de Genève à Paris, en remplacement de M. de Sellon.

les familles d'Armanches, de Bottens, de Polier, M. et madame de Brenles, les Langalerie, les Chandieu, etc. Ils se réunissaient souvent pour jouer la comédie. La présence de Voltaire les intimida d'abord un peu, mais il témoigna tant de bienveillance, s'enrôlant lui-même dans la troupe, qu'ils finirent par le prendre pour directeur; son indulgence, ses saillies, sa présence aux répétitions animaient tout le monde. Ses bons conseils firent bientôt acquérir une véritable célébrité au petit théâtre de Mont-Repos sur lequel il joua lui-même les rôles de *Lusignan*, de *Zopire*, etc.[1]. Il se passionnait tellement pour ses rôles que, dès le matin, on le voyait descendre dans le jardin vêtu en Arabe, avec une longue barbe, lorsqu'il devait jouer le soir Mohadar, dans *Fanime*, ou en habit à la grecque pour Narbas, donnant des ordres aux jardiniers, stupéfaits de voir leur maître en pareil équipage. Mais à ce triple métier de répétiteur, d'acteur et d'auteur, il finit par si bien se fatiguer qu'il en tomba malade. Sa nièce, madame Denis, qui ne se ménageait pas davantage, en fit autant.

---

1. Le pays de Vaud était encore sous la domination bernoise et Voltaire ne manquait pas d'inviter M. le bailli de Berne à ses spectacles, tout en plaisantant sur la lourdeur de l'*Ours bernois*. Le vieux bailli prit un jour sa revanche. « Eh! que diable, M. de Voltaire, lui dit-il avec son fort accent tudesque, vous faites toujours tant de vers! A quoi bon? cela ne mène à rien. Avec votre talent, vous pourriez devenir quelque chose. Moi, vous voyez, je suis bailli! »

VOLTAIRE A MADAME D'ÉPINAY.

Lausanne, février 1758.

« Madame, je suis malade et garde-malade ; ces deux belles fonctions n'empêcheront pas que je ne sois rongé de remords de ne vous point faire ma cour.

» Je suis tous les jours tenté de m'habiller (ce que je n'ai fait qu'une fois pour vous depuis trois mois) et d'entreprendre le voyage de Genève. Je ferai ce voyage pour vous, madame, dès que ma nièce sera mieux. Je vous demande des nouvelles de votre santé et je vous présente mes profonds respects.

» Le Suisse V. »

Madame d'Épinay répondit à Voltaire qu'elle avait la goutte et qu'elle restait aussi confinée chez elle. Le malin vieillard n'y crut guère.

VOLTAIRE A MADAME D'ÉPINAY.

Lausanne, 26 février 1758.

« Vous, la goutte, madame ! je n'en crois rien. Cela ne vous appartient pas. C'est le lot d'un gros prélat, d'un vieux débauché, et point du tout d'une philosophe, dont le corps ne pèse pas quatre-vingts livres, poids de Paris. Pour de petits rhumatismes, de petites fluxions, de petits trémoussements de nerfs, passe ; mais si j'étais comme vous, madame, auprès de M. Tronchin, je me moquerais de mes nerfs. C'est un bonheur dont je ne jouirai qu'après le retour du printemps ; car je ne crois pas que le secrétaire et le chef des orthodoxes veuille jamais venir voir nos divertissements profanes et suisses. Cependant, j'espère, madame, qu'il vous accompagnera quand nous serons un peu en train, qu'il y aura moins de neige le long du lac, et que vos nerfs vous permettront d'honorer notre ermitage suisse de votre présence. Il fera pour vous, madame, ce qu'il ne ferait pas pour un vieux papiste comme moi ; et il sera reçu comme s'il ne venait que pour nous.

» Je vous remercie, madame, de vos gros gobets[1], j'en aurai le soin qu'on doit avoir de ce qui vient de vous.

» Permettez que je remercie ici M. Linant ; il n'a pas besoin de son nom pour avoir droit à mon estime et mon amitié, et j'ai connu son mérite avant de savoir qu'il portait le nom d'un de mes anciens amis. Je

---

1. Espèce de cerises à courte queue.

conviens avec lui que tout nous vient du Levant, et j'accepte avec grand plaisir la proposition qu'il veut bien me faire pour une douzaine de pruniers originaires de Damas, et autant de cerisiers de Cérasonte... Ils s'accommoderont mal de mon terrain à pot, maudit de Dieu; mais j'y mettrai tant de graviers et de pierrailles, que j'en ferai un petit Montmorency.

» Je présente mes respects à l'élève de M. Linant, à M. de Nicolaï, qui fait ses caravanes de Malte sur les bords du lac de Genève. Enfin, je présente ma jalousie à tous ceux qui font leur cour à madame d'Épinay.....

» Madame Denis se joint à moi et présente ses obéissances à madame d'Épinay.

» M. de Richelieu est donc renvoyé après M. de Lucé[1]. La cour est une belle chose! »

Voltaire, à ce moment, soutenait une querelle assez vive à propos de sa défense de lord Bolingbroke et de celle des Saurin. Les principes antireligieux qu'il exposait dans ces brochures sou-

---

[1]. M. de Lucé avait été renvoyé dans son intendance d'Alsace. — Richelieu, après la prise de Port-Mahon (1756), après la capitulation de Closterseven, si avantageuse à la France (1757), fut rappelé en France le 19 janvier 1758 et dut remettre son commandement au comte de Clermont, prince du sang; en réalité, ce fut le maréchal de Broglie qui dirigea la campagne.

levèrent contre lui tout le parti orthodoxe de Genève et suscitèrent des réponses virulentes[1]...

Dès le début de la querelle, une nombreuse partie de la société genevoise, les Tronchin, entre autres, avaient pris fait et cause contre Voltaire; celui-ci, préoccupé de ne plus voir madame d'Épinay depuis quelques jours, lui écrit un spirituel billet où il donne à entendre qu'elle passe peut-être à l'ennemi.

VOLTAIRE A MADAME D'ÉPINAY.

Lausanne.

« Ma belle philosophe, vous êtes un petit monstre, une ingrate, une friponne ; vous le savez bien, ce n'est pas la peine de vous aimer. Je ne vous reproche rien, mais vous savez tout ce que j'ai à vous reprocher. Venez demain coucher chez nous, si vous daignez nous faire cet honneur et si vous l'osez. Venez, ma charmante philosophe ! Ah ! ah ! c'est donc ainsi que... fi ! quel infâme procédé ! Mille respects. »

Devant cette accusation, madame d'Épinay et Tronchin se décidèrent à partir pour rassurer eux-

---

1. Voir la *Guerre Littéraire* ou choix de quelques pièces de M. de V. — Lausanne. Fr. Grasset, 1759.

mêmes le philosophe sur leur prétendue désertion. Après un court séjour à Lausanne, Louise rentra à Genève, elle y trouva des nouvelles de Paris qui n'étaient pas de nature à la tranquilliser.

GRIMM A MADAME D'ÉPINAY.

« Je ne vous ai point dit, ma tendre amie, que j'avais demandé un rendez-vous à M. d'Épinay. Voici pourquoi : le jour de l'an, me trouvant dans une maison où l'on ignore l'intérêt que je prends à vous, on y dit très positivement que votre mari avait donné quarante mille francs de diamants pour étrennes aux petites Verrière. On tenait cette nouvelle de l'ouvrier même qui les avait fournis. On confirma ensuite une autre folie dont j'avais déjà ouï parler, c'est qu'il avait acheté en leur nom une maison de vingt mille écus, où il avait déjà dépensé près du double, et l'on travaille encore à l'embellir.

» Je l'ai vu hier enfin. Je lui ai cité tous ces faits, et je ne lui cachai pas qu'ils trouvaient d'autant plus de crédit qu'il avait une très mauvaise réputation. Notre conversation a duré trois heures. Il m'a écouté avec la plus grande douceur, niant la plupart des faits, se défendant mal sur les autres, et me faisant des aveux faux pour m'en

imposer sur le reste. Il m'a fait les plus belles promesses, mais il faut s'attendre qu'il n'en sera ni plus ni moins. Il m'a demandé très sérieusement si moi, qui le connais depuis longtemps, j'ai pu le croire un moment capable de tant d'extravagances. « Si j'avais pu en être sûr, monsieur, lui
» ai-je dit, je ne vous en aurais pas parlé, mais
» j'en aurais prévenu madame votre belle-mère et
» madame d'Épinay afin qu'elles fissent ce qu'elles
» se doivent à elles-mêmes et à vos enfants. »

» Cela l'étonna sans l'humilier... Il m'a juré qu'il ne voyait plus ces créatures, et, le moment d'après, il est convenu d'y avoir soupé la veille. C'est un homme sans ressource, car nous nous sommes quittés les meilleurs amis du monde. »

Le lendemain.

« Il m'est revenu ce soir qu'il avait dit, chez la comtesse d'Houdetot, qu'il sortait de chez moi, que j'avais voulu me mêler de ses affaires et de lui donner des avis, mais qu'il m'avait traité de manière à m'empêcher de poursuivre. Il dit partout qu'il compte être libéré dans quatre ans. Tout ce que vous gagnerez à la tentative que j'ai faite, c'est qu'à l'avenir je pourrai me mêler de vos discussions d'intérêt et vous en épargner la peine...

» Je suis enchanté de l'accueil que vous fait Voltaire. Que j'estime les gens qui vous aiment et qui sentent tout ce que vous valez !

» Je suis obligé de m'absenter pour aller faire ma cour deux jours à Versailles. Tout ce qui me tire de ma solitude m'est pénible. Adieu, ma tendre amie. »

Une agréable visite vint faire diversion aux préoccupations de madame d'Épinay. M. d'Affry, appelé en Suisse par ses affaires, en profita pour venir passer quelques jours près de sa pupille.

MADAME D'ÉPINAY A GRIMM.

« Mon tuteur est arrivé ce matin, vous imaginez aisément la joie que j'ai eue de le revoir. Nous allons demain dîner ensemble chez Voltaire, mais, comme je veux profiter de son séjour ici, vous me pardonnerez bien, mon tendre ami, de ne pas vous en dire plus long aujourd'hui. »

Le lendemain.

« Nous arrivons de chez Voltaire; il était plus aimable, plus gai, plus extravagant qu'à quinze ans. Il a reçu M. d'Affry à merveille, il m'a fait tout plein de déclarations les plus plaisantes du monde. « Votre pupille, disait-il à M. d'Affry, est » vraiment philosophe. Vous avez fait là une belle » éducation. Elle a trouvé le grand secret de tirer » de sa manière d'être le meilleur parti possible; » je voudrais être son disciple, mais le pli est pris, » je suis vieux, nous sommes ici une troupe de fous » qui avons au contraire tiré de notre manière d'être » le plus mauvais parti possible, que diable y faire? » Ah! ma philosophe! c'est un aigle dans une cage » de gaze... Ah! si je n'étais pas mourant, je vous » aurais dit tout cela en vers... »

» Si j'osais proposer à ma mère de m'envoyer ma fille, je vous chargerais de me l'amener avec mademoiselle Drinvillé, mais je voudrais redoubler ses consolations, bien loin de les lui enlever; aussi je n'ose le tenter. Il faut faire le sacrifice complet. Mais qu'en dites-vous, cependant?

» Je reconnais bien M. d'Épinay au détail que vous me faites de votre conversation avec lui. Votre zèle pour tout ce qui m'intéresse m'est bien cher, mon ami, mais, dans cette occasion, il sera bien en pure perte. Bonsoir cette fois, vous n'aurez rien de plus aujourd'hui. »

GRIMM A MADAME D'ÉPINAY.

« ...Vous avez donc dîné de nouveau chez Voltaire ; je ne vois pas pourquoi tant résister à ses invitations ; il faut tâcher d'être bien avec lui et d'en tirer parti, comme de l'homme le plus séduisant, le plus agréable et le plus célèbre de l'Europe ; pourvu que vous n'en vouliez pas faire votre ami intime, tout ira bien.

» Ne parlons pas encore de mon voyage, ma chère amie, je n'en vois pas assez clairement la possibilité. Ce qu'il y a de sûr, c'est qu'il faut que j'aille vous trouver, mais je ne sais encore ni quand ni comment. Rapportez-vous-en à mon impatience et ne nous tourmentons pas avant le temps.

» Perdez le projet de faire venir Pauline auprès de vous ; il serait trop cruel d'en priver madame votre mère, et, dans notre position, ma chère amie, il ne serait peut-être pas convenable que je l'emmenasse. M. d'Épinay a trop de torts pour ne pas en chercher aux autres ; il ne faut pas alimenter le plat bavardage des sots... »

MADAME D'ÉPINAY A GRIMM.

« Vous trouvez donc singulière l'idée qui vous

persécute d'un établissement ici, je ne sais si cela veut dire quelque chose ou rien, mais c'est une chimère aussi, si chimère il y a, qui s'est établie dans ma tête, de façon que je ne puis l'en faire déguerpir...

» Je compte aller passer deux ou trois jours chez Voltaire avec Tronchin, pendant que Jully est en Suisse. J'apprends tous les jours des traits nouveaux de Tronchin qui m'inspirent pour lui un respect et une considération inconcevables. Sa charité, son désintéressement, sa tendresse et ses soins pour sa femme sont sans exemple, et je puis vous répondre, à présent que je la connais davantage, que c'est bien la plus insupportable et la plus maussade créature qui existe[1]. Si jamais je découvre un défaut à cet homme, il faudra peut-être le mépriser, car il doit être épouvantable.

» Bonsoir, mon ami; je finirai ma lettre chez Voltaire, n'ayant pas le temps de rien ajouter de plus aujourd'hui. »

Deux jours de distance.

« On n'a le temps de rien avec ce Voltaire ; je

---

[1]. Madame Tronchin était d'une grande laideur. « Que fait madame Tronchin? demandait-on un jour à la belle madame Cramer, femme de l'éditeur des œuvres de Voltaire : — Elle fait peur, » répondit-elle.

n'ai que celui de fermer ma lettre, mon ami. J'ai passé une journée seule avec lui et sa nièce, et il est en vérité là à me faire des contes, tandis que je lui ai demandé la permission d'écrire quatre lignes, afin que tu ne sois pas inquiet de ma santé, qui est bonne. Il m'a demandé permission de rester pour voir ce que disent mes deux grands yeux noirs quand j'écris. Je veux te dire à son nez que je l'adore; il est assis devant moi, il tisonne, il rit, il dit que je me moque de lui et que j'ai l'air de faire sa critique. Je lui réponds que j'écris tout ce qu'il dit, parce que cela vaut bien tout ce que je pense... Je retourne ce soir à la ville, où je répondrai à tes lettres... Il n'y a pas moyen de rien faire ici. Quel homme! Il m'impatiente, mais il me fait rire cependant.

» J'ai reçu une lettre de M. de Francueil qui me félicite sur le bon succès de mon voyage. Sa lettre est noire et triste; il se plaint de sa santé. Si je l'en crois, il est sorti du tourbillon où il s'était jeté. Il me prie de lui donner souvent de mes nouvelles. « C'est » une consolation, dit-il, dont il a grand besoin ».

Voici à peu près comme j'ai fini ma lettre :

« Soyez sûr, lui dis-je, de mon exactitude à » vous répondre toutes les fois que ma santé me le » permettra. Je causerai volontiers par écrit avec

» vous, si cela peut vous être de quelque consola-
» tion dans l'état fâcheux où vous paraissez être. »
Je vous promets que ce ne sera pas sans lui dire
ce que je pense sur sa conduite avec mon mari[1]. »

» Mon Dieu, que ce Linant est sot et insoutenable !
il vient de m'interrompre par une scène qu'il aurait
bien voulu rendre touchante, mais elle n'était que
ridicule. Comme je n'étais pas en train de rire, elle
ne m'a causé que de l'impatience. Imaginez qu'il est
entré dans ma chambre avec son air patelin et
mielleusement apprêté, conduisant la Dubuisson[2]

---

1. Si la conduite de Francueil avec les Verrière et M. d'Épinay était répréhensible, celle qu'il tint vis-à-vis de Rousseau après le départ de madame d'Épinay fut digne et délicate. Lié depuis de longues années avec Rousseau, il cessa tout commerce avec lui jusqu'à l'automne de 1758. Jean-Jacques, inquiet, lui écrivit pour se plaindre de ses mauvais propos. Nous n'avons point cette lettre, mais voici la réponse « Vous me mettez fort à mon aise, mon cher Rousseau, pour vous parler de vos torts vis-à-vis de madame d'Épinay. Je n'ai point été prévenu par elle ni par personne ; j'étais à Chenonceaux quand elle est partie pour Genève. C'est une lettre de vous à Grimm qui a couru Paris et que M. d'Épinay m'a montrée. Je fus révolté en lisant « que vous saviez
» très mauvais gré à madame d'Épinay de ne pas vous tenir
» compte des froides indigestions que vous aviez prises chez
» elle ». Ce n'est pas ainsi que l'on parle de quelqu'un à qui l'on a été dans le cas d'avoir des obligations. J'ai vu madame d'Épinay de bien bonne foi, enchantée de vous être utile..... » *Rousseau, ses amis et ses ennemis*, par Streckeisen.
2. Femme de chambre de madame d'Épinay ; elle était mariée avec un des domestiques que sa maîtresse avait

sur le poing, qui avait l'air tremblante et déconcertée. Cette entrée m'a paru bizarre et m'a même alarmée un moment; mais je réfléchis tout de suite qu'une mauvaise nouvelle ne me serait pas annoncée par ma femme de chambre, à qui je ne parle jamais. « Mademoiselle Dubuisson, madame, me dit Linant, » a une confidence à vous faire; et jugeant par mon » attachement et par mon zèle des égards que vous » vouliez bien avoir pour moi, elle a voulu que » je l'accompagnasse. » Et tout de suite voilà une tirade sur mes vertus, ma bonté, mon humanité, accompagnée des larmes de la Dubuisson. La fin de tout cela est qu'elle est grosse, et que, malgré tout ce que je lui ai dit avant mon départ pour m'en assurer, elle s'était déterminée à me tromper, afin de me suivre, le tout par amour pour moi, comme vous pensez bien. Si je ne la connaissais pas pour une honnête femme, je croirais Linant le père de cet enfant par l'attendrissement que lui causait l'état de la Dubuisson. Ils ne m'ont trouvée rien moins que touchée de cette aventure; je l'ai traitée comme elle le mérite, mais cela me met dans un très grand embarras. Mon premier mouvement a été de la renvoyer, mais comment, dans l'état où je

laissés à Paris. A cette époque, on donnait toujours aux femmes de chambre la qualification de mademoiselle.

suis, prendre une inconnue? Enfin, ils m'ont si bien dérouté la tête, que je ne puis plus écrire. Linant m'a trouvée très dure et s'en est allé se frottant les mains, serrant les fesses et fort étonné de ne pas me voir pénétrée de compassion pour cette créature. Mon Dieu, les sottes espèces!

» Je ne suis pas digne de vous dire un mot de plus, tant j'ai d'humeur. Je me mets cependant aux pieds de ma respectable maman, je lui baise les mains, je caresse ma Pauline et je sens peu à peu le calme renaître dans mon âme. Bonsoir, mon tendre ami. »

III

1758-1759

La simplicité genevoise. — Les frères de Luc. — Madame d'Épinay géologue. — Linant espion. — Le chanoine Gaudon. — Grimm ne peut venir à Genève. — Discussion avec madame d'Épinay. — Réconciliation. — M. de Silhouette, contrôleur général. — Rechute de madame d'Épinay. — Départ de Grimm pour Genève.

Madame d'Épinay se plaisait beaucoup à Genève, et, n'était l'éloignement de Grimm, elle s'y serait trouvée fort heureuse. En dehors des distractions que lui procuraient ses amis, du charme de ses relations avec Voltaire, elle jugeait que son fils recevait dans cette ville austère les meilleures leçons, les plus profitables, celles de l'expérience: elle-même n'hésitait pas à se prendre en flagrant délit de vanité et à s'en corriger.

MADAME D'ÉPINAY A MADAME D'ESCLAVELLES.

« Le changement de temps, ma chère maman, influe toujours beaucoup sur ma santé. L'air vif qu'il fait ici me fortifie et me convient mieux que le temps mou qu'il fait en France presque toute l'année.

» Je trouve que mon fils gagne beaucoup à son séjour ici. L'exemple a un grand avantage sur les enfants. Il en est une preuve sensible. Il ne se soucie plus de son habit de velours ni de dentelles ; il n'en voit pas porter, il en a, au contraire, essuyé des railleries. Il voit que les égards et les distinctions sont proportionnés au mérite ; cela lui donne une émulation dont nous nous apercevons tous les jours. Une des choses qui l'ont le plus frappé est la visite qu'il a été faire pour moi à un des premiers magistrats de la ville[1]. Cet homme d'un certain âge a une figure vraiment vénérable. Il l'a trouvé logé au troisième étage, vis-à-vis de son bureau, éclairé de deux lampes, son cabinet meublé

---

1. Abauzit (Firmin), né à Uzès, en Languedoc, en 1679, mort à Genève le 20 mars 1767. Il a publié de nombreux articles d'histoire, de critique et de théologie, et a été l'éditeur et le continuateur de l'histoire de Genève de Spon.

de livres et son salon d'une bergame[1]. Cet homme n'a pas cru devoir manquer à sa dignité en venant lui-même éclairer et reconduire mon fils, attendu que tout son cortège consiste en une servante et qu'elle était sortie. Lorsqu'il a vu ce même homme recevoir es honneurs de la garnison et les bénédictions du peuple, en passant par les rues, il ne lui a pas été difficile ensuite, avec deux mots d'explication de notre part, d'apprécier son habit de velours à sa juste valeur.

» Au reste, mon fils n'est pas le seul auquel ce pays apprenne à vivre. J'ai eu aussi une petite leçon. Je me suis fait une société de gens qui seraient recherchés partout. Il y a entre autres une femme on ne peut pas plus aimable qui m'a recherchée et avec qui je me suis liée avec le plus grand plaisir. Elle est jeune, douce, polie, l'esprit orné, très gaie et point pédante, quoique uniquement occupée de son mari et de son ménage. Elle est de Paris, mais elle est la fille d'un marchand de la rue des Cinq-Diamants, que j'ai eu l'insolence de faire attendre vingt fois dans mon antichambre lorsqu'il venait m'apporter des toiles de coton et des damas sur fil. Je me suis surprise un moment de sottise en appre-

---

[1]. Sorte de toile peinte qui se fabriquait à Bergame.

nant quelle était cette dame, mais je vous prie bien de croire qu'il n'a duré que le temps qu'il fallait pour exciter mes réflexions et me donner de bons soufflets.

» Contez cela à M. Grimm, je vous en prie, maman, car c'est le père de mon amie qui a eu l'honneur de vendre les rideaux de fenêtre que nous lui avons achetés ; il aura la bonté de les bien conserver en faveur de cette digne femme.

» Continuez, ma chère maman, à me faire donner de vos nouvelles, je vous en supplie. Je finis, en vous assurant de mon tendre respect. »

Le printemps arrivé, les journées plus longues et la beauté du temps engagèrent madame d'Épinay à faire quelques promenades. Elle s'était liée avec deux amis du docteur Tronchin, MM. de Luc[1], savants aimables et distingués, qui lui inspirèrent le goût de la botanique et de la minéralogie, et l'ai-

1. Guillaume-Antoine de Luc (1729-1812) ; Jacques-André (1727-1817). Négociants par état, mais physiciens et géologues par vocation, les frères de Luc firent servir à leurs recherches les voyages d'affaires que nécessitait leur commerce. « Ils s'étaient partagé la terre et le ciel, dit Sayous : Jacques-» André, l'aîné, étudiait les phénomènes atmosphériques, et » Guillaume-Antoine formait la belle collection de fossiles » qu'il avait commencée dès l'âge de quatorze ans. Élevés » tous deux dans l'horreur de l'incrédulité, ils employèrent » leur vie entière à démontrer aux indifférents et aux mo-» queurs que l'histoire de la création est écrite dans les » montagnes comme elle l'est dans la Genèse. »

dèrent à former un cabinet d'histoire naturelle; elle donnait ainsi un but à ses excursions hors de Genève. Mais son zèle de néophyte lui faisait commettre plus d'une méprise; un jour elle crut avoir découvert des pépites d'or et écrivit à son professeur pour les lui offrir; il refusa ce présent comme trop considérable et elle lui répondit :

MADAME D'ÉPINAY A M. GUILL.-ANTOINE DE LUC[1].

26 avril 1758.

« Tranquillisez-vous, monsieur, je ne suis qu'une ignorante; j'ai vu du jaune qui brillait dans ces cristaux belmoniques, j'ai dit : voilà de l'or, cela est fort beau, fort précieux, j'en donnerai à M. de Luc. M. votre frère est venu éclairer mon enthousiasme et mon or s'est changé en sable; ainsi je n'orne point votre cabinet, au contraire, e m'aperçois que je le pille, car je suis comblée de vos dons. Je viens d'acheter tout le reste du cabinet de M. de Jalabert, tout ce qui concerne la Suisse pour le baron, et tout ce qui est coquillage naturel pour mon frère[2]. Ainsi, ce que je trouverai dorénavant sera pour moi, je me recommande donc à vous, monsieur, dans tous

---

1. Manuscrits de la Bibliothèque publique de Genève.
2. Monsieur de Jully.

les pays où vous passerez, dans tous les genres concernant l'histoire naturelle, mais je ne veux que des hasards et du très beau, parce que je n'ai ni la place ni les moyens d'avoir un cabinet bien étendu, et qu'il y a mille objets de dépenses qui me satisfont plus que celui-là ne pourrait jamais faire. Depuis huit ou dix jours, je me suis mise à étudier avec des livres, des planches et les pièces représentées sur les planches auprès de moi pour les confronter; je fais tant de progrès, que, sans me vanter, je crois qu'on ne m'attrapera plus à prendre du sable pour de l'or; je m'exposerai plutôt à prendre de l'or pour du sable.

» Que vous dirai-je de ma santé? Mon ânesse a la colique et moi aussi; j'ai des vapeurs fort noires, fort tristes, autant pourtant qu'il est dans mon caractère de l'être. Je sens bien que je me porte bien et que ce n'est que mon ânesse qui se porte mal; mais, je ne sais, depuis que je prends son lait, ses maux deviennent miens, et puis on me fait tout plein de mauvaises plaisanteries sur ce nouveau genre d'identité; on dit que mon esprit s'en ressent et je crois qu'il peut bien en être quelque chose.

» Il fait du vent, il fait froid, il fait chaud, on ne peut pas se promener. L'homme de qui je vais prendre l'appartement dit qu'il déménage et reste toujours à la même place; en vérité, la vie est remplie de contradictions, et, puisqu'on n'y peut rien, je vais en rire.

» M. votre frère a passé deux soirées avec moi et a été témoin de mes vapeurs; il me plaint plus que moi et mes maux ne valent; je suis tous les jours plus reconnaissante et plus attachée à tout ce qui vous appartient. Vous prendrez votre bonne part, monsieur, de cette phrase qui n'en est point une, mais seulement l'expression de l'estime et de l'amitié que je vous ai vouées. »

Cette lettre indique la manière dont madame d'Épinay charmait ses loisirs. Elle s'efforçait de faire partager ses goûts à son fils et le dirigeait avec plus de jugement que son précepteur.

Il est probable que Linant considérait ces fonctions de précepteur comme secondaires, et faisait passer bien avant la mission flatteuse qu'il tenait de la confiance de M. d'Épinay; elle consistait à lui rendre compte dans les moindres détails de tout ce qui se passait chez sa femme. On devine ce que pouvait devenir sous la plume de Linant l'action la plus insignifiante. Ces lettres divertissantes étaient colportées par M. d'Épinay dans les salons et obtenaient un véritable succès de commérage. Louise l'apprit et voulut mettre un terme au bavardage épistolaire du précepteur.

« Croiriez-vous, écrit-elle à Grimm, qu'il a eu la bêtise de me répondre que sa conscience était intéressée à ne point souscrire à ce que j'exigeais de lui ; je n'ai pas bien compris d'abord le motif de ce scrupule, mais il m'a assuré de si bonne foi que ce serait manquer à la confiance de M. d'Épinay qui lui avait fait promettre avant de partir de lui tout dire, que je n'ai pu m'empêcher de lui rire au nez. « Mais, savez-vous, lui ai-je répondu, qu'il ne
» tient qu'à moi, en ce cas, de vous regarder comme
» un espion, et, par tous pays, ce rôle n'est pas
» honnête. » Le pauvre homme a été confondu de cet argument. Il n'a pas, dit-il, envisagé d'abord sa mission sous un tel point de vue ; il ne s'y serait pas engagé ; mais sa parole est donnée, comment faire ? J'ai exigé qu'il ne parlerait jamais de moi dans toutes ses correspondances qui sont très étendues, et Dieu sait avec qui. »

M. d'Épinay ne se montrait pas ingrat vis-à-vis de Linant. Le 29 novembre 1758 il gratifiait son correspondant d'une rente annuelle de cinq cents livres[1]. Rien ne motivait pareille générosité, si ce

---

1. C'est grâce aux obligeantes recherches de MM. Dufour, Vernes et Ritter que nous avons eu communication de cette pièce.

n'est le désir de reconnaître des services absolument personnels. Déjà, le 13 janvier 1755, il lui avait fait une première donation de cinq cents livres de rente pour qu'il cessât de porter le petit collet[1].

L'explication de ce don était fort naturelle; le précepteur jouissait d'un bénéfice annuel de cinq cents livres; M. d'Épinay l'obligea à renoncer au petit collet pour qu'il pût accompagner son fils au théâtre, mais par ce fait Linant perdait ses droits au bénéfice; il était donc équitable de lui rendre d'un côté ce qu'on lui faisait perdre de l'autre.

Linant gardait encore quelques relations avec d'anciens collègues, et, pendant son séjour à Genève, il reçut une lettre d'un certain chanoine Gaudon, dont la correspondance mérite une place à part, car elle peint un caractère et est écrite dans une langue qui semble appartenir à un personnage d'un autre siècle [2].

1. Les laïques et les ecclésiastiques, auxquels on conférait des bénéfices qu'ils ne pouvaient desservir, les confiaient à des ecclésiastiques à gages appelés *custodinos*. Les abbés commendataires, c'est-à-dire ceux qui jouissaient d'un bénéfice sans le desservir, ne portaient point le costume monastique; un petit collet et une robe noire indiquaient seuls qu'ils appartenaient à l'ordre ecclésiastique.
(CHÉRUEL, *Dictionnaire des institutions de la France.*)

2. Ces lettres, conservées avec soin par madame d'Épinay, prouvent une fois de plus la vérité de ses assertions quand elle dit avoir gardé scrupuleusement toutes les lettres intéressantes à un point de vue quelconque, qui lui étaient adressées. Cette collection a été la base de ses *Mémoires*

LE CHANOINE GAUDON A LINANT.

« Monsieur et cher confrère,

» Encore que vous vous soyez dépouillé de votre canonicat, informé de vos rares talents et mérites, je vous regrette sincèrement et je voudrais de tout mon cœur que vous voulussiez rentrer en notre corps, ce qui dépendra de vous, persuadé que M. notre abbé se fera plaisir de vous nommer à un autre canonicat, quoique de petit revenu ; avec vos épargnes, vos pensions et patrimoine, vous aurez de quoi figurer ici honorablement. A mon avis, sauf le vôtre meilleur, il vaut mieux passer du monde dans l'Église, comme saint Mathieu, que de sortir de l'Église pour entrer dans une banque, et surtout en prenant un bénéfice où il n'y a pas charge d'âme.

» Si mon avis est le vôtre, M. Cabanel, ci-devant chanoine en notre église, a pris une cure proche Grenoble et envoyé sa démission de son canonicat entre les mains de M. Gaillard, notre abbé, dès le mois dernier. Ne me citez pas, mais écrivez que vous savez que ce canonicat est vacant ; certai-

---

et leur a donné le cachet de vérité et la variété de ton qu'ils n'auraient jamais eus sans cela.

nement vous l'aurez; plusieurs le désirent, mais vous aurez la préférence. Je ne vous propose point des vins de Chablis, surtout de 1753 et de 1755, quoique j'en aie de l'excellent, une cuvée de six feuillettes, blanc couleur d'eau d'or, qui est tout ce qu'il y a de meilleur dans le royaume. On m'en donne 140 livres, mais j'en veux 150 livres; et une autre cuvée de six feuillettes blanc comme eau de roche, que je laisse à 108 livres le muid, rendu au coche d'Auxerre, soutiré, relié, emballé, charroyé. J'ai encore les meilleurs bourgeois de Chablis et de Tonnerre, du 1753, vins rouges et blancs, pour 145 livres le muid, et du bon et fin.

» Si madame d'Épinay en veut, je suis sûr qu'elle en sera contente.

» Vous, à qui je suis avec respect et considération, Monsieur.

» Votre très humble et très obéissant serviteur,

» GAUDON, chanoine »

Au Chastel Censoy sur Yonne par Auxerre.

« P. S. — M. l'abbé de Rias[1] est chéri en ce pays-ci après quatre mois de stage; il sait les psaumes et nos rites, mieux que ceux qui sont ici depuis six ans[2]. »

---

1. Jeune parent de madame d'Épinay.
2. Bibliothèque nationale. Manuscrits 4071, fds. fr.

Le chanoine ignorait évidemment le séjour de Linant à Genève, mais l'originalité de sa lettre amusa sans doute madame d'Épinay qui engagea Linant à lui répondre. Il paraît que, de retour à Paris, elle fit quelques commandes, car cette correspondance va continuer pendant plusieurs années.

Le séjour de madame d'Épinay à Genève se prolongeait fort au delà du terme qui lui avait été primitivement fixé. Bien qu'elle en éprouvât les meilleurs résultats pour sa santé, elle ne pouvait se consoler d'être séparée si longtemps de son ami.

Absorbé par la revision des premiers volumes de l'Encyclopédie auxquels il travaillait avec Diderot, Grimm ne montrait pas un empressement excessif à rejoindre madame d'Épinay.

GRIMM A MADAME D'ÉPINAY.

« Hélas, ma tendre amie, je vois qu'il est presque impossible que je te rejoigne d'ici à deux ou trois mois. Tu sais de quelle nécessité je suis à Diderot dans ce moment où il est près de donner un livre de la première importance pour lui [1]. Ce livre n'est pas achevé. Je lui ai jeté quelques mots sur mon voyage dans le dessein de le presser et de faire avancer sa besogne. Il m'en a démontré les incon-

---

1. *L'Encyclopédie.* On voit que Grimm prit une part assez considérable aux débuts de l'ouvrage.

vénients en deux mots, tant par rapport à vous que par rapport à moi; il ne m'a rien dit que je ne me sois déjà dit confusément, ou plutôt que je ne me sois efforcé de me cacher. Je n'ai qu'une réponse à tous ces inconvénients, qui sont très réels, c'est que je ne vois pas comment il me sera possible de passer tout l'été sans vous et qu'au lieu de m'accoutumer à votre absence, je la supporte tous les jours plus impatiemment. Sans doute qu'il serait peut-être plus sage d'attendre ici votre retour, mais je ne me suis jamais senti moins de courage pour un pareil effort. Il faudrait, pour me dissuader de ce projet, que vous puissiez me promettre de revenir bientôt en parfaite santé. Voilà ce qui pourrait seul me donner des forces. Avant de prendre un parti, il faut encore une fois faire expliquer M. Tronchin sur le temps qu'il fixe pour votre retour.

» Je viens d'apprendre, par le plus grand des hasards, que vous avez une obligation très réelle à M. de Francueil dont il a eu la générosité de ne pas se vanter. Il a employé par les sollicitations les plus vives le crédit de son protecteur, le duc de...., en votre faveur contre M. de Lucé, dans le temps de vos discussions d'intérêt. J'étais absent alors, mais j'ai vu ses lettres, on ne peut y mettre plus de chaleur, plus de décence et d'honnêteté qu'il en a mis dans cette affaire.

» On dit que Rousseau est bien malade; je m'en vais tâcher de pourvoir sous main à ses besoins, avec les détours qu'il faut prendre avec un homme qui est continuellement dans le délire de l'orgueil.

» Le marquis de Saint-Lambert est de retour des eaux; l'angélique créature[1] et lui sont comme nous brouillés sans retour avec Rousseau; ils le connaissent pour ce qu'il est, et commencent à convenir que vous vous êtes conduite comme il le fallait.

» On publie une nouvelle depuis deux jours, ma chère amie, qui nous alarme beaucoup, en ce qu'elle pourrait être de mauvais augure pour M. d'Épinay, si elle se confirme; c'est que M. de Séchelles[2] est remercié du contrôle général et que M. de Silhouette[3] a sa place. Je lui conseille de prendre garde

---

1. Madame d'Houdetot.
2. Séchelles (Jean-Moreau de) (1690-1760), d'abord intendant du Hainaut, fut nommé en 1741 intendant de l'armée de Bohême; il rendit dans ces fonctions de si grands services, qu'on l'appela encore à l'intendance des armées de Flandre et d'Alsace. Frédéric II le citait comme le modèle des administrateurs militaires. En 1754, il remplaça Machault au contrôle général.
3. Silhouette (Étienne de) (1709-1767), contrôleur général. Son avènement au contrôle général fut accueilli par la joie publique. Il commença par réformer les abus qui s'étaient glissés dans l'administration des finances, et, en vingt-quatre heures, il grossit le trésor de soixante-douze millions sans

à lui à l'avenir; M. le comte d'Affry et moi nous l'en avons averti par ordre de madame votre mère qu'il ne voit pas, mais il est d'une sécurité à laquelle je ne comprends rien, si elle n'est pas jouée.

» Votre dernière indisposition a réveillé tout le monde; la comtesse d'Houdetot, le baron, tous vos amis sont venus plus assidûment qu'à l'ordinaire chez madame d'Esclavelles pour savoir de vos nouvelles. Ils veulent tous vous écrire. Je vous conseille d'engager M. de Jully à répondre pour vous et de ne pas vous fatiguer sans nécessité.

» Courage, ma chère amie; en vérité, j'en ai bien plus besoin que vous. »

MADAME D'ÉPINAY A GRIMM.

« Je voudrais en vain vous cacher, mon ami, la peine extrême que m'a faite votre dernière lettre; il me paraît démontré, si vous conservez la volonté

augmentation d'impôts. Ses projets d'économie soulevèrent bientôt contre lui tous ceux qui l'avaient soutenu, et il dut se retirer après un ministère de huit mois. « Sa réputation, » sous le rapport moral, était très mauvaise, dit Grimm. Il » passait pour fripon et pour hypocrite. Si par hasard il a » été honnête homme, il est à plaindre, car il avait l'air faux » et coupable. » Il mourut en 1767, d'une fluxion de poitrine ou d'une ambition rentrée, on ne sait au juste.

de venir me rejoindre, que le plus léger obstacle en sera un insurmontable, par la réflexion qu'en ne le surmontant pas, c'est un sacrifice que vous faites à la raison, et dont nous recevrons la récompense dans la suite. Ce motif a plus de pouvoir qu'on ne pense, surtout s'il est soutenu d'un orateur comme Diderot. Je vois donc que je passerai ici mon temps à vous attendre, à vous désirer; vous, à vouloir venir, à tout arranger pour cela, à le déranger le lendemain, dans l'espérance que quelques semaines de plus affaibliront le mauvais effet que vous prévoyez de votre voyage, et bref à ne point venir.

» Mais raisonnons des inconvénients de ce voyage aussi tranquillement que cette matière le peut permettre. Quant à cette ville, il n'y a nulle espèce d'inconvénient, ce qui s'appelle nulle; tout ce qui m'entoure ici sait que je compte sur votre visite. M. Tronchin m'aurait bien dit son avis sur cela, j'en suis sûre, et je vous garantis que l'ombre d'un soupçon contre moi n'entrerait ici dans la tête de personne. Quant à Paris, on doit en parler. Peut-être n'en fera-t-on rien, mais malgré cela il y faut compter. Hélas! mon Dieu, on ne dira que ce que l'on a dit, et ce que l'on dira quand même vous ne viendriez pas. Enfin, il s'agit du bonheur de notre vie, et n'est-ce pas là ce qu'on appelle le sacrifier à une chimère. Je vous avertis sincèrement, après y avoir mûrement réfléchi, que non seulement je ne m'en estimerai pas plus pour une aussi puérile crainte, mais qu'en vérité, je rougirais d'y céder. Est-ce à des gens, qui pensent et qui agissent comme nous, à redouter la censure du public?

» A l'égard de raisons personnelles à vous et de l'espèce de tort que cette démarche peut vous faire; j'ignore en quoi il consiste. J'ai beau chercher, je ne le devine pas; faites-m'en un détail, et je vous y répondrai franchement. Vous me verrez toujours prête à faire céder mon bonheur au moindre avantage réel que vous en pourrez retirer. Mais, comme c'est par sentiment d'âme que je pense ainsi et non par chaleur de tête ou par héroïsme déplacé, je ne me sacrifierai jamais volontairement à une chimère. L'opinion de Diderot n'est d'aucun poids pour moi; avec les idées qu'il a eues sur mon compte, je crois bien qu'il ne voit dans tout cela qu'un homme qui court après sa maîtresse, mais vous ne voyez pas ainsi, j'espère, car vous me connaissez comme vous-même.

» Il est au-dessus de mes forces de me faire une raison sur notre séparation. Il faut vous mettre dans la tête que, malgré toute la bienveillance qu'on me marque ici, dès que je souffre, je suis seule vis-à-vis de mes maux. Si j'avais cru y être si longtemps et si tristement, je crois que je n'y serais pas venue.....

» Je ne sais si ma situation est, comme vous me le dites, faite de façon à ne pas être tout à fait malheureuse, c'est-à-dire que je ne vais pas me noyer, comme je le ferais, si je ne devais vous revoir jamais; mais, à cela près, y a-t-il deux créatures sur la terre plus à plaindre que nous? »

Comment peindre d'une couleur plus vive la force du sentiment qui domine madame d'Épinay. Cette femme qui a si facilement consenti à renoncer au monde, à ses anciens amis, à appliquer son esprit aux choses sérieuses, à vivre dans la situation la plus étroite; ne peut pas se résigner à être séparée de Grimm quelques mois de plus, et pour le revoir plus vite elle est prête à fouler aux pieds toutes les convenances. Cette femme, qui cherche par tous les moyens à reconquérir l'estime qu'elle a perdue, ne craint plus de braver l'opinion quand il s'agit de son amant, et s'écrie: « Est-ce à des gens qui pensent et qui sentent comme nous à redouter la censure du public! »

GRIMM A MADAME D'ÉPINAY.

« Vous me percez le cœur, ma chère Louise, par la lettre que je viens de recevoir; j'en suis inconsolable. Pourquoi donc êtes-vous si ingénieuse à vous tourmenter. Je vous ai parlé des inconvénients de mon voyage, ils sont réels, mais vous ai-je dit que j'y céderais; ne vous ai-je pas dit au contraire qu'il me paraît de toute impossibilité de passer l'été sans vous? Ma tendre amie, je vous en conjure, croyez-moi et ne vous échauffez point la tête. Vous nuisez à votre santé pour des chimères. Rapportez-vous-en à moi. Je vous jure bien que, sans l'ouvrage de Diderot, je ne serais pas ici le premier du mois prochain.

» Vous vous imaginez qu'il a argumenté sur ce chapitre, et cela n'est point. Il ne m'en a dit que deux mots et nous n'en avons parlé que comme entre deux hommes qui ont du sentiment et de la délicatesse. Il ne désapprouve point, il parle seulement des inconvénients, et, malgré cela, il ne doute pas que je n'aille vous rejoindre...

» Il faut donc que je me détache de la douce habitude que j'ai de vous dire tout ce que j'ai dans l'âme. Si je suis occupé un jour des inconvénients de notre position, il faudra donc vous taire mes réflexions...!

» Je te jure que l'ouvrage seul de Diderot me retient à Paris. Il est vrai que je regarderais comme une faiblesse impardonnable de l'abandonner dans ce moment-ci, mais ne sauriez-vous lire dans mon cœur tout ce qu'il m'en coûte! »

Le lendemain.

« J'ai oublié de vous dire, dans le trouble qui m'agitait hier, mon amie, que madame votre mère m'avait remis un rouleau de cent louis, dont elle vous fait présent pour vous aider à payer le présent que vous faites à M. Tronchin et vous dédommager d'une partie des frais extraordinaires que vous êtes obligée de faire [1].

» Autre avis. Il y a une académie [2] à Genève, je vous conseille d'y faire monter par l'écuyer le cheval que vous destinez à M. Tronchin, c'est un cheval qui pourrait bien se déranger dans la route. »

MADAME D'ÉPINAY A GRIMM.

« J'admire comme tu as le pouvoir d'élever et de flétrir mon âme par un mot. Ta lettre que je viens

---

1. Madame d'Épinay écrivait à Grimm quelque temps auparavant : « Je viens de faire une découverte, c'est que mon » sauveur désire avoir un beau cheval de selle anglais. » M. d'Épinay en a quatre, dis-lui que je veux faire ce présent à Tronchin, paie-le ce qu'il demandera. » Grimm n'accomplit pas la commission immédiatement, ce qui fut très heureux, comme on le verra plus loin.

2. C'était le mot employé pour désigner un manège.

de recevoir m'enchante! si tu m'avais parlé dans les précédentes comme dans cette dernière, mon courage n'aurait pas été abattu et je n'aurais pas ma tête en l'air. Tu dis que dès que Diderot te laissera libre, tu viendras; et t'ai-je jamais demandé autre chose? Si tu veux relire mon rabâchage, tu verras que je ne me plains que de nous rendre malheureux pour des chimères. Sans doute, il faut respecter le public, mais il n'est pas intraitable, et pourvu qu'il voie clairement qu'il n'est pas négligé dans le courant de la vie, il ferme les yeux sur le reste, il finit même par respecter; et quand il ne le ferait pas!... Hélas! mon Dieu, quel sacrifice chimérique que celui qui fait dire : « M. Grimm et madame » d'Épinay vivent ensemble, mais il y a du courage » à s'être séparé un an, deux ans sans avoir » cédé à l'envie de se rejoindre », car voilà pourtant à quoi se réduirait notre éloge. Quelle pitoyable gloire!... et c'est tout ce qu'on pourrait faire, si un tel sacrifice fermait les yeux sur nous pour jamais; mais qui en serait la dupe? Personne, et pas même nous. Je n'ai plus qu'un mot à ajouter et qui, j'espère, est inutile, c'est la douleur que me fait la peine que vous ont causée mes dernières lettres. »

Le lendemain.

« Ta lettre m'a fait un bien inconcevable. Elle m'a mis une gaieté et un baume dans l'âme qui est étonnant. Le baron s'en ressentira, car j'ai reçu une lettre de lui à laquelle il fallait répondre tout de suite, je vous réponds que ma lettre le tiendra en belle humeur pour plus d'une semaine. Mais revenons à nous.

» Ecoute, mon ami, j'ai donc tort d'avoir eu la tête tournée? Eh bien! je ne suis pas tout à fait de cet avis-là. De tout autre caractère que du tien, cette lettre m'aurait fait une moindre impression; mais je ne t'ai jamais vu balancer sur rien, et une fois que vous avez envisagé les choses avec votre chien de charmant esprit juste et ferme, il y en a pour la vie. Voilà, au vrai, la première fois que je t'ai vu déraisonner. Actuellement que je vois que tu t'en mêles tout comme un autre, cela ne m'effarouchera plus et je dirai : il faut opposer ici les raisonnements d'une sublime créature, parce que mon ange n'est plus infaillible, et, en bonne foi, je te croyais tel, vrai comme je suis encore en vie.

» Ah! il y a une académie ici? Eh bien! je te suis obligée de m'apprendre cela : on retrouve ses amis dans l'occasion. Dans quel endroit de la ville est-elle, cette académie? Est-ce du côté de Saint-Pierre ou de Saint-Gervais? des Allobroges ou des Helvétiens? Je t'en prie, mande-moi aussi où je demeure, je suis sujette aux distractions; mais comme je n'en ai pas pour tout ce qui vient de toi, cela pourra m'être fort utile..... »

MADAME D'ÉPINAY A GRIMM.

« Il faut que je vous dise une galanterie charmante que vient de me faire M. de Jully. Il a su, je ne sais comment, que M. Tronchin désirait avoir un cheval de selle anglais. Vous savez que Jully en a de fort beaux; il a fait venir de Paris celui qu'il estime le plus; il est arrivé hier, et, aujourd'hui, il l'a fait conduire de ma part, tout harnaché, dans l'écurie de M. Tronchin. Je ne crois pas qu'on puisse mettre plus de grâce à un aussi bon procédé. Au reste, quand j'ai su que ce cheval arrivait de Paris, j'ai pensé aller lui demander des nouvelles de tous mes amis. C'est une chose plaisante que l'impression que fait quelqu'un ou quelque chose, qui arrive de son pays, lorsqu'on en est à cent lieues...

» J'ai été très incommodée hier et toujours à propos de bottes; je suis mieux aujourd'hui, mais je ne saurais être gaie, car il pleut et je ne ris pas quand il pleut. Par excès de prudence je n'écris pas une ligne de plus. Bonjour. »

GRIMM A MADAME D'ÉPINAY.

« M. de Jully est adorable. Voilà comme il faut être galant ou ne pas s'en mêler. Nous sommes tous enchantés de lui. Cette action fait un beau contraste avec les procédés de son frère. Madame votre mère s'est donnée la satisfaction d'apprendre à M. et madame d'Houdetot, en présence de votre mari, la manière honnête dont M. de Jully en use avec vous. Sa réponse a été impayable : « Mais cela est tout
» simple, a-t-il dit ; Jully est veuf, il n'a ni enfants
» ni dettes, il peut faire des présents, il le doit
» même. » — « C'est-à-dire, reprit madame d'Hou-
» detot, que ce sont vos enfants qui vous ruinent, et
» que c'est par ordonnance du roi que vous avez
» fait des dettes..... »

» C'est donc ma prétendue infaillibilité qui est cause de tous ces tourments de la plus excellente tête du monde. Tu ne m'as jamais vu balancer sur rien, donc je ne devais pas partir. Oh ! quelle logique ! En attendant, il faut souffrir que cette douce Louise se moque de mes injures et tourne en plaisanterie mes sublimes avis.

» Nous avons fini encore un volume aujourd'hui; demain, nous entamons le troisième. Vous voyez que je ne perds pas un instant pour hâter le moment de notre réunion. Je ne vois que madame votre mère et Diderot; nous ne paraissons pas chez le baron; on nous croit tous deux à la campagne. Adieu, ma tendre amie, vite, vite, de vos nouvelles. »

La correspondance entre M. et madame d'Épinay n'était pas des plus actives. Les rares lettres qu'ils échangeaient n'avaient trait qu'à des discussions d'intérêt [1].

Au commencement de 1759, M. d'Épinay, acculé par ses créanciers, crut nécessaire d'entretenir avec sa femme une correspondance plus suivie. Il se lamentait beaucoup sur le mauvais état de ses affaires, la priait d'y avoir égard, et se plaignait entre autres des dépenses exagérées de son fils, pour son entretien, bas, souliers, etc. Il insistait très vivement pour que sa femme revînt à Paris le plus tôt possible prendre la conduite de ses

---

1. On se rappelle qu'en vertu d'un legs de M. de Bellegarde, M. d'Épinay devait à sa femme une rente annuelle de 13,000 livres par an; de plus, pour la nourriture de son fils, celle du précepteur, pour leur domestique et tous les frais subséquents, il avait été convenu, lors du départ pour Genève, qu'il paierait 400 livres par mois. Madame d'Épinay touchait ces diverses sommes au moyen de lettres de change tirées sur un banquier de Paris.

affaires ; sa présence, disait-il, était indispensable. Madame d'Épinay répondit assez vertement.

MADAME D'ÉPINAY A M. D'ÉPINAY.

« J'ai reçu hier, mon ami, votre lettre du 19 de ce mois. Je ne sens que trop l'embarras où vous devez être. Je fais du mieux qu'il m'est possible pour apporter l'économie dans les dépenses qui vous concernent...

» Vous ne devez pas douter à mon retour de mon zèle à vous être utile. Je me suis toujours offerte à conduire vos affaires, et j'y étais portée par devoir et par goût ; aussi n'est-ce pas ma faute si je suis depuis si longtemps comme un meuble plus à charge qu'utile dans votre maison. J'y reprendrai le rôle que j'y dois jouer toutes les fois que je le pourrai convenablement et sans me manquer. La seule récompense que j'ambitionne dans la conduite de vos affaires est que vous cessiez d'y mettre le désordre d'un côté, tandis que je les arrange d'un autre. Vous me le promettez, mais vous m'avez appris à douter.

» Je vous l'ai dit il y a longtemps, les défauts de jeunesse, les étourderies de vingt ans deviennent des vices lorsqu'on les repète à quarante... »

M. D'ÉPINAY A MADAME D'ÉPINAY.

« Je suis bien éloigné, ma chère amie, de disconvenir de tous les torts que j'ai eus, et, quoiqu'ils ne soient pas aussi graves qu'on ait voulu les dire, ils l'ont été assez pour me mettre dans le cas du repentir. Tirons le rideau sur le passé ; j'espère que l'avenir vous rassurera sur la sincérité de mes intentions.

» Vous savez que M. de Silhouette vient d'avoir la place de M. de Séchelles. Nous avons été en corps lui en faire notre compliment ; il nous a fort bien reçus et nous a assurés non seulement de sa protection, mais de l'intention où il était de ne rien changer à tout ce qu'avait arrêté son prédécesseur. Mais parlons de votre santé ; le lait vous réussit ; c'est un grand point qui me donne de grandes espérances pour votre guérison. Si le mieux se soutient, j'espère vous revoir plus tôt que vous ne le dites. L'amitié de M. Tronchin pour vous le rendra difficile sur le temps de votre retour. Il me paraît très suspect pour la permission que vous vous proposez de lui demander. Ainsi, je vous prie de ne pas vous en rapporter tout à fait à lui.

Adieu, ma chère amie, des affaires par-dessus la tête m'empêchent de vous en dire davantage. »

Madame d'Épinay venait de recevoir cette lettre lorsqu'elle éprouva une rechute des plus graves. Tronchin lui-même la crut perdue. Elle eut encore la force entre deux crises d'écrire à Grimm et de le prévenir de son état.

MADAME D'ÉPINAY A GRIMM.

Février 1759.

« Un vomissement beaucoup moins fort que vous ne m'en avez vu souvent m'a mis dans un tel état de faiblesse qu'on travaille aujourd'hui à me fortifier, comme au sortir d'une maladie. Mon régime est tout changé; je n'ose entreprendre de détails, ma tête ne me le permet pas; qu'il vous suffise de savoir, mon tendre ami, que je ne souffre pas aujourd'hui. Le sauveur exige de moi un grand repos; pour Dieu, écrivez-lui et ne me cachez pas la réponse. Vous en saurez plus par lui que par moi, et c'est de vous, mon ami, que j'attends des nouvelles sûres de mon état. Je vous avoue que je commence à perdre la confiance en vous voyant si peu avancé. Je désire me tromper cette fois, mais je suis obsédée de pressentiments sinistres sur mon état, qui ne m'ont presque jamais trompée. Ne dites rien de ceci à ma mère... »

L'amélioration momentanée qui avait permis à madame d'Épinay d'écrire ne fut que de courte durée. Le mal s'aggrava et M. de Jully, effrayé, se hâta de prévenir Grimm.

GRIMM A MADAME D'ÉPINAY.

« Je reçois la lettre de M. de Jully, et je pars. Après la lettre que je reçois aussi de M. Tronchin, il m'est impossible de me croire menacé du plus grand des malheurs; sans cette lettre, je ne serais plus, je crois, en vie. Je viens d'acheter une chaise de poste. Comme je ne pourrai pas partir demain avant midi, quelle que soit ma diligence, j'attendrai la poste qui m'apportera de vos nouvelles du 18; mais demain, à cinq heures du soir, je ne serai plus à Paris : voilà sur quoi vous pouvez compter. J'irai jour et nuit; ainsi, mardi ou mercredi, j'espère être bien près de vous. Madame votre mère se désole de ne pouvoir aller vous rejoindre. Adieu, ma tendre amie, je vous porte un cœur déchiré par la douleur et le désespoir. Un moment passé auprès de vous me fera oublier toutes ces peines.

» Je descendrai chez vous ou chez M. de Jully. »

GRIMM A MADAME D'ÉPINAY.

« Je viens de recevoir une seconde lettre de M. de Jully qui me rassure entièrement sur votre état, ma chère et tendre amie. Je pars donc avec la consolation de vous savoir sans aucun danger. Je vais monter dans ma chaise pour avoir le double bonheur de vous voir et de vous voir sans craindre pour votre vie. Oh! ma tendre amie, rassurez-vous, et, quand tout me console, ne soyez pas la seule à me mettre au désespoir. Tous vos parents et vos amis sont assemblés chez madame votre mère. Ils versent des larmes de joie sur la seconde lettre de M. de Jully. Je vous parlerai d'eux tous et de votre mari, qui ne peut se persuader que vous ne soyez pas encore guérie. Que de tendresses, d'embrassements je vous porte! Si je n'arrive pas aussi vite que je voudrais, ce sera mon laquais qui en sera cause. Il faudra bien le ménager pour qu'il puisse fournir la route. J'arrive, ma tendre amie; que je serai heureux de vous revoir! »

Enfin Grimm s'annonce, il n'est plus qu'à quelques heures de Genève. Vite, on envoie au-devant de lui le vieux, le fidèle Saint-Germain. Cette fois c'est le bonheur, la santé pour madame d'Épinay.

MADAME D'ÉPINAY A GRIMM.

« En recevant votre lettre, mon cher ami, je fais partir Saint-Germain pour aller au-devant de vous, vous dire que je suis assez bien à présent, surtout depuis que j'ai l'espérance de vous voir. Je suis si remplie de ma joie que je ne sais ce que je dis ni ce que je fais... Avant deux heures d'ici, peut-être, je vous embrasserai. Les portes ne se fermeront qu'à neuf heures [1]. Arrivez, mon bon ami, pour achever ma guérison. Je vais me promener pour la première fois. Suivant ce que mademoiselle Drinvillé mande, peut-être que ma mère vient aussi. Que de joie!... Voilà votre laquais. Quoi! vous n'êtes qu'à deux lieues d'ici?... Je fais partir Saint-Germain sur-le-champ... Vous verrez que ceci était écrit avant... mais arrivez!... Bonjour. »

1. Genève était une ville fortifiée et on levait les ponts-levis à l'heure où sonnait le couvre-feu; personne ne pouvait plus alors pénétrer dans la ville. On obtenait cependant quelquefois par faveur exceptionnelle que les ponts resteraient baissés une ou deux heures de plus.

IV.

1759

Grimm à Genève. — Correspondance avec Diderot. — Modifications dans les fermes générales. — Confidences de M. d'Épinay à sa femme. — Discussions d'intérêt. — La comédie aux Délices. — Voltaire achète Tournay. — Mademoiselle Fel aux Délices. — Rupture de Diderot avec Duclos. — Madame d'Épinay quitte Genève. —

A peine Grimm était-il arrivé à Genève qu'il reçut une lettre de Diderot.

DIDEROT A GRIMM.

« Eh bien, mon ami, êtes-vous arrivé? Êtes-vous un peu remis de votre frayeur? Je ne sais pas ce que vous aviez dit à madame d'Esclavelles, mais elle envoya chez moi le surlendemain de votre départ, dès les six heures du matin, pour me faire part des nouvelles qu'elle avait reçues de sa fille. Il nous aut un mot de votre main qui remette un peu nos esprits, que je vous sache arrivé en bonne santé, et qui me dise que madame d'Épinay est mieux. Oh! que je serai content d'elle, de vous et de moi, si nous en étions quittes pour une alarme. . . . .

» Tandis que vous alliez, nos amis nous supposaient tous deux à la campagne; ils n'ont su qu'hier votre départ. J'apparus comme un revenant chez le baron au milieu de la grande assemblée. Je le pris d'abord à part, je lui contai ce qui vous était arrivé, et au milieu du dîner il le répéta tout haut. Je n'ai été réellement content dans cette occasion que du marquis de Croismare. Chacun bavarde à sa guise sur cet événement.

» Bonjour, mon ami, bonjour, jouissez de votre voyage, écrivez-moi tout ce que vous ferez... Vous avez dans le cœur un principe qui ne vous trompera jamais. N'écoutez que lui où vous êtes, et de retour à Paris n'écoutez encore que lui. Heureusement cette voix crie fortement en vous et elle étouffera tout le petit caquetage de la tracasserie qui ne s'élèvera pas jusqu'à votre oreille. Je vous souhaite heureux partout où vous serez.

» Je vous aime bien tendrement. Je le sens et

quand je vous possède et quand je vous perds. Ne m'oubliez pas auprès de M. Tronchin ; présentez mon respect à M. de Jully, à madame d'Épinay, et dites à son fils que je l'aimerai bien s'il est bon et que c'est de la bonté surtout que nous faisons cas. Lisez et corrigez les paperasses que je vous envoie et que je sache du moins que je n'ai plus rien à y faire et que vous êtes content. Adieu encore une fois. »

GRIMM A DIDEROT.

Mars 1759.

« Vous avez dû, mon ami, recevoir un mot de moi que j'avais adressé à madame d'Esclavelles, pour vous apprendre mon arrivée. Vous me pardonnerez aisément de ne vous avoir pas écrit depuis.

» Si l'état de madame d'Épinay n'est pas effrayant pour le moment présent, je vous avoue qu'il n'en est pas moins inquiétant pour l'avenir. L'excès de faiblesse où elle est ne se conçoit pas ; il m'est démontré que si elle n'eût pas pris le parti de venir ici, elle n'existerait plus actuellement.

» Vous imaginez bien que je ne puis rien vous dire encore sur mon retour. Je suis résolu de rester tant que je lui serai nécessaire. Je tâcherai de vous aider d'ici sur le reste de votre besogne, dont j'ai déjà pris lecture.

» La dernière partie de votre ouvrage me paraît un chef-d'œuvre de philosophie et d'éloquence.

» J'ai bien pensé que le baron et compagnie blâmeraient mon voyage et la précipitation avec laquelle je l'ai entrepris, mais j'ai fait mon devoir, que m'importe le reste. Quant aux propos que l'on tient sur le séjour de madame d'Épinay ici, je sais bien qu'il faudrait qu'elle mourût pour en justifier la nécessité; mais pourvu qu'elle se rétablisse, elle prendra tout aussi aisément que moi son parti sur l'injustice du public.

» Je n'ai encore vu qu'une fois Voltaire. J'ai été fort content de la manière dont il m'a parlé de vous; il se plaint de votre silence. Pour Dieu, écrivez-lui donc; vous avez si peu de gens qui vous rendent justice et qui vous veulent du bien, que vous n'êtes pas pardonnable de les négliger.

» M. de Jully est fort sensible à votre souvenir. Ses soins pour sa belle-sœur nous le feraient aimer, s'il n'était encore le meilleur des humains. Un peu plus de nerf et moins d'ignorance en feraient un homme précieux.

» Bonjour, mon ami, parlez-moi de vous, parlez-moi du baron, et surtout du marquis de Croismare. Tenez-moi un peu au courant de tout ce qui vous arrive et aimez-moi tant que vous pourrez. »

Grimm pouvait supposer qu'après quelques plaisanteries sur son départ, on ne tarderait pas à s'occuper d'un autre sujet. Il n'en fut rien. Ce voyage réveilla l'attention du public, qui ne songeait plus guère à madame d'Épinay, et, pendant les premiers mois, les plus méchants propos coururent la société. Diderot fut indigné de cette malveillance et en fit part à Grimm qui lui répondit.

GRIMM A DIDEROT.

Mai 1759.

« Quoi ! Diderot, vous en êtes encore là ? L'injustice et l'inconséquence des hommes vous étonnent ? Ah ! ne voyez-vous pas que c'est vous qui êtes injuste en vous révoltant contre eux ? N'en attendons que ce qu'ils peuvent nous rendre, c'est-à-dire peu de chose ou rien.....

» J'ai brûlé votre lettre, comme vous l'avez voulu ; mais n'exigez plus ces sacrifices de moi ; vous savez que j'aime à garder tout ce qui me vient de mon Diderot, et c'est sans aucun inconvénient que j'aurais conservé celle-ci comme les autres. Premièrement, madame d'Épinay n'a jamais de curiosité embarrassante pour ce qui ne la regarde pas ; de plus, croyez que tous ces faux jugements, ces petites critiques qui viennent de gens qui ne font pas profession d'être de ses amis, ne la touchent. pas.....

» Il ne faut pas, je crois, compter sur notre retour avant le mois de septembre ; ce terme, quoique éloigné, alarme déjà la pauvre malade. J'épuise pour l'encourager tout ce que la philosophie peut dicter de plus vrai, et, il faut l'avouer, de moins consolant pour un cœur sensible ; c'est que je cherche moins à la consoler qu'à diminuer en elle cette ivresse qui ferait le bonheur de ma vie si nous étions destinés à vivre comme nous avons vécu depuis quatre mois. Elle sera toujours l'objet de toute ma tendresse et de tous mes soins ; mais je pourrais bien à mon tour être détourné de cette douce occupation par des devoirs et des affaires, qui, à vue de pays, vont se multiplier.

» La ville de Francfort me presse de me charger d'entretenir une correspondance avec elle[1] ; cette oc-

---

1. Depuis le commencement de la guerre de Sept ans, la ville de Francfort avait de continuelles réclamations à adresser à la cour de France ; les magistrats se plaignaient d'avoir trop de troupes à loger, d'être imposés au delà de leurs moyens, etc., etc. C'est M. Blondel, ancien envoyé de France à Francfort, qui voulait bien se charger de transmettre leurs doléances au ministre. En 1759, quand Choiseul arriva aux affaires, il refusa d'entendre M. Blondel, qui n'avait pas de

cupation me plaît et me convient fort, en ce qu'elle me met à portée de montrer ce qu'on sait faire. Je n'attends pour accepter que le consentement du prince[1] que j'espère recevoir ces jours-ci. Ne parlez de mes projets à personne ; du secret dépend peut-être leur réussite.

» Bonjour, mon ami, tenez-vous en joie et donnez-moi toujours des bonnes nouvelles de votre santé et de votre tête. Vous ne me dites pas si vous êtes content de ma besogne ; j'attends les derniers cahiers de la vôtre. »

Depuis la rechute de madame d'Épinay, on évitait de lui parler de son mari et de ses affaires.

M. d'Épinay vivait plus que jamais avec les Verrière ; un véritable esprit de vertige semblait s'être emparé de lui : chaque jour voyait naître une nouvelle folie. Tantôt il dépensait plus de vingt mille francs pour un rendez-vous de chasse, tantôt il achetait des immeubles, les démolissait, les reconstruisait, les meublait, les démeublait, jetant l'argent sans compter. Une meute déchaînée de créanciers le

---

caractère officiel. Les magistrats de Francfort furent donc obligés d'accréditer auprès de la cour de France un envoyé qui pût défendre leurs intérêts, si fréquemment lésés par les troupes en campagne ; ils choisirent Grimm, qui se trouva ainsi revêtu de fonctions diplomatiques. Le premier mémoire qu'il présenta à Choiseul est du 4 décembre 1759. (*Archives des Affaires Étrangères.*)

1. Le duc d'Orléans.

poursuivait, et il ne savait plus comment leur faire face.

Un coup terrible allait frapper le prodigue et le mettre à deux doigts de sa perte. Des modifications furent apportées au bail des fermes, et le revenu de M. d'Épinay diminué de moitié. Il faillit en perdre la tête ; aussi s'empressa-t-il d'aviser personnellement sa femme de ce fatal événement

M. D'ÉPINAY A MADAME D'ÉPINAY.

« Je ne vous écris qu'un mot, ma chère amie, pour vous informer d'une nouvelle qui va bien vous surprendre et vous affliger, puisque nous en serons la victime. M. de Silhouette, après avoir convoqué hier de la part du roi tous les conseils et les avoir tous rassemblés au Conseil d'État, a proposé trois moyens de subvenir aux engagements du roi, qu'il a peints dans un discours hardi et éloquent, comme à la veille de faire banqueroute. Le premier est la suspension de plusieurs privilèges qui mettront les titulaires dans le cas de payer la taille. Le second, la diminution, la suspension et la suppression totale d'une grande partie des pensions que fait le roi, et le troisième, la résiliation du bail des fermes, qui continuera d'être toujours régi par les fermiers ordinaires, mais à des conditions fort dures.

» Voilà mon revenu réduit à moitié. Je ne sais où donner de la tête, au moyen des engagements que j'ai pris avec tous mes créanciers. Je vais les rassembler pour les engager à me donner des facilités. Je vais faire des retranchements dans mon intérieur. Je compte aussi sur vos procédés dans cette occasion, ma chère amie, et sur ceux de madame d'Esclavelles. Je suis persuadé que vous vous prêterez toutes deux aux circonstances où je me trouve.

» Si quelque chose peut me consoler de cette position, c'est de voir M. de Lucé privé de la pension qu'il a eu la bassesse d'exiger sur ma place. Mais quel dédommagement vis-à-vis d'une suppression de plus de 60,000 livres de rente! J'en frémis quand j'y pense. Dieu veuille que je n'y succombe pas! Ne tirez plus de lettres de change sur moi, surtout le mois prochain. Je vous enverrai à l'avenir ce que je pourrai. Arrangez-vous, je vous prie, en conséquence...

» J'ai déjà fait des retranchements considérables, et j'ai commencé comme de raison par les dépenses de plaisir. Je me suis défait de ma loge à l'Opéra et j'ai réformé la moitié de mon écurie. Je conserve à madame votre mère 5,000 livres pour les 90,000 livres qu'elle m'a prêtées pour mes fonds. Je compte vous envoyer le mois prochain 1,200 livres, et ainsi de mois en mois, et vous recevrez d'ici à quinze jours l'état de dépenses sur lequel je compte monter ma maison à votre retour. Plaignez-moi, je n'ai pas le courage de vous en dire davantage. Bien des compliments à M. Grimm. Adieu, revenez le plus tôt que vous pourrez. »

Ce dernier souhait n'était ni une ironie ni un mensonge. Après le scandale de son inconduite, M. d'Épinay sentait qu'il n'y avait pour lui de salut que dans les apparences d'une vie régulière. Il comprenait parfaitement que, vis-à-vis du contrôleur général aussi bien que vis-à-vis de ses créanciers, il n'obtiendrait de répit qu'en donnant des gages de sagesse.

Madame d'Épinay, soutenue par Grimm, qui l'encourageait à la fermeté, répondit fort sèchement :

MADAME D'ÉPINAY A M. D'ÉPINAY.

« ..... Je vois que l'état des financiers qui restent est beaucoup meilleur que plusieurs lettres arrivées ici ne nous l'avaient fait espérer, et un homme qui oserait se plaindre d'être réduit à 100,000 livres de rentes se ferait jeter la pierre avec raison...

» Vous me parlez de retranchements déjà faits, soit. Mais, de bonne foi, croyez-vous que ce soit une petite loge et d'autres pareils objets qui vous aient si cruellement abîmé. Si vous le croyez, vous me faites trembler, car je vous vois sans ressource. Vous devez sentir que ce sont des dépenses bien différentes qui vous ont ruiné, et vous devez vous les reprocher à chaque instant. Elles ont été de tout temps un objet de scandale pour le public, et comment seriez-vous si cruellement abîmé si, depuis le commencement du traité actuel, vous n'aviez pas continué de vivre dans le désordre? Voilà où il s'agit de faire des retranchements. Si vous aviez eu le courage de me parler de la fin de ces désordres dans vos lettres, elles m'auraient fait plus de plaisir que votre situation ne m'eût causé d'inquiétude.

» Le résultat de toutes mes réflexions est que je vous vois perdu sans ressources, un peu plus tôt un peu plus tard... »

En toutes autres circonstances, M. d'Épinay aurait fort mal pris le ton acerbe et tranchant qu'employait sa femme, mais la diminution de ses revenus l'avait porté à la mansuétude; loin de lui répondre aigrement, il la prend pour confidente, et entre avec elle dans les détails les plus incroyables :

M. D'ÉPINAY A MADAME D'ÉPINAY.

« Votre dernière lettre, ma chère amie, me fait voir tout l'intérêt que vous prenez à notre malheureuse position. Je ne prétends pas excuser plusieurs dépenses extraordinaires, inutiles ou déplacées que j'ai pu faire depuis trois ans ; il eût été plus sage ou plus convenable à tous égards de ne les avoir point faites, mais ce sont des sottises passées sur lesquelles on ne peut revenir. Au reste, ce ne sont point des dépenses que j'ai cru pouvoir faire sans me déranger, qui m'ont mis, depuis six mois, dans une gêne qui vient d'augmenter par le nouvel arrangement des finances, c'est le malheureux bâtiment que j'ai fait à Épinay, qui, au dire de l'architecte, à qui je ne le pardonnerai jamais, devait ne coûter que 80,000 livres et qui me reviendra à plus de 400,000 livres. Si cet objet était assuré, je me trouverais au-dessus de mes affaires.

» Je vous enverrai 1,200 livres tous les mois, d'ici à votre retour ; il m'est absolument impossible d'y ajouter un écu, et si vos lettres de change étaient plus fortes, je serais contraint d'y manquer...

» Revenons maintenant à un article de votre lettre qui mérite toute mon attention. Songez que, dans ce moment, c'est moins à ma femme qu'à mon amie que j'écris. Vous avez assez d'esprit et de philosophie pour que je risque une confidence qu'un mari craindrait sans doute de faire à toute autre femme que vous ; ainsi je compte que vous n'en ferez nulle mention dans votre comité.

» Vous pensez bien que, dans ma position présente, je me suis vu forcé de cesser des dépenses, qui, en contribuant au plaisir et au bien-être de mademoiselle Verrière, à laquelle je dois de l'amitié, me procuraient aussi des amusements que je trouvais plus doux qu'ailleurs, parce que j'y goûtais plus de liberté et que j'en étais le premier moteur. J'ai cru tout simple de lui exposer ma situation ; elle y a été très sensible, et je lui dois la justice de dire que son premier mouvement a été de m'offrir ses diamants et ses bijoux. Le mien a été de les refuser. Mais je vous avouerai qu'après quelques réflexions, malgré tout ce qu'il m'en a coûté, les difficultés, pour ne pas dire l'impossibilité de trouver l'argent dont j'ai un si pressant besoin, m'ont déterminé à accepter l'offre de mademoiselle Verrière jusqu'à concurrence de 40,000 livres. Je lui en payerai comme de raison pendant sa vie l'intérêt à 10 %. Je ne sais si vous avez su que, par un arrangement indispensable, je lui fis déjà, il y a deux ans, 6,000 livres de rente viagère? L'imprudence que j'ai eue de porter sa dépense à une somme beaucoup plus forte lui rendra vraisemblablement fort dure la nécessité de la réformer; mais sa sœur et elle pensent assez bien pour ne point m'en savoir mauvais gré; elles ont pris leur parti, elles se défont de leurs chevaux et de quelques domestiques, et sont déterminées à vivre dans la plus grande simplicité. Je vous dirai de plus que mademoiselle Verrière voulait vendre sa maison de campagne pour me tirer de peine; je lui en ai su d'autant plus de gré qu'elle y est fort attachée, et je n'ai pu consentir à lui voir faire le sacrifice d'un effet qui sera peut-être à l'avenir tout son plaisir.

» Pour moi, ma chère amie, après toute la confidence et le détail que je viens de vous faire, qui est dans l'exacte vérité, je vous donne ma parole d'honneur que je cesse dès ce moment toutes mes dépenses pour mesdemoiselles Verrière; seulement, je me charge de l'état d'anciennes dettes que je leur ai occasionnées et pour le payement desquelles je prendrai des arrangements, afin qu'elles ne soient point inquiétées.

» Mais, me dira-t-on, peut-être aurez-vous toujours les mêmes habitudes chez mesdemoiselles Verrière, les mêmes liaisons subsisteront-elles toujours, et n'est-il pas à craindre qu'elles ne vous engagent à continuer les mêmes dépenses, à déranger encore vos affaires, et enfin à faire tort à vos enfants? D'abord, il est facile de penser que l'amour, s'il y en a eu, est compté en pareil cas pour bien peu de chose après une liaison de huit ou neuf années. Mais quel est l'homme sensé qui pourrait me savoir mauvais gré de l'amitié que je dois conserver pour une personne que je connais depuis longtemps, de qui je n'ai nul sujet de me plaindre, et qui vient de me donner en dernier lieu une preuve d'attachement que d'autres accorderaient bien difficilement? Qui pourrait me blâmer de chercher à me procurer quelquefois un amusement réel dans la société et les talents de deux amies en qui j'ai reconnu des qualités aimables et estimables! Non! non! ma chère amie, je vous le répète et je vous en réitère ma parole d'honneur, je ne changerai rien au plan que je me suis fait, et si je vais m'amuser encore quelquefois chez mademoiselle Verrière, soyez assurée que ni vous ni mes enfants n'aurez jamais aucun sujet de vous en plaindre.

» Je ne sais si vous me saurez gré de ces aveux, mais ils m'ont coûté plus que je ne peux vous dire. C'est plutôt à mon amie qu'à ma femme que j'écris.

Vous êtes faite pour connaître plus que personne toute la force de ce mot, et je compte en tout ceci sur la discrétion que vous m'avez mis en droit d'attendre de vous. Adieu, il est trois heures, je n'en puis plus et j'ai besoin de repos. D'ici à une quinzaine, je compte pouvoir vous envoyer le tableau exact de mes affaires et de ma situation. Ménagez votre santé, ma chère amie, et mettez-vous en état de revenir promptement; j'ai besoin de votre présence pour bien des raisons. »

On peut aisément conjecturer que cette lettre inouïe ne produisit pas précisément sur madame d'Épinay l'effet qu'en attendait son mari, mais elle le connaissait cependant trop bien pour en être très surprise. Elle lui riposta avec indignation qu'elle n'acceptait aucune des réductions proposées, « qu'elle ne cherchait point à diminuer le mérite *des sacrifices* de mademoiselle Verrière, mais qu'elle pensait que M. d'Épinay trouverait toujours tant qu'il lui plairait à échanger des diamants contre des rentes, surtout à dix pour cent et sur une tête de vingt ans [1] ! »

M. d'Épinay répondit à sa femme qu'il lui demandait d'attendre l'avenir pour le juger. Il lui déclarait en outre qu'elle ne devait pas compter sur plus

---

[1]. Inutile de dire que mademoiselle Verrière toucha sa rente, mais ne donna pas ses diamants.

de 1,500 livres par mois en tout et pour tout : ses mesures étaient prises si juste, qu'il avait été obligé d'emprunter à ses gens le mois précédent 54 livres pour ajouter à la somme qu'elle avait tirée sur lui. Si cette somme de 1,500 livres ne suffisait pas, on n'avait qu'à lui renvoyer son fils et Linant, qui coûteraient infiniment moins à Paris qu'à Genève.

Louise réplique avec une énergie dont elle n'est pas coutumière :

MADAME D'ÉPINAY A M. D'ÉPINAY.

« Vous me demandez de vous renvoyer mon fils. Je vendrai plutôt ma chemise que de le renvoyer avant moi, mais je ne la vendrai jamais pour en conserver une à mademoiselle Verrière. Je n'accepte pas de réduction et j'entends toucher la somme qui m'est due, suivant nos conventions....

» Vous donnez des fêtes à Épinay et vous ne rougissez pas d'emprunter 50 livres à vos gens ! L'honneur vous permet de vous humilier devant vos valets et ne vous permet pas de rompre une partie de plaisir que mille considérations auraient dû vous empêcher de lier... »

M. D'ÉPINAY A MADAME D'ÉPINAY.

« Vous répondez très mal, ma chère amie, à la confiance que je vous ai marquée, et le ton, tantôt dur et tantôt ironique, que vous prenez dans vos dernières réponses est on ne peut plus déplacé.

» Je pourrais me dispenser de vous parler des tournures fausses ou captieuses que vous donnez à quelques articles de ma dernière lettre, mais je ne puis m'empêcher de relever l'article où vous dites que je paye 10,000 livres de rentes à mademoiselle Verrière. Il est bien vrai que je les lui dois, mais il ne l'est pas que je les lui paye... C'est dans le même esprit, sans doute, que vous traitez de fête un souper et un concert donnés à Épinay à la comtesse d'Houdetot, et à quelques femmes et à quelques hommes de sa connaissance et de la mienne. Si ce sont là des fêtes !

» Je compte toujours que vous abrégerez votre voyage autant qu'il vous sera possible ; il est temps que vous me rameniez mon fils ; il y a assez longtemps que j'ai pour vous la complaisance de m'en priver. Ce n'est pas pour vous faire de la peine que je vous le redemande ; je vous en ferais peut-être davantage si je vous disais combien toute ma famille a été étonnée de ma condescendance ; elle sera toujours la même pour vous, malgré le ton que vous prenez avec moi, et sur lequel vous n'avez pas bien réfléchi... »

La tendresse dont tous ses amis entouraient madame d'Épinay faisait heureusement diversion à ces pénibles discussions d'intérêt :

« La vie que je mène ici, écrivait-elle à M. d'Affry, est trop douce, trop délicieuse, pour ne pas empoisonner toute celle qui ne se passera pas de même. J'ai toutes les après-dîners un cercle de sept à huit personnes; on joue aux échecs, on cause, on politique, quelquefois un peu trop librement, selon moi; j'en dis mon avis, et je les fais taire. M. Grimm est au comble de la joie. Vous savez son goût pour la politique. Sans lui, j'imposerais silence plus fréquemment. Tout cela se passe gaiement. Oh! que je voudrais vous voir passer un mois avec nous! »

En effet, pendant les huit mois du séjour de Grimm à Genève, la vie de madame d'Épinay fut très douce; ils travaillaient ensemble à la *Correspondance littéraire*. L'esprit sérieux et l'instruction solide des Genevois plaisaient fort à Grimm. Les de Saussure, les de Luc, Charles Bonnet, Mallet[1], etc.,

---

1. P.-H. Mallet, né à Genève en 1730, nommé en 1753 professeur à Copenhague, revint à Genève en 1758, fut nommé professeur à l'Académie et mourut en 1807. Il a écrit une histoire du Danemark dont Grimm a rendu compte dans sa *Correspondance littéraire*, et qui est assez esti-

tous les Tronchin et tant d'autres, formaient un groupe d'intelligences remarquables, au milieu duquel il se trouvait très au courant de toutes les nouvelles scientifiques ou littéraires qui l'intéressaient.

Voltaire lui était également un précieux auxiliaire ; il connaissait Grimm de longue date ; en 1753, quand *le petit prophète de Bœmishbroda* parut, il écrivait à Gauffecourt, qui le lui avait envoyé : « De quoi s'avise ce bohémien-là d'avoir plus d'esprit qu'on n'en a à Paris [1] ? » Il trouva qu'il avait autant d'esprit de près que de loin ; il lui lisait ses tragédies, *Tancrède*, entre autres, à laquelle il travaillait alors, et s'accommodait assez de ses critiques.

Le patriarche était plus que jamais aux petits soins pour sa philosophe, et il ne cachait pas son bonheur quand il pouvait la posséder chez lui. Mais, depuis que nous avons quitté Voltaire, de graves mésaventures avaient troublé son existence et il possédait maintenant tant de domiciles qu'on ne savait où le joindre.

Au début de son séjour aux Délices, il se montra fort satisfait. Vivant dans un beau pays, sous l'aile de Tronchin, accueilli à merveille par la

---

mée. On lui doit encore les *Histoires de Hesse, de Brunswick, de Mecklembourg, de la ligue hanséatique*, etc, etc. Ces travaux le mirent en rapport avec les souverains de tous les petits États d'Allemagne.

1. Voir *Mes moments heureux*.

société genevoise, rien ne venait troubler sa quiétude. La pierre d'achoppement fut son goût pour la comédie ; il ne tarda pas à renouveler les représentations théâtrales de Lausanne, et il recruta sa nouvelle troupe parmi les Genevois. Grand scandale dans la cité de Calvin, où le théâtre, même de société, était interdit par la loi !

C'est à ce moment que parut la *Lettre sur les Spectacles* ; en l'écrivant, Rousseau ne visait pas seulement d'Alembert et Diderot, mais surtout Voltaire, dont il voyait avec chagrin l'ascendant s'accroître à Genève. La *Lettre* arriva à son adresse, et la réprobation que soulevaient les comédies des Délices ne fit que s'augmenter. Voltaire, de son côté, redoubla d'ardeur et de malice[1] : « Je ferai jouer la comédie chez moi par des fils de syndics[2], » s'écrie-t-il, et il y réussit.

Il enveloppa les répétitions de mystère et fit construire un petit théâtre volant, facile à démonter et à cacher ; mais ennuyé à la fin de toutes ces

---

1. A partir de cette époque, Voltaire prit Rousseau en horreur ; il n'avait, en effet, pas lieu de s'en louer. Déjà Jean-Jacques avait écrit à Tronchin qu'il ne remettrait jamais les pieds dans Genève tant que Voltaire y serait ; il excita ensuite contre lui le parti des représentants et les ministres il écrivit qu'il corrompait la République en faisant représenter des tragédies dans ses maisons ; il engagea plusieurs citoyens à faire des reproches au *Magnifique Conseil* de ce qu'il souffrait, malgré la *loi*, un catholique domicilié sur son territoire, etc., etc. A la suite de toutes ces tracasseries, Voltaire dut résilier son bail des Délices ; il y perdit, dit-il, près de 80,000 livres.

2. Les syndics étaient les premiers magistrats de Genève.

précautions, et craignant surtout des difficultés sérieuses de la part des magistrats, il acheta du président de Brosses le château de Tournay, situé sur le territoire français [1]. Il pensait pouvoir y jouer la comédie tout à son aise, à l'abri de l'intolérance genevoise.

Tournay fut donc arrangé pour des spectacles; il serait curieux, mais il n'est pas aisé de décrire le théâtre que Voltaire y fit élever. Les châssis des coulisses étaient couverts d'oripeaux en clinquant et de fleurs de papier; le fond représentait des arcades percées dans le mur : au lieu de frises, c'était un drap sur lequel était peint en couleur cannelle un immense soleil, et malgré tout ce qu'on put lui représenter, c'est sur un pareil théâtre qu'il joua Alvarès dans *Alzire*, Narbas dans *Mérope*, Argire dans *Tancrède* [2], etc. Mais Voltaire n'était encore qu'au début de ses peines.

---

1. « Vous souvenez-vous que, quand je me fis Suisse, écrit-il au comte d'Argental, le président de Brosses vous parla de me loger dans un château qu'il a entre la France et Genève ? Son château était une masure faite pour des hiboux ; un comté mais à faire rire ; un jardin, mais où il n'y avait que des colimaçons et des taupes ; des vignes sans raisin, des campagnes sans blé et des étables sans vaches. Il y a de tout actuellement parce que j'ai acheté son pauvre comté par bail emphytéotique, ce qui, joint à Ferney, compose une grande étendue de pays. Ces deux terres touchent presque à mes Délices. Je me suis fait un assez joli royaume dans une République. »
(Au comte d'Argental, 19 décembre 1758. Voltaire, *Correspondance générale*.)

2. Le duc de Villars joua Gengiskan à Tournay. « Eh bien !

Malgré les efforts du philosophe pour attirer les Genevois dans sa nouvelle demeure, ils n'osaient pas tous y paraître. Accepter ou refuser un rôle, aller ou ne pas aller à la comédie de Tournay, devint une affaire de parti. Les têtes s'échauffèrent au point que M. Tronchin-Boissier, procureur général, se rendit chez Voltaire ; il lui fit entendre que si ces troubles naissants continuaient, la République se verrait poussée à des résolutions extrêmes, et il l'engagea à cesser ses représentations. Voltaire refusa énergiquement. Alors le procureur général fit mander chez lui tous les *acteurs* et les pria de renoncer en faveur de la paix à un amusement qui allumait la guerre ; ils y consentirent. Leur docilité eut autant de censeurs que de partisans ; mais les troubles continuèrent, les spectacles de Tournay également, à la grande joie de Voltaire, qui s'amusait autant des uns que des autres.

Madame d'Épinay était au courant par Voltaire lui-même de toutes ses infortunes théâtrales, et elle s'amusait beaucoup avec lui des péripéties diverses de ses comédies. Elle le voyait très souvent, mais jamais assez au gré du patriarche, qui ne cessait de solliciter ses visites.

monsieur, dit le duc à Voltaire, comment trouvez-vous que je m'en suis tiré ? — Morbleu ! comme un duc et pair, Monseigneur. »

VOLTAIRE A MADAME D'ÉPINAY.

Jeudi.

« Venez, ma belle philosophe ; j'aime mieux Minerve qu'Euterpe, quoique Euterpe ait son mérite. Honorez-nous et instruisez-nous. Vos gens coucheront comme ils pourront. Nous vous attendons demain, le saint jour du dimanche. »

Puis, se ravisant tout à coup, il songe qu'il a oublié le jeune d'Épinay, et envoie un second message.

« Le malade Voltaire présente ses respects à la plus aimable des convalescentes (et à la plus heureuse, puisqu'elle a Esculape Tronchin à ses ordres). Il aura l'honneur de lui envoyer son fiacre ; il se flatte qu'elle voudra bien lui amener un homme d'esprit et de bon sens qui a onze ans ! »

Sa vie s'écoulait paisible et heureuse, lorsqu'un léger incident jeta l'inquiétude dans l'esprit de madame d'Épinay. On apprit tout à coup qu'une célébrité parisienne, mademoiselle Fel[1], dont Grimm

---

1. « Mademoiselle Fel a été l'une des meilleures actrices de l'Opéra pour les rôles tendres, et la plus agréable cantatrice du concert spirituel. C'est, disait-on, un rossignol qui chante, un ruisseau qui murmure, un zéphir qui folâtre. Elle quitta le théâtre en 1758 et afficha pendant quelque

avait été si passionnément épris, venait de descendre aux Délices. Les relations si fréquentes qui existaient entre Genève et les Délices devaient amener fatalement une rencontre.

MADAME D'ÉPINAY A M. D'AFFRY.

« J'ai eu un instant de crainte et d'inquiétude bien mal fondée par l'arrivée de mademoiselle Fel ici. Elle vient passer trois semaines chez Voltaire. Je redoutais son ancien pouvoir sur M. Grimm, et j'avais bien tort. Je voudrais que vous vissiez sa conduite avec elle ; on ne peut en avoir une plus noble et plus généreuse. Il a la sévérité et l'espèce de rancune que donne l'esprit de justice. Il ne peut oublier la dureté de ses procédés avec lui. Il me paraît plus résolu que jamais à ne pas la revoir. Chaque jour, chaque occasion ajoute à mon estime pour lui et me met dans le cas de le chérir davantage ; mais, en revanche, si la haine pouvait entrer dans mon cœur, Duclos lui donnerait souvent sujet

---

temps une sorte de sagesse. Quelqu'un citant la vie retirée de mademoiselle Fel, Sophie répliqua : « Ne vous y fiez pas ; » cette fille ressemble à Pénélope : elle défait la nuit ce qu'elle » a fait le jour. » (*Arnoldiana.*) « Cette nymphe mangea les revenus de plusieurs provinces et fut réduite sur la fin de sa carrière à quêter un regard. »

de s'accroître. Vous savez le soupçon odieux qu'il avait semé contre M. Grimm, il y a deux ans, en l'accusant sourdement d'être l'auteur d'un libelle qui parut alors contre le maréchal de Broglie? L'impunité l'a vraisemblablement encouragé à une nouvelle horreur. Diderot mande à M. Grimm qu'il vient de paraître une brochure contre la comtesse de Montesson. On en ignore l'auteur. On en avait soupçonné le petit Saint-Hilaire, ami de Duclos. Il jure n'y avoir nulle part; on croit qu'il dit vrai, mais Duclos ne s'est pas contenté de contribuer à laver son ami d'un soupçon qui, à la vérité, n'était pas vraisemblable, il lui a dit qu'il avait de fortes raisons de croire que cette brochure sortait de la société du baron, et qu'en tout cas, il ne courrait aucun risque d'en nommer M. Grimm pour l'auteur. Ce bruit a pris crédit; on a su assez promptement son origine. Duclos a été chassé ignominieusement de chez le baron et a feint d'en ignorer la cause. Il a demandé à Diderot un rendez-vous pour s'expliquer avec lui. Voici le tendre billet que Diderot lui a répondu :

DIDEROT A DUCLOS.

« Gardez-vous bien de venir, car, dans la colère où vous m'avez mis, je ne sais pas si vous sortiriez de chez moi. De quoi vous mêlez-vous ? Est-ce que vous ne sentez pas que, pour nuire à un seul homme qui ne vous a jamais rien fait, vous en allez perdre sept autres, parmi lesquels il y en a un que vous avez appelé votre ami ? Je conçois que l'on puisse faire du mal même à son bienfaiteur, mais je ne saurais comprendre comment on en fait à celui à qui on a rendu cent services ; c'est là ce qui est vraiment contre nature. Demeurez chez vous ; je conserverai au fond de mon cœur la reconnaissance que je vous dois, mais je ne puis ni ne veux plus vous voir. »

Le séjour de madame d'Épinay à Genève se prolongea jusqu'au mois d'octobre 1759 ; sa santé beaucoup meilleure, le désir de revoir sa mère et sa fille, la nécessité de surveiller ses intérêts, l'engagèrent à quitter enfin la Suisse et à rentrer à Paris, mais il ne suffisait pas de s'y décider ; cette femme de fermier général était dans une situation tellement précaire, qu'elle ne possédait même pas l'argent nécessaire à son retour. Elle écrivit à son mari, qui offrit de prendre à sa charge la moitié des frais; mais, vu l'impossibilité où il se trouvait d'envoyer de l'argent, il conseillait à Louise d'emprunter, promettant d'acquitter la dette un jour ou l'autre.

Madame d'Épinay dut se résigner et recourir

à ses amis pour trouver les fonds nécessaires au voyage.

Elle commençait ses préparatifs de départ lorsqu'une lettre de M. d'Affry lui annonça qu'il était nommé ministre de France à Bruxelles. Elle ressentit vivement cette nouvelle, qui la privait d'une des plus grandes joies du retour.

Grimm apprit en même temps sa nomination comme envoyé de la ville libre de Francfort à Paris. Ce fut pour madame d'Épinay un nouveau sujet d'inquiétude. Une foule de réflexions plus sinistres les unes que les autres vinrent l'obséder, elle eût voulu ne jamais quitter Genève : là seulement l'avenir lui paraissait heureux. Après une nuit d'insomnie elle descendit prendre l'air sur sa terrasse. Grimm l'y rejoignit et lui demanda la cause de sa tristesse. Elle le lui dit avec une effusion de cœur qu'elle ne put contenir.

« Ma tendre amie, répondit-il, il faut remplir sa vocation ; la vôtre ne saurait être de vivre retirée et solitaire avec moi ; nous ne devons nous consacrer que les moments de repos que nos devoirs nous laissent. Le bonheur dont nous avons joui depuis six mois ne devait jamais exister ; c'est un bienfait du ciel dont nous devons être reconnaissants, une époque heureuse dans notre vie ; mais nous serions coupables de nous désoler de son peu de durée, tandis que nos devoirs nous rappellent ailleurs. »

C'était là sagement penser. Mais si, dans cette occasion, Grimm donnait à madame d'Épinay la mesure de son esprit calme, pondéré, plein de bon sens, il lui donnait en même temps la mesure de sa passion pour elle. Ces arguments, d'une irréfutable logique, étaient singulièrement placés dans la bouche d'un amant.

Le départ fut fixé au mardi 5 octobre. M. de Jully et Grimm ramenaient madame d'Épinay. Voltaire voulut recevoir une dernière fois à sa table les amis qui le quittaient peut-être pour toujours, et, le jour même de la séparation, il les réunit tous dans un dîner d'adieu.

V

1759-1760

Retour à Paris. — Liaison intime avec Diderot. — La maison du baron d'Holbach. — La *Correspondance littéraire*. — Lettres de Voltaire. — Représentation de *Tancrède*. — Madame Denis. — Le chanoine Gaudon.

JOURNAL DE MADAME D'ÉPINAY.

« Les six jours de ma route ont été, depuis mon départ de Genève, mes derniers moments heureux sans mélange. Le jour de mon départ fut un jour de désolation; on n'entendait dans ma maison que pleurs et que regrets. Cinq ou six personnes de ma société vinrent m'accompagner jusque chez Voltaire où je dînai. Il me marqua la plus grande peine de mon départ; il pleura en m'embrassant, mais les pleurs d'un poëte ne signifient pas toujours de la douleur. Dès que j'eus perdu de vue, et mes amis de Genève, et surtout M. Tronchin, je me crus perdue; je ne sais ce qui se passa en moi, mais il me semblait que j'étais une victime que l'on menait au supplice...

» Le dernier jour de notre route, mon mari vint au-devant de moi ; Jully l'aperçut le premier et nous l'annonça. Je pâlis et je pensai me trouver mal. M. Grimm me regarda et me rendit le courage ; je fis un effort sur moi-même et je reçus M. d'Épinay sans aucun trouble apparent. Il monta dans ma voiture. Jully eut l'air plus ému que moi. Après lui avoir demandé des nouvelles de ma mère, de ma fille et de tout ce qui m'intéressait, dont il ne put rien me dire parce qu'il y avait plus de huit jours qu'il ne les avait vues, il voulut me parler d'augmentations qu'il faisait dans sa maison de Paris ; mais je lui répondis que sa position ni la mienne n'exigeaient un tel soin et je le prévins que j'allais, au moins pour quelque temps, loger chez ma mère, tant pour jouir de la revoir que pour me mettre au fait de nos affaires.

» Ce début, auquel il ne s'attendait pas, l'étourdit un peu ; Jully voulut se mêler de la conversation, mais, au premier mot que lui dit son frère, la sueur froide et le bégaiement[1] le prirent, il n'osa répliquer. Nous nous regardâmes, M. Grimm et moi, et cet essai nous prouva ce que nous avions bien prévu, c'est que jamais il n'aurait le courage d'avoir un avis à lui. M. d'Épinay, un peu remis par la victoire qu'il venait de remporter sur son frère, voulut reprendre courage et nous prouver que ses affaires étaient excellentes. Je lui répondis que c'était sur un tableau par écrit que je jugerais de la situation et non par des paroles en l'air.

« — Oui, oui, reprit M. d'Épinay, laissons cela,
» nous aurons tout le temps d'en parler. A propos,
» la comtesse d'Houdetot m'a chargé de vous préve-
» nir; elle est à la campagne, elle revient samedi,
» elle a tous vos amis à souper, elle compte sur
» vous, il y aura de la musique. » — « Je lui rends
» grâce, je serai très empressée de la voir ; mais
» je ne soupe point, je me couche à dix heures
» et je ne changerai rien à mon régime. » —
» « Bon, mais vous n'êtes donc pas guérie ? » —
» « Pardonnez-moi, mais je ne veux pas retom-
» ber malade. » — « Et comptez-vous vivre tou-
» jours ainsi ? » — « Tant que je le croirai néces-
» saire. »

---

1. Lorsque M. de Jully éprouvait la moindre émotion, il était pris d'un bégaiement impossible à surmonter.

» Nous arrivâmes à Paris le 9 octobre vers les cinq heures. En arrivant chez ma mère, je trouvai tous nos domestiques dans la cour ; dès qu'ils m'aperçurent, ils bénirent Dieu et poussèrent des cris de joie étouffés par les larmes. Mais que devins-je en voyant Pauline se précipiter dans mes bras ; à peine pus-je la reconnaître, tant elle était grandie et embellie. Je me débarrassai d'elle après l'avoir embrassée et je courus me jeter aux pieds de ma mère qui s'efforçait de descendre l'escalier, soutenue par mademoiselle Drinvillé et par sa femme de chambre. Elle me donna sa bénédiction, me serra dans ses bras : « Mon enfant,
» ma chère enfant, me dit-elle en sanglotant, c'est
» maintenant que je puis mourir en paix! » Je m'aperçus avec douleur qu'elle ne me voyait presque pas. Revenue dans son appartement, elle me serra de nouveau dans ses bras et me dit à l'oreille : « Mon enfant, la paix est rentrée dans
» mon âme, mais elle va fuir de la tienne, les jours
» de peine et de tourment vont recommencer. »
— « Il n'en sera pas pour moi, maman, lui
» dis-je, étant près de vous et de mes enfants. »

» Ma mère ne se lassait pas d'embrasser tour à tour mon fils et moi.

» Après le souper, M. de Jully, M. d'Épinay,

mon fils et M. Grimm s'en allèrent ensemble. Ils me souhaitèrent une bonne nuit, et M. Grimm, me serrant la main pour me donner courage, me dit qu'il enverrait le lendemain savoir de mes nouvelles. Ce mot, qui me montrait encore plus notre séparation, me brisa l'âme de nouveau et acheva presque de détruire tout le charme de ma soirée. Je ne me sentais pas fatiguée, et j'aurais préféré rester à causer toute la nuit entre ma mère, mademoiselle Drinvillé et mon enfant, plutôt que de me trouver entre mes quatre rideaux, livrée à mes réflexions.

» Enfin, mademoiselle Drinvillé nous fit apercevoir que nous avions tous besoin de repos. Nous nous levâmes pour nous retirer dans nos appartements et, quoique ma mère, que je reconduisis dans le sien, fût soutenue par ses deux femmes, nous fûmes encore près d'une demi-heure à causer sur nos jambes avant de nous quitter. »

Le lendemain fut consacré aux visites de la famille et des amis. Seul, Francueil ne se présenta pas; madame d'Épinay s'étonnait à juste titre de ce manque d'égards, quand elle apprit qu'il résidait en ce moment dans sa terre avec les petites Verrière; son mari en arrivait, lorsqu'il était venu au-devant d'elle.

Pendant les premiers jours du retour, M. d'Épinay

ne quitta pas son fils; il le menait courir les marchands, faire des visites inutiles et enfin à l'Opéra dans sa petite loge [1]. Toutes ces nouveautés tournaient la tête du jeune homme. Heureusement pour lui, madame d'Esclavelles se plaignit de l'oubli où la tenait son petit-fils après une si longue séparation, et le père, se rendant à sa requête, laissa désormais Louis à la maison.

A peine reposée des fatigues du voyage, madame d'Épinay somma son mari de lui présenter enfin le tableau de sa situation financière. Au bout de quelques jours, Cahouet [2] apporta deux carrés de papier, écrits et chiffrés de la main de son maître. Toutes les sommes énoncées par à peu près, plusieurs articles ou époques restés en blanc, faisaient qu'il était impossible d'y rien comprendre; néanmoins les totaux étaient tirés avec assurance et les arrangements à venir fixés sans aucune difficulté.

---

[1]. «...Loge masquée par des stores, petit salon commode, entouré tout à la fois de monde et de mystère, où Lauzun et madame de Stainville se donnaient leurs rendez-vous. On y arrive en déshabillé. On y apporte son épagneul, son coussin et sa chaufferette. On y échappe aux importuns qui assiègent une femme avant l'heure du souper. On y reçoit le monde qu'on veut, et on y tient tout haut une conversation dont on n'interrompt le babil et les éclats que pour regarder par le morceau de verre de son éventail. Une partie du parterre est supprimée pour augmenter le nombre de ces petites loges, dont chacune rapporte par an 4.800 livres à la Comédie. »

(De Goncourt, *la Femme au* xviiie *siècle,* p. 130.)

[2]. Intendant de madame d'Épinay.

Les projets de réforme portaient tous sur les objets les plus essentiels, tels que l'éducation des enfants, etc.; il diminuait aussi les gages de ses anciens domestiques sous l'ingénieux prétexte qu'ils avaient plus gagné chez lui que les autres.

Après quinze jours des discussions les plus pénibles, il fut convenu que madame d'Épinay retournerait chez son mari et que madame d'Esclavelles y viendrait aussi. M. d'Épinay s'engageait à ne toucher de son revenu que 2,000 livres par mois pour sa dépense personnelle. Le reste de ce revenu devait être employé par sa femme à l'acquit des dettes, aux dépenses de la maison et à celles des enfants.

Les premières émotions du retour une fois calmées, chacun organisa sa vie comme elle devait se passer désormais. M. d'Affry partit pour Bruxelles, Grimm commença ses fonctions de chargé d'affaires de la ville de Francfort. Madame d'Épinay saisit le prétexte de sa santé pour rester chez elle et ne fit d'infraction à la règle que pour sa famille et quelques amis de choix, les d'Holbach entre autres.

Son absence prolongée l'avait merveilleusement servie; libre en arrivant de composer sa société, elle mit une extrême lenteur à ce choix délicat et s'en trouva bien. Le nom du premier personnage qu'elle voulut introduire dans son intimité est facile à deviner; on sait quel souci lui causaient les préventions du meilleur ami de l'homme qu'elle aimait, et elle attendit donc avec anxiété de voir se dessiner son attitude.

En apprenant le retour de Grimm, la joie de Diderot fut grande :

9 octobre 1759.

« Ce n'est pas lui qui m'appelle ici, ma Sophie [1], écrit-il à mademoiselle Volland ; c'est vous, oui, c'est vous, croyez-le. Je vous le dis, je le lui dirais à lui-même, et il n'en serait pas fâché. C'est qu'il aime aussi, lui ; c'est qu'il y avait huit mois que nous ne nous étions embrassés ; c'est qu'il était deux heures et demie quand il est arrivé, et qu'à cinq il était reparti pour l'aller retrouver.[2]..... J'ai rendez-vous chez lui au sortir d'ici... Quel plaisir j'ai eu à le revoir et à le recouvrer ! Avec quelle chaleur nous nous sommes serrés ! Mon cœur nageait. Je ne pouvais lui parler, ni lui non plus. Nous nous embrassions sans mot dire, et je pleurais. Nous ne l'attendions pas. Nous étions tous au dessert

---

1. Louise-Henriette Volland, que Diderot, par une substitution de nom fréquente alors, a toujours appelée Sophie, était fille d'un financier. Née à Paris, elle y mourut en février 1784, quatre mois avant le philosophe qui a immortalisé son nom. Notre ami, M. Maurice Tourneux, prépare, d'après des documents entièrement inédits, une nouvelle étude sur mademoiselle Volland et sa famille.

2. Madame d'Épinay.

quand on l'annonça : *C'est monsieur Grimm ! — C'est monsieur Grimm !* repris-je avec un cri ; et je me levai, et je courus à lui, et je sautai à son cou ! Il s'assit, il dîna mal, je crois. Pour moi, je ne pus desserrer les dents, ni pour manger, ni pour parler. Il était à côté de moi. Je lui serrais la main et je le regardais ! »

Diderot devient dès à présent un des principaux personnages de ce récit, nous le retrouverons sans cesse à Paris comme à la Chevrette. Son caractère était fait pour plaire à madame d'Épinay, et leur amitié si lente à naître fut durable et profonde.

Cet homme, jugé de façons si diverses, ne se montrait jamais sous un jour plus favorable que dans l'intimité ; l'éloquence, la grâce, le feu de son étincelante conversation s'y déployaient à l'aise. De l'aveu de ses amis et de ses ennemis, cette conversation était très supérieure à ses écrits. Son instruction remarquable lui fournissait des ressources sans bornes. La bonté de son cœur [1], son dévouement, ses attentions délicates rendaient sa société précieuse à ses amis et faisaient aisément excuser

---

1. La bonté formait un des traits principaux du caractère de Diderot ; il préférait dans autrui cette qualité à toutes les autres, à condition cependant qu'elle fût raisonnée. « L'homme qui porte la bonté comme un pommier porte des pommes, disait-il, sans le vouloir et sans s'en douter, n'est qu'un imbécile. »

les exagérations de ses colères et de ses enthousiasmes, car Diderot n'était pas un modéré.

Passionné dans la discussion, fécond en idées, il réveillait celles des autres, mais ne permettant guère la réplique. Avec la mobilité qui caractérise tout homme à imagination vive, il changeait d'avis avec une inconscience et une bonne foi extraordinaires.

En morale, comme en philosophie, Diderot n'a jamais été maître de lui ; il a toujours obéi à ses sensations. Il est des phrases échappées à sa plume qu'on voudrait pouvoir effacer. Il eût été indigné des excès de la Révolution et bien surpris de les avoir en quelque sorte préparés[1]. Véritable utopiste, il ne calculait point la portée et le résultat des idées qu'il semait à profusion : « On peut, dit madame Necker qui le connaissait bien, comparer les penseurs comme Diderot à Deucalion qui jettait des pierres derrière sa tête pour en faire des hommes, et ne regardait pas quelle forme elles prenaient. » Il dit lui-même : « La tête d'un Langrois est sur ses épaules comme un coq d'église au haut d'un clocher, elle n'est jamais fixe sur un point, et, si elle revient à celui qu'elle a quitté, ce n'est pas pour s'y arrêter. Je suis bien de mon pays, » ajoute-t-il.

1. Cependant, il ne faut pas croire qu'il ait joué un auss grand rôle qu'on le lui attribue dans le mouvement révolutionnaire et antireligieux qui amena 93. La date de la publication de ses ouvrages en fait foi. *La Jeune Religieuse* entre autres, ne fut publiée qu'en 1796.

La vie de Diderot était un rêve continuel; quand on lui lisait quelque chose, sa tête fermentait, il confondait ses idées avec celles de l'auteur et il s'imaginait ensuite avoir entendu un chef-d'œuvre.

Ses *Lettres à mademoiselle Volland* doivent donner une idée de sa conversation. Grâce à ces lettres charmantes, nous pourrons souvent suivre pas à pas madame d'Épinay dans sa vie à la Chevrette.

MADAME D'ÉPINAY A M. D'AFFRY.

« ...Nous avons dîné aujourd'hui chez madame d'Holbach; elle en a tant prié ma mère et moi, et m'a conjurée de si bonne grâce d'y mener mes enfants, que ma mère n'a pu résister à son empressement. Il n'y avait d'autres étrangers que le marquis de Croismare, Grimm et Diderot. En vérité, j'ai eu un moment d'illusion; je me suis crue à Genève, tant la conversation était douce, tant on était occupé de moi, on avait de soins et d'attentions pour ma mère, et tous enfin nous avions l'air heureux d'être ensemble.

» M. Diderot, loin de me fuir comme à son ordinaire, a été très honnête, très causant avec moi, il m'a témoigné autant d'intérêt que d'estime, et je vous avoue qu'il m'a attaquée par mon endroit sensible : c'est qu'il m'a paru content de mon fils, enchanté de Pauline et plein de vénération pour ma mère. Il nous a demandé permission de se faire présenter à nous par Grimm ; ma mère lui a répondu que, quand on avait comme lui autant de titres pour être bien reçu, il était superflu d'en requérir d'autres et j'ai ajouté :

« Monsieur, quand on se connaît autant que nous
» nous connaissons, il n'est plus question de présen-
» tation. » Grimm et M. de Croismare doivent venir passer la soirée avec nous. M. de Jully commence à nous négliger un peu. Nous voyons madame d'Houdetot quand elle se souvient qu'elle nous aime. Le marquis de Saint-Lambert va arriver incessamment et se propose d'être souvent des nôtres. Pour M. d'Épinay, on ne le voit guère que le matin pour assister aux leçons de musique de mes enfants. Bonjour, mon tuteur ; la suite à l'ordinaire prochain. »

Huit jours après.

« Je reprends où j'en suis restée. Vous savez que M. de Croismare et Grimm devaient venir passer la soirée chez moi le jour que je vous écrivis. Ils y sont venus, en effet, et ils ont amené Diderot : ma mère et moi, nous en avons été comblées. Eh bien ! depuis cette soirée, il est venu me voir tous les jours ; il m'a fait perdre moyennant cela beaucoup de temps, si on peut appeler ainsi des moments si bien employés. Sa conversation est ravissante ; sa confiance, sa sécurité en inspirent. Il a exalté ma tête et mon âme ; il... comment exprimerai-je cela ? Ce n'est pas précisément lui qui fait mon bonheur, qui me rend heureuse, mais il a donné à mon âme une secousse qui l'a mise en état de jouir de tout le bien qui m'entoure. M. Grimm est si heureux au milieu de nous, il jouit si bien de ma satisfaction et de mon triomphe, car c'en est un ; je suis si heureuse de son bonheur qu'il ne me manque que vous pour me voir tirer de mon sort tout le meilleur parti possible... »

Cette maison du baron dans laquelle Diderot passait sa vie, où Grimm se rendait presque chaque jour, devait offrir désormais à madame d'Épinay la plus précieuse ressource. C'était rue Royale, à quelques pas de chez elle, que demeurait celui que Galiani appelait le maître d'hôtel de la philosophie.

Le baron d'Holbach vint à Paris dès son enfance et y passa la plus grande partie de sa vie. Jouissant d'une agréable fortune, il l'employait fort utilement pour le bien des lettres et des arts. C'était un des hommes les plus instruits de son temps, et comme il avait une mémoire prodigieuse, son érudition lui faisait grand honneur dans la conversation. Une riche collection de dessins des meilleurs maîtres, une nombreuse bibliothèque, d'excellents tableaux, dont il était bon juge, venaient encore ajouter un attrait à ses réceptions.

Il donnait régulièrement deux dîners par semaine, le dimanche et le jeudi, où il réunissait quinze ou vingt hommes de lettres ou hommes du monde. « Une grosse chère, mais bonne, nous dit Morellet, d'excellents vins, d'excellent café, beaucoup de disputes, jamais de querelles, un gaieté vraie sans être folle, enfin une société vraiment attachante, et qu'on pouvait reconnaître à ce symptôme, qu'arrivés à deux heures nous y étions souvent encore à sept et huit heures du soir. C'est là qu'il fallait entendre la conversation la plus libre, la plus animée, la plus instructive qui fut jamais. »

Il faut dire cependant que tout le monde ne professait pas la même opinion. Walpole, si original dans ses appréciations, écrivait à son ami Selwyn : « J'oubliais de vous dire que je vais quelquefois chez le baron d'Holbach; mais, j'ai planté là ses dîners, c'était à n'y pas tenir avec ses auteurs, ses philosophes et ses savants, dont il a toujours un plein pigeonnier. Ils m'avaient fait tourner la tête avec un nouveau système de déluges antédiluviens, qu'ils ont inventé pour prouver l'éternité de la matière. Le baron est convaincu que *Pall Mall* est pavé avec de la lave ou des pierres du déluge. En somme, folie pour folie, j'aime mieux les jésuites [1]. »

1. H. Walpole à Georges Selwyn.

Diderot disait du baron : « Il a de l'originalité dans le ton et dans les idées. Imaginez un satyre gai, piquant, indécent et nerveux au milieu d'un groupe de figures molles, chastes et délicates. » Ce dernier passage s'applique à la baronne et non pas à sa belle-mère, qui, d'après les lettres de Diderot, ne brillait pas précisément par la délicatesse ni la chasteté du langage[1]. Il avait épousé mademoiselle d'Aine, fille du maître des requêtes... Il la perdit en 1757, en eut un chagrin qu'on crut inconsolable et, un an après, épousa la sœur de sa femme. Elle devint une des meilleures amies de madame d'Épinay.

Depuis son retour à Paris, Grimm succombait sous

---

1. « Le soir, nous étions tous retirés. On avait beaucoup parlé de l'incendie de M. de Bacqueville, et voilà madame d'Aine qui se ressouvient, dans son lit, qu'elle a laissé une énorme souche embrasée sous la cheminée du salon; peut-être qu'on n'aura pas mis le garde-feu, et puis la souche roulera sur le parquet comme il est déjà arrivé une fois. La peur la prend, et comme elle ne commande rien de ce qu'elle peut faire, elle se lève, met ses pieds nus dans ses pantoufles et sort de sa chambre en corset de nuit et en chemise, une petite lampe de nuit à la main. Elle descendait l'escalier, lorsque M. Le Roy, qui veille d'habitude et qui s'était amusé à lire dans le salon, remontait; ils s'aperçoivent, madame d'Aine se sauve, M. le Roy la poursuit, l'atteint, et le voilà qui la saisit par le milieu du corps et qui la baise, et elle crie : « A moi ! mes gendres, s'il me fait un enfant, tant pis pour vous. » Les portes s'ouvrent; on passe dans le corridor et l'on n'y trouve que madame d'Aine, fort en désordre, cherchant sa cornette et ses pantoufles dans les ténèbres, et notre ami renfermé chez lui. Je les ai laissés dans le corridor, où ils faisaient encore à deux heures du matin des ris semblables à ceux des dieux d'Homère. » (Diderot à mademoiselle Volland.)

le poids de ses occupations. Malgré ses nouvelles fonctions d'envoyé de Francfort, il n'avait pas abandonné sa position près du duc d'Orléans; si l'on joint à cela la rédaction de la *Correspondance littéraire*, on comprend qu'il eût peu de temps à consacrer à l'amour ou à l'amitié. Dès cette époque madame d'Épinay chercha à l'aider dans ses travaux; mais c'est surtout à la *Correspondance littéraire* qu'elle apporta les qualités de son esprit observateur et fin. Cet ouvrage est le véritable titre de gloire de Grimm aux yeux de la postérité; commencé par l'abbé Raynal en 1747, il ne tarda pas à prendre un grand développement entre les mains du petit prophète, comme l'appelle Voltaire. Le but était de rendre compte à divers princes étrangers de toutes les œuvres philosophiques, littéraires ou artistiques, de toutes les pièces représentées sur les différents théâtres, en un mot de toutes les productions de l'esprit, émanant de ce Paris, sur lequel les yeux de l'Europe étaient toujours fixés [1].

Sainte-Beuve a parlé de Grimm comme d'un cri-

---

[1]. Les principaux souverains auxquels Grimm adressa cette correspondance furent les ducs des Deux-Ponts, de Saxe-Gotha, les princes de Hesse-Darmstadt, de Nassau-Sarrebruck, la reine de Suède, le roi de Pologne et l'impératrice de Russie. On dit que Grimm en adressait aussi quelques copies à des particuliers assez riches pour payer l'abonnement, qui s'élevait à 300 livres. C'est en 1753 qu'il se chargea de la *Correspondance*; il la continua sans interruption jusqu'en 1790 avec le secours de Voltaire, de Diderot, de madame d'Épinay, de Galiani et de Meister. Elle donna naissance aux fameux *Salons* de Diderot, qui y parurent pour la première fois.

tique de premier ordre. Son goût délicat et sûr, son esprit souple et ferme à la fois, l'indépendance de son jugement, en font en effet le plus hardi et le premier des critiques français de cette époque. Il ne se laisse emporter ni par la haine ni par l'engouement [1].

Grimm était à la source de toutes les nouvelles politiques et littéraires; sa position chez le duc d'Orléans, son étroite liaison avec Diderot et d'Alembert, ses relations avec le monde diplomatique, dans lequel venait de l'introduire plus intimement sa nomination de ministre de la ville de Francfort, tout se réunissait pour lui faciliter la connaissance parfaite de ce qui occupait la ville ou la cour. Fort lié avec madame Geoffrin, et, chose rare, également bien avec sa fille, madame de la Ferté-Imbault, qui ne passait pas pour aimer les amis de sa mère, il trouvait dans les salons de ces dames, où tous les hommes d'esprit se donnaient rendez-vous, un aliment précieux pour sa correspondance. Enfin la maison de son ami, le baron d'Holbach, était, peut-être plus encore que les autres, le milieu dans lequel on discutait avec le plus de verve et d'entrain toutes

---

1. Nul mieux que lui n'a jugé Voltaire et Rousseau; on conviendra que, pour ce dernier, il eut quelque mérite à demeurer impartial. Tout en réfutant ses systèmes absurdes, il a rendu pleine justice à son talent. Après avoir brièvement retracé les événements de la vie publique de Rousseau dans son article sur l'*Émile* (15 juin 1762), il termine par ces lignes discrètes. « Sa vie privée et domestique ne serait pas moins curieuse; mais elle est écrite dans la mémoire de deux ou trois de ses anciens amis, lesquels se sont respectés en ne l'écrivant nulle part. »

les questions philosophiques et littéraires. Il ne faut pas oublier, en louant le style ferme, mordant, original, la forme ironique et railleuse de Grimm, qu'il écrivait dans une langue qui n'était pas la sienne et qu'il avait double mérite à s'en tirer si bien.

En quittant Genève, madame d'Épinay avait laissé derrière elle bien des regrets; elle ne fut pas oubliée. Voltaire surtout garda de *sa philosophe* un souvenir que le temps ne put effacer et, jusqu'à sa mort, il entretint avec elle une correspondance assidue. Dès qu'il la sait arrivée à Paris, bien vite il lui écrit :

VOLTAIRE A MADAME D'ÉPINAY.

15 novembre 1759.

« Voici probablement, madame, la cinquantième lettre que vous recevez de Genève; vous devez être excédée de regrets. Cependant, il faut bien que vous receviez les miennes; cela est d'autant plus juste que j'ai profité moins qu'un autre du bonheur de vous posséder : ceux qui vous voyaient tous les jours ont de terribles avantages sur nous. Si vous aviez voulu nous donner encore un hiver, nous vous aurions joué la comédie une fois par semaine. Nous avons pris le parti de nous réjouir, de peur de périr de chagrin des mauvaises nouvelles qui viennent coup sur coup. J'ai le cœur français, j'aime à donner de bons exemples, mais, en vérité, tous nos plaisirs sont bien corrompus par votre absence et par celle de notre ami Grimm. Quelle spectatrice et quel juge nous perdons! Mais, madame, n'est-ce pas une chose honteuse que des Anglais, qui ne croient pas en Jésus-Christ, prennent Surate et aillent prendre Québec?...

» Cependant Tronchin fait des miracles; tout est bouleversé. Je le canonise pour celui qu'il a opéré sur vous, et je prie Dieu, avec tout Genève, pour qu'il vous afflige incessamment de quelque petite maladie qui vous rende à nous. Adieu, madame, l'oncle et la nièce sont à vos pieds. »

VOLTAIRE A MADAME D'ÉPINAY.

Aux Délices, 26 novembre 1759.

« Je n'ai pas votre santé de fer, ma chère et respectable philosophe; c'est ce qui me prive de l'honneur de vous écrire de ma main. Je n'envoie point, comme vous, ma vaisselle d'argent à la Monnaie [1],

---

1. Étant donnée la pénurie du Trésor royal, M. de Silhouette, contrôleur général, avait ordonné l'envoi de toute la vaisselle d'argent à la Monnaie, et le roi avait donné l'exemple. Les papiers royaux baissèrent considérablement à la suite des réformes du contrôleur. « Écoutez, ma femme, disait le baron d'Holbach, si cela continue, je mets bas l'équipage, je vous achète une belle capote avec un beau parasol, nous bénirons toute notre vie M. de Silhouette,

parce que ma pauvre vaisselle est hérétique, au poinçon de Genève et que le roi très chrétien ne voudrait pas m'en donner 56 livres le marc.

» Que faut-il faire à tout cela, madame? S'envelopper de son manteau de philosophe, supposé qu'Arimane [1] nous laisse encore un manteau. J'ai heureusement achevé de bâtir mon petit palais de Ferney ; l'ajustera et le meublera qui pourra. On ne paye point les ouvriers en annuités et en billets de loterie; il faut au moins du pain, et nous n'en avons pas. Les Romains ne voulaient que du pain et des spectacles; vous êtes à Paris au-dessus des Romains : vous n'avez pas de quoi vivre, et vous allez voir deux nouvelles tragédies, l'une de M. de Thibouville [2] et l'autre de M. Saurin [3].

qui nous a délivrés des chevaux, des laquais, des cochers, des femmes de chambre, des cuisinières, des grands dîners, des faux amis, des ennuyeux et de tous les autres privilèges. »

1. M. de Silhouette.
2. Cette tragédie de M. de Thibouville était *Namir*, représentée le 12 novembre. Elle tomba à plat et ne fut pas même achevée; l'impatience du parterre fut telle qu'au milieu du quatrième acte, l'infortuné Namir vint dire avec une profonde révérence : « Messieurs, si vous le trouvez bon, nous aurons l'honneur de vous donner la petite pièce. » Cette proposition fut reçue avec acclamations et le public ignora à jamais le dénouement. Ce marquis de Thibouville était un poltron, qui se déshonora en quittant son régiment au moment où la guerre éclata.
3. *Spartacus*, représenté le 23 février 1760.

» Pour moi, madame, je ne donne les miennes qu'à Tournay ; nous avons fait pleurer les beaux yeux de madame de Chauvelin, l'ambassadrice [1], et nous aurions encore mieux aimé mouiller les vôtres.

» La République nous a donné de grosses truites, et la *Gazette de Cologne* a marqué que ces truites pesaient vingt livres, de dix-huit onces la livre. Plût à Dieu que les gazetiers n'annonçassent que de telles sottises ! Celles dont ils nous parlent sont trop funestes au genre humain.

» Madame Denis, madame, vous fait les plus tendres compliments. Vous savez bien à quel point vous êtes regrettée dans le petit couvent des Délices ? Daignez faire le bonheur de ce couvent par vos lettres. Que fait notre philosophe de Bohême [2] ? N'est-il pas ambassadeur de la ville de Francfort que nous n'aimons guère [3] ? S'il demande de l'argent pour

---

1. « On attend M. de Chauvelin pour jouer *Tancrède* à Tournay, écrivait une Genevoise du cercle de Voltaire; on marche aux Délices sur les casques et les cuirasses... Je crois qu'il faudra aller à la première représentation, parce que les ministres ont déjà un peu *grouillé...* »

2. Grimm.

3. Lorsque Voltaire quitta Berlin en 1756, à peu près brouillé avec le roi de Prusse, il partit pour Francfort. A peine arrivé dans cette ville, M. Freytag, résident de la cour de Prusse, se fait annoncer et déclare qu'il a l'ordre de redemander à M. de Voltaire la clef de chambellan, la croix de l'ordre du Mérite, qui lui avaient été conférées par le roi, es lettres de ce monarque et enfin l'*Œuvre de poésie* du roi.

elle, je ferai arrêt sur la somme. Comment se porte M. d'Épinay? Ne diminue-t-il pas sa dépense comme les autres, en bon citoyen? Où en est M. votre fils de ses études? Ne va-t-il pas un train de chasse? Encore une fois, madame, écrivez-moi; je m'intéresse à tout ce que vous faites, à tout ce que vous pensez, à tout ce qui vous regarde, et je vous aime respectueusement de tout mon cœur. »

Quelques jours après le départ de madame d'Épinay, Voltaire avait donné à Tournay la première représentation de *Tancrède*. Grimm et son amie assistèrent même à une des répétitions. Le philosophe était dans l'enthousiasme de son théâtre et de ses acteurs [1].

« Madame Denis a joué supérieurement, s'écrie-

Voltaire remit à l'instant au résident les insignes qu'il réclamait, lui ouvrit ses portefeuilles et le pria de retirer lui-même les papiers qui seraient de la main du roi. Quant à l'*Œuvre de poésie*, il supposa que c'était un exemplaire des œuvres de Frédéric, et déclara qu'il l'avait laissé dans une de ses caisses à Leipzig. Il fut retenu brutalement prisonnier jusqu'à l'arrivée de cette caisse et ne l'oublia jamais.

1. Voltaire, comme il se l'était promis, était arrivé à faire jouer des fils de syndics : « Tancrède, écrit un de *ces
» acteurs de condition*, a fait grand plaisir, mais Narbas
» (Voltaire), je n'oublierai jamais l'impression qu'il m'a
» faite; madame d'Épinay en serait morte. Nous comptons
» monter cet hiver un autre théâtre et quatre ou cinq tra-
» gédies, je dois m'habiller à la turque le lendemain de
» Pâques. »

t-il. Elle a joué comme mademoiselle Dumesnil, je dis comme mademoiselle Dumesnil dans son bon. temps! Nous avons un Tancrède admirable, je crois jouer parfaitement le bonhomme. Cela peut paraître une exagération, mais cent personnes me l'ont attesté par leurs larmes! » L'enthousiasme de Voltaire est un peu excessif et la rondelette et vulgaire madame Denis paraît difficilement capable de rendre les effets tragiques d'un rôle de premier ordre [1].

On n'a pas oublié le chanoine Gaudon dont madame d'Épinay avait reçu une lettre si caractéristique pendant son séjour à Genève. Dès que l'excellent chanoine apprit le retour de la famille à Paris, il s'empressa de renouveler ses offres de service.

LE CHANOINE GAUDON A MADAME D'ÉPINAY.

« Madame,

» Je viens d'envoyer à monseigneur le maréchal de Richelieu un muid de vin vieil rouge, de 1753, de madame la comtesse de Solanges; il est cher, 230 livres le muid, mais c'est du vin pour la bouche des rois et des empereurs; je ne crois pas

---

1. On faisait compliment à madame Denis de la façon dont elle venait de jouer Zaïre : « Il faudrait, dit-elle, être
» belle et jeune. — Ah! madame, reprit le complimenteur
» naïvement, vous êtes bien la preuve du contraire. »
(CHAMFORT.)

trop dire, je ne crois pas que vous en ayez eu jamais de si délicieux ; Montraché, Mulsan, Pomard et tout ce qu'il y a de meilleur à Beaune doit céder en qualité à ce vin.

» Comme tous les vins vieils sont partis, si vous voulez du parfait, parfait, n'attendez pas, car quoique cher, ce vin sera bientôt vendu ; j'attends vos ordres. M. l'abbé Rias, votre neveu, sait que je suis sincère et véritable, c'est un serviteur qui vous est tout dévoué qui vous donne cet avertissement. J'en trouve de fort bon de la même année à 40 livres meilleur marché dans la même maison, mais je préfère le plus cher, qui est de la première cuvée. Vous avez du rouge d'Irancy de 1756 que je vous ai envoyé et un quart de Chablis de ma cuvée, qui est le meilleur de nos blancs pour l'année ; s'il vous en faut, envoyez-moi des ordres. C'est 105 livres pour vous, et pour d'autres 108 livres le muid. Je vous prie, si d'autres veulent de cet excellent rouge pour le profit des pauvres, c'est 285 livres.

» Pardon si je prends la liberté de vous écrire si souvent, c'est le désir de vous prouver que je cherche à vous prouver combien je suis avec respect et attachement,

» Madame, votre très humble, etc. »

« P. S. — Comme je suis fort court d'argent parce que j'ai habillé quelques pauvres, vous m'obligerez de m'envoyer la petite somme à recevoir chez M. Paris, receveur des aydes à Chablis, à votre première commodité. Vous voudrez bien agréer un *memento* et des messes pour votre aimable famille, et c'est de tout mon cœur. »

Évidemment les vins étaient bons et madame d'Épinay s'en trouva satisfaite, à en juger par les offres sans cesse renouvelées du chanoine.

LE CHANOINE GAUDON A MADAME D'ÉPINAY.

Fermier général, place de Vendôme, à Paris.

Le 3 septembre, au château Censoy-sur-Yonne, par Auxerre.

« Madame, comme je sais, plus qu'aucun de notre chapitre, quels sont les désirs de M. l'abbé de Rias, mon confrère, parce qu'étant les plus éloignés de notre église collégiale nous prenons ensemble nos habits d'église en notre sacristie, voici ce qu'il voudrait bien commencer après les vacances prochaines, la philosophie ; ce qu'il souhaite d'autant plus volontiers, à cause de la difficulté de se rendre et assister à tous nos offices, surtout aux matines, auxquelles il a déjà manqué, ce que je lui ai passé, nos anciens chanoines étant absents, et que je lui passerai, pourvu que ceux qui sont rigides ne se trouvent en tel cas aux offices.

» Je prévois, madame, que nos vins de Chablis seront aussi bons qu'en 1726, il y en aura très peu à la vérité, mais la bonne qualité nous console.

» Je me flatte avec justice et vérité que mon vin de Chablis est tout ce qu'il y a de meilleur et de plus parfait ; Beaune est plus vineux, mais Chablis est plus délicieux, et même très vineux, surpassant le bon Champagne qui a un bon montant, mais qui, étant bu ne laisse qu'un verd dans la bouche ; au lieu que les meilleurs vins de Chablis ont aussi le même montant et étant bus embaument, enchantent le gosier et laissent une odeur suave de mousseron. Si vous voulez, je vous enverrai un quart muid après nos vendanges pour essai.

» J'espère que vous serez contente de celui qui désire vous donner des preuves de son dévouement, étant avec respect,

» Votre très humble et très obéissant serviteur. »

« P. S. — De grâce, que l'avertissement ci-dessus pour M. de Rias ne transpire, vous obligerez votre serviteur.

» Pour nouvelles, toutes les reliques et la châsse du bienheureux saint Potentien sont exposées avec des prières publiques ; d'honneur, je ne vous oublie pas et votre aimable famille. »

Le bienheureux saint Potentien fournit au chanoine un singulier moyen de prouver à madame d'Épinay sa reconnaissance.

LE CHANOINE GAUDON A MADAME D'ÉPINAY.

Au château Censoy-sur-Yonne, par Auxerre,
le 30 octobre.

« Si vous voulez du vin bon à boire présentement, je sais qu'il y a à Tonnerre du vin blanc de 1755, qui est très bon, rendu au coche d'Auxerre, bien emballé et conditionné ; je vous le ferai avoir à 116 ou 120 livres le muid ; vous pouvez vous en rapporter à moi, vous serez contente et vos amis qui en voudront.

» Je sais aussi où trouver à Chablis les bonnes et meilleures cuvées, et à Irancy ce qu'il y a de meilleur en rouge de cette dernière récolte ; je ne demande point de gain, seulement les prix et frais des vins ; que si vous voulez donner quelque portioncule de vos charités pour nos pauvres, je les engagerai à prier avec moi pour votre chère santé et celle de M. d'Épinay, que j'honore et estime, et vous à qui je suis avec la plus respectueuse soumission,

» Madame,
» Votre très humble et très obéissant serviteur. »

» P. S. — Je vous prie d'accepter une petite parcelle des précieuses reliques de saint Potentien qui est invoqué pour toutes sortes de maladies; le secret s'il vous plaît à cause de notre chapitre. Ce sont des miettes que j'ai trouvées éparses dans sa châsse.

» Plusieurs m'assurent qu'après Pâques les prix pour les vins augmenteront. Nos vins et ceux d'Irancy, je veux dire les meilleures cuvées, seront encore bons ; vous voulez me permettre ici que j'assure monsieur notre ancien confrère de Linant de mes civilités, je me suis acquitté de sa commission. Il est arrivé il y a deux mois un miracle évident de saint Potentien, les pluies ont cessé au moment qu'on a descendu sa châsse. »

Ne semble-t-il pas, en lisant ces lettres, voir s'ouvrir la porte vermoulue de l'ancienne abbaye et entendre les bons chanoines, au sortir de matines, s'entretenir dans la langue du siècle précédent, de leurs vins, de leurs pauvres et de leurs reliques, avec une dose égale de naïveté et de finesse? Il faut convenir que dans ce bizarre mélange, les vins priment les matines, et la finesse, la naïveté.

VI

1759-1760

Nouvelle société de madame d'Épinay. — Saurin. — Représentation de *Spartacus*. — Lettres de Voltaire. — La comédie des *Philosophes*. — La *Vision* de Morellet. — Diderot et l'Académie. — Le séjour de la Chevrette. — Madame d'Houdetot. — L'abbé Galiani. — Départ de Diderot pour le Grandval.

Après la liberté dont madame d'Épinay avait joui à Genève, il est permis de supposer que les ménagements forcés, qu'imposait sa situation à Paris, lui étaient fort à charge. Nous avons vu dans ses lettres de Genève que, tout en se préoccupant de l'opinion publique, elle était prête à la braver de nouveau pour celui qu'elle aimait. Mais Grimm ne subissait pas les mêmes entraînements, le sentiment qu'il éprouvait pour son amie avait revêtu très vite la forme d'une affection plus calme. Ses nombreuses occupations l'absorbaient; il voulut, en entourant madame d'Épinay d'un cercle intelligent et lettré, charmer les ennuis d'une solitude forcée, et développer davantage en elle les goûts qu'elle avait eus de tout temps. Il présida au choix de cette société nouvelle avec sa vigueur tyrannique, comme il le dit lui-même.

Aussitôt que le temps le permit, madame d'Épinay partit pour la Chevrette[1]; elle n'eut pas de peine à y attirer ses nouveaux amis.

Le premier avec lequel nous allons lier connaissance est Saurin[2]; présenté à la Chevrette par Diderot, il devint bientôt un des membres les plus assidus de l'intimité de madame d'Épinay. Ce personnage, si oublié de nos jours, jouait alors un rôle littéraire assez important. Élevé dans un milieu fort intelligent, le goût des lettres se développa chez lui de bonne heure, mais sa modeste fortune l'obligea à embrasser la profession d'avocat, qu'il n'aimait guère. Helvétius le rencontra dans le monde, se lia avec lui, et, voyant le dégoût que lui inspirait son métier, voulut lui assurer une existence indépendante. Il sut mettre tant de délicatesse dans son offre, qu'il lui fit accepter une pension de trois mille livres; grâce à ce bienfait, Saurin put se livrer à son penchant pour la littérature.

1. Voir la *Jeunesse de madame d'Épinay*, p. 34.
2. Saurin (Bernard-Joseph), fils du géomètre, né à Paris en 1706, mort en 1781. Il devint secrétaire du duc d'Orléans, et membre de l'Académie française.

Saurin était encore célibataire lorsqu'il fut présenté à madame d'Épinay; il avait beaucoup d'esprit et de vivacité dans la conversation : Louise lui tourna la tête et, au bout de peu de temps, il ne quittait plus la Chevrette. A cette époque il était âgé de cinquante-trois ans et venait de composer *Spartacus*, son second essai dans le genre tragique[1]. Madame d'Épinay écrit à un de ses amis de Genève, M. de Lubière[2].

« Dans huit jours nous aurons la pièce de Saurin. Oui, certes, je m'y intéresse. J'ai beaucoup vu Saurin depuis mon retour, et il me plaît fort; c'est en sa faveur que j'irai à la comédie, car je n'ai encore mis le pied dans aucun spectacle. Je fus, il y a cinq jours, à un grand concert, où je pensai mourir d'ennui, d'impatience et de déplaisance. Voilà qui est fait, je ne sors plus que pour mes amis.

» Le chevalier de Valory a été bien malade, je ne l'ai point quitté, ni sa nièce; cela m'a dérangé trois jours, je ne les regarde assurément pas comme

---

1. La première tragédie de Saurin fut *Aménophis*; elle n'eut aucun succès.

2. Charles de Langes de Lubière, fils du baron de Lubière, gouverneur de Neufchâtel, membre du conseil des Deux-Cents à Genève en 1752. Il a écrit l'éloge de Gabriel Cramer dans la *Bibliothèque germanique* et composé une relation de son voyage en Italie, restée inédite, mais fort intéressante d'après les contemporains.

perdus, au contraire, mais c'est pour vous dire comme quoi j'ai été privé de causer avec vous. »

Voltaire s'intéressait aux succès de Saurin, au moins en apparence; le malin vieillard savait fort à propos distribuer des éloges, lorsqu'il le croyait nécessaire à la cause philosophique, mais souvent il n'en pensait pas un mot. « Je me flatte, écrit-il, que le *Spartacus* de M. Saurin n'a pas été sifflé; c'est un homme de beaucoup d'esprit et de plus philosophe! » Madame d'Épinay lui donna tous les détails de la représentation de *Spartacus*[1] à laquelle elle assistait ainsi que Grimm et Diderot; ils s'ennuyèrent à mourir, les bâillements s'emparèrent de toute la salle[2]. Louise ajoute malicieusement que si

---

1. 23 février 1760.
2. Les mousquetaires se firent remarquer par l'énergie des leurs. Saurin, qui improvisait avec une grande facilité, leur envoya dès le lendemain matin à leur hôtel les vers suivants :

    Enfants du Dieu de la Thrace,
    Dont le front jeune et guerrier,
    Ceint du myrthe et du laurier,
    Brille de grâce et d'audace,
      Séminaire de héros,
    A l'ennemi comme aux belles
    Ne tournant jamais le dos,
    Bâillez aux pièces nouvelles,
    On sait trop bien qu'il le faut,
    Mais ne bâillez pas si haut.
      Protégez notre faiblesse,

Diderot s'ennuya à *Spartacus*, ce n'est pas la pièce qu'il faut en accuser, mais bien l'absence de mademoiselle Volland, que le philosophe chercha vainement des yeux toute la soirée, de là son *humeur de chien!*

Parmi les nouveaux habitués de la Chevrette, il faut ajouter à Saurin, Suard, Sedaine, Damilaville, Raynal, etc. L'arrivée d'une lettre de Voltaire était un événement dans cette petite société, aussi madame d'Épinay entretenait-elle avec soin sa correspondance avec le philosophe.

VOLTAIRE A MADAME D'ÉPINAY.

Aux Délices, 7 janvier 1760.

« Que faites-vous, madame ? où êtes-vous ? que dites-vous ? comment vous réjouissez-vous ? Est-il vrai que le baron d'Holbach est en Italie et qu'il reviendra par les Délices ? Ce sera une grande con-

> En marquant moins votre ennui,
> Vous nous devez votre appui,
> A Paphos comme au Permesse.
> De tout temps fêté, chéri,
> Mars eut Vénus pour maîtresse,
> Apollon pour favori.

Les *jeunes héros* de l'hôtel des Mousquetaires, pour marquer leur reconnaissance de l'impromptu, allèrent applaudir *Spartacus* à la seconde représentation.

solation pour moi que de trouver un homme à qui je ne pourrai parler que de vous. Vous êtes, à mes yeux, *la Femme qui a raison*[1]; mais le faquin de libraire qui l'a imprimée et indignement défigurée, en a fait la femme qui a tort. Quoique je fasse peu d'attention à ces petites tribulations, elles ne laissent pas cependant de prendre du temps; on n'aime pas à voir ses enfants courir les rues mal vêtus et mal élevés. Il n'est pas bien sûr que notre docteur[2] aille auprès du roi de Prusse; s'il avait cette faiblesse, vous pourriez lui appliquer ces vers de Corneille :

D'un Romain lâche assez pour servir sous un roi,
Après avoir servi sous Pompée et sous moi.

» On dit, madame, qu'il y a une brochure dédiée au Cheval de bronze, qui est assez plaisante. Si je pouvais l'avoir par votre protection, je vous serais bien obligé..... »

Pendant son séjour à Genève, madame d'Épinay avait fait faire son portrait au pastel, par le célèbre Liotard et l'avait offert au docteur Tronchin[3].

---

1. Titre d'une comédie de Voltaire en trois actes, en vers, Genève 1760.
2. Tronchin.
3. Ce portrait, très spirituellement fait, est actuellement au

VOLTAIRE A MADAME D'ÉPINAY.

25 avril 1760.

« Je ne vous ai point encore remerciée, ma belle philosophe, de votre jolie lettre et de votre pierre philosophale pour la multiplication du blé dont vous m'avez envoyé le secret. J'irai présenter la première gerbe devant votre portrait, au temple d'Esculape[1] à Genève. Ce portrait sera mon tableau d'autel ; j'en fais bien plus de cas que de l'image de mon ami Confucius. Ce Confucius est, à la vérité, un très bon homme, ami de la raison, ennemi de l'enthousiasme, respirant la douceur et la paix, et ne mêlant point le mensonge avec la vérité ; mais vous avez tout cela comme lui, et vous possédez de plus deux grands yeux, très préférables à ses yeux de chat et à sa barbe en pointe, Confucius est un bavard qui dit toujours la même chose, et vous êtes pleine d'imagination et de grâce.

» Vous êtes probablement, madame, aujourd'hui

---

musée de Genève ; il en existe au musée de Versailles une copie du temps provenant du cabinet du docteur Herpin. C'est ce portrait qui se trouve en tête de notre premier volume.

1. Chez le docteur Tronchin.

dans votre belle terre, où vous faites les délices de ceux qui ont l'honneur de vivre avec vous, et où vous ne voyez point les sottises de Paris ; elles me paraissent se multiplier tous les jours. On m'a parlé d'une comédie contre les philosophes [1], dans laquelle Préville doit représenter Jean-Jacques marchant à quatre pattes. Il est vrai que Jean-Jacques a un peu mérité ces coups d'étrivières par sa bizarrerie, par son affectation de s'emparer du tonneau et des haillons de Diogène [2], et encore plus

---

1. *Les Philosophes*, comédie en trois actes, en vers, de Charles Palissot, Paris, 1760.

2. « Un personnage très digne de foi nous a raconté souvent qu'il se trouvait un jour chez madame d'Épinay, dans les premiers temps de l'établissement de Jean-Jacques à l'Ermitage. Le philosophe dit, dans la conversation, qu'il ne manquait plus rien à son bonheur, qu'un clavecin ou une épinette. L'homme dont nous tenons ces détails, grand amateur de musique, se fait un secret plaisir, dès le lendemain, d'envoyer à l'Ermitage l'instrument désiré. Mais, au bout de quelques mois, étant à table chez madame d'Épinay auprès du bienfaiteur anonyme, Rousseau raconte qu'une pile de livres qui était tombée la nuit même sur son épinette l'avait désaccordée. « Oh ! n'est-ce que cela ? dit le voisin, de-
» main tout sera réparé ; je vous enverrai mon accordeur. —
» L'épinette vient donc de vous ? — Mon secret m'est échappé.
» — Eh ! quoi, monsieur, s'écria aussitôt Jean-Jacques tout
» ému, seriez-vous aussi de ces hommes cruels qui par leurs
» orgueilleuses attentions insultent à ma misère ? Reprenez
» votre instrument et ne me parlez jamais. — Je vais vous
» parler pour la dernière fois, reprit l'amateur vivement cour-
» roucé. De ce moment, je cesse d'être votre dupe. Singe de
» Diogène, vous n'êtes plus qu'un jongleur à mes yeux !... » —

par son ingratitude envers la plus aimable des bienfaitrices ; mais il ne faut pas accoutumer les singes d'Aristophane à rendre les singes de Socrate méprisables, et à préparer de loin la ciguë que maître Joly de Fleury voudrait faire broyer pour eux par les mains de maître Abraham Chaumeix[1].

» On dit que Diderot, dont le caractère et la science méritent tant d'égards, est violemment attaqué dans cette farce. La petite coterie dévote de Versailles la trouve admirable ; tous les honnêtes gens sont bien peu honnêtes : ils voient tranquillement assassiner les gens qu'ils estiment et ils en disent seulement leur avis à souper.....

» Je ne suis pas précisément mort, comme on l'a dit, mais je ne me porte pas trop bien. Comment

---

Madame d'Épinay et tous les convives s'empressèrent de mettre le holà. Il n'en était pas besoin. Déjà Rousseau, subitement calmé, avait tellement changé de ton et de manières, que, pendant tout le reste du dîner, il fut aux petits soins pour le voisin, auquel il était loin de soupçonner une si rude franchise. En sortant de table, il l'entraîna dans le jardin, lui prodigua ses excuses, et fit tant enfin que l'explication se termina par une embrassade. » (Michaud, *Biographie universelle*.)

1. Abraham Chaumeix, ardent janséniste, auteur des *Préjugés légitimes* contre l'*Encyclopédie*. Cet ouvrage a huit volumes. « Il ne dépend pas de M. Chaumeix, dit Grimm, que tous les philosophes de notre siècle ne soient conduits au bûcher ; il y mettrait le feu avec plaisir pour la plus grande gloire de Dieu et de la religion. »

aurais-je le front d'avoir de la santé, quand Esculape a la goutte? Adieu, ma belle philosophe; vous êtes adorée aux Délices, vous êtes adorée à Paris; vous êtes adorée présente et absente. Nos hommages à tout ce qui vous appartient, à tout ce qui vous entoure. »

La comédie des *Philosophes*, dont parle Voltaire, venait en effet d'être représentée avec un grand succès[1]. La pièce, quoique mauvaise, donnait satisfaction aux nombreux ennemis des philosophes, et Palissot se vit hautement appuyé par la Cour. Les moyens qu'il employa pour ridiculiser la secte philosophique étaient aussi plats que grossiers, ils consistaient entre autres à faire marcher Rousseau à quatre pattes sur la scène, broutant une laitue. D'Alembert, Helvétius, Diderot étaient les plus maltraités, et représentés comme des scélérats ennemis de toute autorité et de toute morale.

Le petit cercle de madame d'Épinay fut très ému de ces attaques. Diderot les supportait mieux que ses amis, et lorsque chacun rêvait à une revanche difficile à prendre, il conseillait le silence et le dédain. Malheureusement ses avis ne furent pas suivis. L'abbé Morellet fit secrètement imprimer un pamphlet intitulé *la Vision de Charles Palissot* ou préface de la *Comédie des philosophes*, dans lequel

---

1. Le 2 mai 1760.

figurait la princesse de Robecq qu'on représentait mourante [1].

VOLTAIRE A MADAME D'ÉPINAY.

13 juin 1760.

« *La Vision* m'a fait une peine extrême ; c'est le comble de l'indécence et de l'imprudence d'avoir mêlé madame la princesse de Robecq dans cette querelle. Il est affreux d'avoir insulté une mourante ; cela irrite contre les philosophes, les fait passer pour des fous et des cœurs mal faits ; cela justifie Palissot,

---

[1]. Fille du maréchal de Luxembourg. Voici le paragraphe qui la concerne : « Et l'on verra une belle dame, bien malade, désirer pour toute consolation, avant de mourir, d'assister à la première représentation des *Philosophes* et dire : « C'est maintenant, Seigneur, que vous laissez aller votre servante en paix, car ses yeux ont vu la vengeance. » On eut la cruauté d'envoyer la *Vision* à la princesse, qui ignorait la gravité de sa maladie ; cet écrit la lui révéla et l'émotion qu'elle en ressentit fut terrible. Le duc de Choiseul, passionnément épris de madame de Robecq, découvrit facilement l'auteur de la brochure et s'adressa au roi lui-même pour demander justice. Il obtint une lettre de cachet qui envoya Morellet à la Bastille. Quinze jours après, la princesse de Robecq mourut. L'affaire fit grand bruit, et l'opinion publique se prononça si fortement contre l'abbé, que, deux mois après, à sa sortie de prison, il fut obligé de quitter Paris pendant quelque temps. Une particularité assez piquante fut qu'il dut son élargissement à la maréchale de Luxembourg, belle-mère médiocrement affectionnée de madame de Robecq.

cela fait mettre Robin[1] en prison, cela inquiète le prophète de Bohême[2], cela achève de perdre le pauvre Diderot, qui a trouvé le secret de renverser le plus bel édifice du monde pour y avoir mis une douzaine de pierres mal taillées qui ne s'accordent pas avec le reste du bâtiment[3]...

» Vous me faites prendre, madame, un vif intérêt à madame votre mère, je reconnais votre cœur, il n'y a que votre esprit que je lui compare. Adieu, madame, si vous me faites le plaisir d'être un peu exacte, instruisez-moi de la demeure du prophète de Bohême[4]; je ne m'en souviens plus, mais je me souviendrai toute ma vie de lui.... »

Il y avait à ce moment deux places vacantes à l'Académie française et Voltaire se persuada que Diderot devait y entrer; il prit cette affaire avec la chaleur qu'il mettait à toute chose et écrivit lettres sur lettres à madame d'Épinay à ce sujet. Les amis

1. Morellet.
2. Grimm.
3. Voltaire écrivait plus franchement à Damilaville : « J'aurais bien voulu que des Cahusac, des Desmahis n'eussent pas travaillé à l'*Encyclopédie*, qu'on se fût associé de vrais savants, et non pas de petits freluquets, et qu'on n'eût pas eu la malheureuse complaisance d'insérer à côté des articles des Diderot, des d'Alembert, je ne sais quelles puériles déclamations qui déshonorent un si bel ouvrage. »
4. Grimm demeurait alors rue du Luxembourg.

de Diderot souhaitaient autant que Voltaire sa nomination, mais elle rencontrait de sérieuses difficultés dont le philosophe de Ferney ne pouvait se rendre compte comme les Parisiens.

VOLTAIRE A MADAME D'ÉPINAY.

Juin 1760.

« Il faut qu'il entre, mon adorable philosophe; qu'il entre, qu'il entre, vous dis-je ; *contrains-le d'entrer*. Notre cher Habacuc[1], du courage, je vous en prie. La chose vous paraît impossible. Je vous ai déjà dit que c'est une raison pour l'entreprendre ; nous réussirons, croyez-moi, ce sera un beau triomphe. Mais, que Diderot nous aide, et qu'il n'aille pas s'amuser à griffonner du papier dans un temps où il doit agir. Il n'a qu'une chose à faire, mais il faut qu'il la fasse, c'est de chercher à séduire quelque illustre sot ou sotte, quelque fanatique, sans avoir d'autre but que de lui plaire. Il a trois mois pour adoucir les dévots ; c'est plus qu'il ne faut. Qu'on l'introduise chez madame... ou madame... ou madame... lundi ; qu'il prie Dieu avec elle mardi ; qu'il couche avec elle mercredi ; et puis il entrera à l'Aca-

1. Grimm, qu'il appelait ainsi à cause de sa brochure du *Petit Prophète de Bœmischbroda*. On sait qu'Habacuc est un des sept petits prophètes de l'Ancien Testament.

démie tant qu'il voudra et quand il voudra. Comptez qu'on est très bien disposé à l'Académie. Je recommande surtout le secret, que Diderot ait seulement une dévote dans sa manche ou ailleurs, et je réponds du succès. On s'est déjà ameuté sur mes pressantes sollicitations. Travaillez sous terre, tous tant que vous êtes. Ne perdez pas un moment; ne négligez rien. Vous porterez à l'infâme un coup mortel; et je vous donne ma parole d'honneur de venir à l'Académie le jour de l'élection. Je suis vieux, je veux mourir au lit d'honneur...

» Mais qu'il entre, qu'il entre, qu'il entre à l'Académie. J'ai cela dans la tête, voyez-vous! Ma belle philosophe, je vous ai dans mon cœur; il est vieux, mon cœur, mais il rajeunit quand il pense à vous. Qu'il entre, vous dis-je! tel est mon avis, et qu'on ruine Carthage, disait Caton, qui n'était pas si vieux que moi.

» Oh! belle philosophe, ô Habacuc, je vous salue en Belzébuth. »

Et quelques jours après.

« Non, il n'est point impossible que le frère Diderot entre; et si cela est impossible, il faut le rendre possible. Madame de Pompadour peut le protéger; et, si on veut, j'en écris et j'en fais parler à madame de Pompadour; elle est très capable de cette belle action. »

Voltaire avait en effet usé de toute son influence à Paris, et elle était grande, pour faire agir madame de Pompadour, qui consentit enfin à en parler à Louis XV. Celui-ci déclara net qu'il ne sanctionnerait pas l'élection « parce que Diderot avait trop d'ennemis », et il rompit la conversation sans s'expliquer davantage. Voltaire, dès qu'il connut l'opinion du roi, se garda bien de s'exposer aux indiscrétions de la poste et ne parla plus de l'élection.

Diderot ne se présenta pas. On peut supposer que, connaissant bien son terrain, il ne s'était point soucié d'encourir le refus éclatant du roi et qu'il eût préféré que Voltaire restât tranquille. « A propos de Voltaire, écrit-il à mademoiselle Volland, il se plaint à Grimm très amèrement de mon silence; il dit qu'il est au moins de la politesse de remercier son avocat. Et qui diable l'a prié de plaider ma cause? Il a, dit-il, ressenti la plus vive douleur; chère amie, on ne saurait arracher un cheveu à cet homme sans lui faire jeter les hauts cris. »

Voltaire allait avoir de bien autres préoccupations. Après le succès des représentations de *Tancrède* à Tournay, il se décida à faire représenter sa pièce à Paris. Il envoya le manuscrit à d'Argental, et l'original ou une copie furent remis à Grimm et à

Diderot, par le marquis de Ximenès. Madame d'Épinay, avant son départ de Genève, avait assisté à une des répétitions de *Tancrède;* on était donc fort occupé à la Chevrette de la représentation qui devait avoir lieu le 3 septembre. Tout Paris s'agita pour avoir des places, mais nos amis furent naturellement dans les privilégiés, et ils assistèrent tous ensemble à la première représentation qui fut très brillante. Après le spectacle, on soupa chez madame d'Épinay et chacun de donner son avis; tous parlaient à la fois, et c'est à grand'peine que la maîtresse de la maison put établir un peu d'ordre dans la discussion. Diderot en voulait à Voltaire d'avoir fait mourir Tancrède, et d'avoir fini sa tragédie par une catastrophe. « Si c'était moi qui l'eût faite, j'aurais rendu tous ces gens-là heureux. — Mais, répliquait Saurin, ce n'aurait plus été une tragédie. — Qu'est-ce que cela fait, ripostait Grimm, ce n'eût été que mieux. » Quant à Damilaville qui n'avait pas le cœur tendre, et n'admettait point qu'on cherchât la mort pour avoir aimé une infidèle, il affirmait qu'il se serait consolé.

Le surlendemain, madame d'Épinay repartit pour la Chevrette avec Grimm; Diderot vint les rejoindre. Elle écrivit à son amie, mademoiselle Jeanne de Valory, le récit de son excursion.

MADAME D'ÉPINAY A MADEMOISELLE DE VALORY.

A la Chevrette, le 10 septembre 1760.

« Lorsque j'ai reçu votre lettre, ma charmante Jeanne, il y avait trois semaines que je souffrais du mal de dents ; je demandais Duchemin à cor et à cri. Duchemin est parti pour l'Angleterre, disait-on, la commission est secrète et pressée ; il doit revenir de jour en jour. Au lieu de revenir, il a mandé qu'il était mort, et cela s'est trouvé vrai ; mon mal de dents en a redoublé jusqu'à me causer un accès de fièvre le dimanche ; plus de sommeil, plus de moyen de manger ; le lundi je pars pour Paris, et vais mendier le secours d'un nommé Foucou, le plus habile dentiste après le défunt. Il m'arrache ma dent, la migraine s'ensuit, et la tête est encore endolorie. Voilà ma première écriture.

» Je suis venue ici me réconforter ; ma santé est d'ailleurs assez passable ; elle se fortifiera de l'intérêt que vous y prenez, et de tout ce que vous me dites d'aimable pour elle, pour moi et pour tout mon individu. J'ai pourtant trouvé le secret, au milieu de tous mes maux, de voir *Tancrède*, et d'y fondre en larmes ; on y meurt, la princesse y meurt aussi, mais c'est de sa belle mort! C'est une nouveauté touchante, qui vous entraîne de douleur et d'applaudissement. Mademoiselle Clairon y fait des merveilles ; il y a un certain : *Eh bien, mon père!...* Ah ! ma Jeanne, ne me dites jamais : Eh bien, de ce ton-là, si vous ne voulez pas que je meure. Au reste, si vous avez un amant, défaites-vous-en dès demain, s'il n'est pas paladin ; il n'y a que ces gens-là pour faire honneur aux femmes : êtes-vous vertueuse, ils l'apprennent à l'univers ; ne l'êtes-vous pas, ils égorgeraient mille hommes plutôt que d'en convenir, et ils ne boivent ni ne mangent qu'ils n'aient prouvé que vous l'êtes. Rien n'est comparable à Le Kain, pas même lui ; enfin, ma Jeanne, tout cela est si plein de beautés, qu'on ne sait auquel entendre. Il y avait l'autre jour un étranger dans le parterre, qui pleurait, qui criait, battait des mains... D'Argental, enchanté, lui dit : « Eh bien! monsieur, ce Voltaire est un grand homme, n'est-ce pas? Comment trouvez-vous cela ? — Monsieur, ça est fort propre, fort propre assurément. » Vous voyez d'ici la mine que l'on fait à cette réponse, et si l'on peut vivre sans voir une pièce qui fait dire de si belles choses. Nous vous la gardons pour cet hiver, on la retirera de bonne heure.

» Le Kain et mademoiselle Duménil vont à Vienne

pour la noce[1]; et vous, ma Jeanne, quand viendrez-vous à Paris pour nos plaisirs? Vos amis vous attendent, et comptent sur l'effort de courage que vous leur promettez.

» Que je suis contente des nouvelles que vous me donnez du chevalier[2]! Je trouve qu'il nous remet bien loin, mais, à sa place, je ferais comme lui; c'est une chose délicieuse qu'un bois et une chambre à soi; et lorsqu'on y trouve encore une Jeanne comme la nôtre, il faut s'y clouer.

» Le ciel s'est enfin lassé de nous inonder; nous avons depuis trois jours le plus beau temps du monde; un soleil qui sèche, qui colore, des feuilles qui se soutiennent encore verdelettes; enfin, je suis comme les vieillards d'Isis, je vais chantant : « Pro-
» fitons du beau temps qui nous reste. »

» Le ministre[3] est toujours habitant de sa chaise de poste; il dit qu'il veut écrire lui-même, et néanmoins me prie de le mettre à vos pieds. Le marquis[4], dans ses lettres, me parle toujours de vous, et le philosophe Diderot, qui est là, fait vacarme de ce que je ne vous dis mot de son respect. »

---

1. Le mariage de Joseph II avec Isabelle de Parme.
2. M. le chevalier de Valory.
3. Grimm.
4. Le marquis de Croismare.

Madame d'Épinay écrivit à Voltaire pour le féliciter du succès de *Tancrède*. Il répondit en lui demandant si elle avait vu le diable assister à la première représentation sous la figure de Fréron. « On l'a reconnu, disait-il, à une larme qui lui est tombée des loges sur le bout du nez et qui a fait pish! comme sur un fer chaud. »

Heureusement pour nous, Diderot se plaisait fort à la Chevrette et y prolongeait volontiers ses séjours; nous lui devons des descriptions ravissantes de cette existence, aux détails de laquelle il nous initie.

« ..... Je suis à la Chevrette[1]... Lundi au soir, je me rendis ici où l'on ne m'espérait plus. Nous nous croisâmes, Grimm et moi, sur la route. J'ai donc passé les deux jours suivants en tête-à-tête avec son amie. Voici quelle a été notre vie. Des conversations tantôt badines, tantôt sérieuses, un peu de jeu, un peu de promenade ensemble ou séparés, beaucoup de lecture, de méditations, de silence, de solitude et de repos. Mercredi, Grimm revint à onze heures du soir; nous eûmes deux heures d'inquiétude; la nuit était très obscure, et nous craignions qu'il ne lui fût arrivé quelque chose : nous voilà trois pour jus-

---

1. Diderot à mademoiselle Volland, La Chevrette, 10 septembre 1760.

qu'à lundi prochain. Que fais-je? que font-ils? Le matin, il est seul chez lui, où il travaille. Elle est seule chez elle, où elle rêve à lui. Je suis seul chez moi, où je vous écris. Nous nous voyons avant dîner un moment. Nous dînons. Après le dîner, la partie d'échecs; après la partie d'échecs, la promenade; après la promenade, la retraite; après la retraite, la conversation; après la conversation, le souper; après le souper, encore un peu de conversation, et c'est ainsi que finira une journée innocente et douce, où l'on se sera amusé et occupé, où l'on aura pensé, où l'on se sera instruit, estimé et aimé, et où l'on se le sera dit..... »

Quelques jours après l'arrivée de Diderot eut lieu la fête de la Chevrette. Toute la famille se réunit au château et M. d'Épinay lui-même ne manqua point de venir faire les honneurs de chez lui avec l'affabilité qui lui était naturelle.

« C'était hier la fête de la Chevrette[1]. Je crains la cohue. J'avais résolu d'aller à Paris passer la journée; mais M. Grimm et madame d'Épinay m'arrêtèrent. Lorsque je vois les yeux de mes amis se

1. Diderot à mademoiselle Volland, La Chevrette, 15 septembre 1760.

couvrir et leurs visages s'allonger, il n'y a répugnance qui tienne et l'on fait de moi ce qu'on veut.

» Dès le samedi au soir, les marchands forains s'étaient établis dans l'avenue, sous de grandes toiles tendues d'arbre en arbre. Le matin, les habitants des environs s'y étaient rassemblés ; on entendait des violons ; l'après-midi, on jouait, on buvait, on chantait, on dansait : c'était une foule mêlée de jeunes paysannes proprement accoutrées et de grandes dames de la ville avec du rouge[1] et des mouches, la canne de roseau à la main, le chapeau de paille sur la tête et l'écuyer sous le bras. Sur les dix heures, les hommes du château étaient montés en calèche et s'en étaient allés dans la plaine. A midi, M. Villeneuve arriva[2].

---

1. « Le rouge est devenu un objet de commerce si considérable depuis que les femmes de tous états en font usage qu'il se présente au gouvernement une Compagnie, avec l'offre de cinq millions comptants pour avoir le privilège d'en débiter d'une composition nouvelle, qui surpasse en beauté et en bonté toutes les espèces de rouge connues. » (Métra, *Corr. secrète.*)

2. Francueil avait eu une fille de sa première femme en 1751. Cette fille épousa M. Vallet de Villeneuve, né en 1732.
« Il est tout jeune ce M. de Villeneuve, écrit Diderot ; ce qui achèvera de vous confondre, c'est qu'il est la bonté, la douceur, la politesse, l'affabilité mêmes, et que madame est une bonne grosse femme, bien grasse, bien dodue, belle peau, grands yeux couverts de grands sourcils noirs, et

» Nous étions alors dans ce triste et magnifique salon, et nous y formions, diversement occupés, un tableau très agréable.

» Vers la fenêtre qui donne sur les jardins, M. Grimm se faisait peindre et madame d'Épinay était appuyée sur le dos de la chaise de la personne qui le peignait. Un dessinateur, assis plus bas sur un placet[1], faisait son profil au crayon. Il est charmant, ce profil; il n'y a point de femme qui ne fût tentée de voir s'il ressemble. M. de Saint-Lambert lisait dans un coin la dernière brochure que je vous ai envoyée.

» Je jouais aux échecs avec madame d'Houdetot.

» La vieille et bonne madame d'Esclavelles, mère de madame d'Épinay, avait autour d'elle tous ses enfants, et causait avec eux et avec leur gouverneur.

» Deux sœurs de la personne qui peignait mon ami brodaient, l'une à la main, l'autre au tambour. Et une troisième essayait au clavecin une pièce de Scarlatti.

» L'heure du dîner vint. Au milieu de la table étaient d'un côté madame d'Épinay et de l'autre

point du tout à dédaigner. Il y a quelque diablerie là-dessous que je n'ose déchiffrer; cet homme si doux, si bon, si affable, a le ton singulier! (Octobre 1762). »

1. Petit siège bas qui n'a ni bras ni dossier.

M. de Villeneuve; ils prirent de la peine, et de la meilleure grâce du monde. Nous dînâmes splendidement, gaiement et longtemps. Des glaces; ah! mes amies, quelles glaces! C'est là qu'il fallait être pour en prendre de bonnes, vous qui les aimez......

— » J'ai vu toute la famille d'Épinay. Avec quelques différences dans les caractères, ils ont plusieurs excellentes qualités communes..... Ce sera un jour bien triste pour Grimm et pour son amie que celui qui m'en séparera. »

« ... Mais, à propos de Grimm, ne serez-vous pas un peu surprise que je vous aie déjà écrit sept ou huit pages, sans presque vous en dire un mot? C'est, mon amie, qu'il arrange si bien ses voyages, qu'il sort de la Chevrette au moment que j'y arrive. En vérité, quand il aurait le dessein de me rendre amoureux de sa maîtresse, il ne s'y prendrait pas autrement. Vous concevez bien que je plaisante: il est trop honnête pour avoir cette vue, et je le suis trop, moi, pour qu'elle lui réussît, quand il l'aurait. Et puis, il est si enfoncé dans la négociation et les mémoires, qu'on ne lui voit pas le bout du nez. Il ne lui reste presque pas un instant pour l'amitié; et je ne sais quand l'amour trouve le sien. Nous nous sommes un peu promenés, elle et moi, ce matin.

Je lui avais trouvé l'air soucieux hier au soir. Je lui en ai demandé le sujet. « C'était une de ces minuties auxquelles, lui disais-je, vous êtes trop heureux tous les deux d'être sensibles au bout de quatre ans. Vous vous examinez donc de bien près? Vous en êtes donc comme au premier jour ? Eh! mes amis, tâchez de n'épouser jamais!..... »

Diderot fut retenu à la Chevrette par un accident sans gravité, mais qui l'empêcha de marcher pendant plusieurs jours. Il se promenait autour de la grande pièce d'eau sur laquelle nageaient des cygnes.

« Ces oiseaux, dit-il, sont si jaloux de leur domaine, qu'aussitôt qu'on en approche, ils viennent à vous à grand vol. Je m'amusais à les exercer, et, quand ils étaient arrivés à un des bouts de leur empire, aussitôt je leur apparaissais à l'autre. Pour cet effet, il fallait que je courusse de toute ma vitesse; je rencontrai devant un de mes pieds une barre de fer qui servait de clef à ces ouvertures qu'on appelle des regards. Le choc a été si violent que l'angle de la barre a coupé en deux, ou peu s'en faut, la boucle de mon soulier; j'ai eu le cou-de-pied entamé et presque meurtri. Cela ne m'a pas empêché de plaisanter sur ma chute qui me tient en pantoufle, la jambe étendue sur un tabouret.

» On a pris ce moment de prison et de repos pour me peindre; on refait de moi un portrait admirable. Je suis représenté la tête nue, en robe de chambre, assis dans un fauteuil, le bras droit soutenant le gauche, et celui-ci servant d'appui à la tête, le cou débraillé, et jetant mes regards au loin, comme quelqu'un qui médite. Je médite en effet sur cette toile; j'y vis, j'y respire, j'y suis animé; la pensée paraît à travers le front. On peint madame d'Épinay en regard avec moi; c'est vous dire, en un mot, à qui les deux tableaux sont destinés. Elle est appuyée sur une table, les bras croisés mollement l'un sur l'autre, la tête un peu tournée, comme si elle regardait de côté; ses longs cheveux noirs relevés d'un ruban qui lui ceint le front; quelques boucles se sont échappées de dessous ce ruban. Les unes tombent sur sa gorge; les autres se répandent sur ses épaules et en relèvent la blancheur. Son vêtement est simple et négligé..... La bouche entr'ouverte, elle respire, et ses yeux sont chargés de langueur. C'est l'image de la tendresse et de la volupté. »

Grimm était entré à pleines voiles dans la vie

activé, son amie était souvent sacrifiée, et elle ne pouvait guère se dissimuler qu'elle n'inspirait plus le sentiment passionné d'autrefois. Mille petites nuances le lui révélaient. On venait de terminer les deux portraits de Grimm, l'un était de grandeur naturelle et l'autre plus petit, tous deux exécutés aux frais de madame d'Epinay; elle espérait garder le plus grand, mais Grimm le choisit précisément pour son frère; Louise eut le cœur un peu serré de cette préférence et Diderot s'en aperçut. Ils partaient le lendemain pour Paris. Grimm qui les précédait, leur donna un rendez-vous dans la journée; ils s'y rendirent et ne trouvèrent personne, il avait oublié.

« Les larmes vinrent aux yeux de madame d'Épinay, écrit Diderot, et tout en pleurant, elle disait : « C'est que ses affaires l'occupent si fort qu'il ne » peut penser à rien; c'est qu'il est bien à plaindre, et » moi aussi. » Elle l'excusait avec une bonté qui me touchait infiniment. Pour moi, je me taisais, et elle me disait : « Mais vous ne me dites rien, philo- » sophe; est-ce que vous croyez qu'il ne m'aime » pas? » Que diable voulez-vous qu'on réponde à cela? Dire la vérité, cela ne se peut! mentir, il le faut bien. Laissons-la du moins dans son erreur; le moment qui la détromperait serait le dernier de sa vie. »

Louise voyait peut-être plus clair qu'elle ne voulait le témoigner, mais cachait aux autres avec soin ce qu'elle eût voulu se cacher à elle-même. Cependant elle ne sut pas toujours dissimuler les déceptions de son cœur trop aimant, mais ce fut à Galiani seul qu'elle en fit confidence. Il est temps d'introduire à la Chevrette ce charmant abbé qui y occupa tant de place.

L'automne est arrivé; il pleut, il fait froid, les journées sont longues dans le triste et magnifique salon de la Chevrette. La jeunesse est à la chasse, les dames brodent, le marquis termine une interminable partie d'échecs, chacun se tait ou étouffe discrètement un léger bâillement; tout à coup un carrosse roule, il s'arrête, la porte s'ouvre, c'est Galiani, « et, avec le gentil abbé, l'esprit, la gaieté, l'imagination, la folie, tout ce qui fait oublier les peines de la vie. » Il parle de tout, car il sait tout; à la fois observateur et inventif, sa verve féconde improvise des récits, qu'il pare d'une grâce inimitable; on discute, il soutient les paradoxes les plus étranges par des raisonnements pleins de profondeur, et, au milieu d'une grave discussion, un charmant apologue vient appuyer son opinion.

Cet éblouissant causeur arrivait tout droit de la patrie du soleil. Nommé l'année précédente secrétaire de l'ambassade de Naples à Paris, il n'avait pas tardé à se faire remarquer dans le groupe diplomatique qui se réunissait toutes les semaines chez le comte de Cantillana, son ambassadeur.

L'abbé Ferdinand Galiani était déjà célèbre en Italie lorsqu'il fut nommé à Paris. Neveu de monseigneur Galiani, grand aumônier du roi et directeur des études à Naples, il avait vécu dans le palais de son oncle au milieu des esprits les plus remarquables de la péninsule. Son intelligence précoce et souple, ses aptitudes diverses le servirent merveilleusement. Il s'appropria l'essence de la conversation de tous ces hommes d'élite. Mais l'archevêque Galiani mourut, sans laisser de fortune, au début de la brillante carrière de son neveu. Ferdinand était âgé de vingt-neuf ans et voulait acquérir une position ; il entra dans la diplomatie et partit pour Paris où ses talents lui valurent bientôt une situation exceptionnelle : le prétendu secrétaire d'ambassade était le véritable ambassadeur. A peine habitait-il Paris depuis un an que la société parisienne s'arrachait le petit abbé. Présenté par Grimm à madame d'Épinay, en 1759, il se prit pour elle de la plus profonde et de la plus durable amitié.

« Ne craignez rien, écrit Diderot à mademoiselle Volland, je ne courrai de ma vie après les cygnes, ni le cher abbé Galiani non plus ; il s'est amusé à les agacer, ils l'ont pris en grippe, et d'aussi loin qu'ils l'aperçoivent, ils s'élèvent sur les ailes, ils arrivent au grand vol, le cou tendu, le bec entr'ouvert, et poussant des cris ; il n'oserait approcher du bassin. Ils ont presque dévoré *Pouf*. Pouf est un petit chien de madame d'Épinay, qui n'a pas son pareil pour l'esprit et la gentillesse; c'est un prodige pour son âge. Aussi nous ne croyons pas qu'il vive.

» Ces cygnes ont l'air fier, bête et méchant, trois qualités qui vont fort bien ensemble. Je disais des arbres du parc de Versailles, ils sont hauts, droits et minces, et l'abbé Galiani ajoutait: comme les courtisans. L'abbé est inépuisable de mots et de traits plaisants, c'est un trésor pour les jours pluvieux; je disais à madame d'Épinay que, si l'on en faisait chez les tabletiers, tout le monde voudrait en avoir un à sa campagne. Je voudrais que vous lui eussiez entendu raconter l'histoire du *porco sacro*.

» Il y a à Naples des moines à qui l'on permet de nourrir aux dépens du public un troupeau de cochons, sans compter la communauté. Ces cochons privilégiés sont appelés, par les saints personnages auxquels ils appartiennent, les cochons sacrés. Ils se promènent dans toutes les rues, ils entrent dans les maisons; on les y reçoit, on leur fait politesse. Si une truie est pressée de mettre bas, on a tout le soin possible d'elle et de ses pourcelets; trop heureux celui qu'elle a honoré de ses couches! Celui qui frapperait un *porco sacro* ferait un sacrilège. Cependant des soldats peu scrupuleux en tuèrent un; cet assassinat fit grand bruit; la ville et le sénat ordonnèrent les perquisitions les plus sévères. Les malfaiteurs, craignant d'être découverts, achetèrent deux cierges, les placèrent allumés aux deux côtés du *porco sacro*, sur lequel ils étendirent une grande couverture, mirent le bénitier avec un goupillon à sa tête et à ses pieds et ceux qui faisaient la visite les trouvèrent à genoux et priant autour du mort. Un d'eux présenta le goupillon au commissaire : le commissaire aspersa et demanda qui était mort ? « — Un de nos camarades, honnête homme, c'est » une perte. — Hélas! voilà le train des choses du » monde, les bons s'en vont et les méchants restent! » Et le commissaire se retire sans bruit.

» Ce n'est pas moi, c'est l'abbé qu'il faut entendre, le fond est misérable en lui-même, mais il prend entre ses mains la couleur la plus forte et la plus gaie... C'est lui qui m'a amené ici. Nous attendons Saurin pour ce soir. »

Saurin manqua de parole, et on retint encore Diderot qui se laissa faire ; le lendemain, Saurin arriva pour le dîner, et avec lui un convive excellent, sur lequel on ne comptait guère, le curé de la Chevrette. Ce curé était l'abbé Martin, que nous connaissons de longue date : « C'est, disait Diderot, un des meilleurs esprits qu'il y ait bien loin ; il n'y a pas d'homme dont les passions se peignent plus vivement sur son visage; c'est peut-être le seul qui ait le nez expressif; il blâme du nez, il loue du nez, il prophétise du nez. Grimm dit que celui qui entend le nez du curé a lu un grand traité de morale. »

Enfin Diderot se décida à partir; mais ce ne fut pas sans regrets.

« Demain, écrit-il à mademoiselle Volland, mes paquets se font; après-demain, je suis établi au Grandval pour six semaines; madame d'Épinay en a le cœur un peu serré, moi aussi; nous étions faits l'un à l'autre, nous nous comprenions sans mot dire, nous blâmions, nous approuvions du coin de l'œil, cette conversation muette va lui manquer. »

VII

1761-1762

Diderot au Grandval. — Le coucou, l'âne et le rossignol. — Mademoiselle d'Ette. — Histoire de Pouf. — M. d'Épinay et le contrôleur général. — Réformes de M. d'Épinay. — Correspondance avec Voltaire. — Représentation du *Père de famille*. — Départ de M. de Croismare. — Disgrâce de Grimm. — Les *Commentaires* sur Corneille. — Mariage de Saurin. — Le Cénobite. — Les salons de Diderot.

On attendait Diderot avec impatience au Grandval, et, tout en l'attendant, les conjectures et les médisances ne manquaient pas. Madame d'Aîne surtout donnait carrière à des plaisanteries assaisonnées d'un gros sel, qui ne choquait point son gendre : Diderot était amoureux de madame d'Épinay, il l'enlevait à son ami Grimm, etc. Madame d'Holbach écoutait sans mot dire les malins cailletages de sa mère, comme elle écoutait les virulentes apostrophes de son mari; douce et réservée, elle n'aimait point les principes des philosophes et « se tenait volontiers dans son coin, causant à voix basse avec ses familiers, mais n'empêchant rien dans la conversation des autres[1] ».

Enfin, Diderot arrive.

« .... Madame d'Holbach était à son métier, je me suis approché d'elle. O! quelle était belle! Le beau teint, la belle santé, et puis quel vêtement! C'est une coiffure en cheveux, avec une espèce d'habit de marmotte d'un taffetas rouge, couvert partout d'une gaze à travers la blancheur de laquelle on voit percer çà et là la couleur de rose...
« Vous revenez de la Chevrette? — Oui, madame. — Vous vous y êtes amusé? — Oui, madame. — Aussi vous y êtes resté longtemps. — M. Grimm et madame d'Épinay m'ont retenu un jour, et puis encore un jour, et, de jour en jour, on touche à la fin de la semaine. — En attendant que vous vinssiez, maman a fait de bons contes. — Cela se peut, madame, mais ce sont des contes. — Pourquoi? je n'entends pas. — Vous n'entendez pas qu'il y a des choses sacrées dans ce monde? — Eh oui, dit-elle en baissant les yeux et en souriant avec malice, et dont il est bon de se tenir à quelque distance. » Voilà

---

1. Morellet.

de ces mots qu'elle a appris de M. Le Roy [1]..... »

Le château du Grandval [2] appartenait à madame d'Aine, mais tous les amis de son gendre y étaient accueillis avec empressement et y jouissaient de la plus grande liberté. « La maîtresse de maison ne rendait point de devoirs et n'en exigeait aucuns. »

De Paris au Grandval, on allait et revenait facilement dans la même journée ; on pouvait s'y rendre sans invitation, certain de ne déranger personne; aussi, chaque jour voyait-il arriver de nouveaux convives. Les principaux habitués étaient Galiani, Grimm, Diderot, madame d'Épinay, Georges Le Roy et le père Hoop.

Diderot ne s'ennuyait point au Grandval, il ne dédaignait pas la bonne chère, riait volontiers des saillies de madame d'Aine et aimait à causer avec le baron. En quelques coups de son pinceau de maître, il retrace la vie du château :

---

1. Georges Le Roy (1723-1789), lieutenant des chasses du roi à Versailles, homme aimable et spirituel, mais fort libertin ; il fit une cour assidue à la baronne d'Holbach, à laquelle il plaisait fort, mais qui sut lui résister.
2. Le Grandval est situé dans la commune de Sussy, arrondissement de Boissy-Saint-Léger (Seine-et-Marne). Il appartient aujourd'hui à M. Berteaux, qui a bien voulu, ainsi que madame Berteaux, nous en faire les honneurs avec toute la bonne grâce imaginable. La distribution intérieure du château a été conservée. On nous a montré la chambre de Diderot et celle de madame d'Aine. Tout le côté nord du parc, les avenues et les communs sont intacts.

» Au Grandval, nous dînons bien et longtemps [1]. La table est servie comme à Paris, peut-être plus somptueusement encore. Il est impossible d'être sobre, et il est impossible de n'être pas sobre et de se bien porter. Notre baron est d'une folie sans égale. Nous nous entretenons d'art, de poésie, de philosophie et d'amour, de la grandeur et de la vanité de nos entreprises, du sentiment et du *ver* de l'immortalité, des dieux et des rois, de l'espace et du temps, de la mort et de la vie, c'est un concert au milieu duquel le mot dissonant du baron se fait toujours distinguer. Après dîner, les dames cousent, le baron s'assoupit sur un canapé, et moi je vais où il me plaît. Entre trois et quatre heures, nous prenons nos bâtons, et nous allons nous promener. Rien ne nous arrête, ni les coteaux, ni les bois, ni les fondrières, ni les terres labourées. Le spectacle de la nature nous plaît à tous deux. Le coucher du soleil et la fraîcheur de la soirée nous rapprochent de la maison, les femmes sont rentrées et déshabillées, il y a des lumières et des cartes, nous faisons un piquet ; ou bien, rangés autour d'une grosse souche qui brûle, nous nous mettons à philosopher. Le petit abbé y est aussi, car il n'y a plus de bonne

---

1. Correspondance avec mademoiselle Volland.

partie sans lui. Je ne sais où il prend ses contes, mais il ne tarit point.

» ..... Nous avons ici beaucoup de monde, M. Le Roy, l'ami Grimm, d'Allainville et madame Geoffrin, presque point ennuyée, chose rare..... Notre dîner a été très gai. M. Le Roy racontait qu'une fois il avait été malheureux en amour. « Rien qu'une
» fois? — Pas davantage.... Je dormais quinze
» heures, et j'engraissais à vue d'œil. — Mais un
» amant malheureux doit être défait. — C'est ce
» qui me désespérait...[1] »

» Vous comprenez tout ce que cela doit devenir à table, au dessert, entre douze ou quinze personnes, avec du vin de Champagne, de la gaieté, de l'esprit, et toute la liberté des champs....

» Sur les sept heures, ils se sont mis à des tables de jeux, et MM. Le Roy, Grimm, l'abbé Galiani et moi, nous avons causé. Oh! pour cette fois, je vous apprendrai à connaître l'abbé, que peut-être vous n'avez regardé jusqu'à présent que comme un agréable. Il est mieux que cela.

» Il s'agissait entre Grimm et M. Le Roy du génie qui crée et de la méthode qui ordonne. Grimm déteste la méthode; c'est, selon lui, la pédanterie des

---

1. Cette réponse était d'autant plus piquante, que Georges Le Roy était fort amoureux de madame d'Holbach.

lettres. Ceux qui ne savent qu'arranger, feraient tout aussi bien de rester en repos ; ceux qui ne peuvent être instruits que par des choses arrangées, feraient tout aussi bien de rester ignorants. « Mais » c'est la méthode qui fait valoir. — Et qui gâte. » — Sans elle on ne profiterait de rien. — Qu'en » se fatiguant, et cela n'en serait que mieux. Où » est la nécessité que tant de gens sachent autre » chose que leur métier? » Ils dirent beaucoup de choses que je ne vous rapporte pas et ils en diraient encore, si l'abbé Galiani ne les eût interrompus comme ceci : « Mes amis, je me rappelle une » fable, écoutez-la. Elle sera peut-être un peu lon- ». gue, mais elle ne vous ennuiera pas : »

« Un jour, au fond d'une forêt, il s'éleva une » contestation sur le chant entre le rossignol et ». le coucou. Chacun prise son talent. « — Quel oi- », seau, disait le coucou, a le chant aussi facile, aussi ». simple, aussi naturel, et aussi mesuré que moi? » — Quel oiseau, disait le rossignol, l'a plus doux, » plus varié, plus éclatant, plus léger, plus tou- » chant que moi?

« LE COUCOU : — Je dis peu de choses ; mais elles » ont du poids, de l'ordre, et on les retient. »

« LE ROSSIGNOL : — J'aime à parler ; mais je suis » toujours nouveau, et je ne fatigue jamais. J'en-

» chante les forêts ; le coucou les attriste. Il est
» tellement attaché à la leçon de sa mère, qu'il
» n'oserait hasarder un ton qu'il n'a point pris
» d'elle. Moi, je ne reconnais point de maître. Je
» me joue des règles. C'est surtout lorsque je les
» enfreins qu'on m'admire. Quelle comparaison de
» sa fastidieuse méthode avec mes heureux écarts !

» Le coucou essaya plusieurs fois d'interrompre
» le rossignol, mais les rossignols chantent tou-
» jours et n'écoutent point ; c'est un peu leur
» défaut. Le nôtre, entraîné par ses idées, les sui-
» vait avec rapidité, sans se soucier des réponses de
» son rival.

» Cependant, après quelques dits et contredits,
» ils convinrent de s'en rapporter au jugement
» d'un tiers animal.

» Mais où trouver ce tiers également instruit et
» impartial qui les jugera ? Ce n'est pas sans
» peine qu'on trouve un bon juge. Ils vont en cher-
» chant un partout.

» Ils traversaient une prairie, lorsqu'ils y aper-
» çurent un âne des plus graves et des plus solen-
» nels. Depuis la création de l'espèce, aucun n'a-
» vait porté d'aussi longues oreilles. — « Ah ! dit le
» coucou en le voyant, nous sommes trop heureux ;
» notre querelle est une affaire d'oreilles ; voilà

» notre juge ; Dieu le fit pour nous tout exprès. »

» L'âne broutait. Il n'imaginait guère, qu'un jour
» il jugerait de musique. Mais la providence s'a-
» muse à beaucoup d'autres choses. Nos deux oi-
» seaux s'abattent devant lui, le complimentent sur
» sa gravité et sur son jugement, lui exposent le
» sujet de leur dispute, et le supplient très hum-
» blement de les entendre et de décider.

» Mais l'âne, détournant à peine sa lourde tête
» et n'en perdant pas un coup de dent, leur fait
» de ses oreilles qu'il a faim, et qu'il ne tient pas
» aujourd'hui son lit de justice. Les oiseaux insis-
» tent ; l'âne continue à brouter. En broutant, son
» appétit s'apaise. Il y avait quelques arbres plantés
» sur la lisière du pré. — Eh bien ! leur dit-il,
» allez là : je m'y rendrai ; vous chanterez, je digé-
» rerai, je vous écouterai, et puis je vous en dirai
» mon avis.

» Les oiseaux vont à tire-d'aile et se perchent ;
» l'âne les suit de l'air et du pas d'un président à
» mortier qui traverse les salles du palais : il ar-
» rive, il s'étend à terre et dit : — Commencez,
» la cour vous écoute. C'est lui qui était toute la
» cour.

» Le coucou dit : — Monseigneur, il n'y a pas un
» mot à perdre de mes raisons ; saisissez bien le

» caractère de mon chant, et surtout daignez en
» observer l'artifice et la méthode. Puis se rengor-
» geant et battant à chaque fois des ailes, il chanta :
» Coucou, coucou, coucoucou, coucoucou, coucou,
» coucoucou. » Et, après avoir combiné cela de
» toutes les manières possibles, il se tut.

» Le rossignol, sans préambule, déploie sa voix,
» s'élance dans les modulations les plus hardies,
» suit les chants les plus neufs et les plus recher-
» chés ; ce sont des cadences ou des tenues à perte
» d'haleine ; tantôt on entendait les sons descendre
» et murmurer au fond de sa gorge comme l'eau du
» ruisseau qui se perd sourdement entre des cail-
» loux, tantôt on les entendait s'élever, se renfler
» peu à peu, remplir l'étendue des airs et y demeu-
» rer comme suspendus. Il était successivement
» doux, léger, brillant, pathétique, et quelque
» caractère qu'il prît, il peignait ; mais son chant
» n'était pas fait pour tout le monde.

» Emporté par son enthousiasme, il chanterait
» encore ; mais l'âne, qui avait déjà bâillé plusieurs
» fois, l'arrêta et lui dit : — Je me doute que tout ce
» que vous avez chanté là est fort beau, mais je n'y
» entends rien ; cela me paraît bizarre, brouillé,
» décousu. Vous êtes peut-être plus savant que
» votre rival, mais il est plus méthodique que

» vous, et je suis, moi, pour la méthode. »

» Et l'abbé s'adressant à M. Le Roy, et montrant Grimm du doigt : — Voilà, dit-il, le rossignol, et vous êtes le coucou, et moi je suis l'âne qui vous donne gain de cause. Bonsoir.

» Les contes de l'abbé sont bons, mais il les joue supérieurement, et tout cela naturellement et sans y tâcher. C'est qu'il est pantomime depuis la tête jusqu'aux pieds. M. Le Roy prit le parti de louer la fable et d'en rire !...... »

Dans la nuit même qui suivit ce dîner, madame d'Esclavelles tomba malade à la Chevrette, et sa fille partit sur-le-champ pour aller la chercher et la ramener à Paris.

MADAME D'ÉPINAY A M. LE CONSEILLER TRONCHIN[1].

Paris, le 1er octobre 1760.

« Rien n'est si vrai, mon ami, que le temps fuit ; il me semble aussi que tout ce qu'on voudrait faire, échappe des mains, et il ne reste que les maussaderies, les tristes nécessités, le baguenaudage : voilà

---

1. François Tronchin, conseiller d'État, membre du Conseil des Deux-Cents, né à Genève en 1704 et mort en 1781, frère du banquier de Lyon. Homme instruit et intelligent, il avait le goût des arts et forma successivement deux cabinets de tableaux remarquables. Le premier fut acheté par l'impératrice de Russie. Il composa *huit tragédies* et *retoucha dix tragédies* de Corneille.

à quoi se passe la vie. Vous aurez su par Lubière ou par le docteur la frayeur subite que nous a causée ma mère, et comme quoi elle nous a tous transportés ici en vingt-quatre heures; heureusement, elle est convalescente, et nous espérons recourir aux champs, mercredi prochain, car nous ne lâchons point prise aisément sur le fait de la campagne; jamais je n'avais eu tant d'espérance d'y rester jusqu'à la fin de décembre; voilà ce que c'est que de nous et de nos projets : il n'y a pas de jour et de nuit que je ne fasse celui de revoir Genève......

» On est donc bien ivre là [1]; bien enchanté, bien turbulent? Quelle jeunesse que cette vieillesse-là! Que dit-il du chancelier qui ne veut plus laisser entrer dans Paris une ligne de lui, attendu la grande tendresse dudit chancelier envers le Pompignan, et la grande grippe de Voltaire contre icelui [2]? En conséquence on a remballé le *Czar* [3] et il remarche vers Genève.

» J'ai retiré ma fille du couvent, elle est lardée de deux mille défauts qu'elle y a acquis et qui ca-

---

1. Chez Voltaire.
2. On demandait à Voltaire des nouvelles de sa santé : « Je vais bien, répondit-il, depuis que M. Tronchin m'a ordonné de *courre* le Pompignan deux heures chaque matin. »
3. *Histoire de l'Empire de Russie sous Pierre-le-Grand*. Voltaire la publia de 1759 à 1763.

chent le plus excellent naturel ; ainsi cela ne m'effraye pas. Admirez ma modération maternelle ! Je ne veux pas qu'elle soit parfaite en un jour. Mon fils tourne bien, il commence à prendre de l'émulation, il a de la douceur ; il est resté bon enfant, en devenant mieux que cela ; je ne les troquerais pas tous deux pour d'autres. Voilà tout ce que je puis vous dire.

» Ma santé va un chemin de poste ; je serai bientôt trop forte. Un médecin que je rencontrai l'autre jour me proposa une saignée de précaution, tant il avait peur que je ne me portasse trop bien. Vous ne me parlez pas de votre chère femme ; nous nous brouillerons, mon ami, si vous avez de ces oublis-là : embrassez-la tendrement pour moi ; dites-lui que je la vois, que je parle souvent d'elle ; et dites-vous tous deux que je vous aime de toute mon âme, si vous aimez à dire de grandes vérités.

» Je reviens à vous, mon cher conseiller ; si vous manquez la *Dévideuse* du cabinet de M. de Vence, vous n'êtes plus digne dans ma tête d'avoir des tableaux ; et le Rembrandt qui est à côté[1] ? C'est un solitaire ! un escalier ! une fenêtre ! Un tout qu'il faut avoir. Bonjour. »

---

1. Le Rembrandt dont parle madame d'Épinay est au Musée du Louvre.

Quelques mois après son retour de Genève, madame d'Épinay avait placé Pauline au couvent : nous ignorons le motif de cette résolution, car elle était fort satisfaite de la direction que mademoiselle Drinvillé lui avait imprimée. Nous retrouvons l'institutrice installée de nouveau chez madame d'Épinay l'année suivante; à partir de ce moment, elle ne quitta plus son élève jusqu'à son mariage.

Il y a longtemps que nous n'avons vu apparaître mademoiselle d'Ette. Nous la retrouvons au Grandval juste au moment où Diderot y arrive. La fortune n'avait point souri à l'ancienne amie de madame d'Épinay; de chute en chute elle s'était faite complaisante d'une vieille joueuse avec laquelle elle vivait et qui la défrayait de tout. L'adversité l'avait rendue plus méchante encore, et elle se répandait en propos perfides sur Louise et son entourage. M. d'Affry l'apprit; il se rendit chez elle et lui signifia que, si elle voulait finir ses jours tranquille, il fallait qu'elle se déterminât à se taire. En vain voulut-elle se défendre, il avait acquis tant de preuves contre elle, et la maison où elle se trouvait était si suspecte, qu'il lui fut aisé de l'effrayer. Elle se tint pour avertie mais n'en chercha pas moins à rentrer dans la société[1].

C'est dans une lettre du 15 octobre à mademoi-

---

1. Elle mourut à Paris, le 24 mars 1785, rue Neuve-du-Luxembourg, numéro 24.

selle Volland que Diderot signale pour la première fois mademoiselle d'Ette au Grandval.

« A propos d'emplettes et de meubles, le baron a dit qu'il voyait la corruption de nos mœurs et le goût diminuant de la nation, jusque dans cette multitude de meubles à secrets de toute espèce. J'ai dit, moi, que je n'y voyais qu'une chose, c'est qu'on s'aimait autant que jadis et qu'on se l'écrivait un peu davantage. Une demoiselle d'Ette, belle autrefois comme un ange et à qui il ne reste plus que l'esprit d'un démon, a répondu que pour s'aimer bien, on était trop distrait : « Il me semble, ajouta-
» t-elle, qu'il n'y a plus guère de passions fortes.
» — C'est que, de tout temps, les hommes à pas-
» sions fortes ont été rares. — Cependant, il n'y a
» qu'elles qui donnent de grands plaisirs. — Et
» de grandes peines. » Cette demoiselle d'Ette a été autrefois l'amie intime de madame d'Épinay, c'est à présent son ennemie déclarée. »

Comment mademoiselle d'Ette avait-elle pénétré chez les d'Holbach, qui recevaient les de Valory? c'est une énigme, mais le fait n'en est pas moins avéré; du reste, son apparition fut de courte durée, et la liaison intime de la baronne et de madame d'Épinay l'obligea bientôt à céder la place. Cependant sa présence au Grandval se signale immédiatement par les soupçons sur le séjour de Diderot à la Chevrette et par l'histoire de Pouf.

« Mais puisque je suis en train de vous écrire toutes nos minuties [1]; il ne faut pas que j'oublie de vous raconter comme quoi *Pouf*, le fils de Thisbée, qui avait fait concevoir de lui de si grandes espérances, a jeté la division parmi nous. Thisbée est une élégante; Sibéli la vit et l'aima. Sibéli a été élevé à la cour des rois. D'abord, Thisbée fit la coquette, Sibéli se piqua de constance, et, au bout de trois heures, Thisbée couronna ses feux : trois heures de coquetterie pour des êtres dont la passion ne dure que quelques jours, c'est beaucoup. Je dis cela, parce que je serais fâché qu'on prît une idée défavorable des mœurs de Thisbée. Thisbée mit au monde, au temps prescrit, deux jumeaux charmants; Pouf en fut un. Plusieurs grandes dames demandèrent Pouf : la dame d'Épinay fut préférée, et voilà Pouf installé dans son château et maître de ses oreillers et de ses coussins dont il usait peu discrètement, lorsqu'un ami de la dame regarda Pouf entre les deux yeux et prononça que, malgré

---

[1]. Diderot à mademoiselle Vollant. Du Grandval, le 15 octobre 1760.

tout l'esprit du père et toute la gentillesse de la mère, cet enfant ne serait jamais qu'un sot. Aussitôt, la dame d'Épinay, qui ne voit que par les yeux de son ami, comme cela se pratique, se met à répéter que Pouf, malgré toute la gentillesse de sa mère et tout l'esprit de son père, ne sera jamais qu'un sot, quoiqu'elle eût dit auparavant qu'on en pouvait espérer beaucoup; et puis, elle écrit une lettre qu'elle remet à un de ses gens, avec un panier qui renferme Pouf, et Pouf, porté par le domestique, n'a pas sitôt fait quatorze lieues dans son panier qu'il est remis aux lieux de sa naissance. Avec quelles démonstrations de joie n'y est-il pas reçu? « — Ah! c'est toi, mon pauvre Pouf, mon petit ami, » et quand on l'a bien fêté, bien baisé, bien caressé, on lit la lettre de renvoi, où l'on ne trouve que faussetés, injures, détours et calomnies; et l'on dit beaucoup de mal de la dame d'Épinay et l'on félicite Pouf de ne plus appartenir à une aussi méchante maîtresse. »

Madame d'Épinay ne se doutait pas de la gravité de ce renvoi et avait cru, en en témoignant un vif regret, arranger les choses. Pouf portait au cou un beau collier à plaque d'argent sur laquelle était gravé : « Je m'appelle Pouf et j'appartiens à madame d'Épinay. » On renvoya le collier à la Chevrette avec cette ligne fort sèche. « Pouf se porte bien. » « Les politiques prévoient, écrit Diderot, que cette affaire aura des suites. » Le fond de la question était que Grimm détestait les bêtes, « n'importe quel nom elles portent ni comme quoi elles marchent ». Cette bagatelle, exploitée par mademoiselle d'Ette, jeta une certaine froideur dans les relations de la Chevrette et du Grandval, mais elle dura peu, et mademoiselle d'Ette en *fut pour ses frais.*

La vie relativement assez paisible de madame d'Épinay fut bientôt troublée de nouveau par de pénibles préoccupations d'argent.

M. de Silhouette avait dû quitter le contrôle général le 21 novembre 1759. Le lieutenant de police Bertin, qui le remplaça, trouva l'épargne vide et les fonds de 1760 consommés d'avance. Les besoins étaient pressants, il fallait à tout prix de l'argent.

Le contrôleur fit appel aux fermiers généraux pour un emprunt personnel et volontaire. M. d'Épinay, au lieu de représenter franchement sa détresse, souscrivit effrontément pour 30,000 livres dont il n'avait pas le premier sol. Acculé par une lettre pressante du contrôle général, il eut recours à sa femme, qui, n'ignorant pas ce qui se passait, avait eu la prudence de se faire appuyer par M. d'Affry auprès du ministre.

MADAME D'ÉPINAY A M. D'AFFRY.

« Grand merci, mon cher ami, de la lettre que vous m'avez envoyée pour M. Bertin? elle ne pouvait venir plus à propos. Le terme que M. d'Épinay avait demandé pour livrer ses 30,000 livres était expiré, et déjà il avait eu une lettre assez ferme de M. le contrôleur général. Enfin, il vint me trouver et me dire qu'après avoir fait l'impossible, il n'avait pu trouver que 15,000 livres; et que, puisque j'avais une lettre de vous pour le ministre, il fallait que j'y fusse avec lui pour le prier d'agréer cette somme qu'il devait toucher dans huit jours, et le tenir quitte du reste. Je lui dis que j'étais prête à le suivre et nous y fûmes. M. Bertin me reçut avec les marques du plus vif intérêt, mais il mit tant de distinction entre mon mari et moi, que j'en étais honteuse. Il nous a accordé notre demande, mais il a accompagné cette grâce d'un sermon si ferme et si imposant, sur le changement que mon mari devait apporter dans sa conduite s'il voulait rester en place, qu'en vérité je ne sais comment M. d'Épinay a pu le soutenir.

» En sortant il me dit : « Il faut toujours que » ces gens-là prêchent, fassent le ministre; mais,

« à cela près, il nous a bien reçus, il a ac-
» cordé tout de suite ce que nous demandions. —
» Oui, lui dis-je, mais d'une manière bien hu-
» miliante. — Bon! c'est du style. — Mais,
» êtes-vous bien sûr de tenir parole dans huit
» jours? — Je l'espère; un jour peut-être de plus
» ou de moins. — Vous me faites trembler, vous
» avez dit que vous aviez ces 15,000 livres; à pré-
» sent, vous ne devez les toucher que dans huit
» ou dix jours! Si vous manquez cet engagement,
» vous êtes perdu. — Bon! et M. d'Affry, vous
» voyez ce que peut sa protection; au reste, je vais
» faire quelques réformes d'éclat qui prouveront
» comme je me sacrifie. » Tout en causant ainsi,
nous arrivâmes chez moi, où nos amis nous attendaient dans l'appartement de ma mère. M. d'Épinay y entra un instant triomphant; lorsqu'il fut
parti je leur contai ce qui s'était passé. En vérité,
nous sommes depuis ce temps-là sur les épines. »

Madame d'Épinay n'avait pas tort d'être inquiète;
son mari, après avoir emprunté à grand'peine les
quinze mille livres, les avait déposées chez son
notaire au lieu de les porter au trésor royal. Il
était fort pressé d'aller au-devant des demoiselles
Verrière qui revenaient de Chenonceaux avec Fran-

cueil, et pour ce grave motif il resta trois jours absent. Le notaire oublia d'envoyer l'argent, et le laissa saisir par les créanciers.

Madame d'Épinay dut retourner seule chez le ministre, le supplier de prendre patience encore quelques jours; il la reçut avec bonté, mais lui répéta à plusieurs reprises : « Je vous plains, madame », avec un air qui n'annonçait rien de bon.

MADAME D'ÉPINAY A M. D'AFFRY.

« Savez-vous, monsieur, quel était le beau projet de réforme que mon mari m'avait annoncé? J'étais allée hier passer la journée chez la baronne d'Holbach; ma mère m'envoya dire vers les quatre heures de venir pour une affaire pressée. J'arrive et je trouve mes gens consternés, je fus saisie d'effroi et je n'osai me permettre une question, redoutant ce qu'on pouvait avoir à m'annoncer. Enfin, ma mère m'apprend que M. d'Épinay, en sortant, avait dit à Saint-Germain de chercher condition, et que le pauvre homme était depuis une heure occupé à faire son paquet, sans avoir reçu un sol des avances qu'il avait faites ni des gages qui lui sont dus, si on peut appeler ainsi la rente de 400 livres

qu'il tient de M. de Bellegarde, dont M. d'Épinay est resté chargé et à laquelle il n'ajoute rien pour ses services actuels. Je fis venir Saint-Germain ; il dévorait ses larmes : « — J'ignore, lui dis-je, ce que vous
» a dit M. d'Épinay, mais moi, je vous garde ; je vous
» défends de sortir et je vous ordonne de rester, j'ai
» besoin de vous. — De moi, madame ? me répondit-
» il. Hélas ! à mon âge un domestique est à charge
» et n'est bon à rien. Mais monsieur m'a parlé au
» nom de madame comme au sien ; il a daigné m'as-
» surer du regret qu'il avait de se défaire de moi,
» ainsi que madame, et il m'a dit que madame exi-
» geait que je sortisse sans prendre ses ordres ; c'est
» ce qui m'a paru le plus dur. Je ne sais où aller, il
» y a quarante ans que je ne connais que votre mai-
» son, madame. — Saint-Germain, vous ne sortirez
» point et nous mourrons ensemble ; restez, j'en
» fais mon affaire auprès de M. d'Épinay. »

M. d'Épinay ne rentra pas le soir et sa femme apprit que, comme seconde réforme, il avait relégué son fils dans une chambre au quatrième, avec Linant, et donné ordre de louer leur appartement qui valait au plus 400 livres. Elle lui écrivit aussitôt pour lui déclarer qu'elle gardait Saint-Germain et s'opposait à la nouvelle installation de son fils.

Dès le lendemain matin, M. d'Épinay arriva dans

l'appartement de madame d'Esclavelles où il trouva Louise.

« — Je viens, lui dit-il, répondre à votre billet doux, et, pardieu, voilà bien du train! Gardez si vous voulez ce vieux coquin; au fond, il ne me coûte pas grand'chose et il ne fera pas de vieux os; gardez l'appartement de mon fils; ce n'est pas pour ce que j'en tirerai que je veux le louer, mais c'est que rien n'afficherait mieux la réforme et la réduction. J'ai aussi une vieille patraque de voiture que je pourrais vendre, n'allez-vous pas aussi pleurer sur elle? — En vérité, d'Épinay, lui dit madame d'Esclavelles, je crois que vous extravaguez. — Moi, point du tout, faites tout comme vous l'entendrez. Vendez, ne vendez pas; gardez, ne gardez pas; louez, ne louez pas; je m'en lave les mains, mais ne venez pas me dire ensuite que je ne veux me réformer sur rien. Adieu, maman, adieu, madame, je vais faire un tour à cheval et je reviendrai pour la leçon de musique. »

Grâce au concours de la famille, les 15,000 livres furent enfin réunies et portées au ministre.

Les choses en restèrent là pendant quelques jours, mais cette alerte avait mis en éveil les fournisseurs de la maison qui, déjà créanciers pour d'assez fortes sommes, refusèrent de livrer quoi que ce fût sans argent comptant.

MADAME D'ÉPINAY A M. D'AFFRY.

« ... Il faut journellement boursiller et même avoir recours à nos domestiques pour avoir du pain et de la viande, en attendant que nous puissions toucher quelque argent, car nous nous sommes tous saignés dans cette occasion. Cette extrémité est dure et humiliante, mais heureusement elle ne peut, ni ne doit durer... Nos amis ne nous ont pas quittés, leurs conseils, leurs soins, leur amitié nous ont été d'un grand secours. Ma bonne maman ne s'est point laissé abattre et sa santé est excellente.... »

Ce n'était que le prélude d'événements beaucoup plus graves; mais, heureusement pour elle, madame d'Épinay, douée d'une grande élasticité de caractère, ne laissait pas son imagination s'assombrir d'avance et la distraction avait facilement prise sur son esprit.

Elle soutenait toujours sa correspondance avec Voltaire et se gardait bien de l'ennuyer de ses soucis. Lui, de son côté, écrivait fidèlement à sa philosophe et la tenait au courant des moindres incidents de sa vie.

VOLTAIRE A MADAME D'ÉPINAY.

Ferney, le 26 décembre 1760.

« Ma belle philosophe, je ne sais ce qui est arrivé, mais il faut que M. Bouret[1] fasse une bibliothèque de *Czars;* il a retenu tous ceux que je lui avais adressés. Il y a beaucoup de mystères auxquels je ne comprends rien, celui-là est du nombre.

» Ne regrettez plus Genève, elle n'est plus digne de vous. Les mécréants se déclarent contre les spectacles. Ils trouvent bon qu'on s'enivre, qu'on se tue, qu'un de leurs bourgeois, frère du ministre Vernes, cocu de la façon d'un professeur nommé Necker[2],

---

1. On a vu dans la lettre à M. de Lubière que M. Bouret avait renvoyé en Suisse tous les exemplaires du *Czar*. M. Bouret mangea, dit-on, 42 millions et mourut insolvable. Il affichait un luxe dont on ne peut se faire idée, et qu'il poussait au point d'avoir nourri une vache avec des petits pois verts à 150 livres le *litron*, pour régaler dans la primeur une femme qui ne vivait que de lait. Ce fastueux financier désirait former une liaison avec mademoiselle Arnould. Il se jeta à ses genoux, elle parut inexorable; il lui jura de l'aimer toute sa vie, elle fut inflexible; il lui présenta un superbe diamant, elle sourit et lui dit, en parodiant le mot de Henri IV à Sully : « Relevez-vous, on croirait que je vous pardonne. »

2. Ce professeur, nommé Necker, n'était autre que le frère du célèbre ministre des finances. L'aventure roma-

tire un coup de pistolet au galant professeur, etc., etc., etc. ; mais ils croient offenser Dieu, s'ils souffrent que leurs bourgeois jouent Polyeucte et Athalie ; on est prêt à s'égorger à Neufchâtel, pour savoir si Dieu rôtit les damnés pendant l'éternité ou pendant quelques années. Ma belle philosophe, croyez qu'il y a encore des peuples plus sots que nous.

» ..... M. le duc de Villars a pris possession de mes petites Délices ; j'espère qu'il ne lui arrivera pas ce qui vient d'arriver à un beau-frère de M. de la Popelinière, et à un abbé d'Héricourt, conseiller de grand'chambre, qui se sont avisés de venir mourir à Genève pour faire pièce au docteur Tronchin. L'abbé d'Héricourt est une perte, car il était prêtre et conseiller, et il n'était ni fanatique, ni fripon.

» Adieu, madame, je désespère de vous revoir, mais je vous serai toujours bien respectueusement attaché. »

VOLTAIRE A MADAME D'ÉPINAY.

— Ferney, le 19 février 1761.

« Quoique ma belle philosophe n'écrive qu'à des huguenots, cependant un bon catholique lui envoie

nesque à laquelle fait allusion Voltaire donna lieu à un procès ; elle est racontée tout au long dans la correspondance de Julie de Bondeli et attribuée au ministre lui-même ; c'est une erreur.

ses *petites lettres*. On suppose en les lui envoyant qu'elle est très engraissée ; si cela n'est pas, elle peut passer la page 20, où l'on reprend un peu vivement l'ami Jean-Jacques d'avoir trouvé que les dames de Paris sont maigres ; il ajoute qu'elles sont un peu bises ; mais comme ma belle philosophe nous a paru très blanche, elle pourra lire cette page 20 sans se démonter ; à l'égard des autres pages, elle en fera ce qu'elle voudra.

» On se flatte que le *Père de famille* a été joué, et qu'il l'a été avec succès ; ce succès est bien nécessaire et bien important ; il pourrait contribuer à mettre Diderot de l'Académie ; ce serait une espèce de sauvegarde contre les fanatiques et les hypocrites de la ville et de la cour, qui blasphèment la philosophie et qui insultent à la vertu.

» Pour Jean-Jacques, ce n'est qu'un misérable qui a abandonné ses amis et qui mérite d'être abandonné de tout le monde. Il n'a dans son cœur que la vanité de se montrer dans les débris du tonneau de Diogène[1], et d'ameuter les passants, pour leur

---

1. Voltaire écrivait à la même époque à Damilaville. « Qu'un Jean-Jacques, un valet de Diogène, crie du fond » de son tonneau contre la comédie, après avoir fait » des comédies (et même détestables) ; que ce polisson » ait l'audace de m'écrire que je corromps les mœurs » de sa patrie ; qu'il se donne l'air d'aimer sa patrie (qui

faire contempler son orgueil et ses haillons ; c'est dommage, car il était né avec quelques demi-talents, et il aurait eu peut-être un talent tout entier, s'il avait été docile et honnête.

» Je fais mes compliments à toute la famille, à tous les amis de ma belle philosophe, je tiens qu'elle vaut beaucoup mieux que madame de Wolmar[1]. Prend-elle son café, ou le café, dans l'entresol? Je la supplie aussi de me dire si les jardins de la Chevrette ne sont pas plus beaux que ceux de l'Étange. Qu'elle sache, au reste, que ceux de Ferney ne sont pas sans mérite ; si elle voulait faire encore un petit

---

» se moque de lui) ; qu'enfin, après avoir changé trois
» fois de religion, ce misérable fasse une brigue avec des
» prêtres sociniens de la ville de Genève pour empêcher le
» le peu de Genevois qui ont des talents de venir les exer-
» cer dans ma maison, laquelle n'est pas dans le territoire
» de Genève : tous ces traits rassemblés forment le portrait
» du fou le plus méprisable que j'aie connu...
» Vous me trouverez un peu de mauvaise humeur, mais
» comment voulez-vous que je ne sois pas outré ? Je bâtis
» un joli théâtre à Ferney, et il se trouve un Jean-Jacques,
» dans un village de France, qui se ligue avec deux co-
» quins, prêtres calvinistes, pour empêcher un bon acteur
» de jouer chez moi. Jean-Jacques prétend qu'il ne con-
» vient pas à la dignité d'un horloger de Genève de jouer
» *Cinna* chez moi, avec mademoiselle Corneille. Le polisson !
» le polisson ! S'il vient au pays, je le ferai mettre dans un
» tonneau, avec la moitié d'un manteau sur son vilain petit
» corps à bonnes fortunes.
» Pardonnez à ma colère, monsieur, vous qui n'aimez
» point les enthousiastes hypocrites. »

1. Voir *la Nouvelle Héloïse*.

voyage dans le pays, non de Vaud, mais de Gex, on lui donnerait un petit chapitre tous les matins en prenant le chocolat, ou du chocolat. Je prie le prophète de me prophétiser quelque chose de bon sur le *Père de famille*. Mille respects, et si la belle philosophe est paresseuse, mille injures. »

Toute la coterie de la cour détestait les encyclopédistes et l'on savait d'avance qu'elle ferait opposition au drame de Diderot. La représentation du *Père de Famille* était un grand événement, non seulement pour le petit cercle dont nous nous occupons, mais pour tout le public parisien. Les amis de l'auteur connaissaient la pièce et la portaient aux nues, Diderot seul avait peur.

Un drame était, à cette époque, un spectacle absolument nouveau; le public, habitué aux tragédies en vers, où figuraient toujours des princes et des rois, pouvait accueillir fort mal une pièce dramatique écrite en prose et dont les héros étaient tout simplement choisis dans la bourgeoisie; on rompait ainsi avec toutes les traditions. Malgré ces difficultés, les comédiens du Théâtre-Français s'emparèrent de la pièce, qui avait été déjà jouée à Lyon et imprimée, ils la coupèrent, l'arrangèrent sans l'assentiment de Diderot, qui n'assista qu'aux deux dernières répétitions. Enfin le drame fut joué. Une cabale formidable était organisée, on comprend l'émotion des amis de l'auteur; heureusement le sentiment général, favorable à la pièce, écrasa la cabale et le *Père de famille* remporta un éclatant succès[1].

Diderot, impressionnable et nerveux comme il l'était, ne put se décider à assister aux premières représentations, mais enfin, entraîné par ses amis, il se rendit à la troisième. Ils revinrent tous ensemble souper chez madame d'Épinay et la conversation ne roula que sur la pièce. On se pâma d'étonnement sur la *vérité* et le *naturel* de l'ameublement du salon et de l'appartement, car il était admis désormais que tout ce qui se rapportait au *Père de famille* devait être un chef-d'œuvre de naturel. Madame d'Épinay admirait comme les autres, mais elle ne trouvait pas les acteurs à la hauteur du décor et critiquait leur débit ampoulé et déclamatoire, leur jeu dénué d'aisance et de souplesse. « Il est plus facile, répondit Grimm avec raison, de changer un décor que de modifier en un jour les allures d'un théâtre comme la Comédie-Française et les habitudes traditionnelles qui durent depuis un siècle. » Enfin on tomba d'accord pour déclarer que la force du drame, la nouveauté

1. Il ne faut pas oublier que cette pièce est le point de départ du drame moderne, c'est son principal titre à nos yeux, et son succès en dehors de cela nous semble bien exagéré. Le style est ampoulé, la sensibilité forcée, la situation dramatique repose sur un quiproquo qu'on peut faire cesser en prononçant un seul mot. La Harpe reproche à Diderot, avec justesse, de transformer tous ses personnages en lui-même : « Tous, dit-il, ont son esprit et son style hommes, femmes, valets, tous sont philosophes. Ce n'est pas d'un poète dramatique. »

du sujet et la vérité des sentiments triompheraient des défauts de l'exécution; ce qui eut lieu en effet. Peu de temps après la représentation du *Père de famille*, madame d'Épinay eut le chagrin de voir partir un de ses plus intimes amis, le marquis de Croismare.

MADAME D'ÉPINAY A M. D'AFFRY.

« ... J'ai été interrompue par le marquis de Croismare, qui est venu, les larmes aux yeux, prendre congé de moi. Il a reçu des nouvelles de son fils et de sa belle-fille, qui sont tous deux établis dans la terre du marquis [1]. Sa belle-fille a la petite vérole, elle est très mal, son fils est au désespoir; il vole à son secours.

» Saint-Lambert est de retour; il ne nous dédommagera pas du départ du marquis, cependant il vient nous voir assez assidûment; il est aussi de nos dîners une fois la semaine chez le baron, et là,

---

1. Le château de Lasson est situé dans le canton de Creully, arrondissement de Caen; il appartient actuellement au marquis de Montalembert, qui a bien voulu nous donner l'autorisation de le visiter en détail. Tout est conservé avec un soin minutieux et qui devrait servir de modèle à tous les héritiers de propriétés ou de mobiliers historiques. La collection de tableaux est fort intéressante : elle contient trois portraits du marquis de Croismare. Le parc et les ombrages sont superbes, ils rappellent les parcs anglais.

dans le nombre, il est beaucoup mieux; il a besoin d'être excité pour briller. Diderot est le génie créateur, il secoue son flambeau sur nos têtes, et cela rend ce que cela peut, suivant sur qui tombent les étincelles. Mais, toujours, nous en tirons parti pour nos soirées de confiance, soit en éloges, ou en critique lorsque nous sommes réunis, Diderot, le marquis, Grimm et moi... »

» Je reçois à l'instant votre lettre par votre courrier extraordinaire, mon cher tuteur; il repart demain de si grand matin que je ne réponds que deux mots à toutes vos questions. Oui, mon tuteur, je suis heureuse, et très heureuse, autant qu'il est possible de l'être dans ma position. Ma mère et mes enfants se portent à merveille. Linant est plus nul et plus insupportable que jamais. M. Grimm est très content de sa nouvelle carrière. Il a très bien réussi auprès du ministre, sa besogne lui plaît et l'occupe sans l'excéder. Si l'on en excepte un jour par semaine qu'il passe à la cour, nous menons la même vie et nous le voyons autant qu'avant mon voyage... »

En dehors de ses occupations officielles, Grimm entretenait une correspondance suivie avec Mallet de Genève, et, comme ils avaient tous les deux la passion de la politique, ils se tenaient mutuellement au courant de tout ce qui se passait. Mallet envoyait à plusieurs petites Cours d'Allemagne un journal politique dans le genre des Annales de Linguet et il s'était vanté auprès de son ami de lui faire représenter à Paris, une fois la paix faite, plusieurs de ces Cours.

M. d'Affry était préoccupé de cette correspondance, et il écrivit dans ce sens à sa pupille qui répondit simplement que Mallet avait entamé pour Grimm deux affaires avantageuses, et que, sauf avis contraire de M. d'Affry, il lui semblait qu'il n'y avait pas d'inconvénient à le laisser agir. Courrier par courrier, Grimm reçut ces quatre lignes.

M. D'AFFRY A GRIMM.

« Gardez-vous d'écrire davantage à Genève, sous quelque prétexte que ce soit. Empêchez madame d'Épinay d'y écrire une seule ligne, cet avis est important; brûlez ce billet et ne m'écrivez absolument que par mes courriers. »

M. d'Affry n'était que trop bien informé, la correspondance de Grimm avec Mallet venait d'être interceptée à la poste et interprétée de la façon la plus fâcheuse. Voici un extrait de la lettre qui avait donné l'éveil et fait saisir les autres.

GRIMM A MALLET.

« C'est comme cela que vous travaillez à ma fortune et que vous faites ma cour aux princes et souverains, vos amis? Et moi, qui donnais là dedans, comme un nigaud que je suis, tout prêt à croire que je vous avais écrit des choses sublimes, capables d'exciter une telle reconnaissance, qu'elles me vaudraient au moins cent millions de rente! Vous craignez peut-être que je n'aie plus le temps de vous écrire ces lettres qui vous font tant de plaisir, lorsque je serai haut et puissant seigneur de votre façon; tranquillisez-vous, la reconnaissance fera plus pour moi que toutes les fortunes diplomatiques, politiques, hétéroclites, dont, en conscience, je ne me soucie guère. Je recommande à vos prières le capitaine Tempesta qui a fait une marche diablement savante pour parvenir à se faire prendre ses six pauvres petites pièces de canon.... »

Cette plaisanterie concernait le comte de Broglie dont l'imprudence entraîna le mauvais succès de la campagne [1]. La lettre fut interceptée à la poste,

---

[1]. « Le comte de Broglie a de l'esprit; sa petite taille, son
» air crété, sa facilité à se mettre en colère, le rendent
» piquant pour les femmes qui aiment à le tourmenter; il
» en a quelques-unes pour amies, et pas un homme, à l'excep-

et Grimm reçut immédiatement l'avis officieux de se démettre de ses fonctions de chargé d'affaires de la ville de Francfort. Voici un extrait de la conversation de Grimm et de madame d'Épinay[1].

« Toute notre correspondance a été arrêtée, me dit Grimm ; je passe pour espion, pour traître, il

» tion d'un ou deux, qui cependant le voyent tel qu'il est. » Une chose fort singulière, c'est qu'avec beaucoup d'intel- » ligence et de la valeur, et élevé, ainsi que son frère, dans » les armes, il n'a jamais pu acquérir les grandes parties » du talent militaire. » (*Besenval*, t. II, p. 98.) — « M. le » comte de Broglie a voulu dénigrer les opérations de M. le » comte d'Estaing. « Oui, lui a dit le roi, il a eu tort en » effet de me conserver mes vaisseaux et leurs équipages » qu'il me ramène en bon état, et vous qui n'avez fait » que paraître en Alsace, vous m'avez fait déserter plus de » vingt mille hommes. » On sait combien M. le comte de » Broglie, bien différent du maréchal, son frère, d'ailleurs » brave militaire et négociateur adroit, est peu aimé à cause » de son extrême dureté et de ses emportements. » (3 janvier 1780. (*Corresp. secrète*.)

1. Ces pages sont entièrement écrites de la main de madame d'Épinay dans les fragments de son Journal, que nous avons sous les yeux. Nulle trace de cette aventure n'existe aux Affaires étrangères, mais nous avons trouvé dans les papiers Bethmann, deux lettres de M. Bethmann à M. Hennenberg qui ne laissent pas le moindre doute sur la disgrâce en elle-même et sur sa date. Voici ces lettres :

Bordeaux, 21 février 1761.

« Je me réfère à mes diverses lettres, mon cher monsieur, » et j'apprends dans ce moment, par mes lettres de Franc- » fort, que M. Grimm a écrit au magistrat qu'un cas imprévu » et malheureux l'empêchait de pouvoir, à l'avenir, lui rendre » service et se charger des affaires de la ville. Je vous avoue » que cette nouvelle m'a terriblement surpris, et je ne peux » pas comprendre quelle peut en être la raison ; si vous la est démontré que je le suis, sans cependant être plus coupable que vous. — Grand Dieu! m'écriai-je, je l'avais pressenti, mais vous avez des témoins de votre innocence; Mallet lui-même ne vous refusera pas son témoignage. — Eh! que dira-t-il, je n'en jouerai pas moins un rôle déshonorant aux yeux de ceux qui ne liront pas notre correspondance depuis la première ligne jusqu'à la dernière. — Il faut la faire imprimer. — Cela m'est interdit, elle est semée de plaisanteries contre le comte de Broglie; c'est lui qui a fait arrêter nos lettres, il est implacable et veut que je sois puni. »

La situation était grave ; le duc d'Orléans se montra d'abord favorable et intercéda chaudement pour son secrétaire, mais un refroidissement subit, dû probablement à l'intervention du maréchal de Broglie et de son frère, s'opéra dans sa manière d'être. Il répondit à Grimm dans une seconde

» savez et que, sans indiscrétion, vous puissiez me la dire,
» je vous en aurai de l'obligation. »

Bordeaux, 3 mars 1761.

« La conduite de la ville de Hambourg me navre le cœur;
» je vais écrire encore ce jour à un ami, afin qu'il fasse
» sentir le préjudice qu'elle s'attire, et qui rejaillit sur notre
» port en même temps; je crains que M. de Choiseul tra-
» vaille mal et de travers, je connais l'homme et son génie
» capricieux et hautain; on me mande de Francfort qu'on
» recommande beaucoup un M. Linan, jadis maître d'hôtel,
» pour remplacer M. Grimm, mais on souhaiterait monsieur
» votre frère. Le maréchal de Broglie s'intéresse pour
» M. Linan que personne ne connaît, et la ville ne peut pas
» confier ses intérêts si légèrement. »

entrevue. « Tout ce que j'ai pu faire s'est réduit à vous laisser maître de rester en France, et c'est beaucoup. Ce n'est pas ma faute, si vous m'avez donné une mauvaise cause à défendre. Je crois que vous ferez bien de laisser assoupir tout ceci avant de reparaître à la cour. »

Peu à peu le bruit se calma et l'affaire fut oubliée. Mais au premier moment le public prit parti contre Grimm. C'est à cette aventure que fait allusion Diderot ; son ami avait évidemment gardé le secret le plus absolu sur la cause de sa démission :

« Nous avons eu, Grimm et moi, lundi matin, une grande conversation ; je ne vois goutte au fond de son âme, *mais je ne saurais la soupçonner. C'est, depuis deux ans, toujours à son avantage que les choses obscures se sont éclaircies.* Sa conduite ressemble comme deux gouttes d'eau à celle de Grandisson dans les premiers volumes ; il sent bien qu'il a contre lui les apparences et le jugement des indifférents, dont il ne se soucie guère. Au reste il dit que si nous allons jamais à Rome, il m'expliquera le mystère de sa conduite devant le Panthéon. »

La correspondance de madame d'Épinay avait beaucoup souffert des préoccupations que lui causèrent ces divers incidents ; dès que le calme fut un peu rentré dans les esprits, elle s'empressa de s'excuser auprès de Voltaire de son long silence.

MADAME D'ÉPINAY A VOLTAIRE.

« Je vois mon cher philosophe, que je serais dupe d'une fausse honte, et parce que j'ai fait la sottise de passer mon temps à présider à des fades et ennuyeuses affaires, au lieu de me donner le bien de vous écrire, ce n'est point du tout une raison pour n'oser réclamer votre indulgence et votre amitié pour moi; pendant tout ce temps, j'entendais publier vos bienfaits envers mademoiselle Corneille[1], et je leur disais : « Est-ce bien vrai

---

1. La petite-nièce de Corneille arriva chez Voltaire à la fin de 1760; elle avait à peine dix-sept ans. Voltaire s'occupa de son éducation avec un soin minutieux et passionné tout à la fois, car il ne faisait rien à demi. « Elle est très bien servie,
» écrit Voltaire, on lui a assigné une femme de chambre
» qui est enchantée d'être auprès d'elle; elle est aimée de
» tous les domestiques, chacun se dispute l'honneur de
» faire ses petites volontés, et assurément ses volontés ne
» sont pas difficiles.... Le premier soin doit être de lui faire
» écrire sa langue avec simplicité et avec noblesse. Nous
» la faisons écrire tous les jours : elle m'envoie un petit billet
» et je le corrige; elle me rend compte de ses lectures; il
» n'est pas encore temps de lui donner des maîtres : elle
» n'en aura point d'autres que ma nièce et moi. Nous ne lui
» laissons passer ni mauvais terme, ni prononciation vi-
» cieuse : l'usage amène tout. Nous n'oublions pas les petits
» ouvrages à la main. Il y a des heures pour la lecture, des

qu'un philosophe, une engeance maudite, un homme de sac et de corde enfin, fasse une semblable action aux yeux des dévots? » Ils resteront les bras croisés vis-à-vis un si bel exemple! Ces gens-là ne rougissent point, ils s'humilient sous les affronts, ils suivent l'Évangile à la lettre, et lorsqu'on leur donne de tels soufflets, ils tendent fort bien l'autre joue sans s'émouvoir.

» Tandis que vous êtes en train de bien faire, ne célébrez-vous pas l'heureuse arrivée du petit nouveau-né, le fils du grand Pompignan. Cet événement mérite bien d'être chanté, et vous devez cette marque d'attention à l'amitié qui vous unit avec le chef de cette illustre famille.

» On veut ici que Luc[1] ait fait la paix avec la reine de Hongrie, nous exceptés; il y a vingt lettres de Leipsick qui le disent : nous le méritons bien.

» Vous a-t-on parlé d'un livre de M. de Mirabeau, intitulé *Théorie de l'impôt*[2]? C'est un orage, tout y est confondu, obscur; et puis des traits de lumière qui éblouissent, qui renversent, des calculs

---

» heures pour les tapisseries de petit point. Je ne dois
» point omettre que je la conduis moi-même à la messe
» de paroisse. » Ce dernier trait est curieux.
1. Le roi de Prusse.
2. Ce livre a été publié à la fin de l'année 1760, et cette lettre doit avoir été écrite en février 1761.

faux, des idées justes, de l'éloquence, de l'amphigouri ; hardi jusqu'à la témérité, un autre aurait dit jusqu'à l'insolence, et aurait peut-être bien dit, mais je ne saurais en trouver à dire des vérités ; du reste, un égard marqué pour les moines, un tableau frappant et vrai de nos malheurs, un léger crayon de remèdes assez incertain ; le tout l'a conduit à Vincennes, où il est depuis hier ; ils ont l'air de l'y avoir mis pour avoir le droit d'en faire pendre un autre. On n'a jamais arrêté un homme comme celui-là l'a été, en lui disant : « Monsieur, mes ordres ne portent pas de vous presser ; demain, si vous n'avez pas le temps aujourd'hui. — Non, monsieur, on ne saurait trop tôt obéir aux ordres du roi, je m'y attendais. » Et il part avec une malle chargée de livres et de papiers ; tout ce qu'il fait est bien[1]. Son livre est in-quarto et n'en est pas moins défendu. Il est trop considérable pour être envoyé par la poste, sans quoi, mon cher philosophe, vous l'auriez déjà.

» Quant à moi, je vais comme l'Espagnol, chantant sur ma guitare, le plus tristement qu'il m'est possible, mes beaux jours de Genève, mes ennuis de Paris : il y a vraiment de quoi faire une romance sur cette dernière phrase.

1. Il s'agit ici du marquis de Mirabeau, frère du comte.

» Envoyez-moi bien vite mon absolution, mon cher philosophe, j'ai le cœur rempli de la contrition la plus complète de mes torts envers vous. Madame Denis, recevez mon hommage, et intercédez pour moi. Avez-vous su que M. Bouret m'a perdu ou volé mon *Czar?* J'en pleure encore.

» Bonjour, mon cher philosophe, votre bénédiction. »

On sait que Voltaire, pour venir en aide à mademoiselle Corneille et lui trouver une dot, avait entrepris des commentaires sur les œuvres de son grand-oncle; désireux de connaître l'avis de Saurin sur cet ouvrage, il pria madame d'Épinay d'être son intermédiaire auprès de lui.

VOLTAIRE A MADAME D'ÉPINAY.

5 auguste, à Ferney, 1761.

« Puisque vous avez, madame, frère Saurin à la Chevrette, je vous prie de vouloir bien vous charger d'une négociation auprès de lui. Vous savez que, malgré les calamités du temps, il y a quelques souscriptions en faveur de la race de Corneille. Je ne sais pas encore si nos malheurs ne refroidiront pas bien des gens; mais je travaille toujours à bon compte. J'ai commenté *le Cid, Cinna, Médée, Horace, Pompée, Polyeucte, Héraclius, Rodogune;*

beautés, défauts, fautes de langages, imitation des étrangers, tout est remarqué au bas des pages pour l'instruction de l'ami lecteur [1]. J'ai envoyé à notre secrétaire perpétuel de l'Académie [2] une préface sur le *Cid*, et toutes les notes sur les *Horaces*.

» Je voudrais bien que M. Saurin, mon confrère, voulût aller à l'Académie, et examiner un peu ma besogne ; personne n'est plus en état que lui de

---

1. Ces *Commentaires sur Corneille*, que Voltaire prisait fort, sont appréciés par Galiani avec une justesse d'observation très piquante. « Si Voltaire a jugé l'homme Corneille, il
» est absurdement envieux ; s'il a jugé le siècle de Corneille
» et l'art dramatique d'alors, il le peut, et notre siècle a
» droit d'examiner le goût des siècles précédents. Je n'ai
» jamais lu les *Commentaires* de Voltaire sur Corneille, ni
» voulu les lire, quoiqu'ils me crevassent les yeux sur toutes
» les cheminées de Paris, lorsqu'ils parurent ; mais il m'a
» fallu ouvrir le livre deux ou trois fois par distraction ;
» et toutes les fois je l'ai jeté avec indignation, parce que
» je suis tombé sur des notes grammaticales qui m'apprenaient
» qu'un mot ou une phrase de Corneille n'étaient pas
» en bon français : ceci m'a paru aussi absurde que si l'on
» m'apprenait que Cicéron et Virgile, quoique Italiens,
» n'écrivirent pas en aussi bon italien que Boccace et l'Arioste.
» Quelle impertinence ! Tous les siècles et tous les pays ont
» leur langue vivante, et toutes sont également bonnes. Chacun
» écrit la sienne ; nous ne savons rien de ce qui arrivera
» à la langue française, lorsqu'elle sera morte ; mais il se
» pourrait bien faire que la postérité s'avisât d'écrire en
» français sur le style de Montaigne et de Corneille et pas
» sur celui de Voltaire. » (*Corresp. de Galiani*, édition Perey et Maugras.)

2. Duclos.

juger de cet ouvrage, et il est bon qu'il ait la sanction de l'Académie, à laquelle il sera dédié. »

Il n'était pas difficile à madame d'Épinay de s'acquitter de la commission, car Saurin était de plus en plus empressé auprès d'elle.

« Madame d'Épinay, écrit Diderot, a eu un accès de migraine dont elle a pensé périr. J'allai la voir le lendemain. Nous passâmes la soirée tête à tête. La sévérité des principes de son ami (Grimm) se perd ; il distingue deux justices, une à l'usage des souverains. Je vois tout cela comme elle, cependant je l'excuse tant que je puis. A chaque reproche, j'ajoute en refrain : Mais il est jeune, mais il est fidèle, mais vous l'aimez, et puis elle rit. Nous en étions là lorsque Saurin entra. Comme il était réservé! comme il était froid! comme il était révérencieux! et comme, un moment après, il était violent, emporté, bourru, impoli! Il est plus clair que le jour qu'il en est tombé amoureux. Ce n'est pas là son allure ordinaire.... »

Et quelques jours après. « Je suis arrivé à la Chevrette au moment où Saurin partait pour aller à Montigny chez M. Trudaine; nous en avons reçu deux lettres charmantes, moitié vers et moitié prose.

Il y en a une, la dernière, où sous prétexte de me donner des conseils sur le danger qu'il y a à regarder de trop près de grands yeux noirs, il fait une déclaration très fine à madame d'Épinay. Cela l'a rendue d'abord un peu soucieuse. Son souci a fait le sujet d'une de nos conversations ; et de plusieurs excellents propos qu'elle m'a tenus, je n'en ai retenu qu'un. Je lui disais qu'on s'exposait à un ridicule quand on refusait des avances qu'on pouvait nier et qui n'avaient point été faites ; elle me répondit qu'il valait mieux s'exposer à un ridicule que de compromettre le bonheur d'un honnête homme. »

Cette lettre est importante ; elle marque le changement qui s'est produit dans l'esprit et dans le cœur de madame d'Épinay. Ce n'est plus la Louise légère et coquette que nous avons connue et qui se serait fort amusée jadis de la passion qu'elle inspirait à Saurin, elle voit plus loin et arrête court l'imprudent sur la pente où il va s'engager. Il était véritablement épris ; elle sut le ramener doucement à des sentiments plus honnêtes et il demeura son ami. N'est-il pas intéressant de constater par un témoignage étranger la réforme que madame d'Épinay s'efforçait d'apporter dans sa vie ?

Ses assiduités ayant été repoussées très nettement, Saurin ne se montra pas inconsolable ; il épousa en juillet 1761 une femme jeune, jolie et spirituelle[1]. Louise, qui portait à son ancien adorateur un véritable intérêt, vit ce mariage avec regret; elle redoutait la différence d'âge qui existait entre les deux époux : Saurin était sexagénaire; avec son caractère vif, parfois même un peu brutal, on pouvait craindre qu'il ne fût jaloux. Cela n'arriva pas. Il disait souvent : « Je n'ai connu le bonheur que depuis mon mariage. »

Ses amis ne partageaient point cette opinion, mais fort heureusement ils avaient eu le bon esprit de ne pas lui communiquer leurs impressions; les médisances ne manquaient pas dans la petite coterie :

« Madame d'Épinay est à Paris, écrit Diderot[2] à mademoiselle Volland. J'ai soupé hier au soir avec elle, Grimm et l'ami Saurin, qui avait de la gaieté et de l'embonpoint. Cependant l'histoire de sa chère moitié est publique. Il n'est question que de l'enfant.

---

1. Elle avait été fiancée à Marmontel lorsqu'il fut mis à la Bastille. Pendant qu'il était en prison il reçut par l'intermédiaire de M. de Sartines une lettre d'elle. Mademoiselle S. prenait la part la plus touchante à son malheur et l'assurait que ses sentiments pour lui n'en étaient que plus vifs. Marmontel répondit que la grande leçon qu'il recevait de son malheur était de ne jamais associer personne aux dangers imprévus auxquels l'exposait sa profession d'homme de lettres; que sa situation serait terrible s'il avait derrière lui une femme et des enfants. Mademoiselle S. fut plus piquée qu'affligée de la réponse et peu après elle s'en consola en épousant Saurin.

2. Paris, 7 octobre 1761.

Le problème, c'est de savoir si on lui en fera confidence ou non. »

Ce petit commentaire est assez clair et rend fort plaisante cette lettre de Voltaire.

VOLTAIRE A MADAME D'ÉPINAY.

24 auguste 1761.

« Ma belle philosophe, je ne suis pas comme vous, je suis très aise que frère Saurin soit marié; il fera de bons *cacouacs*[1], nous en avons besoin; c'est aux philosophes qu'il appartient de faire des enfants. Si je me mariais, je prierais frère Saurin de faire des enfants à ma femme.....

» Je voudrais bien, madame, vous voir avec vos sabots, je vous montrerais les miens; vous me diriez s'ils sont du bon faiseur, j'en ai réellement à Ferney. J'ai cédé les Délices au duc de Villars, qui a

---

1. Les *cacouacs* étaient le titre d'un libelle contre les philosophes par l'avocat Moreau. Voici l'explication que Diderot donne de ce mot à mademoiselle Volland. « Les cacouacs?
» c'est ainsi qu'on appelait l'hiver passé tous ceux qui
» appréciaient les principes de la morale au taux de la raison,
» qui remarquaient les sottises du gouvernement et qui s'en
» expliquaient librement... Tout cela compris, vous compren-
» drez encore que je suis cacouac en diable, que vous l'êtes
» un peu, et votre sœur aussi, et qu'il n'y a guère de bon
» esprit et d'honnête homme qui ne soit plus ou moins de
» la clique. »

toujours des souliers fort mignons ; mais malheureusement il n'a point de jambes et il est venu prier Tronchin de lui en donner….. »

Quand madame d'Épinay parlait à Voltaire de ses sabots, elle lui disait vrai. Installée à la Chevrette depuis la disgrâce de Grimm, elle la quittait le moins possible, et s'y intéressait aux moindres détails, car la nécessité de restreindre ses dépenses l'obligeait à s'en occuper. Diderot s'amusait volontiers, lorsqu'il était chez elle, à partager ses soins de ménagère ; il l'accompagnait au jardin potager, dans la basse-cour, et ne dédaignait pas non plus la cueillette des fruits dans le verger. Un jour, dans une de leurs excursions matinales, ils découvrent dans un angle de la basse-cour une petite cabane récemment construite ; madame d'Épinay s'informe et apprend que cette demeure est destinée à un solitaire arrivé le matin même ; aussitôt ils vont le visiter et Diderot écrit en rentrant à mademoiselle Volland.

« ….. Ce cénobite est un personnage très heureux qui s'est établi dans un coin de la basse-cour. Il boit, il mange, il s'engraisse à vue d'œil ; il sort peu, je ne saurais vous dire s'il réfléchit beaucoup. Je le crois de la secte d'Épicure. Sa gaieté, au sortir de sa cellule, me donne la meilleure opinion de l'emploi qu'il y fait de son temps. Nous l'allons visiter deux fois par jour, je vous assure qu'il ne se soucie point de nous. Quand il était très jeune il n'avait point de nom, je l'ai appelé Antoine ou dom Antonio. C'est la fermière qui a soin de son entretien et de sa nourriture; il n'est pas difficile, ce n'est pas qu'il ne gronde souvent, mais c'est moins d'humeur que par un tour de caractère qui lui est propre. Si le reste de son histoire vous intéresse je m'en instruirai; je suis peu curieux, je jouis des gens sans m'informer qui ils sont ni d'où ils viennent. »

Peu de jours après Diderot retournait à Paris et écrivait de nouveau.

« Je m'étais presque engagé d'aller retrouver à la Chevrette, mes pigeons, mes oies, mes poulets, mes canetons et le cher cénobite. C'est une partie remise. Je viens de recevoir de Grimm un billet qui blesse mon âme trop délicate. Je me suis engagé à lui faire quelques lignes sur les tableaux exposés au salon; il m'écrit que si cela n'est pas prêt demain, il est inutile que j'achève. Je serai vengé de cette espèce de dureté, et je le serai comme il me convient. J'ai travaillé hier toute la journée, aujourd'hui tout le jour. Je passerai la nuit et toute la journée de demain, et, à neuf heures, il recevra un volume d'écritures.

Il tint parole : le volume d'écritures fut expédié le surlendemain à Grimm, qui en demeura « stupéfait d'admiration ». Ce volume était la première partie des fameux *Salons* qui certainement forment une des œuvres les plus attrayantes de Diderot ; Grimm accourut chez son ami ; la chaleur et la sincérité de ses éloges mirent un baume sur la plaie du philosophe, qui oublia la légère blessure faite à son âme *trop* délicate [1].

Les *Salons* de Diderot [2] ont exercé une grande influence sur le goût artistique de ses contemporains. Il est le premier qui ait senti les beautés des toiles de Greuze, de Chardin, de Fragonard. On n'appréciait alors que les peintres flamands, hollandais ou italiens ; l'école française n'occupait aucune place dans les cabinets des amateurs. M. de Jully fut également le premier qui eut l'idée de rassembler une collection de tableaux français et, sans Diderot, il ne l'eût peut-être jamais eue.

---

1. Nous remarquerons en passant combien Diderot était facile à blesser, mais avec quelle facilité il oubliait l'offense et combien il fallait peu de chose pour ramener à soi ce cœur si bon et si chaud ! A l'exception de Rousseau et de Falconet, jamais Diderot ne s'est brouillé avec personne. Il écrivit même cette phrase charmante, lorsque Rousseau traversa Paris en 1765 : « J'ai raison de rendre l'entrée de mon cœur » difficile, car on ne peut en sortir sans le déchirer. »

2. Les *Salons* parurent d'abord dans la *Correspondance*

Mais revenons au cénobite; mademoiselle Volland, intriguée par ce mystérieux personnage, pressa Diderot de questions. Il fallut bien avouer que l'intéressant solitaire n'était autre qu'un porc à l'engrais. L'anecdote peut sembler puérile, au premier coup d'œil; mais elle peint un caractère! C'est au moment où Diderot écrit les pages éloquentes des *Salons,* au moment où il donne l'essor le plus élevé à son imagination poétique et à sa passion pour les arts, qu'il prend un plaisir enfantin à faire deviner cette naïve énigme à son amie et qu'il se complaît chaque matin à visiter les poules et les pigeons de la Chevrette!

littéraire, puis en 1796 on publia le *Salon de* 1765 avec un *Essai sur la peinture,* enfin des fragments de celui de 1767 parurent dans une édition des œuvres complètes faites par Naigeon. Ils furent publiés en entier pour la première fois dans l'édition Brière, 1821 et 1822. Voici comment madame Necker les appréciait : « J'espère que M. Diderot aura ma ré-
» ponse à une lettre charmante qu'il a eu l'honnêteté de m'é-
» crire. Je suis enchantée de ses *Salons.* Je n'avais jamais
» vu dans les tableaux que des couleurs plates et inani-
» mées; son imagination leur a donné pour moi du relief et
» de la vie; c'est presque un nouveau sens que je dois à son
» génie. » (Mme NECKER, *Mélanges,* t. I, p. 241.)

VIII

1762

Destitution de M. d'Épinay. — Témoignages d'affection que reçoit madame d'Épinay. — Elle s'installe au faubourg Monceau. — Le mariage du déserteur. — Rencontre avec M. de Maupeou. — Voltaire et les Corneille. — Les fêtes de madame Denis. — L'été à la Chevrette. — Suard et madame d'Holbach. — Rupture entre madame d'Épinay et les d'Holbach. — Mariage de M. de Jully. — Voyage au Bourgneuf. — Installation à la Briche. — Grimm est menacé de perdre la vue.

17 janvier 1762.

« Les muses et les arts pleurent la disgrâce de deux de leurs illustres protecteurs : MM. le Riche de la Poupelinière[1] et La Live d'Épinay viennent d'être

1. Alexandre-Jean-Joseph Le Riche de la Popelinière, (1692-1762), financier, bel esprit du XVIIIe siècle, s'est rendu célèbre par l'emploi qu'il fit de sa fortune en protégeant les

rayés de la liste des Plutus de France. La gloire les dédommagera de cette disgrâce, leurs noms plus durables seront à jamais écrits dans les fastes du Parnasse. Le premier encourageait les artistes et les gens de lettres, et possédait lui-même des talents précieux.... Le second tient sa maison ouverte à toute l'Encyclopédie : c'est un lycée, un portique, une académie. Sa digne épouse a vu longtemps enchaîné à ses pieds le sauvage citoyen de Genève, et tandis que son mari verse ses richesses dans le sein du mérite indigent, elle l'anime de ses regards, elle enflamme le génie et lui fait enfanter des chefs-d'œuvre. »

C'est en ces termes pompeux que le chroniqueur de l'époque raconte l'événement qui ruinait complètement M. d'Épinay. A la fin, le contrôleur général avait dû céder devant l'opinion publique, outragée par de scandaleuses dilapidations.

Déjà six mois auparavant les affaires de M. d'Épi-

---

lettres et les arts. « La maison de la Popelinière, dit Grimm, » était le réceptacle d'une foule de gens de tous les états, tirés » indistinctement de la bonne et de la mauvaise compagnie. » Gens de la cour, gens du monde, gens de lettres, artistes, » étrangers, acteurs, actrices, filles de joie, tout y était rassemblé. On appelait sa maison une *ménagerie*, et le maître, » le *sultan*. » Il avait épousé la comédienne Mimi Dancourt, dont il se sépara à la suite de la célèbre aventure avec le duc de Richelieu.

nay étaient dans un tel désordre que la faillite paraissait imminente ; il avait près de 700,000 livres de dettes. Sa famille parvint à le sauver, grâce à l'appui de M. de la Borde, banquier de la cour, mais on lui imposa d'abandonner ses revenus à ses créanciers[1], et de se contenter d'une simple pension alimentaire de 10,000 francs par an.

En dépit des nombreux avertissements, qui lui avaient été donnés, M. d'Épinay ne s'était jamais cru sérieusement menacé ; sa destitution le surprit en pleine tranquillité d'esprit. Le jour où elle lui fut signifiée, après avoir erré comme un fou, il rentra chez lui à minuit et courut réveiller sa femme pour lui apprendre la fatale nouvelle ; il resta chez elle jusqu'au matin, sans énergie, sans courage, ne sachant que gémir et verser des larmes.

Calme et courageuse en apprenant le coup qui la frappait, madame d'Épinay ne se préoccupa que de l'émotion qu'allait éprouver sa mère. Mais, malgré son âge et ses infirmités, madame d'Esclavelles témoigna une élévation de sentiments que sa fille nous retrace dans une page éloquente.

---

1. Aussitôt après avoir donné sa signature, d'Épinay s'en fut chez ses fermiers toucher tout ce qui était échu, afin de mettre cette somme à part à sa disposition. Il se fit payer d'avance par ceux qui ne lui devaient rien, et fut prendre toutes sortes de marchandises à crédit, dont il augmenta ensuite la liste de ses dettes, en antidatant l'époque de ces fournitures

MADAME D'ÉPINAY A M. D'AFFRY.

« Eh bien, mon tuteur, voilà donc cette catastrophe si longtemps prévue, si inutilement prédite, la voilà donc arrivée! Quel effet pensez-vous qu'ait produit sur votre pupille la nuit du 31? Se réveiller sans fortune et sans état est une situation qui peut bien, je pense, causer quelque émotion. Je puis vous assurer avec vérité que cet événement n'a pas altéré un instant ma tranquillité.....

» J'en redoutais l'effet pour ma mère; je suis descendue chez elle de bonne heure, pour la préparer à cette nouvelle avec tous les ménagements qu'exige la faiblesse de son âge. Sa fermeté m'a étonnée. Il est en effet fort étrange qu'une femme qui a passé sa vie dans l'asservissement des puériles conventions de la société, qui était esclave de tous les préjugés, retrouve à la fin de ses jours un nerf et un courage dont très peu d'âmes sont capables. Je commençai par lui montrer beaucoup d'inquiétudes sur l'état des affaires de mon mari, et j'appuyai sur le malheur dont il était pour mes enfants d'être élevés dans un état d'opulence qu'ils ne pourraient pas soutenir. J'osai dire alors ce que je pensais depuis longtemps, c'est qu'il était à désirer pour eux que leur père perdit sa place. Elle me parut si bien dans les mêmes idées que je n'hésitai pas plus longtemps à lui dire que le moment était arrivé.

» Cette tendre mère fit un mouvement pour se lever et venir m'embrasser, mais elle ne le put ; j'allai me précipiter à ses pieds que j'embrassai ; elle me serra de ses deux mains tremblantes et garda un instant le silence, puis m'engageant à me relever : « Eh bien,
» mon enfant, me dit-elle, j'ai vu la fortune, même
» entre mes mains, faire tant de mauvaises choses et
» si peu de bonnes, que si je pouvais espérer que cet
» événement rendit sage d'Épinay, et le fît revenir
» de ses égarements, j'abandonnerais sans peine le
» peu de fortune qui me reste. O mon Dieu, con-
» tinua-t-elle, en élevant ses mains et ses yeux vers
» le ciel, mon cœur est préparé, maintenant que
» ma force s'est affaiblie, ne m'abandonnez pas et
» ne me rejettez pas dans ma vieillesse, portez un
» rayon de votre lumière dans le cœur du pécheur,
» qu'il puisse se convertir et mettre à profit votre
» grâce. »

» C'était mon projet, de laisser ignorer à mes enfants cet événement pendant quelques jours encore, mais le hasard me força dans la même matinée à parler devant eux et à les instruire. Mon fils parut peu touché de cet événement, mais comme son

père fondait en larmes, il pleura aussi; ma fille, émue de l'état de son père, alla lui prendre les mains et lui dit en propres termes : « Pourquoi vous
» désoler, papa? voyez, vous avez une femme et des
» enfants ; ils ne pleurent pas ; nous avons des bras,
» nous travaillerons, mon frère et moi, sans rougir
» d'en être réduits à cette extrémité, puisque ce sera
» pour nourrir ceux qui ont eu soin de nous, tant
» qu'ils ont eu de quoi. » Puis elle ajouta un mot, qui me fit rougir pour lui et qui dut bien le confondre, d'autant qu'il fut prononcé avec le ton du respect, de l'estime et de la tendresse : « Mais, lui dit-elle, je
» ne comprends pas votre affliction, papa. Que feriez-
» vous donc, si vous eussiez mérité votre malheur?
» C'est une injustice, le roi est bon, il faudra bien, à
» la fin, qu'il la répare. »

Dès que la famille connut la destitution, elle se réunit et adressa un mémoire au contrôleur général, demandant, en faveur de M. d'Épinay, une part dans la charge de son successeur. Madame d'Épinay et sa mère déclarèrent que si elles conservaient la croupe de 90,000 livres, dont madame d'Esclavelles était titulaire, elles avaient l'intention de vivre ensemble, de défrayer M. d'Épinay du logement et de la nourriture, enfin, de se charger de l'entretien et de l'éducation des enfants. Ces généreuses propositions touchèrent vivement la famille et même M. d'Épinay, mais son attendrissement fut de courte durée.

Quelques jours après, on apprit que le roi accordait à chaque fermier général renvoyé la moitié de la charge de son successeur. Dès que M. d'Épinay se vit assuré d'une croupe de 600,000 livres il n'eut qu'un désir : éviter que les 90,000 livres de sa belle-mère ne fussent imputées sur sa propre part. Il fit les scènes les plus violentes à sa femme et à madame d'Esclavelles pour les obliger à écrire au ministre dans ce sens ; mais elles s'y refusèrent absolument.

M. Tronchin, parent du célèbre médecin, fut nommé titulaire de la charge de M. d'Épinay ; il ne fit aucune difficulté de conserver son prédécesseur comme associé pour moitié, et, par ordre formel de M. Bertin, 90,000 livres furent attribuées à madame d'Esclavelles sur cette moitié [1].

Dans toutes ces circonstances, M. de Jully montra le plus noble désintéressement ; il continua à se charger de l'administration de la fortune de son frère et du paiement de ses dettes.

Le premier soin de madame d'Épinay fut de mettre son genre de vie en rapport avec la modicité de ses ressources. Elle aurait voulu se rendre immédiatement à la campagne, mais la rigueur de la saison

---

1. Par acte du 3 décembre 1762 passé devant maître Dutartre, notaire à Paris, ces 90,000 livres devaient faire retour à madame d'Épinay après la mort de sa mère.

s'y opposait ; d'ailleurs le château de la Chevrette, devenu trop somptueux pour elle, allait être loué ; quant à la Briche, dont les proportions modestes convenaient à sa nouvelle fortune, il fallait y faire des réparations indispensables. En attendant elle loua, pour la fin de l'hiver, une petite maison dans un faubourg de Paris et s'y retira avec sa mère et Pauline. Louis fut envoyé chez son oncle de la Briche, qui voulut bien s'en charger jusqu'à ce qu'on eût pris une détermination à son égard.

« Nous allons, ma mère et moi, écrit-elle à son tuteur, vivre dans un faubourg éloigné, sans équipage, avec mes enfants, mademoiselle Drinvillé et quatre domestiques. M. d'Épinay va se loger chez le baigneur, ayant refusé de vivre avec nous. On remercie Linant et l'on rachète, d'une somme honnête, une fois payée, la rente qu'on lui avait faite. Voilà donc ce qu'est devenue cette grande fortune. Me voilà, mes enfants, ma mère et moi, réduits à 8,000 livres de rente. »

Ces réformes, si nécessaires, ne furent pas du goût de tout le monde.

« Une chose qui m'est incroyable, disait M. de Jully à sa belle-sœur, c'est que d'Épinay et même

la comtesse et son mari blâment le parti que vous prenez, désapprouvent l'excès de vos réformes, les traitent d'indécentes et en sont humiliés; ils disent qu'on n'osera pas honnêtement aller vous voir. M. Duval et moi, nous avons eu beau leur représenter que ces sacrifices étaient grands, nobles, courageux et bien entendus, puisqu'ils tournaient au profit de vos enfants : « Tant qu'il vous plaira, a
» répondu d'Épinay, ils sont fous et révoltants; que
» diable! elles veulent donc faire dire que je les ai
» réduites à l'aumône? C'est le moyen de perdre
» tout crédit et de se faire tourner le dos. J'en suis
» outré et je ne leur pardonnerai de ma vie, voilà
» sur quoi elles peuvent compter. »

Ces derniers événements eurent-ils une influence sur les relations de madame d'Épinay ? Elle-même se charge de nous l'apprendre.

MADAME D'ÉPINAY A M. D'AFFRY.

« Je n'ai guère eu le loisir de voir personne que Grimm, Diderot et une ou deux fois M. de Francueil, qui a forcé la porte et qui m'a paru pénétré. Il m'a fait toutes sortes d'offres de service et je les crois sincères. Au reste, si j'en crois la liste de mon portier, jamais on n'a pris plus d'intérêt à quelqu'un qu'on n'en prend à moi dans ce moment-ci. Les premiers jours que notre catastrophe a été publique, tout ceux que je connais ou que j'ai même connus de vue se sont fait inscrire, excepté mademoiselle d'Ette, Duclos et Rousseau. Est-ce curiosité, est-ce intérêt? Je n'en puis rien décider, n'ayant pu voir personne. Quelques-uns, mais en petit nombre, se sont présentés plusieurs fois, et m'ont écrit d'une manière qui ne laisse point de doute sur leur amitié, tels que le baron et sa femme, Saint-Lambert, etc. Quand mes affaires seront terminées et que je commencerai à voir du monde, je saurai plus précisément à quoi m'en tenir. Le comte et la comtesse de Lucé sont à Paris, et sont du nombre, par exemple, de ceux dont je n'ai point entendu parler. J'ai reçu du marquis de Croismare et de tout Genève les lettres les plus touchantes.... »

HUBER A MADAME D'ÉPINAY [1].

Rue Saint-Honoré, près des Capucins, Paris.

Genève...

« N'est-il pas vrai, madame, qu'il ne tient pas à vous de revenir habiter avec vos sauvages, qui com-

1. De toutes les lettres que madame d'Épinay reçut de

mencent à se corrompre. Je me flatte que la chose est possible et qu'une occasion peut vous décider.

» J'appris d'abord avec effroi la nouvelle concernant M. d'Épinay. Les adoucissements que j'ai sus depuis m'ont paru des acquisitions. Je crois vous avoir jugée, dans tout cela, telle que votre lettre vous peint. J'ai dit, voyant la chose au pire, que vous ne

---

Genève à cette époque, nous ne citons que celle-là, remarquable par sa forme originale et ses pensées philosophiques.

Huber (1721-1786) entra en 1738 au service de l'électeur de Hesse-Cassel, comme enseigne, au régiment du prince Frédéric; il passa ensuite au service du roi de Sardaigne et revint se fixer à Genève vers 1747. Naturaliste distingué, il a laissé un ouvrage estimé sur le vol des oiseaux de proie. Sa véritable célébrité vient de son talent d'artiste; il dessinait à merveille et était doué d'une singulière aptitude pour les découpures, sujets de guerre ou de chasse, portraits, etc. Des ciseaux et une feuille de papier lui suffisaient pour exécuter d'inimitables œuvres d'art. Sa grande intelligence, son esprit d'observation, sa facilité d'assimilation lui rendaient tous les sujets familiers. Il était très lié avec Voltaire, mais ne partageait pas ses idées et ne cessait de le persifler dans ses lettres ou par ses croquis. Il possédait si bien les traits de son ami qu'il découpait son portrait les mains derrière le dos; il avait même imaginé de faire découper le profil de Voltaire par son chien, en lui faisant ronger une croûte de pain dont il réservait une partie sous son pouce. Grimm dit dans sa *Correspondance* : « On a gravé le croquis de trente ou quarante têtes de M. de Voltaire, d'après des tableaux de M. Huber de Genève. Ce sont de simples esquisses, de vraies caricatures, mais infiniment spirituelles, toutes très différentes l'une de l'autre et presque toutes également ressemblantes. Ce n'est pas un ami de M. de Voltaire, qui s'est avisé d'écrire pour légende au bas de cette estampe : *Tot capita, tot sensus*. »

souffriez point pour vous, que vos revers de fortune ne ressemblaient point à ceux des autres. Je me suis mis à votre place, et quand je me mets à la place de quelqu'un, je le tire d'affaires le mieux du monde. Un événement dans lequel on n'a pas tort, un événement qui fait un bruit, qui ôte la prétention et le souci de le cacher, le plaisir de consoler ceux qui vous plaignent, la découverte que l'on fait de ses forces et de ses ressources personnelles, est une acquisition, qui, selon moi, vaut mieux que la découverte de tout un globe. Il me semblerait d'éclore en pareil cas. Je voudrais par amour-propre vous ressembler, madame, et par sentiment je me flatte que vous me ressemblez. Vous verrez monsieur votre fils se développer et acquérir plus qu'il ne perd. Je voudrais connaître assez tous ceux qui vous entourent pour être aussi tranquille sur leur état moral que sur le vôtre. Quant à ces soupers que nous savons, il est assez flatteur de faire avaler gaiement ces soupers-là. J'espère de vous donner ce spectacle avant l'automne. Annoncez-moi aux Sages, car je le suis tout à fait, semblable à Jésus-Christ en toute chose, excepté le péché. N'était-ce pas Grimm qui disait que Lubière était une caricature de Notre-Seigneur? Le pauvre garçon vous a plainte à sa manière. Ah! que je vous plaindrais à mon tour, si votre état présent vous découvrait de faux amis, si vous aviez fait membres de votre individu les propriétés que la fortune vous enlève, comme un homme que je connais, qui n'est tout lui, que lorsqu'il est dans son carrosse à six chevaux et dont on ne voit pas la dixième partie quand il est à pied.

» Je rencontrai l'autre jour votre syndic [1], qui est devenu le mien en mémoire de vous. Il m'embrassa tristement, vous nomma, je le consolai ; je fais vos honneurs, je vous vois telle que je veux vous voir. Ne serais-je point comme les enfants qui chantent la nuit quand ils ont peur? Non, ce ne doit pas être le cas. Je ne veux pas que cela soit, assurez-m'en encore, madame. Ma femme, qui ne pense pas tout à fait aussi pittoresquement que moi sur les objets extérieurs, a été très touchée de l'événement et très consolée par le calme de votre lettre. Elle ne vous a pas écrit, vous croyant assommée de lettres, mais elle a chargé vingt fois Lubière de vous témoigner l'intérêt qu'elle prend à vos chagrins. »

A peine installée dans sa petite maison, madame d'Épinay fut rejointe par Grimm, qui vint habiter dans le voisinage. Bien vite accoutumée à son nouveau genre de vie, elle trouva dans son isolement

---

1. Le syndic Tronchin.

un bonheur et un calme qu'elle n'avait jamais goûtés dans des temps plus fortunés.

MADAME D'ÉPINAY A M. D'AFFRY.

Du faubourg de Monceau.

« Oui, mon tuteur, c'est le lieu qu'habitent votre pupille, sa mère et son enfant, à deux pas de nos amis Grimm et Diderot. Depuis un mois nous y sommes établis ; je voulais vous le mander dès le premier moment, mais on m'a forcée à l'oisiveté la plus complète, pour tâcher de réparer une santé que tous ces événements ont fort dérangée ; je reprends le lait par ordre de mon sauveur.

» Si vous saviez comme notre établissement est joli : une petite maison entre cour et jardin, un bon air, une belle vue. Notre table est frugale, mais proprement servie, et assez bonne pour recevoir un ou deux amis tous les jours ; M. Grimm, M. Diderot, le baron et sa femme et M. de Jully ne nous ont pas laissées passer un jour seules ; pour le reste de la famille nous n'en sommes pas importunées. M. d'Épinay n'y a pas encore mis les pieds ; ma fille et moi, nous envoyons tous les jours savoir de ses nouvelles, on le lui dit, ou on ne le lui dit pas, car on ne le trouve presque jamais.

» La comtesse d'Houdetot est venue nous chercher une fois ; j'étais au lit, je dormais et je n'ai pu la voir. Ma mère la reçut et prétendit qu'elle en était contente ; j'ai été lui rendre sa visite, mais j'ai trouvé dans son maintien une certaine formalité, une douceur apprêtée qui voulait être généreuse, enfin j'en ai été révoltée, sans pouvoir néanmoins articuler précisément aucun sujet de plaintes, si bien que je me suis promis de n'y pas retourner souvent.

» Vous n'imaginez pas, mon cher tuteur, ce que c'est que la négligence des gens riches, je dis même les plus délicats, envers ceux qui ne le sont plus. Lorsque j'arrive quelque part, en vérité, je vois sensiblement dans les manières et dans un changement de ton presque insensible, que ce n'est plus la propriétaire de cent mille livres de rentes qui se présente. Il n'y a en vérité pas jusqu'aux valets qui, sans s'en apercevoir peut-être, modèlent leur conduite sur celle de leurs maîtres. Mais ce n'est pas seulement dans les visites que je rends que j'ai eu occasion de faire ces remarques, c'est tout autant dans celles que je reçois. J'en ai eu une, il y a quelques jours, d'une parente de la baronne. La petitesse de notre maison la dérouta dès l'escalier, mais elle faillit perdre la parole, lorsqu'elle se vit annoncer par une femme de chambre. Elle craignit apparemment que son embarras ne nous choquât, et pour le réparer elle courut librement embrasser ma mère, qu'elle n'a jamais vue qu'une fois chez la baronne ; l'air de contentement qu'elle nous remarqua acheva de l'étourdir. Elle balbutia, tâcha en vain de se remettre, et son bon cœur l'emportant sur son orgueil, elle se mit à pleurer très franchement sur notre sort ; nous la remerciâmes en riant et en l'assurant que nous n'étions rien moins qu'à plaindre ; elle n'en revenait pas et sa surprise nous apprit seulement que nous étions vraisemblablement très heureusement nées.

» Si j'ajoute M. de Francueil à ceux que je viens de vous nommer, le reste de mes connaissances me tient dans le plus parfait oubli. Il n'y a que M. Grimm qui soit une véritable ressource ; il vient régulièrement passer toutes ses soirées avec nous et ne sort jamais sans savoir s'il peut nous être utile : avec un tel ami, quel coup du sort ne peut-on pas braver ? »

MADAME D'ÉPINAY A M. D'AFFRY.

« En vérité, je n'ai le temps de rien dans ma solitude. Point de journal, mon tuteur, les journées se trouvent employées et elles passent avec une rapidité qui ne me laisse pas un instant; notre principale occupation, à maman et à moi, est l'éducation de Pauline; nous l'instruisons, nous l'amusons et nous nous promenons beaucoup.

» Nous avons fondé une république de poules et de pigeons et nous sommes les puissances protectrices qui veillons au maintien de la liberté, ce qui nous donne beaucoup d'affaires[1]; il se trouve de temps en temps des dindons séditieux, qui se révoltent contre les médiateurs; j'en ai fait mettre un au pot pour l'exemple; cela leur a donné beaucoup à penser, il faut leur apprendre jusqu'à quel point ils sont ou ne sont pas libres. C'est le mot qu'il ne faut pas dire, mais c'est ce qu'il faut leur prouver par les faits. Grimm s'en amuse autant que nous. Pauline, qui commence à savoir un peu son histoire, l'appelle Milord protecteur. J'ai pensé mander cette plaisanterie à Mallet, mais il est citoyen à pendre et à dépendre, j'ai eu peur de le blesser, car cela est un peu trop ressemblant à la position des Magnifiques Seigneurs dont la manie est d'être libres : ils le sont exactement comme mes dindons.

» Vous me direz peut-être : voilà qui est à merveille, voilà un digne emploi de la journée, mais

---

1. Allusion aux puissances qui protégeaient la répubique de Genève.

quand vos poules sont couchées; ne pouvez-vous pas écrire? Oh, le soir, c'est bien une autre histoire que le jour! Est-ce que M. Diderot, est-ce que M. Grimm, ne m'ont pas mis en tête d'apprendre le trictrac? Eh bien! c'est une passion irrésistible, nous jouons, nous nous querellons ; ma mère et M. Grimm m'accablent de mauvaises plaisanteries, quand je perds par ma faute; je suis désolée, maman rit de tout son cœur et je finis par rire aussi, mais en promettant bien que je ne jouerai plus; Diderot fait sonner les dés et me voilà retournée à la table en dépit de tous mes serments. — Mais le lendemain? — La même chose ou peut s'en faut. Eh bien, à quoi tient donc le bonheur?

» Je vous dirai en confidence que je n'ai jamais été aussi heureuse ; je ne changerais pas mon sort à présent, quand je serais la maîtresse. Il faut pourtant vous dire, le baron, sa femme, M. de Jully, Francueil, tout cela n'est pas aussi assidu ; cette chaleur de sentiment se refroidit un peu.

» Le comte et la comtesse d'Houdetot se contentent d'envoyer savoir de nos nouvelles. M. d'Épinay n'est venu qu'une seule fois. Encore, lui avais-je fait dire que Pauline était incommodée ; sa visite fut courte; je lui proposai de voir la maison en détail. « Ce » n'est pas la peine, me dit-il, on la voit d'un coup

» d'œil, c'est une maison qui a été habitée ci-devant
» par une fille. — Cela ne se peut pas, lui dit ma
» mère, elle n'est ni assez grande, ni assez élégante;
» elle ne peut convenir qu'à des enfants ruinés... »
elle allait dire par leur père, je l'interrompis.... »

MADAME D'ÉPINAY A M. D'AFFRY.

« Nous avons eu hier une journée délicieuse. Tout aurait été parfait si ma mère avait pu être de la partie. Il faisait le plus beau temps du monde; nous avons entrepris une grande promenade, Pauline et moi, M. Grimm et M. Diderot. Mademoiselle Drinvillé est restée avec ma mère.

» En cheminant tout à travers champs nous avons vu de loin dans la plaine beaucoup de monde attroupé devant la porte d'un assez grand château que nous voyons de nos fenêtres. En approchant davantage, nous avons entendu des violons. Vous pensez bien que l'envie de danser a pris tout de suite à Pauline; je voulais m'éloigner, mais cela lui faisait tant de peine, ces messieurs m'ont tant priée pour elle de la laisser au moins voir danser un moment, qu'il a bien fallu céder. C'était une noce d'un paysan de la porte de *Neuilly*, dont les maîtres de ce château avaient fait les frais. Les enfants de la maison, de l'âge de Pauline, dansaient; ils vinrent la prier et nous voilà établis à un bal champêtre, au lieu de continuer la promenade, ce qui jusque-là n'était pas aussi plaisant pour nous que pour la petite. Le fils aîné qui peut avoir dix-huit ans, très poli, très attentif, nous fit apporter des sièges ; et après avoir quelque temps réfléchi sur les mœurs de ces bonnes gens, sur leur maintien, sur l'air du marié, qui au milieu de la danse et de la joie avait une certaine impression de douleur dans la physionomie, nous nous mîmes à causer avec quelques vieux paysans qui ne dansaient pas et qui avaient l'air de bon sens et honnêtes. M. Diderot demanda à l'un d'eux à qui appartenait ce château? — C'est à M. le comte de Ségur. — Ah! en ce cas, dit M. Grimm, je parie que c'est lui qui a fait la noce. — Vous l'avez dit, monsieur, justement. Ah! pardi, vous le connaissez bien, tant il est vrai que du premier de l'année au dernier, c'est qu'il n'en fait pas d'autres. — Et pourquoi le marié est-il si triste? — Ah! vraiment, y ne l'est plus, mais il a eu de quoi, je crois ben, il a pensé aller en l'autre monde, et sans M. le comte il y allait dà. Ah! mon Dieu, ani, ça ne lui aurait pas pu manquer que le pain quotidien. — Et comment donc cela? — Ah! comment, d'où vient qu'il était, sauf votre respect, garçon jardinier ici, et puis il était un petit brin amoureux de la fille de basse-cour. Vlà que faut tirer à la malice, et qui tombe très justement sur le billet noir. Allons, faut partir, n'y a pas à dire non. Un beau jour vlà qu'il apprend que Geneviève était malade, et le souci lui prend, et y décampe, et y déserte, si faut le dire, et puis y se sauve, y se sauve, on fait toujours son procès à bon compte, et enfin il a si bien tourné, si bien viré qu'il a fait passer un avis à M. le comte pour se fier à lui et demander sa grâce ; M. le comte l'a obtenue, a payé le congé, puis revenu il l'a marié. Vlà de ces tours à lui et à madame la comtesse. Vlà à quoi y passent leur temps, aussi y sont aimés faut voir [1] ».

» — Ah ! dit encore ce bonhomme, je les attendons ce soir, quand ils reviendront de Paris, je leur en ai déniché encore une bonne à faire, mais celle-

---

1. Cette histoire, racontée par madame d'Épinay, fournit à Sedaine le sujet de son *Déserteur*. La pièce fut jouée en avril 1769 ; elle tomba presque à la première représentation, mais fut couverte d'applaudissements à la quatrième. Sedaine devait en faire une lecture à la Briche ; il partit en carrosse avec Grimm et madame d'Épinay. Ils commencèrent à lire à peine en voiture, sans pouvoir attendre d'être arrivés. Grimm, touché et profondément ému, écoutait sans rien dire ; mais arrivé à la scène où Louise revient du camp et tombe sans connaissance en voyant son amant, il jeta un cri et fit un saut qui pensa soulever, dit-il, l'impériale du carrosse.

là ne leur coûtera pas cher, ils en seront quittes pour deux louis. C'est une pauvre femme qui est accouchée hier, à l'entrée de Monceau; elle n'a pas à peine de quoi nourrir son enfant, et si elle ne paye pas demain la taille, on lui vendra sa vache et son pauvre lit.

» Je fus très touchée de cette histoire; je rappelai ma fille et je me fis conduire chez la pauvre femme, à laquelle je remis deux louis, heureuse de pouvoir faire encore un peu de bien.

» Oh! que de retours agréables cette journée m'a fait faire sur ma position. Oui, mais, en revenant, j'ai perdu deux parties de trictrac. Cela m'a un peu soucié. Mais on a eu le bon procédé de ne pas se moquer de moi; ce n'est que demi-mal. »

Depuis la triste fin de madame de Maupeou, madame d'Épinay n'avait jamais consenti à revoir le Président[1]. Le hasard les remit cependant en présence dans d'assez singulières circonstances, mais ce fut pour la dernière fois.

MADAME D'ÉPINAY A M. D'AFFRY.

« Voici, mon cher tuteur, un inconvénient de notre habitation et de ma position que je n'avais pas prévu,

1. Voir *la Jeunesse de madame d'Épinay.*

c'est que nous sommes entourés de petites maisons de plaisir, et que ce voisinage m'a fait faire, il y a deux jours, une rencontre fort étrange, à laquelle je ne m'attendais guère.

Dimanche dernier en revenant de la messe, mon cocluchon sur le nez, tenant mon laquais sous le bras, je me trouve arrêtée par un homme en habit gris et qui me dit: « Hé! hé! la cousine, où allez-vous donc ainsi? » Je lève les yeux sur lui et je reconnais le président de Maupeou[1]. Je ne saurais vous dire quelle impression me fit sa vue, je restai un moment interdite, puis je lui répondis très froidement: « Je vais chez moi, monsieur. — Où? est-ce que vous avez une petite maison aussi? — Lorsqu'on a perdu, monsieur, la possibilité d'être logée dans la ville, il faut bien se retirer à la campagne. — Comment? ah! oui, vraiment, j'ai ouï dire, mais, voilà ce que c'est que de négliger ses parents, on

---

1. Le président fut disgracié en 1774; les mots les plus sanglants coururent contre lui. Voici une des meilleures épigrammes sur les ministres renvoyés:

> Amis, connaissez-vous l'enseigne ridicule
> Qu'un peintre de Saint-Luc fait pour des parfumeurs?
> Il mit en un flacon, en forme de pilule,
> Boynes, Maupeou, Terray, sous leurs propres couleurs,
> Il y joint d'Aiguillon, et puis il l'intitule:
> Vinaigre des quatre voleurs. »

(Bachaumont, t. VII, p. 248.)

n'entend jamais parler de vous, aussi! mais j'ai cru que ce n'était que votre mari qui était dans la peine. Et, dites-moi, que peut-on faire pour vous? quoique vous m'ayez négligé, je suis prêt... — Monsieur, je n'ai heureusement besoin de personne, c'est ce que j'ai gagné en perdant le superflu. Je n'ai été négligée heureusement de personne de ceux dont je faisais cas, et je suis très loin de négliger tous ceux qui veulent bien s'en souvenir. » Je lui fis une grande révérence et je donnai ordre à mon laquais de frapper à ma porte.

Tout en s'en allant, le président me cria : « Et la maman, comment se porte-t-elle? — A merveille, monsieur. — Loge-t-elle là? » J'entrai sans lui répondre. Une heure après, il vint me rendre visite, sans doute par curiosité ; en vérité j'étais d'avis de le renvoyer, ma mère voulut absolument le recevoir. « Mon enfant, me dit-elle, on ne saurait trop éclairer ses actions; la médiocrité de notre fortune y jette tout naturellement assez d'obscurité; il faut se tenir à l'écart, mais il ne faut ni s'isoler ni se cacher; on peut confondre les effets de la fierté avec ceux de la honte; il ne faut pas qu'on s'y méprenne. »

Nous le reçûmes donc ; toute la visite se passa en questions de sa part ; mes réponses furent laconiques ; celles de ma mère beaucoup trop détaillées, selon moi. Il voulut voir Pauline ; il en fut émerveillé, enchanté. Croiriez-vous qu'il osa dire qu'elle ressemblait en beau à sa femme ! Comment osa-t-il prononcer son nom devant moi ! En vérité, il y a des gens qui n'ont nulle pudeur. Il donna à ma mère vingt recettes différentes pour guérir ses yeux, qui toutes avaient fait des miracles. Il nous fit toutes sortes d'offres de service, et partit en nous confiant qu'il venait toutes les semaines souper dans le voisinage, et qu'à l'avenir, ce ne serait pas sans nous rendre visite. Je vous avoue que c'est un grand supplice pour moi de revoir cet homme-là.... »

Madame d'Épinay continuait à recevoir des nouvelles régulières de ses amis de Genève ; fidèles à leur caractère national, ils se montraient plus expansifs, plus dévoués dans l'adversité que dans le bonheur.

HUBER A MADAME D'ÉPINAY [1].

. . . .

« Il faut employer cette demi-feuille à vous parler de Voltaire. Il est plus gai et plus vert qu'il n'a été

---

1. Cette lettre nous a été très obligeamment communiquée par l'éminent critique, M. Edmond Schérer.

de sa vie; il a un joujou dont il s'amuse bien autant comme un enfant de sa poupée, que comme un père de son enfant. La petite Corneille, arrivée ici aussi neuve qu'une feuille de papier blanc, était précisément ce qu'il fallait à Voltaire. Elle n'est rien moins que jolie, mais la jeunesse a toujours des grâces. Nous nous pâmions, vous et moi, madame, des attitudes d'un vilain petit chien que vous aviez; c'est dans ce goût-là que notre homme jouit de sa pupille; elle a bientôt pris une assurance qui enchante son protecteur, elle dérange impunément les échecs, les vers et même les répétitions d'*Olympie*. Elle joue fort drôlement les rôles qui vont se mettre à son ton, les Collette, etc. Voilà son titre[1].

---

1. Voltaire n'en avait pas fini avec les Corneille. Sur le bruit de ses bienfaits, il arriva des descendants auxquels il ne s'attendait guère, mais son enthousiasme était passé, et il les reçut fort mal. « Il faut encore, écrivait-il, qu'un ar-
» rière-petit-fils de tous ces gens-là vienne du pays de la
» mère aux Gaines me relancer aux Délices. Claude-Étienne,
» dont il s'agit ici, est réellement l'arrière-petit-fils de Pierre;
» il est né avec soixante livres de rente mal venants. Il a
» été soldat, déserteur, manœuvre, et, d'ailleurs, fort hon-
» nête homme. En passant par Grenoble, il a représenté
» son nom et ses besoins à M. de M..., que vous connaissez.
» Ce président, qui est le plus généreux des hommes, ne
» lui a pas donné un sou, mais il lui a conseillé de pour-
» suivre son voyage à pied et de venir chez moi, l'assurant
» que ce conseil valait beaucoup mieux que de l'argent, et
» que sa fortune était faite. Claude-Étienne lui a repré-
» senté qu'il n'avait que quatre livres dix sous pour venir

» Il jouit réellement de toute l'étendue de sa position. Il a fait, comme vous savez par Lubière, une tragédie en six jours[1]. Dieu sait ce qu'il vous en a écrit ! Au vrai, elle a été faite trop vite, en sorte qu'à tout moment il faut y retoucher. Il écoute avec une patience d'ange toutes les objections que tous ses acteurs lui font, et il corrige en conséquence. J'ai pris moi-même la liberté de lui faire observer quelques défauts, et cela par écrit; il m'a répondu qu'il avait prévenu ma critique et m'annonce que je verrai la pièce telle que je la veux. Le diable, c'est que j'avais encore d'autres observations à faire et que

---

» de Grenoble aux Délices. Le président a fait son dé-
» compte, et lui a prouvé qu'en vivant sobrement, il en au-
» rait encore de reste à son arrivée. Le pauvre diable, enfin,
» arrive mourant de faim et ressemblant à Lazare ou à
» moi. Il entre dans la maison et demande d'abord à boire
» et à manger. Quand il est un peu refait, il dit son nom
» et demande à embrasser sa cousine. Il montre ses papiers
» qu'il a en poche; ils sont en très bonne forme. Nous
» n'avons pas jugé à propos de le présenter à sa cou-
» sine, ni à son cousin, M. Dupuits, et je crois que nous
» nous en déferons avec quelque argent comptant. On
» nous menace d'une douzaine d'autres petits Cornillons,
» cousins germains de Pertharite, qui viendront, l'un après
» l'autre, demander la becquée; mais Marie Corneille est
» comme Marie, sœur de Marthe, elle a pris la meilleure
» part. »

1. Voltaire écrivait à d'Argental, à propos d'*Olympie*:
« C'est l'ouvrage de six jours. — L'auteur n'aurait pas dû se
» reposer le septième, répondit son ami. — Aussi s'est-il
» repenti de son ouvrage », répliqua Voltaire.

je suis désarmé par sa bonhomie[1]. Il faut que je les lui fasse parvenir par d'autres, car je serais au désespoir que quelque plaisanterie de Fréron vînt troubler une sérénité dont le spectacle est réellement intéressant.

» Vous savez les fêtes que madame Denis a données à Ferney ; je laisse tout ce détail aux historiens qui ont l'honneur de vous écrire. Au reste, madame, votre nourrisson[2] est d'une sagesse miraculeuse. Je découvre pourtant la cause de cela. C'est que tant qu'il trouve de l'occupation en bonne compagnie, il ne cherche pas la mauvaise. Le vice n'est que son pis-aller ; il faut qu'il trouve toujours à qui parler. Quand la vertu est en lieu maussade, il court au vice qui est en lieu élégant. Il faudrait une définition du vice et de la vertu. Ne croyez-vous pas, madame, que le vice est souvent un regorgement de vertu, et que votre nourrisson n'est sage à présent que parce qu'il n'a pas de la vertu de reste.

» Le philosophe Grimm est, je crois, de la même

---

1. Voltaire n'acceptait pas toujours aussi aisément la critique. A la première représentation d'Oreste, la maréchale de Luxembourg lui écrivit quatre grandes pages de critique. Il répondit : « Madame la maréchale, on n'écrit pas Oreste par un H. Je suis avec un profond respect votre très humble serviteur. »

2. C'est le nom que madame d'Épinay, en plaisantant, avait donné à Voltaire pendant son séjour à Genève.

secte que moi. Je voudrais bien qu'il me donnât quelque signe de vie. Je suis très glorieux de l'honneur qu'il fait à mes lettres ; je commence à croire qu'il faut que je fasse quelquefois de la prose sans le savoir.

» Bonjour, madame, souvenez-vous bien de ne pas vous croire trop heureuse d'être ruinée ; vous pourriez dans les commencements dire : N'est-ce que cela ? »

Madame Denis, en effet, adorait les fêtes et saisissait tous les prétextes pour en donner. On devait représenter, à Ferney, le *Droit du seigneur*, dans lequel mademoiselle Corneille jouait Colette. Madame Denis, avec l'assentiment du patriarche, que cela amusait autant qu'elle, convoqua le ban et l'arrière-ban de leurs amis ; on envoya des invitations jusqu'à Lyon, Dijon et même Turin. Trois cents personnes arrivèrent ; il fallut en loger un bon nombre, tant aux Délices qu'à Ferney ; l'activité de la nièce de Voltaire pourvut à tout, même au bal qui suivit le spectacle.

« Laissez-moi reprendre mes esprits, écrit Voltaire ; je n'en peux plus, je sors du bal, ma tête n'est point à moi. — Un bal, vieux fou ; un bal dans tes montagnes ? et à qui l'as-tu donné ? Aux blaireaux ? — Non, s'il vous plaît, à très bonne compagnie; car voici le fait : nous jouâmes hier le *Droit du seigneur*, et cela sur un théâtre qui est plus joli, plus brillant que le vôtre. J'avoue que la pièce est bien arrondie, mais enfin c'est notre cinquième acte qui a plu. — A des Allobroges, direz-vous? — Non, à des gens d'un goût très sûr, et dont l'esprit n'est ni frelaté ni jaloux, qui ne cherchent que leur plaisir, qui ne connaissent pas celui de critiquer à tort et à travers, comme il arrive toujours à Paris à une première représentation. Oui, le *Droit du seigneur* a enchanté trois cents personnes de tout état et de tout âge, seigneurs et fermiers, dévotes et galantes. Croiriez-vous que mademoiselle Corneille a enlevé tous les suffrages? Comme elle était naturelle, vive, gaie! comme elle était maîtresse du théâtre, tapant du pied quand on la soufflait mal à propos. J'ai fait le bailli, et, ne vous déplaise, à faire pouffer de rire. Mais que faire de trois cents personnes au milieu des neiges, à minuit que le spectacle a fini? Il a fallu leur donner à souper à toutes ; ensuite il a fallu les faire danser : c'était une fête *assez bien troussée*. Je ne comptais que sur cinquante personnes; mais passons, c'est trop me vanter.

» P. S. Le bailli conduisait la noce sur le théâtre; six femmes jolies habillées en bergères, six jeunes gens très galants, précédés de violons, se présentaient avec les acteurs devant monseigneur. C'était un tableau de Téniers. »

La petite maison qu'avait louée madame d'Épinay présentait d'assez grands inconvénients, et, quand l'été approcha, elle se décida à quitter Paris pour s'installer à la campagne. Les réparations de la Briche n'étaient pas terminées et elle s'établit provisoirement à la Chevrette, qui n'avait pas encore de locataire ; elle partit avec sa mère et Pauline dès les premiers jours de juin. Grimm ne tarda pas à la rejoindre. Sa présence à Paris était moins nécessaire depuis qu'il avait résigné forcément ses fonctions diplomatiques. Il s'occupait presque exclusivement de la *Correspondance littéraire*, dont la réussite dépassait ses espérances ; le nombre de ses souscripteurs princiers s'augmentait de jour en jour.

Son amie apportait sa part dans ce travail. Les qualités de son esprit s'y prêtaient merveilleusement. Elle observait bien et finement, elle analysait avec justesse et précision ; ses conseils d'abord, son aide et sa collaboration ensuite, furent d'un grand secours pour Grimm. C'est pendant cet été de 1762 qu'ils commencèrent à travailler sérieusement ensemble. Diderot prenait part à leurs travaux et les aidait dans leur revision : « Madame d'Épinay, dont vous me demandez si souvent des nouvelles, écrit-il à mademoiselle Volland, se porte

assez bien. Grimm me paraît en user bien avec elle; leur vie de campagne est tout à fait douce ; ils ont peu de monde et ils font de longues promenades. »
L'été s'écoulait ainsi, paisiblement. Diderot se partageait entre la Chevrette et le Grandval. Chez madame d'Épinay, il trouvait une hospitalité simple et modeste ; chez le baron, luxueuse et recherchée. La table plantureuse du Grandval n'était même pas sans danger.

« J'ai encore une huitaine à passer ici, écrivait Diderot à son amie. Priez Dieu que je ne meure pas d'indigestion. On nous apporte tous les jours de Champigny les plus furieuses et les plus perfides anguilles, et puis des petits melons d'Astracan, puis de la sauerkraut, et puis des perdrix aux choux, et puis des perdreaux à la crapaudine, et puis des babas, et puis des pâtés, et puis des tourtes, et puis douze estomacs qu'il faudrait avoir, et puis un estomac où il faut mettre comme pour douze. Heureusement on boit en proportion, et tout passe. »

Dans le petit nombre d'amis qui entouraient madame d'Épinay, venait d'apparaître Suard, le mélancolique Suard. Aimable convive, assez brillant causeur, présenté par Grimm qui l'avait connu au Grandval, il fut bientôt de l'intimité de la Chevrette. Au bout de peu de temps, sa nature passionnée amena presque une rupture entre la dame de la Chevrette et les d'Holbach.

L'amitié du baron pour Suard était née dans d'assez singulières circonstances. D'Holbach attachait une grande importance à ses ouvrages, mais son origine allemande se faisait lourdement sentir ; il ignorait l'art, que possédait Diderot, de déguiser la raideur et la sécheresse philosophiques sous le charme du style. Il s'aperçut bientôt de ce défaut et chercha dans son entourage un homme de lettres capable d'y remédier. Suard eut la préférence ; il était pauvre, d'Holbach généreux, la combinaison les servait tous les deux. L'homme de lettres devint ainsi le commensal habituel de la maison.

Madame d'Holbach était charmante, et Suard en fut bientôt éperdument épris ; la baronne le reçut avec sa bonne grâce et sa douceur habituelles, puis, touchée de sa mélancolie, elle lui prodigua les attentions les plus délicates : il s'y méprit. Cependant, elle n'était pas coquette; Diderot écrivait à ce sujet à mademoiselle Volland[1] :

« Vous vous trompez; elle n'est point coquette ! mais elle s'est aperçue que cet intérêt vrai ou simulé que les hommes protestent aux femmes les rend plus vifs, plus ingénieux, plus attentionnés, plus gais; que les heures se passent ainsi plus rapides et plus

1. 31 juillet 1762.

amusées; elle se prête seulement : c'est un essaim de papillons qu'elle assemble autour de sa tête; le soir elle secoue la poussière qui s'est détachée de leurs ailes, et il n'y paraît plus. Cette femme est originale; elle a des choses très fines et, tout à côté, des naïvetés; peu de monde, mais en revanche rien de cette uniformité si décente et si maussade qui donne à un cercle de femmes du monde l'air d'une douzaine de poupées tirées par des fils d'archal. A propos d'un petit réduit que j'espérais obtenir à Madrid, je lui disais . « Je le meublerai comme il conviendra ; vous » en aurez la clef, et vous irez vous y reposer. » Suard ajouta : « Pourquoi pas quand il y sera? » Elle répondit : « Je le voudrais bien ; mais cela ne se peut » pas. » Cela avec un air, un son de voix et des yeux ! Puis, se tournant du côté de Suard, elle ajouta : « Mais voyez-vous comme cela glisse sur lui? » — Cela est vrai, dit Suard, mais pourquoi? — Par » une raison, dit-elle, dont je l'estime infiniment et » qui vous ferait rougir. »

Le baron, qui ne se doutait pas de la passion que sa femme avait inspirée, fut frappé de l'excessive tristesse peinte sur les traits de Suard; il n'hésita pas à l'attribuer à sa pauvreté. Aussitôt il se rend chez lui, et, avec la rudesse mêlée de bonhomie qui faisait le fond de son caractère, il lui dit : « Mon ami, je vous apporte 10,000 francs dont je ne sais que faire, qui ne me sont d'aucun emploi, et je vous prie de les garder. » Suard proteste, le baron insiste, chacun s'obstine, enfin d'Holbach s'enfuit en laissant les 10,000 francs [1].

Devant un procédé si délicat, l'embarras de Suard dut être extrême ; il semble cependant qu'il en triompha aisément, car il continua ses assiduités auprès de la baronne. Il ne devint pas moins empressé auprès de madame d'Épinay, lorsqu'il lui eut été présenté, et les habitués de la Chevrette se demandaient s'il n'était pas épris à la fois des deux amies [2].

Paris, le 25 juillet 1762.

« ... — M. Suard part demain pour la Briche, écrit Diderot. Assis au frais, à côté de lui, sur une chaise, aux Tuileries, je lui disais : « Vous êtes » mieux, ce me semble, et je m'en réjouis. — » Oui, me répondit-il, je suis mieux dans ce mo- » ment, mais peut-être que demain au soir je serai » plus mal. » A qui en veut-il? est-ce à la dame » de la Briche, est-ce à la dame de... [3] ?

---

1. Garat affirme que Suard reporta l'argent au baron d'Holbach. (*Mémoires de Suard.*)

2. La supposition n'avait rien d'extraordinaire, car, à ce moment même, Suard se disait également amoureux de madame de Krüdner.

3. Du Grandval.

» Il revient après-demain de la Briche ; je suis curieux de la mine qu'il en rapportera : allongée, tout est dit ; gaie, tout est encore dit.....»

C'était, en effet, à la Briche qu'habitait maintenant madame d'Épinay ; les réparations étant terminées, elle s'y était installée dès le mois de juillet.

Évidemment il dut y avoir, à cette époque, quelque malicieux propos, quelque fâcheuse insinuation, dont Suard était le thème, car tout à coup, sans motif, sans raison, la brouille éclate violente, profonde, entre madame d'Épinay et les d'Holbach. Diderot en fut désolé.

« Il y a quinze jours qu'il régnait dans cette maison une concorde charmante : on riait, on plaisantait, on embrassait, on se disait tout ce qui venait à la bouche. Aujourd'hui on est sérieux, on se tient écarté les uns des autres, on se fait en entrant, en passant, en sortant, des révérences et des compliments, on s'écoute, on ne se parle guère, parce que l'on ne sait que se dire et qu'on n'ose dire ce qu'on sait. On met de l'importance à tout parce qu'on n'est plus innocent. Je vois tout cela et je péris d'ennui.

» Madame Geoffrin était venue sur le midi, elle se proposait de dîner ; mais, saisie tout à coup de cet ennui qui la gagnait, sans qu'elle s'en aperçût, étonnée comme quelqu'un qui n'aurait plus reconnu les visages; s'appliquant peut-être à elle-même l'embarras des autres, elle regarde, elle se damne sur sa chaise, elle veut être plaisante, personne ne la seconde, à peine on lui sourit; elle se tait, fait des nœuds, bâille une fois ou deux, se lève et s'en va. Et l'abbé Follet qui lui crie : « Madame, vous » nous quittez? » Et elle lui répond: « Il n'y a » personne aujourd'hui, une autre fois je revien- » drai. » Adieu nos jolis soupers des lundis! »

Le philosophe, qui ne voulait se brouiller avec personne, prit le parti de se tenir à l'écart jusqu'à ce que les têtes fussent un peu calmées, et, pour éviter les récriminations, il renonça à la Briche en même temps qu'au Grandval :

« A présent que tout est sens dessus dessous chez les d'Holbach, on m'y voit peu; je ne veux pas qu'on me fasse parler. Ils ont brouillé leur écheveau, qu'ils le débrouillent...... J'étais invité à la Briche pour dimanche et lundi; c'est l'autre bout de l'écheveau qu'il ne faut pas tenir.... »

Un événement de famille vint faire diversion à ces tracasseries et donner une grande joie à madame d'Épinay. Son beau-frère, M. de Jully, qu'elle aimait tendrement, épousa, le 1er août 1762, Marie-Louise-Josèphe de Nettine[1], fille du banquier de la cour de Vienne à Bruxelles. Mademoiselle de Nettine était aussi distinguée par ses talents et son caractère que par sa beauté ; elle se lia étroitement avec madame d'Épinay, qui eut en elle une confiance sans bornes.

Peu de temps après ce mariage, Grimm et madame d'Épinay partirent pour le Bourgneuf[2] ; Diderot l'annonça ainsi à mademoiselle Volland :

---

1. M. de Jully était revenu à Paris en 1759, en même temps que sa belle-sœur. Bien qu'il eût échoué dans la mission diplomatique à lui confiée par madame de Pompadour, sa faveur n'en reçut nulle atteinte, et, à peine de retour, il remplit les fonctions d'introducteur des ambassadeurs. Sa famille désirait beaucoup le voir se remarier, mais il avait aimé sa première femme avec une telle passion qu'on se heurtait toujours à une répugnance invincible. (Voir la *Jeunesse de madame d'Épinay*.)

Trois des sœurs de madame de Jully (de Nettine) épousèrent, l'une, M. de Laborde, seigneur de Méréville et marquis de Laborde, banquier de la cour ; l'autre, M. Micault d'Harvelay, garde du Trésor Royal, et la troisième, M. de Walkiers. L'enfant que M. de Jully avait eu de son premier mariage mourut en bas âge. Sa seconde femme lui donna un fils et deux filles. Son fils, Gaspard de la Live, après avoir servi dans la marine, remplit les fonctions d'introducteur des ambassadeurs ; il épousa la veuve de M. Taillepied de la Garenne, née Masson de Saint-Amand ; elle vécut jusqu'en 1850, et était connue sous le nom de madame de la Live.

2. Pendant un de ces séjours au Bourgneuf, le marquis de Croismare écrivait à mademoiselle de Valory :

« Je vous ai devinée sans hésitation, délicieuse reine de
» Bourgneuf. Votre style gracieux et enchanteur, vos bontés

Paris, 19 août 1762.

« Grimm et madame d'Épinay sont partis hier pour Étampes ; ils y passeront dix jours chez mademoiselle de Valory ; ils seront sûrement heureux, autant qu'il est possible. Avec des procédés, quelque bien observés qu'ils soient, on n'a rien à reprendre, et l'on n'est pourtant contente de rien ; c'est que ceci n'est pas un équivalent, c'est la monnaie de la tendresse. Tous les égards du monde ne valent pas une caresse, un sourire, un mot doux, même une querelle

» pour moi, le retour que mes sentiments tendrement res-
» pectueux me permettent d'espérer, le besoin réel que j'ai
» de tenir un petit coin dans l'honneur de votre souvenir,
» certain je ne sais quoi qui m'annonce d'abord ce qui fait
» mon plaisir le plus doux, tout enfin a décelé mademoiselle
» de Valory ; elle ne sera jamais humiliée : c'est un risque
» qu'elle ne peut courir, à moins qu'elle n'eût la prétention
» de s'acquitter de tout ce qu'elle me doit.
» Illustre ménagère, recevez mes hommages et mon secret.
» Vous me faites désirer la réalité de la métempsycose ! Oui,
» je voudrais être un dindon achevé, quand je pense que
» j'aurais le bonheur d'être sous vos yeux, d'être à vos
» ordres. En attendant cette bonne fortune, jouissez de
» votre belle santé qui ravive la mienne, et rappelez-vous
» quelquefois, je n'ose dire dans vos moments perdus, qu'il
» est un pauvre reclus en Neustrie qui s'oubliera plutôt que
» de perdre le souvenir de vos bontés et des moments purs
» et délicieux qu'il a passés auprès de la trop aimable din-
» donnière, à qui il ne manquait plus que le talent de savoir
» s'amuser avec des bêtes...
» A toute la belle société : Vous êtes *tutti quanti* aussi
» aimés que vous êtes aimables. Que n'ai-je vos expressions

délicate, un reproche obligeant, une petite bouderie sur un refus même placé, en un mot, toutes ces tracasseries que je fais si bien, de propos délibéré, sans être offensé.

» Le temps fera pour lui, j'en suis sûr ; il est déjà moins réservé. La honte de pratiquer en ma présence un conseil que je lui avais donné ne l'a point arrêté ; rien n'arrête cet homme quand il s'agit de faire bien ou mieux.... »

Madame d'Épinay s'abusait-elle sur les *équivalents* que Grimm lui offrait, c'est peu probable ; quand

» délicates, fraîches, aériennes, entrantes... et ce ton!... que
» je dirais de choses et que je les dirais bien ! Mais il ne
» suffit pas de les penser, la parole ne va pas comme le
» sentiment. Comme je ne vis plus qu'avec des villageois et
» des moutons, je n'ose me hasarder à répondre à vos tant
» gracieux propos ; je ne ferais peut-être que *besler* comme
» les animaux qui m'entourent. Je m'en tiens donc à vous
» répéter que vous êtes aussi aimés que vous êtes aimables,
» en vous suppliant tous d'être mes interprètes. Il n'y a rien
» de nouveau ici que la récolte que nous venons de faire
» avec succès ; nous vous donnerons du pain *excellentissi-*
» *mus*. Paris vous donnera des plaisirs surnaturels. Pour
» moi, en toute humilité, je vous donne mon cœur ; adieu.

» *P.-S.* — Dans le moment que je reçois votre chère épître,
» je ne perds pas une minute à vous marquer ma tendre
» reconnaissance. Mais dans l'incertitude si ma réponse
» arrivera à temps au Bourgneuf, je l'adresse à l'obligeant
» Grimm, afin qu'il en fasse l'usage que l'amitié lui dictera;
» il sait combien il importe au bonheur de ma vie que je
» sois retracé dans le souvenir de ce qui m'est si cher. »

« on ne joue pas d'âme, comme disait madame de Maupeou, » on ne fait guère illusion.

La brouille avec les d'Holbach finit par s'apaiser ; on fit probablement des avances de part et d'autre, des amis communs s'interposèrent, bref, on s'embrassa et tout fut oublié. Diderot profita de la réconciliation pour visiter madame d'Épinay dans sa nouvelle demeure.

Paris, 5 septembre 1762.

« J'en étais resté, je crois, à notre voyage de la Briche, écrit-il à mademoiselle Volland. Je ne connaissais point cette maison ; elle est petite, mais tout ce qui l'environne, les eaux, les jardins, le parc, a l'air sauvage : c'est là qu'il faut habiter, et non dans ce triste et magnifique château de la Chevrette. Les pièces d'eau immenses, escarpées par les bords couverts de joncs, d'herbes marécageuses, un vieux pont ruiné et couvert de mousse qui les traverse, des bosquets où la serpe du jardinier n'a rien coupé, des arbres qui croissent comme il plaît à la nature, des arbres plantés sans symétrie, des fontaines qui sortent par les ouvertures qu'elles se sont pratiquées elles-mêmes ; un espace qui n'est pas grand, mais où on ne se reconnaît point, voilà ce qui me plaît. J'ai vu le petit appartement que Grimm s'est choisi ; la vue rasé les basses-cours, passe sur le potager et va s'arrêter au loin sur un magnifique édifice.

» Nous arrivâmes là, Damilaville et moi, à l'heure où l'on se met à table. Nous dînâmes gaiement et délicatement. Après dîner, nous nous promenâmes. Damilaville, Grimm et l'abbé Raynal[1] nous précédaient, faisant de la politique...

» Le soir, le docteur Gatti, que l'indisposition de M. de Saint-Lambert avait appelé à Sannois, petit village situé à une demi-lieue de la Briche, vint souper avec nous et prendre la quatrième place dans notre voiture..... »

La société de madame d'Épinay s'était enrichie d'un personnage fort original, ami intime de Galiani, le docteur Gatti, dont nous n'avons pas encore parlé. C'était un médecin de Florence, grand promoteur de l'inoculation; attiré en France par le duc de Choiseul, il ne tarda pas à acquérir une clientèle considérable.

La disposition de Gatti à très peu lire et à beaucoup regarder, son séjour assez long à Constan-

---

1. Raynal (Guillaume-Thomas-François) [1711-1796], l'un des philosophes du xviiie siècle dont la réputation a jeté le plus d'éclat. Auteur de l'*Histoire philosophique des deux Indes* et d'un grand nombre d'autres ouvrages, il était des plus assidus aux réunions qui avaient lieu chez Helvétius, chez le baron d'Holbach, chez madame Geoffrin, et il vécut longtemps dans l'intimité de Grimm et de Diderot.

tinople, lui avaient donné une foule d'opinions originales et bizarres. On parlait un jour devant lui de la division des maladies en plusieurs classes, il déclara n'en connaître que deux, celles dont on meurt et celles dont on ne meurt pas [1].

Depuis quelque temps la vue de Grimm s'affaiblissait, il fut menacé de la perdre entièrement. Ses amis passèrent plusieurs jours dans la plus cruelle anxiété. Il faut entendre Diderot pour se rendre compte de la force d'amitié qui unissait ces deux hommes.

« Grimm perd les yeux, écrit-il à mademoiselle Volland ; gardez-vous de me dire du mal de l'homme de mon cœur. Le moment approche où je vais apprendre ce que valent nos protestations, nos serments, nos souhaits, l'estime que nous faisons de nous-mêmes ; bref, si je sais être ami. Si je ne me retrouvais pas moi, combien je me mépriserais ! Si mon ami devient aveugle, je vous prends à témoin de ma conduite. Venez me connaître, venez connaître votre amant, car ce qu'il fera pour son ami, il l'eût fait pour sa maîtresse ; et je ne crois pas qu'il

---

[1]. Peu de temps après la disgrâce du duc de Choiseul, Gatti retourna en Italie et se fixa à Naples. Très effrayé de l'état des esprits en France, il prévit de loin les excès de la Révolution et le résultat des principes que professaient bien haut les philosophes, sans se douter de l'application qu'on en ferait plus tard.

eût fait pour sa maîtresse ce qu'il n'aura point eu la force de faire pour son ami! Le grand moment pour moi si je me trompe! »

Et plus loin : « C'est d'une goutte-sereine que Grimm est menacé ; et je vous préviens d'avance que son bâton et son chien sont prêts. »

On n'inspire pas de pareils dévouements quand on ne les mérite pas. Fort heureusement, ces inquiétudes ne se réalisèrent point ; Grimm se rétablit au bout de très peu de temps.

IX

1762-1764

Départ de Louis pour Bordeaux. — M. Bethmann. — Blessure de M. de Castries. — Mort de madame d'Esclavelles. — Les manchettes de dentelle. — Les dangers de Bordeaux. — Maladie de Pauline. — L'habit vert. — Mécontentement de M. Bethmann. — Louis quitte Bordeaux.

Lorsque madame d'Épinay se vit ruinée par la destitution de son mari, elle n'eut plus qu'une préoccupation, l'avenir de ses enfants. Heureusement, elle n'avait pas encore à s'occuper de Pauline, à peine âgée de douze ans. Il n'en était pas de même pour Louis, qui touchait à sa dix-huitième année. Sa mère voyait avec effroi se développer en lui tous les instincts paternels, et déjà sa conduite lui inspirait les plus vives inquiétudes. Elle résolut à tout prix de l'enlever au « pavé de Paris »; mais où l'envoyer? Vers quelle carrière le diriger?

Pendant que Grimm exerçait les fonctions d'envoyé de Francfort, il s'était lié, par l'intermédiaire d'un commis des affaires étrangères, M. Hennenberg[1], avec M. Bethmann, riche négociant de Bordeaux, dont la famille habitait Francfort, où elle remplissait les premières charges[2].

Lorsque Grimm connut les perplexités de madame d'Épinay, il lui conseilla d'envoyer Louis à son ami Bethmann. Elle accueillit cette proposition avec joie. Louis pourrait à Bordeaux se créer une honorable position; dans tous les cas, il y prendrait l'habitude du travail et y acquerrait des connaissances utiles, soit qu'il voulût plus tard entrer dans les finances, soit qu'il se destinât à la diplomatie.

M. d'Épinay, qui voulait diriger son fils vers la magistrature, vit le projet de sa femme avec déplaisir. Le conseil de famille ne l'accepta pas non plus sans difficultés; mais elle le défendit avec tant de chaleur qu'elle finit par triompher.

On demanda donc à M. Bethmann de recevoir

---

1. Commis au bureau Gérard (bureau des jurisconsultes). Ses appointements étaient de 9,000 livres. Il quitta Paris en 1768 et fut envoyé à Strasbourg comme jurisconsulte du roi. Son frère représentait les villes hanséatiques à la Cour de France.

2. Les frères Bethmann étaient banquiers à Francfort; ils firent le service financier du roi de France pendant toute la guerre de Sept ans. Celui dont il s'agit ici habitait à Bordeaux, aux Chartrons; le rez-de-chaussée de sa maison formait l'arcade qui donnait entrée à la rue Poyenne.

le jeune d'Épinay chez lui; il y consentit volontiers. Il avait déjà dans ses bureaux un protégé de son ami Hennenberg, le jeune Lersé, qu'on lui avait confié pour l'initier au commerce.

Louis partit pour Bordeaux dans les premiers jours de septembre 1762. Avant de se séparer de lui, sa mère ne lui cacha ni les dissipations de son père, ni leur ruine complète; elle espérait que, malgré sa jeunesse, de pareilles révélations le frapperaient, et qu'il en tirerait d'utiles enseignements pour l'avenir. A peine est-il en route que sa mère attentive lui écrit déjà :

MADAME D'ÉPINAY A SON FILS.

La Briche, ce 16 septembre 1762.

« Je compte, mon cher fils, que vous n'êtes pas loin d'arriver à Bordeaux au moment où je vous écris; votre premier soin sera sûrement de donner de vos nouvelles à votre père et à ma mère, et comme cela pourrait déranger vos occupations de tout écrire dans un même jour, j'espère que vous aurez réservé à m'écrire lorsque vous pourrez me mander que vous êtes tout établi dans les bureaux de M. Bethmann et que vous travaillez à vous y distinguer. Lorsque cette lettre arrivera, vous devez être déjà installé et au fait de tous vos devoirs.

» Ne perdez jamais de vue, mon enfant, notre dernière conversation, qu'elle se présente toujours à vous dans tous les cas où vous vous trouverez combattu ou par la paresse ou par quelque autre mouvement qui s'oppose au devoir. Mais imposez-vous, je vous le répète, le silence le plus absolu et le plus universel ; vous manqueriez à tout ce qu'il y a de plus sacré s'il vous échappait un mot des sujets que mon devoir envers vous m'a fait traiter pour votre instruction ; ne m'en parlez pas non plus dans vos lettres, cela est inutile...

» Tâchez de vous faire aimer de tous ceux à qui vous aurez affaire, mais surtout, mon ami, que ce soit par la droiture et la docilité, et point par adresse ou par flatterie, car on ne réussit pas longtemps avec ces moyens, qui sont plats et vils, et qui finissent toujours par faire mépriser ceux qui les emploient.

» Je ne vous prêcherai pas toujours, mon enfant ; vous devez commencer à vous parler vous-même ; rendez-moi compte de tout, bien et mal. Bonjour, mon enfant, je me porte bien, ma mère aussi ; votre sœur est un peu incommodée, mais j'espère que cela n'aura pas de suites. Nous nous rassemblons tous demain pour le service de votre grand-père.

» Bien des compliments de ma part à M. et madame Bethmann. »

Pendant les premiers jours qui suivirent son arrivée à Bordeaux, Louis se montra très satisfait; le changement d'existence, les nouvelles habitudes, l'accueil gracieux qu'il reçut, tout contribua à lui faire trouver ses occupations fort supportables.

M. Bethmann occupait à Bordeaux une grande situation, conquise à force d'intelligence et de travail. Allié aux plus riches familles de Francfort, ses relations s'étendaient partout, et il était devenu une véritable puissance commerciale[1]. Catherine II lui confia les fonctions de consul de Russie, et lorsque le comte de Falkenstein (Joseph II) vint à Bordeaux, il fit à M. Bethmann une longue et intéressante visite[2].

C'est un type curieux à étudier que celui de ce

---

1. En 1774, Turgot écrit à M. Bethmann : « Je vois avec satisfaction, monsieur, par la lettre que vous m'avez écrite le 24 du mois dernier, que vous vous proposez de multiplier par votre commerce les subsistances dans l'intérieur du royaume et principalement dans la ville de Bordeaux où vous avez établi votre domicile. Je connais depuis longtemps la bonne réputation, le crédit et l'étendue des correspondances dont jouit votre maison dans toutes les places de l'Europe. Avec de telles ressources et les sentiments patriotiques dont vous êtes animé, je ne saurais douter que vous ne donniez à un commerce aussi utile à l'État toute l'étendue dont il est susceptible, etc., etc. » (Archives de M. Adolphe de Briolle à Bordeaux.)

2. Voir l'appendice I.

riche négociant du xviiie siècle! L'honneur et la probité même, d'une générosité sans bornes, son cœur s'ouvrait à toutes les infortunes. Mais il avait conservé, malgré son âge et sa richesse, des habitudes d'ordre, de stricte économie, de travail assidu qu'il imposait à ses commis et dont il donnait tout le premier l'exemple. Chez lui, on se levait à six heures, et à huit heures du soir on était encore au travail; on se couchait aussitôt après le souper, et la même existence recommençait le lendemain. Il appartenait à la vieille école et s'en faisait gloire : son bureau, ses affaires, il ne voyait rien au delà, et ne comprenait même pas qu'on pût avoir d'autres aspirations.

Il aimait la jeunesse, mais la voulait avec les qualités de l'âge mûr. La légèreté d'esprit, les inconséquences, les fredaines, trouvaient en lui un juge sévère, et ces fautes, excusables chez des jeunes gens, n'obtenaient de lui qu'un difficile pardon. Est-il besoin d'ajouter qu'il tenait les arts d'agrément en médiocre estime.

Que pouvait devenir dans un pareil milieu ce pauvre d'Épinay, adorant l'élégance, passionné de musique, habitué dès son enfance à toutes les recherches du luxe? Comment espérer qu'il se plierait aux règles claustrales de la maison?

Madame d'Épinay s'abusa étrangement lorsqu'elle crut sauver son fils en faisant de lui un commis de M. Bethmann; elle le perdit. Elle ne sut pas rester dans la juste mesure et dépassa le but. En infligeant à Louis une existence à laquelle rien ne l'avait préparé et que les circonstances ne motivaient en aucune façon, elle exaspéra au lieu de les apaiser tous les goûts de paresse, de frivolité, de dissipation qui couvaient chez le jeune homme, dont nous ne cherchons nullement à excuser les erreurs : mais il est juste cependant d'attribuer à chacun sa part de responsabilité et nous croyons qu'avec les meilleures intentions du monde madame d'Épinay donna à son fils une première direction dont les conséquences furent déplorables.

M. Bethmann avait consenti à prendre Louis par égard pour Grimm, mais au fond il le regrettait presque, et se sentait vis-à-vis de ce fils de fermier général une méfiance instinctive que les événements se chargèrent bientôt de justifier.

MADAME D'ÉPINAY A SON FILS.

La Briche, ce 9 octobre 1762.

« Eh bien ! vous voilà bien avancé d'être sorti sans permission ; vous avez perdu la confiance qu'on était porté d'avoir en vous, parce que j'avais assuré que votre conduite avait toujours été bonne et soumise ; vous vous mettez dans le cas d'être veillé de près, et l'on vous regarde comme un enfant sur lequel on ne peut pas compter. Votre expérience vous a prouvé que rien n'est si flatteur que la confiance ni si humiliant que la défiance. Il est vrai que le sujet qui vous a fait manquer à la déférence que vous devez à M. Bethmann était bien séduisant! Aller voir un menuisier qui ne vous a jamais vu qu'éberné[1], et qui ne se souvient peut-être pas seulement de vous, cela est bien attrayant et bien spirituel! je vous passerais plutôt d'avoir eu le désir d'aller à la comédie, cela ne serait pas plat au moins, et lorsque l'on joue à perdre sa tranquillité habituelle, il faut au moins y trouver quelque plaisir. Je vous demande en grâce pour votre bonheur, mon cher enfant, de ne pas vous mettre dans le cas d'être renvoyé de chez M. Bethmann, car ma situation ne me permet pas de vous garder à Paris; je serais forcée de vous faire embarquer pour les îles, où vous deviendriez ce qu'il plairait à Dieu, car nous n'avons rien à vous donner : il faut que votre travail vous fasse vivre dans quelques années d'ici.

» Nous avons calculé que les frais de transport et d'emballage du clavecin iraient à huit ou neuf louis; prix pour prix, tâchez d'en avoir un dans la ville à peu près de ce prix-là, mais surtout pas plus cher.

» Voici une lettre qui n'est guère mieux écrite que les vôtres, mais j'ai les nerfs agités aujourd'hui, la main

---

1. Éberner voulait dire nettoyer un enfant au maillot.

me tremble et j'ai la tête occupée de plusieurs choses qui me donnent des distractions. Nous nous portons tous bien ; maman et votre sœur vous embrassent.

» Bonjour mon enfant, continuez à me rendre compte de tout, et plus de désobéissance ni de visite au sieur Gillet. Votre violoncelle partira l'autre semaine. »

Il n'était pas étonnant que madame d'Épinay fût nerveuse et incapable d'écrire ; Grimm venait de la quitter brusquement, appelé en Westphalie auprès de M. de Castries :

« Je suis seul à Paris, écrit Diderot ; M. d'Holbach lit à Voré [1] ; la baronne s'ennuie au Grandval ; madame d'Épinay seule n'est pas, je crois, trop contente à la Briche. Grimm s'avance à toutes jambes vers la Westphalie : il était intimement lié avec M. de Castries [2], qui vient d'être grièvement blessé ;

1. Maison de campagne des Helvétius.
2. « M. de Castries joint à un grand usage, à de la politesse, une modération, une justice qui rendent sa société fort agréable. Sa noblesse et sa probité sont poussées jusqu'à la délicatesse. Dévoré d'ambition, jamais il ne s'est permis le moindre moyen douteux pour parvenir ; visant au commandement de l'armée ainsi qu'au ministère, il s'est rendu capable de l'un et de l'autre, par une étude et une application suivies. Son activité lui fait suffire à tout et il ne faut pas

il va à deux cent cinquante-trois lieues voir quels secours ou quelles consolations il pourra donner à son ami. C'est toujours lui ; il est parti sans que j'aie eu le temps de l'embrasser, à deux heures du matin, sans domestiques, sans avoir mis ordre à aucune de ses affaires, ne voyant que la distance des lieux et le péril de son ami. »

Si, dans le cours ordinaire de la vie, Grimm se montrait souvent tyrannique et personnel, il faut reconnaître que, dans toutes les circonstances où ses amis ont pu mettre à l'épreuve son affection et son dévouement, il ne leur a jamais manqué ; on l'a vu en plus d'une occasion se sacrifier à ceux qu'il aimait.

Depuis que d'Épinay se trouvait livré à lui-même, il avait pris une haute idée de sa personnalité ; arrivé à cet âge ingrat où l'on n'est plus un enfant, où l'on n'est pas encore un homme, il tranchait assez volontiers en toutes choses, et ne négligeait rien pour se poser en homme fait. A peine à Bordeaux, il fut saisi d'une manie épistolaire qui faisait le désespoir de sa mère ; il perdait son temps à écrire à toutes les relations de sa famille ; aux dames, il rimait quelques vers ; aux hommes, il parlait po-

beaucoup le connaître, pour voir qu'il voudrait être au même instant sur la frontière, dans le cabinet d'un ministre et aux genoux de sa maîtresse. Il disait un jour à un de ses amis : « Je voudrais dormir plus vite ». (Besenval, t. II, p. 96.)

litique ; ses amis de Genève, Voltaire lui-même, n'étaient pas oubliés. Il s'avisa d'écrire à son cousin de Geoffrion et de le tancer d'importance sur le peu de gratitude qu'il témoignait à madame d'Épinay, qui l'avait élevé. Prendre à son âge le rôle de Mentor était se couvrir de ridicule; c'est ce que sa mère lui fit remarquer, et elle fut obligée plus d'une fois de le rappeler à un sentiment plus exact des convenances.

On voit dans leur correspondance avec quel soin scrupuleux madame d'Épinay relève tous les défauts qu'elle croit remarquer chez son fils, et combien elle s'efforce de redresser tous ses petits travers de caractère. Aussi veut-elle être au courant des moindres incidents de son existence : « Mandez-moi le bien et le mal, lui dit-elle, la peine, le plaisir; faites-moi votre confesseur moral. » Elle ne se rendait pas compte que, pour un jeune homme comme pour un enfant, il est des peccadilles sur lesquelles il faut fermer les yeux. Ne lui passant rien, lui faisant à tout propos une interminable morale, elle usa peu à peu son autorité, et perdit toute influence sur son fils. Elle lui citait souvent l'exemple terrible de son père.

MADAME D'ÉPINAY A SON FILS.

2 novembre 1762.

« Votre père ne me montre point vos lettres ni

celles qu'il vous écrit ; je ne les lui demande point, parce que la confiance est libre, et malheureusement il n'en a pas en moi. Je suis fâchée qu'il ait mis M. et madame Bethmann dans le cas de le juger défavorablement par ses lettres ; il serait à désirer que les tristes découvertes que vous avez faites sur lui fussent ignorées de toute la terre, mais malheureusement elles ne sont que trop connues. Que ses défauts et ceux que vous auriez pu découvrir en moi, mon enfant, vous servent de leçons pour les éviter. Les miens ne sont pas de même genre, Dieu merci, et ne sont pas de nature à vous faire tort ; mais si l'humeur et la sécheresse que peut contracter une âme aigrie par le malheur vous ont quelquefois étonné en moi, garantissez-vous-en, car on ne fait rien de bien quand on s'y laisse aller. Souvenez-vous qu'en travaillant à éviter les malheurs et les fautes que vous avez appris sur le compte de votre père, vous ne devez jamais ni mépriser ses avis ni lui marquer aucun éloignement ; contentez-vous de me consulter avant de les suivre, jusqu'à ce que l'âge et l'expérience vous donnent la capacité de vous conduire par vous-même. En lui montrant les principes qui règlent vos actions et qui déterminent vos démarches, n'ayez jamais l'air de le blâmer, ni de croire penser mieux que lui ; ce serait manquer aux égards dont vous ne devez jamais vous départir vis-à-vis de lui... »

Au mois de novembre de cette même année, Pauline fit sa première communion. C'était la dernière joie réservée à la vénérable madame d'Esclavelles, dont la santé déclinait de jour en jour. Le lendemain de la cérémonie, elle se sentit plus mal et s'éteignit bientôt dans les bras de sa fille et de sa petite-fille.

Madame d'Épinay adorait sa mère, et les soins qu'elle lui prodiguait depuis tant d'années la lui rendaient encore plus chère. Cette perte cruelle la plongeait dans un grand isolement.

MADAME D'ÉPINAY A SON FILS.

A la Briche, le 9 novembre 1762.

« Eh bien! mon cher enfant, le sort me persécute-t-il assez? Que je suis bien aise dans ce malheur que votre destinée vous ait éloigné de l'affreux spectacle dont j'ai été le témoin, et dont j'aurai toute ma vie l'âme déchirée. J'ai perdu toute ma consolation et la douceur de ma vie; je n'ai plus que vous pour me tenir lieu de tout; voyez quelles obligations vous contractez envers moi, mon ami, et quel devoir vous avez à remplir...

» Ma fortune se trouve encore diminuée par la

perte que je viens de faire. Je perds le secours de la pension qu'elle me laissait, et je me trouve chargée de 500 livres de rente de plus à payer tous les ans, par les legs qu'elle a faits par son testament. Je ne puis entrer de si loin dans un plus long détail; je vous mettrai insensiblement au fait de toutes mes affaires, qui sont les vôtres, à mesure que vous croîtrez en raison et que votre conduite méritera plus ou moins ma confiance...

» Donnez-moi, mon cher enfant, de vos nouvelles; je suis en peine de vous. Faites mille compliments pour moi à M. et madame Bethmann; ils auront la bonté de régler la dépense à faire pour votre deuil, le plus simple, je vous le recommande; rien que l'exact nécessaire; votre deuil est de six mois... »

La vie que Louis menait à Bordeaux était fort triste; nul plaisir, nulle dissipation, toujours au travail, sans trêve ni repos. Il n'osait se plaindre à sa mère d'une profession choisie par elle; son père, au contraire, était tout désigné pour recevoir ses doléances; il lui demanda donc au bout de quelque temps de vouloir bien l'autoriser à quitter une carrière pour laquelle il ne se sentait aucune vocation. M. d'Épinay montra la lettre à sa femme qui s'empressa d'écrire à Louis pour lui reprocher ses confidences. « Ouvrez-moi votre cœur, lui disait-elle, j'entrerai dans vos peines, je chercherai à vous les adoucir, mais prenez garde à ce que vous manderez aux autres. » D'Épinay ouvrit son cœur comme on le lui demandait; et fit à sa mère un tableau désolant de son existence.

MADAME D'ÉPINAY A SON FILS.

A Paris.

« J'ai reçu ce matin votre lettre du 15, et vous voyez, mon ami, que je ne perds pas de temps pour vous répondre.

» Je ne saurais vous plaindre beaucoup d'être obligé de descendre les chandelles, de balayer le comptoir, parce que tout cela n'est pas bien fâcheux; il n'y a qu'un sot préjugé qui puisse attacher à cela de l'humiliation, et, ne vous y trompez pas, si il y a une distance réelle entre la profession du négociant et la place du fermier général, elle est toute à l'avantage du négociant ; car remarquez que celui-ci vit et s'enrichit du travail de sa tête et de son génie; et l'autre vit et s'enrichit sur les impositions du particulier; plus il est sévère et rigide, plus l'argent arrive dans son coffre. Qu'en dites-vous ?

» Vous me direz, c'est du début dont je me plains. Je vous répondrai : il vaut mieux balayer une boutique de bon cœur et avec zèle que de se trouver porté tout d'un coup en dormant à une place même de distinction qu'on ne saurait remplir, parce qu'on ne l'a point appris. Savez-vous, mon enfant, ce qu'il y a de vraiment fâcheux dans notre situation? C'est de voir autour de nous quatre à cinq domestiques qui nous ont bien servis et longtemps, qu'on ne peut ni récompenser ni garder.

» Voilà où il est permis de dire : *Est-il possible que le fils d'un fermier général ne puisse donner du pain à ceux qui ont si bien servi ses parents!... Les temps sont bien changés.*

» J'applaudirais à cette plainte et je gémirais avec vous, mais ne gémis plus sur ton balai et ta chandelle si tu ne veux pas que je te rie au nez... »

On touchait à la fin de 1762. Louis commence la nouvelle année par un coup de maître : il ne doute pas un instant que ses parents ne veuillent lui offrir des étrennes, et pour leur épargner la peine de s'en occuper il annonce à sa mère qu'il va acheter en leur nom des manchettes de dentelle :

MADAME D'ÉPINAY A SON FILS.

Paris, 20 janvier 1763.

« Je vous avoue que je suis quatre fois plus affligée de la légèreté de votre tête que je ne l'ai jamais été. En vérité, peu s'en faut que je ne vous voie sans ressources. Comment, c'est dans un temps où vous savez que votre père est réduit à la plus grande gêne, pour acquitter ses dettes, et moi pour parvenir à pourvoir à notre subsistance à tous, qu'il vous passe par la tête de faire une emplette de luxe sans en savoir le prix, et qu'il vous plaît de supposer qu'il faudra bien que votre père ou moi payions. Il se trouve encore que cette emplette pouvait être un objet de 50 ou 60 louis. Vous me direz que vous ne croyiez pas qu'elle fût d'un prix si haut. Mais si vous ne prévoyez jamais les sottises que lorsqu'elles seront faites, vous en ferez beau nombre. Savez-vous qu'il ne faut que deux faits comme celui-là pour faire enfermer un jeune homme en attendant que sa tête soit mûre? Je ne vous parle pas de l'insolence de supposer que nous ne puissions pas nous dispenser de vous donner des étrennes. Je vous déclare, pour vous détromper, que vous n'avez pas à en attendre de moi cette année. Il y a plus que cela, c'est qu'il ne convient en aucune façon que vous portiez des manches de dentelle, et, loin d'en acheter, si vous en aviez, il faudrait les serrer très soigneusement et ne les pas porter dans la situation où nous sommes, et, si vous revenez à Paris, j'espère que vous ne serez pas assez plat pour en désirer, ni pour en porter. »

Une grave maladie de Pauline mit le comble aux préoccupations de madame d'Épinay. La jeune fille ne fut sauvée que par une inspiration de sa mère

MADAME D'ÉPINAY A SON FILS.

Paris, 1ᵉʳ mars 1763

« Me voici rassurée tout à fait sur l'état de votre sœur, mon cher enfant, je vous ai caché mes alarmes tant qu'elles ont duré ; à présent que je n'en ai plus et qu'elle est hors de tout danger, je puis vous dire qu'elle a depuis quinze jours une fièvre maligne, et qu'elle a été cinq jours dans le plus grand danger. Un transport continuel, de très mauvais symptômes, en un mot, on ne peut guère être plus mal. C'est M. Gatti qui l'a vue et qui l'a très bien conduite ; mais, comme le danger était grand, il a demandé une consultation. Je m'en serais tenue à lui malgré cela, par la grande confiance que j'ai dans sa science et dans sa prudence, si je n'avais eu à répondre de l'événement qu'à moi ; mais toute la famille ne pensant pas de même sur Gatti, j'ai appelé le médecin qu'elle a désiré, qui est un nommé Baury, et comme je savais le peu de cas que l'on fait de ce Baury, j'en fis appeler un troisième, qui est Bordeu[1]. Celui-

---

1. Bordeu, célèbre médecin du xviiiᵉ siècle, membre de l'Académie des sciences, mort en 1776.

ci consentit à une consultation qui se fit en présence de la famille. Baury fut d'avis d'une troisième saignée du pied, Gatti fut de l'avis contraire et soutint qu'elle était au moins dangereuse, si elle n'était pas pire. Baury soutint que, si on attendait seulement quatre heures pour la faire, il serait trop tard. Gatti répliquait : « Si on la fait, il y a trente à parier qu'elle ne la soutiendra pas. » Toute la famille, dans cette indécision, penchait pour l'avis de Baury, et m'exhortait à m'y ranger. Je déclarai que comme ni l'un ni l'autre ne me répondait de la sauver, je suivrais l'avis de Gatti et je déclarai que je ne consentirais pas à la saignée. Bordeu arriva, qui fut complètement de l'avis de Gatti ; elle ne fut pas saignée. Je congédiai M. Baury, de sorte que je dois la vie de votre sœur à Bordeu et à Gatti, et au courage que j'ai eu de tenir tête à tout le monde. Jugez à présent quelles ont été mes alarmes, tant qu'a duré le danger... Dès que votre sœur sera sur pied, je retournerai à la Briche et j'en ai grande impatience par le besoin que j'ai de repos et de tranquillité. »

Ni les menaces ni les prières n'avaient d'action sur d'Épinay. Fatigué d'un métier qu'il trouvait au-dessous de sa condition, il ne tarda pas à négliger les affaires du bureau et à consacrer une partie de son temps à la musique et à la comédie. Il s'était lié intimement avec son camarade Lersé, qui partageait ses goûts de paresse et de dissipation.

A cette époque, Bordeaux offrait aux jeunes gens des dangers de tous genres, et M. Bethmann en redoutait les conséquences pour les commis qu'on lui confiait. Son irritation contre Lersé n'était pas moindre que contre d'Épinay. Quelques lettres de lui à l'ami de Grimm, M. Hennenberg, nous ont été conservées. Elles fournissent, sur les rapports d'un négociant du siècle dernier avec ses commis et sur les mœurs de ces jeunes gens, des détails qui ne sont pas dénués d'intérêt.

M. BETHMANN A M. HENNENBERG.

« .... Je vous assure, mon cher ami, que si j'aimais moins M. Lersé père et son fils, votre protégé, je ne me donnerais pas la peine de veiller à la conduite de ce dernier et je le laisserais courir... mais encore où aller sans dépenser de l'argent et augmenter votre charge? Il aime le spectacle et je ne veux pas qu'il y aille parce qu'il y a mauvaise compagnie et que toute la jeunesse s'y perd; la police n'est pas ici comme à Paris et la comédie est remplie d'environ trois à quatre cents gueuses qui débauchent tous les jeunes gens, et tous les jours on est forcé de renvoyer aux pères des fils perdus par la débauche. C'est ici pire qu'à Sodome ou Gomorrhe ; je ne veux pas charger ma conscience, je parle et je prêche, et, si l'on ne veut pas écouter, je renvoie, plutôt que de souffrir une mauvaise conduite de mes commis. J'ai donné le 1ᵉʳ de l'an à ce jeune homme 48 livres pour étrennes ; l'après-midi il a fait chercher chez le libraire toutes sortes de mauvais livres. Il s'amuse le soir à lire jusqu'à minuit et le matin il ne peut pas se lever à six heures. J'écris au père et vous verrez ce que je dis. Il convient d'en user avec douceur vis-à-vis de lui pour ne pas lui faire prendre un parti désespéré ; car il a dit aux commis que si je le renvoyais il se ferait ou soldat ou comédien. C'est le garçon le plus résolu que je connaisse ; il a de l'esprit et, s'il voulait, il deviendrait un génie dans son métier. »

M. Bethmann dut écrire dans le même sens à madame d'Épinay, car, peu de jours après, Louis recevait la lettre suivante.

MADAME D'ÉPINAY A SON FILS.

Paris, 13 avril 1763.

« Je ne reviens pas de votre conduite et du malheureux changement qui est arrivé en vous depuis deux mois. Comment est-il possible que, vous ayant écrit deux lettres qui auraient dû faire rentrer en lui-même tout autre enfant que vous, non seulement vous me manquiez au point de ne pas y répondre, mais tout ce qui me revient de vous m'apprend que votre conduite n'est pas meilleure. Si vous continuez, il ne vous restera de parti que celui de vous soustraire de la société, et vous aurez toute votre vie le remords déchirant dans votre solitude d'être la honte de votre famille et le poison lent de votre mère. Songez que lorsqu'on a senti et parlé comme vous l'avez fait, il faut être une âme de boue pour n'avoir pas le courage de se conduire en conséquence... Songez, mon fils, que si j'ai de la satisfaction à attendre encore dans ce monde, ce n'est que de vous, et qu'une mauvaise conduite de votre part achèverait en moi le dégoût et le détachement de la vie que je me reproche, mais que je n'ai déjà que trop... »

En dépit des instances maternelles, la mauvaise conduite de Louis ne fit que s'aggraver ; un incident comique attribué à son influence acheva d'indigner M. Bethmann. Cet excellent homme, fort ménager de son bien, mais doué d'un cœur excellent, cherchait par tous les moyens à épargner l'argent de M. Lersé père, dont il connaissait les ressources modiques; un jour donc, il fit présent au fils d'un habit vert qui allait porter le trouble dans la maison :

M. BETHMANN A M. HENNENBERG.

« Je ne puis vous donner des nouvelles satisfaisantes du jeune homme qui devient arrogant et insolent et qui sort les dimanches sans permission jusqu'à huit heures du soir; et si je lui demande où il a été, il me répond : « J'ai été faire ma partie; » je vous avoue qu'il y a là de quoi perdre la patience. Je lui ai fait présent d'un habit vert pour l'hiver et il a honte de le porter parce qu'il n'est pas neuf... Il convient de l'envoyer en Allemagne pour y gagner son pain et vous en débarrasser, car ici il ne ferait jamais une bonne fin. Vous et nous en aurions tôt ou tard du chagrin. N'écrivez rien au pauvre père que je plains de tout mon cœur.

» P. S. — Dans ce moment, je viens d'apprendre que Lersé a vendu l'habit vert que je lui avais donné pour épargner votre bourse; je l'aurais encore porté avec plaisir deux hivers sans avoir honte de paraître dans toutes les compagnies. C'est un franc menteur; il me dit qu'il l'avait fait refaire et que le tailleur l'avait gâté et rendu trop court; je le pressai là-dessus pour voir l'habit et le faire payer au tailleur, alors il m'avoua avec une effronterie sans égale qu'il l'avait vendu pour faire de l'argent !.. »

Après de pareils méfaits, dont d'Épinay passait évidemment pour l'instigateur, M. Bethmann écrivait : « Il me tarde de voir le jeune d'Épinay hors de chez moi, » et quelques jours plus tard, répondant à M. Hennenberg : « J'ai remis votre lettre à Lersé ; il pleure et se lamente ; je fais le méchant et semblant à vouloir le renvoyer, car le jeune d'Épinay a gâté son esprit ; mais comme je le renvoie sous peu, j'espère que Lersé changera ; ainsi n'écrivez rien à son pauvre père. »

Madame d'Épinay reçut bientôt une lettre dans laquelle M. Bethmann lui déclarait l'impossibilité de garder plus longtemps son fils. Cette fois elle dut se résigner, et elle chercha, par l'intermédiaire de Grimm, à le faire entrer dans une maison de banque à Francfort. La négociation n'aboutit pas, et M. d'Épinay en profita pour revenir à son idée favorite, la carrière de la robe. Tout ce que la mère put obtenir, c'est qu'on laisserait son fils libre de choisir, et elle fit tous ses efforts pour l'éclairer sur ses véritables intérêts.

MADAME D'ÉPINAY A SON FILS.

A la Briche, ce 6 novembre 1763.

« Depuis le 10 août, mon cher enfant, je souffre le martyre d'un rhumatisme dans la tête. Depuis huit jours seulement, je suis sans douleurs, mais la tête si affaiblie, que je ne me suis permis aucune application qui n'ait été indispensable. Je suis au fait du projet de votre père pour vous, parce qu'il s'est opposé fortement à celui de vous envoyer à Francfort, sans m'en donner jusqu'à présent d'autre raison que celle qu'il voulait que vous fussiez dans la robe. J'ai combattu ce projet par toutes ces raisons-ci, qui sont aussi les seules que j'ai à vous apporter, et auxquelles, je vous prie, mon cher enfant, de faire une sérieuse attention avant de vous décider. Premièrement, votre fortune ne vous permettra pas, de longtemps, d'avoir une charge honorable dans la robe ; si vous parvenez à l'avoir, de vous y soutenir. En second lieu, s'il n'y a pas d'état où l'on puisse être avec une plus grande considération, lorsqu'on y est appelé par un goût décidé, et par une ardeur continuelle au travail, il n'y en a pas où l'on tombe dans un plus grand avilissement, quand on n'y remplit ses devoirs que faiblement ou avec tiédeur.

» Vous, qui par la faiblesse et par la mollesse de votre caractère n'avez pu résister aux écueils de Bordeaux, ni prendre l'habitude du travail, dans une maison aussi rangée que celle de M. Bethmann, que deviendrez-vous au milieu de Paris, où la dissipation et le désordre est bien plus inévitable? Voilà les principales raisons que j'ai pour vous éloigner de Paris et celles que j'aurais pour désirer vivement que vous n'y rentrassiez que dans quatre ou cinq ans d'ici. Les seules raisons que vous m'opposez, mon cher ami, sont des raisons d'enfant, que les commis ne sont pas regardés, etc.; d'ailleurs, vous n'êtes pas destiné à être commis d'un négociant, mon projet même n'est pas de vous laisser dans le commerce, non que je dédaigne cet état pour vous, mais, au contraire, parce que vous n'avez pas assez de talent pour vous y distinguer..........

» Ma santé ne peut être que très mauvaise, tourmentée comme je le suis; j'ai quelques jours d'intervalles, et les douleurs reprennent ensuite avec plus de violence. Hier et avant-hier mon rhumatisme s'était déplacé et s'était jeté sur la poitrine; je toussais à crever; aujourd'hui je suis mieux et j'ai profité de cet intervalle pour vous écrire ces quatre mots. Bonjour, mon enfant, mille compliments à M. Bethmann. Je vous embrasse. »

Sur les conseils de madame d'Épinay, Louis écrivit à son père pour lui demander le temps de a réflexion ; mais c'était pure condescendance, car, dans son esprit, la décision était déjà prise.

LOUIS D'ÉPINAY A SON PÈRE.

1er novembre 1763.

« Mon cher père,

» J'ai reçu la lettre que vous m'avez fait l'honneur de m'écrire le 24 de ce mois. La matière qu'elle contient est d'une si grande importance que je vous supplie de vouloir bien m'accorder une quinzaine de jours pour me déterminer, car ces sortes de choses demandent beaucoup de prudence et de réflexion, puisqu'il s'agit du bonheur ou du malheur de ma vie. Daignez, je vous prie, mon cher père, m'accorder ce délai, pendant lequel je demanderai à Dieu la grâce de m'éclairer et de m'ouvrir les yeux, afin de me faire choisir un état qui me convienne. Je souhaite qu'il me fasse embrasser celui que vous désirez, dans lequel, comme dans tout autre, je m'efforcerai toujours de vous prouver le profond respect avec lequel j'ai l'honneur d'être, etc... »

Malgré cette lettre, Louis prit le parti qui ne convenait pas à sa mère, mais qui convenait à ses goûts ; il déclara qu'il se sentait une sérieuse vocation pour la robe et demanda à revenir Paris. Voici le billet court mais attristé par lequel sa mère le prévient qu'on a décidé de son sort :

MADAME D'ÉPINAY A SON FILS.

Ce 31 janvier 1764.

« Votre sort est décidé, mon fils ; votre père et la famille ont jugé convenable à leurs vues de vous rappeler, et je prie M. Bethmann de vouloir bien vous faire partir par le carrosse de voiture, dès qu'il se trouvera une occasion sûre. Vous descendrez chez moi où vous resterez vingt-quatre heures. Je ne vous en dis pas davantage aujourd'hui, je suis trop fatiguée d'écrire. J'espère que je n'ai pas besoin de vous marquer ici tout ce que votre cœur doit vous dicter envers les braves et dignes gens que vous allez quitter. Adieu, mon ami, pour aujourd'hui. »

Une fois rentré à Paris, d'Épinay commença immédiatement les études nécessaires à sa nouvelle carrière.

X

1764-1768

M. d'Épinay et les demoiselles Verrière. — Mariage de Pauline. — M. et madame d'Épinay à la Chevrette. — Les Savalette de Magnanville. — Vers de M. d'Épinay. — Sedaine et le *Philosophe sans le savoir*. — Mariage de Sedaine.

M. d'Épinay, depuis sa disgrâce, était-il resté accablé sous ce coup du sort, pleurait-il dans l'isolement et la retraite sa fortune follement dissipée ? Bachaumont se charge de nous répondre :

6 mai 1763.

« Nous avons assisté aujourd'hui à la comédie chez mesdemoiselles Verrière dans leur salle de Paris ; elle est très grande pour une salle particulière, d'une belle hauteur et fort ornée. On y compte sept loges en baldaquin, galamment dessinées et bien étoffées. Il y a aussi des loges grillées pour les femmes qui ne veulent pas être vues[1].

» On a donné la *Surprise de l'amour*, de Marivaux, en trois actes, et la *Courtisane amoureuse*, de M. Colardeau.

» Dans la première pièce, madame de la Mare, la cadette des deux sœurs, faisait le rôle de la marquise; l'autre, celui de soubrette. M. le baron de Vanswieten celui du chevalier. M. Colardeau représentait le comte, et M. d'Épinay Hortensius; le valet était le président de Salaberri. Le tout a été passablement joué, en général; mais les deux sœurs ont excellé, surtout la comtesse; elles seraient applaudies sur la scène française.

» La musique de la seconde pièce est de M. Dupin de Francueil. L'aînée Verrière faisait le rôle de

---

1. Ces loges étaient en usage chez les demoiselles les plus connues de l'époque qui donnaient la comédie chez elles. « Mademoiselle Gaussin se rendit célèbre par les spectacles qu'elle donnait à sa superbe maison de Pantin. Le public briguait l'honneur d'y être admis et il y avait toujours un concours prodigieux; c'était le rendez-vous des plus jolies filles de Paris et des aimables libertins; on avait eu soin d'y établir des loges grillées pour les femmes honnêtes, pour les gens d'église et les personnages graves qui craignaient de se compromettre parmi cette foule de folles et d'étourdis. Collé avait consacré son théâtre de société à être joué chez mademoiselle Gaussin; Carmontel fit un recueil de proverbes dramatiques destinés au même effet, et M. de la Borde les mit en musique. » (*Arnoldiana*.)

la courtisane; sa sœur, la soubrette; mademoiselle Villette, une marchande de modes; Le Jeune, l'amoureux, et la Ruette, le valet. Ce spectacle, fort amusant, était soutenu d'un orchestre bon et nombreux; en un mot rien n'y manque; il y avait fort bonne compagnie. »

Fort bonne compagnie!... et fort mêlée à la fois. Dans ce singulier assemblage, les uns apportaient l'argent, les autres le talent; d'autres, enfin, par leur rang, faisaient honneur à la maison, et tous, grâce au sens pratique des Verrière, vivaient ensemble dans la plus parfaite harmonie.

Dès 1762, le tendre Colardeau était chargé d'alimenter le théâtre. Il avait refusé d'entrer au barreau pour se consacrer à la poésie. Il ne tarda pas à se consacrer également à l'aînée des Verrière. Les qualités de son esprit avaient pu seules séduire madame de Furcy. « Je dînai chez le baron avec l'auteur de *Caliste*, écrit Diderot. Il n'a pas une once de chair sur le corps; un petit nez aquilin, une tête allongée, un visage effilé, de petits yeux perçants, de longues jambes, un corps mince et fluet; couvrez cela de plumes, ajoutez à ses maigres épaules de longues ailes, recourbez les ongles de ses pieds et de ses mains, et vous aurez un tiercelet d'épervier. »

Dans l'énumération des personnages qui figurent sur le théâtre des Verrière, Bachaumont en oublie un assez important, le souffleur. Devinerait-on qui M. d'Épinay avait choisi pour remplir ces fonctions délicates? Linant, le vertueux Linant, qui trouva probablement cette carrière plus en harmonie avec ses goûts que le canonicat offert par son ami le chanoine Gaudon.

M. d'Épinay passait sa vie chez les demoiselles Verrière; réduit à une modique pension de 10,000 livres de rente qui devait à peine subvenir à ses besoins, il y jouait un rôle mal défini et qui donne une médiocre idée de sa délicatesse. Il ne voyait sa femme qu'à de rares intervalles. Désormais son existence se trouve liée intimement à celle des deux sœurs et il ne les quitta plus jusqu'à sa mort.

Parmi les nombreux soucis de madame d'Épinay, l'avenir de sa fille tenait le premier rang. Elle pensait avec angoisse à la possibilité de laisser la pauvre enfant sous la direction d'un père indigne, et elle désirait ardemment la marier très jeune. Un excellent parti se présenta bientôt: le vicomte de Belsunce, colonel d'infanterie et grand bailli du pays de Mixe, en Navarre. La beauté et la grâce de Pauline séduisirent M. de Belsunce, mais une dot était nécessaire. M. de Jully y pourvut en avançant une somme de 30,000 livres[1].

---

1. Cette somme était remboursable sur les revenus des biens de M. d'Épinay, confiés à la gestion de M. de Jully. Madame d'Épinay donna à sa fille les propriétés qu'elle possédait encore à Valenciennes et qu'elle-même avait reçues en dot.

La vicomtesse de Belsunce nous apparaît en toutes circonstances comme un ange de bonté et de douceur. Admirablement élevée par mademoiselle Drinvillé, son caractère ne se démentit jamais, elle resta jusqu'au bout la *douce vicomtesse* dont parle Galiani. Dans ce milieu d'incrédulité, où les plus croyants étaient à peine déistes, madame de Belsunce reçut de sa grand'mère des principes religieux que rien ne put ébranler et qui l'aidèrent à supporter les cruelles épreuves qui l'assaillirent plus tard [1].

Pauline était fort jolie ; sa mère écrivait de Genève après avoir reçu son portrait : « Elle est prodigieusement grandie et embellie. Je l'aime bien comme cela ; sa figure est noble, sérieuse et touchante en même temps ; il est rare qu'une telle physionomie soit l'interprète d'une âme commune. »

Dominique de Belsunce appartenait à une des plus anciennes familles de la Navarre. Ses ancêtres occupaient de temps immémorial la charge de *grand baillif d'espée* du pays de Mixe ; lui-même succéda à son frère aîné, Armand, lieutenant des armées du roi et gouverneur de l'île de Saint-Domingue, qui mourut en 1764.

Doué d'un cœur excellent, mais en même temps d'un caractère ferme et énergique, le vicomte de Belsunce apportait dans ses fonctions de grand

---

[1]. C'est dans ces principes qu'elle puisa le courage de survivre à l'effroyable catastrophe qui frappa son fils aîné, le major Armand de Belsunce, massacré à Caen en 1789.

bailli une rigueur extrême, faisant également respecter ses privilèges de haut et puissant seigneur de Méharin, quelque bizarres qu'ils fussent [1].

Le mariage eut lieu à Paris, le 10 mars 1764. Pauline atteignait à peine sa quinzième année; le vicomte était âgé de quarante ans. Aussitôt après la cérémonie, les époux partirent pour la Navarre.

Le pays de Mixe, contrée montueuse et sauvage, était devenu presque inaccessible par le mauvais état des chemins. Cet état de choses rendait très difficile l'abord des petites villes éparses dans cette

---

1. Nous trouvons dans les archives de Pau de nombreuses pièces qui témoignent de la fermeté de M. de Belsunce contre les tentatives d'empiètement que faisaient déjà les paysans de cette contrée presque sauvage. En voici une des plus originales. C'est une demande du vicomte en condamnation en dommages et intérêts de « certains Tristan, Doylataguerre et Laborde, tenanciers de Méharin :

« Vu le procès, la requête du demandeur pour qu'il soit maintenu dans la possession et jouissance du domaine de son château exempt de toute autre servitude que celle du passage à pied des habitants de Méharin pour aller à l'église et *en cas de nécessité et de mauvais temps y passer les cadavres par l'échelle appliquée le long du fossé.*

» La distribution des pièces faites au sieur de Mosqueros fils, conseiller, ouï son rapport, les actes du dit procès et le tout vu. Dit a été que la Cour maintient le demandeur dans la possession et jouissance de ses droits, et « fait défense tant audit Doylataguerre, que tous autres de l'exploiter que dans ces occasions. Puis la Cour condamne les accusés à trois cents livres de dommages et intérêts et aux dépens. »

région et causait grand dommage à l'agriculture [1].
M. de Belsunce ne s'en préoccupait guère et ne laissait point l'intendant de sa province s'immiscer dans les affaires du grand bailliage; mais, en revanche, il organisait ses milices en excellent officier qu'il était et surveillait de près ses métayers et ses gardes. Il n'entendait pas raillerie sur les délits de chasse, et, digne neveu de M. de Preux, il ne permettait pas même à son aumônier de tirer un coup de fusil sur ses terres. D'ailleurs, jouissant d'une considération et d'une estime générales, adorant sa femme et disposé à faire pour elle et pour les siens tous les sacrifices imaginables.

Les premiers temps passés à Méharin furent un peu sévères pour la jeune vicomtesse. Ce vieux château féodal, isolé, au fond de la Navarre, entouré de fossés profonds, avec ses tourelles pointues, ses ponts-levis, son antique chapelle, ne ressemblait guère à l'élégante Chevrette, située à la porte de Paris. Heureusement l'aimable caractère de la jeune femme ne tarda pas à attirer chez elle la meilleure compagnie de Pau et de Bayonne, et un fils vint bientôt occuper doucement ses heures de solitude.

Madame d'Épinay ne manqua pas de communiquer à Voltaire le mariage de madame de Belsunce.

---

[1]. Le pays de Mixe, très fertile en grains et en vins, était traversé par une quantité de routes qui aboutissaient aux villes de Garris, Saint-Palais, Bastide, Clarence, Caunne, Bastide de Béarn, Sanneterre, Mauléon, Oslabat et Hasparren, auprès de laquelle était Méharin.

VOLTAIRE A MADAME D'ÉPINAY.

2 mars 1764, Ferney.

« En vous remerciant, madame, de la bonté que vous avez d'informer les gens de l'autre monde du bel établissement que vous faites dans celui-ci. Vous serez toujours ma belle philosophe, quand même vous m'aurez oublié. Je me mets aux pieds de madame votre fille, à condition qu'elle sera philosophe aussi.

» Savez-vous bien que je suis quelquefois en commerce de lettres avec M. votre fils? Mais je lui demande pardon de n'avoir pas répondu à sa dernière lettre; j'étais extrêmement malade. Je ne sors presque plus du coin de mon feu; tout s'affaiblit chez moi, hors mon respectueux attachement pour vous.

» La tranquillité dont je jouis est la seule chose qui me fasse vivre. Je crois, madame, que vous avez mieux que de la tranquillité, vous devez jouir de tout le bonheur que vous méritez; vous faites celui de vos amis; il faut qu'il vous en revienne quelque chose. Si avec cela vous avez de la santé, il ne vous manque rien. Pardonnez-moi, s'il vous plaît, de ne vous pas écrire de ma main; je deviens un peu aveugle, mais on dit que quand il n'y aura plus de neige sur nos montagnes, j'aurai la vue du monde la plus nette. Je ne veux pas vous excéder par une longue lettre ; vous êtes peut-être occupée actuellement à coiffer la mariée. Je présente mes très humbles respects à la mère et à la fille. »

Après le mariage de madame de Belsunce, des difficultés s'élevèrent entre M. et madame d'Épinay au sujet des dépenses de leur fils ; M. d'Épinay exigea que sa femme en payât la moitié ; elle protesta dans un mémoire très bien fait qu'elle adressa à sa famille. Ce mémoire se terminait ainsi :

« Par les soins et par les bontés de M. de La Live, les affaires de mon mari ne sont plus dans cette épouvantable confusion où elles étaient il y a deux ans ; elles deviennent meilleures de jour en jour. Les miennes n'ont fait qu'empirer depuis deux ans. Les dépenses forcées d'un premier établissement à la Briche, celles de mes enfants, celles que m'a coûtées le mariage de ma fille ont diminué mon revenu et porté mes dettes à une somme effrayante pour ma position. J'offre 1,200 livres par an pour ma contribution, c'est assurément tout ce que je puis faire. J'ai pu prendre sur mon bien, sur mes commodités, sur mon nécessaire tout ce que j'ai voulu, mais je ne puis pas prendre sur le bien de mes créanciers, parce qu'il n'est pas à moi, et si l'on m'impose une charge plus forte, je m'y opposerai par une raison sans réplique : celle de l'absolue impossibilité. » La famille fit droit à cette demande.

Malgré ces difficultés sans cesse renaissantes, M. et madame d'Épinay conservaient encore aux yeux du monde des relations courtoises, qui pouvaient faire quelque illusion ; ils voyaient ensemble leurs anciens amis.

Depuis un an ou deux le château de la Chevrette était loué par M. Savalette de Magnanville, garde du Trésor royal, parent et ami de la famille de La Live. M. de Savalette avait deux filles charmantes, madame de Revel et madame de Pernon ; un fils, M. de Buchelay, grand amateur d'objets d'art ; puis une nièce aimable et spirituelle, la marquise de Gléon. Possesseur d'une fortune considérable, le nouvel habitant de la Chevrette lui rendit bientôt son ancienne splendeur. On recommença à jouer la comédie comme du temps de M. de Bellegarde.

« Madame de Pernon, dit Grimm, a une figure intéressante et la voix du monde la plus touchante. Madame la marquise de Gléon, grande et belle femme, joue avec un ton, une grâce et un agrément que les actrices de profession n'auront jamais. La sœur de madame de Gléon, madame de Savalette, joue les rôles de soubrette d'une manière si spirituelle, son petit accent gascon lui donne tant de piquant, qu'on ne se souvient pas d'avoir vu jouer la comédie avec cette supériorité depuis mademoiselle Dangeville. »

Ne semble-t-il pas lire la lettre de mademoiselle

d'Ette racontant les succès de madame d'Épinay, de madame de Jully et de madame de Maupeou dans la première représentation de l'*Engagement téméraire*? Mais vingt ans se sont écoulés, et des trois charmantes actrices, seule madame d'Épinay survit. Quels mélancoliques souvenirs ces fêtes devaient évoquer en elle?

A peine M. de Magnanville fut-il installé à la Chevrette qu'il résolut d'y faire de nombreux changements. Sacrifiant au goût du jour, il obtint de M. d'Épinay de transformer en jardin anglais une partie des magnifiques parterres. Madame d'Épinay aurait souhaité que ses enfants retrouvassent plus tard la Chevrette telle qu'ils l'avaient connue dans leur enfance; elle céda cependant aux désirs de M. de Savalette. La transformation accomplie, M. et madame d'Épinay furent engagés à dîner pour juger eux-mêmes des embellissements du parc; ils acceptèrent.

Pendant le repas, nouvelle demande; les groupes et les statues, placés à grands frais dans les anciens jardins, ne se trouvaient plus en harmonie avec le nouveau tracé du parc; d'ailleurs, les ouvriers peu soigneux les avaient fort endommagés et M. de Savalette priait ses amis de les détruire tout à fait ou de les réparer. Madame d'Épinay demanda d'attendre au lendemain pour répondre, puis, en rentrant, elle conseilla à son mari de les envoyer à l'Hermitage. Voici la réponse assez lestement tournée qu'il adressa à M. de Savalette :

A M. SAVALETTE DE MAGNANVILLE

Savalette a fort bien tourné
　　Le parc de la Chevrette,
Mais son goût anglais a coiffé
　　Mon parterre en vergette.
En fait de goût, soit mal, soit bien,
　　Chacun trouve un apôtre.
Je fais un très grand cas du sien,
　　Mais j'aime mieux Le Nôtre.

Grand merci de votre chiendent,
　　Que le ciel vous bénisse !
Ajoutez, en cas d'accident,
　　Quelques pieds de réglisse.
La tisane est bonne, et Tronchin,
　　Qui la met sur sa liste,
Vous jugera bon médecin
　　Et fort mauvais fleuriste.

Ces groupes, qu'au jardin des rois,
　　Avait placés Le Nôtre,
Vous semblent un peu trop bourgeois
　　Pour en orner le vôtre.
Leur arrêt dût-il m'affliger,
　　Puis-je en blâmer la source ?
Ils étaient chers à réparer,
　　Vous épargnez ma bourse.

Groupes, qui m'avez tant coûté,
　　J'ai réglé votre usage,
Puisqu'on vous a tous mutilés,
　　Fuyez à l'Ermitage !
On m'a fait niche, en vous brisant,
　　Mais aux fêtes de Pâques
Vous servirez de monument
　　Et de niche à Jean-Jacques.

Il faut se consoler de tout,
C'est la morale en somme ;
Le diable est toujours debout
Aux trousses d'un pauvre homme.
Puisse, un jour, du Trésor Royal,
Sortir une ordonnance,
Qui réparera tout le mal !
Voilà mon espérance.

M. d'Épinay conserva jusqu'à la fin des espérances aussi fondées, et ce fut le plus gaiement du monde qu'il roula peu à peu dans le gouffre où il s'engloutit.

A la fin de janvier, la vicomtesse de Belsunce mit au monde un fils qui reçut, en souvenir de son oncle, le nom d'Armand. Madame d'Épinay, enchantée d'être grand'mère, s'empresse d'annoncer cette bonne nouvelle à ses amis de Genève et les met au courant en même temps des petits événements du jour.

MADAME D'ÉPINAY A M. DE LUBIÈRE.

Février 1765.

« Depuis que je ne vous ai écrit, monsieur notre oncle, j'ai été enrhumée, je me suis guérie, je suis devenue grand'mère, j'ai perdu la vue, je l'ai recouvrée ; en voilà plus qu'il n'en faudrait pour excuser mon silence ; mais vous savez bien que je ne m'excuse jamais ; je vais mon petit chemin tout bonnement, faisant le plus de bien et le moins de mal que je peux, mais ne replâtrant jamais mes sottises, car cela ne sert qu'à les faire remarquer davantage. Au reste, pour cette fois, sans tirer à conséquence, vous n'avez pas droit de vous plaindre, car vous devez deux réponses.

» Je vous ai envoyé, en dernier lieu, l'*École de la jeunesse*; je suis très curieuse de savoir ce que vous pensez de cette pièce; elle a été mise en musique par Duni. Philidor nous en donne une autre au même théâtre, le 28 de ce mois, dont le sujet est tiré du roman de *Tom Jones*[1], et toutes les têtes sont en l'air dans l'attente de ce grand jour. Chacun de ces auteurs a un parti et des cabales considérables, de sorte que les grands intérêts qui meuvent aujourd'hui nos âmes sont l'Opéra-Comique et les cafés. Les cafés surtout prennent avec une vivacité

---

1. *Tom Jones*, comédie lyrique en trois actes, imitée du roman anglais de Fielding, par Poinsinet; musique de M. A.-D. Philidor; représentée devant Leurs Majestés, à Versailles, par les comédiens italiens ordinaires du roi, le 30 mars; à Paris, pour la première fois, le 27 février 1765. « Jamais pièce, dit Grimm, n'avait été annoncée si magni» fiquement, et jamais chute ne fut plus éclatante; la plati» tude du poète a fait assommer le musicien à grands coups » de sifflets. La chute de Poinsinet a fait faire vingt mau» vaises plaisanteries. Sur le théâtre de la Foire on a appelé » l'auteur, un âne s'est montré, Gilles s'est mis à le caresser » et à dire : « Ah! comme il est propre, comme il est net! » » Dans le moment, l'âne a fait ses ordures, et tous les acteurs » de s'écrier : *Point si net! Point si net!* »

prodigieuse; mais vous ne savez peut-être pas ce que c'est qu'un café? C'est, en deux mots, le secret de rassembler chez soi un très grand nombre de gens sans dépense, sans cérémonie et sans gêne; bien entendu qu'on n'admet que les gens de sa société; or, voici comme on s'y prend.

» Le jour indiqué pour tenir café, on place dans la salle destinée à cet usage plusieurs petites tables de deux, de trois ou de quatre places au plus; les unes sont garnies de cartes, jetons, échecs, damiers, trictracs, etc.; les autres de bière, vin, orgeat et limonade. La maîtresse de la maison qui tient le café est vêtue à l'anglaise : robe simple, courte, tablier de mousseline, fichu pointu, et petit chapeau; elle a devant elle une table longue en forme de comptoir, sur laquelle on trouve des oranges, des biscuits, des brochures, et tous les papiers publics. La tablette de la cheminée est garnie de liqueurs; les valets sont tous en vestes blanches et en bonnets blancs; on les appelle garçons, ainsi que dans les cafés publics; on n'en admet aucun d'étranger; la maîtresse de la maison ne se lève pour personne; chacun se place où il veut et à la table qui lui plaît. La salle à manger est meublée de même par un grand nombre de petites tables de cinq places au plus; elles sont numérotées, et l'on tire les places pour éviter les tracasseries et la cérémonie qu'un grand nombre de femmes entraîneraient nécessairement. L'étiquette du souper est une poule au riz sur le buffet et une forte pièce de rôti, et sur chaque petite table une seule entrée relevée par un seul entremets. Cette mode me paraît très bien entendue par la grande liberté qu'elle établit dans la société. Il est à craindre qu'elle ne dure pas, car l'esprit de prétention commence déjà à troubler dans sa naissance l'économie d'une si belle invention[1].

» Mais ce n'est pas tout; il y a tout plein d'accessoires charmants à tout cela : on y joue des pantomimes, on y danse, on y chante, on y représente des proverbes : les proverbes avaient déjà pris faveur dans les sociétés avant l'établissement des cafés; on choisit un proverbe quelconque ; on bâtit à l'improviste un canevas qui doit être rendu par plusieurs personnages, et quand ils ont bien rempli leur rôle,

---

1. La mode des cafés dura longtemps ou peut-être fut renouvelée par la reine Marie-Antoinette, qui tint des cafés à Marly pendant le séjour de la cour en 1778. « La cour est
» revenue de Marly, enchantée des plaisirs qu'elle y a goû-
» tés. Dans les derniers jours, la reine avait établi une
» espèce de café où les seigneurs et les dames se rendaient
» le matin en chenille; toute étiquette en était bannie,
» chacun y était avec la liberté accoutumée dans ces sortes
» de maisons. On se mettait à une petite table et on faisait
» servir ce qu'on voulait. » METRA, *Corr. secr.*, t. VII, p. 93.

l'assemblée doit deviner le proverbe qu'ils ont voulu rendre[1].

» Le célèbre David Hume[2], grand et gros historiographe d'Angleterre, connu et estimé par ses écrits, n'a pas autant de talent pour ce genre d'amusements, auquel toutes nos jolies femmes l'avaient décidé propre. Il fit son début chez madame de T...; on lui avait destiné le rôle d'un sultan assis entre deux esclaves, employant toute son éloquence pour s'en faire aimer; les trouvant inexorables, il devait chercher le sujet de leurs peines et de leur résistance. On le place sur un sopha entre les deux plus jolies femmes de Paris, il les regarde attentivement, il se frappe le ventre et les genoux à plusieurs reprises et ne trouve jamais autre chose à leur dire que : « Eh bien! mesdemoiselles... eh bien? vous voilà donc?... Eh bien! vous voilà... vous voilà ici?... » Cette phrase dura un quart d'heure avant qu'il pût en sortir. Une d'elles se leva d'impatience : « Ah! dit-elle, je m'en étais

---

1. Le meilleur faiseur de ces canevas fut Carmontelle (1717-1806), lecteur du duc d'Orléans, dessinateur de talent et homme d'esprit. Il a laissé une série de petits croquis au crayon ou à l'aquarelle représentant des scènes d'intérieur et des portraits des personnages du temps. Le duc d'Aumale possède cette intéressante série.

2. David Hume (1711-1776), célèbre historien écossais.

bien doutée, cet homme n'est bon qu'à manger du veau! » Depuis ce temps-là, il est relégué au rôle de spectateur, et n'en est pas moins fêté et cajolé. C'est en vérité une chose plaisante que le rôle qu'il joue ici; malheureusement pour lui, ou plutôt pour la dignité philosophique, car pour lui il paraît s'accommoder fort de ce train de vie; il n'y avait aucune manie dominante dans ce pays lorsqu'il y est arrivé: on l'a regardé comme une trouvaille dans cette circonstance, et l'effervescence de nos jeunes têtes s'est tournée de son côté. Toutes les jolies femmes s'en sont emparées; il est de tous les soupers fins, et il n'est point de bonne fête sans lui; en un mot, il est pour nos agréables ce que les Genevois sont pour moi.

» A propos, que dites-vous de [1]..... ? En vérité, j'allais le nommer, et il ne le faut pas : eh bien! donc, que dites-vous d'un tel, qui prétend que je dois vous écrire plus souvent que jamais, parce que vous devez avoir besoin de dissipation, à présent que vous êtes marié? Ah! que je vous entends d'ici nous dire gravement et ironiquement : « Cet homme ne connaît que les mariages de Paris; il n'a guère d'idées de ceux de Genève. » Doucement, monsieur

---

1. Grimm.

notre oncle, dites que ce un tel ne connait point votre femme; et vous aurez raison; mais point d'apostrophes nationales, elles sont toujours injustes; je ne les aime point. Croyez-moi, les hommes sont partout les mêmes; et pour une petite modification de plus ou de moins, cela ne vaut pas la peine de s'en enorgueillir ni d'humilier les autres. Bonsoir. »

Cette mode des proverbes plaisait beaucoup à madame d'Épinay; quand sa santé chancelante lui interdisait de faire partie de la troupe, elle se consolait en composant de petites pièces de société. Nous avons retrouvé dans ses papiers le plan de plusieurs d'entre elles. Ses amis l'aidaient souvent dans cette besogne, et voici une lettre de Galiani qui prouve qu'elle le mettait aussi à contribution :

1765.

« J'ai été, madame, jeudi, vous trouver; heureusement pour vous, vous étiez sortie, car je venais dans l'intention de vous gronder très fort. Venons au fait. Tout ce que vous dites sur la pièce est bel et bon; mais je ne donnerai pas un quart d'heure de mon temps de plus, après trois vacations, aux *Français au Levant*. Les Françaises du Ponant occuperont le reste. Ainsi si, avec trois vacations, vous savez en faire une pièce en cinq, six, sept, dix actes, j'en serai charmé; faites tout ce qu'il vous plaira; pour moi je n'y ferai rien de plus. La plus mauvaise monnaie dont on puisse payer ses amis, madame, sont les conseils; les secours sont la seule bonne. Si vous pouvez donc me payer en espèces de secours quelconques, je vous en aurai bien de l'obligation.

» J'ai oublié de vous dire que je sais corriger les fautes d'autrui. Je ne sais pas corriger les miennes; si je le savais, je commencerais par ne pas les faire. Ainsi, d'une pièce qui n'était pas la mienne, j'ai fait celle que vous avez vue. C'est à cette heure votre tour et pas le mien; je n'y sais plus rien ajouter ni retrancher. J'ajoute à cette lettre que je suis votre très humble et très obéissant serviteur. »

Malgré sa mauvaise santé, madame d'Épinay prend part aux plaisirs de ses amis et ne les attriste jamais du récit de ses peines. Ses lettres en font foi

MADAME D'ÉPINAY A M. DE LUBIÈRE.

Mars 1765.

« Y a-t-il quelqu'un parmi vous qui veuille se faire dénouer? Dénouer? oui, dénouer, mais dénouer quoi?... Eh! dénouer tout court. Voici le fait. Un charlatan, qu'on dit grand médecin, prétend connaitre au pouls toutes les maladies dont on peut être attaqué, leurs causes et leurs effets ; cette annonce est belle et en impose, mais il simplifie beaucoup la chose, car il réduit toute les maladies à une seule cause qui provient des nerfs qui se nouent et se replient les uns sur les autres. On lui dit : « Monsieur, j'ai la fièvre, un rhumatisme, je suis asthmatique, étique, apoplectique. » — « Contes en l'air que tout cela, répond-il : les nerfs noués, voilà votre mal. » Alors il vous étend sur un lit, vous parcourt et retend tous les membres avec des mains, dit-on, semblables à des étaux, vous fait jeter des hauts cris, puis il vous relève, se fait bien payer et l'on court jouer à la fossette. Ce qu'il y a de certain, c'est que tout le monde va se faire dénouer, et que c'est une chose ravissante, si l'on veut en croire les connaisseurs.

» J'ai reçu les vers que vous m'avez envoyés ; je vous en remercie. Ceux de Voltaire sont comme tout ce qu'il a fait : divins, pleins de charmes et de grâces ; mais je vous trouve beaucoup trop sévère pour ceux du chevalier de Boufflers [1] et surtout

1. Le chevalier de Boufflers (Stanislas-Jean) (1737-1816). Il était à l'armée, comme dans les cercles de Paris, plein de folie et de gaieté. Pendant la guerre de Sept ans, il avait

envers sa personne. Ah! l'on voit bien que je ne me mêle plus de votre éducation; de mon temps, vous aviez plus d'indulgence; eh bien! quoi, il a les défauts et les agréments de la jeunesse. L'expérience et le temps le corrigeront, et, du reste, il lui restera un grand fonds d'esprit et d'originalité. Ah! mon ami, soyons tolérants, et pour cause. L'intolérance rend triste, difficile... Mais, dites-moi donc, n'avez-vous jamais été jeune? Non? eh bien! tant pis pour vous.

» Je vous recommande la lecture du troisième morceau du supplément du mois dernier de la *Gazette littéraire*. Il est d'un de nos amis; cela frise le sublime, mais le fer n'était pas assez chaud.

» Quand je vous dirai que Fréron est au For-l'Évêque pour avoir mal parlé dans ses feuilles de mademoiselle Clairon [1] cela vous sera à peu près

---

nommé un de ses chevaux le Prince-Ferdinand et l'autre le Prince-Héréditaire. Quand on venait le voir le matin, il appelait un de ses palefreniers, et lui demandait, d'un grand sérieux, si le Prince-Ferdinand et le Prince-Héréditaire étaient étrillés! « Oui, M. le chevalier. — Je les fais étriller tous les matins, disait-il froidement à la compagnie; vous voyez que j'en sais plus long que nos maréchaux. » (GRIMM, *Corr. litt.*, t. VI, p. 192.)

1. « On dit que le vertueux M. Fréron, en s'extasiant sur la sagesse de mademoiselle Doligny (actrice de la Comédie-Française), s'est laissé emporter un peu trop loin par sa ferveur pour la chasteté, et que le public a cru reconnaître, dans

égal. Prenez donc que je n'ai rien dit, et je me dispenserai de vous apprendre sa sortie.

» J'aurais bien quelques articles à relever dans votre dernière lettre, j'en charge notre vénérable syndic [1]; je me contente de lui envoyer le texte, et ma paresse tournera au profit de votre société, car Huber nous a tous persuadés que vous êtes très bon à vexer. Bonjour. Quand je vous ai prêché l'indulgence, c'était en vérité sans retour sur moi-même. Au reste, lorsque je cesserai de vous faire enrager, vous pourrez dire : elle ne m'aime plus. Ah ! j'espère bien, monsieur notre oncle, que vous ne le direz jamais. »

A cette même date, le public parisien attendait avec impatience la première représentation du *Philosophe sans le savoir* [2]. On n'imagine guère à présent sa philippique contre les actrices qui vivent dans le désordre, les erreurs célèbres de la première jeunesse de mademoiselle Clairon. Ce qu'il y a de sûr, c'est que cette fameuse actrice s'est plainte du vertueux M. Fréron, et que ce digne panégyriste de la chasteté des actrices a été mis au For-l'Évêque pour avoir insulté mademoiselle Clairon. » (Grimm, *Corr. Litt.*) Fréron n'alla point au For-l'Évêque ; atteint de la goutte au moment où l'exempt venait pour l'y conduire, il employa les quelques jours de répit qu'on lui laissa à faire agir ses protecteurs, qui obtinrent sa grâce.

1. M. Tronchin, frère du médecin.
2. Cette pièce devait être donnée à la cour, et, pour en assurer la bonne exécution, il fut décidé que la première

l'enthousiasme qu'excita cette pièce à son début.

« Le premier jour, écrit Diderot à mademoiselle Volland, combat à mort; les honnêtes gens, les artistes et les gens de goût d'un côté. Ne le dites à personne ; mais je jure que ceux qui prônent à présent le plus haut cet ouvrage n'en sentent pas le mérite. Cela est si exquis, si simple, si vrai!... Écoutez bien mon pronostic. Voltaire en dira pis que pendre. Et la cour ? Elle appellera cela du commérage et du caquet. Oui, mais c'est du caquet et du commérage comme Lélius et Scipion étaient soupçonnés d'en dicter à Térence, avec moins d'élégance et plus de verve. »

représentation aurait lieu à la Comédie-Française. La veille arrive un ordre de la police qui suspend la répétition et défend de jouer. On apprend que la scène dans laquelle un père pousse son fils à se battre en duel a effrayé les censeurs. « Ils ne doutent pas, dit Grimm assez plaisamment, que, dès le lendemain, tous les fils de famille n'aillent demander l'aveu de leurs parents pour se couper la gorge. » Le malheureux Sedaine fait agir tous ses amis, et obtient enfin qu'une commission du Châtelet composée de M. de Sartines, de M. du Lys, lieutenant criminel, et de M. le procureur du roi, se transportera à l'hôtel de la Comédie-Française pour assister à une répétition. Le poète eut l'heureuse idée de prier ces messieurs de vouloir bien amener leurs femmes. Les beaux yeux de ces dames fondirent en larmes et sa cause fut gagnée. La pièce eut un immense succès.

Diderot, encore tout échauffé d'admiration, entre au café en sortant du théâtre avec l'abbé Lemonnier « Un blanc-bec s'approche de nous, raconte-t-il, et dit à l'abbé: « L'abbé, cela » est *joli*. » A l'instant je me lève de fureur et je dis à l'abbé : « Comment ! vous connaissez des gens comme cela, mordieu ! » Sortons, je n'y saurais tenir. »

Aussitôt après la première représentation, Diderot présenta Sedaine à Grimm et à madame d'Épinay; il devint un de leurs meilleurs amis [1]. Sa situation était fort modeste, mais son caractère aimable, la justesse de son esprit et la finesse de ses reparties le faisaient rechercher dans la société. Le lieutenant criminel Lecomte, homme d'esprit et de bonne compagnie, s'était lié intimement avec Sedaine et lui proposa de venir habiter chez lui. Il accepta, et cette nouvelle existence lui permit de se livrer à son goût pour le théâtre. A l'époque où nous sommes, il était déjà célèbre, et ce dernier succès vint mettre le comble à sa réputation.

Cette année 1765 apporta une grande joie à madame d'Épinay; le docteur Tronchin vint se fixer à Paris, attaché comme médecin au duc d'Orléans. L'amitié la plus tendre unissait la malade à son sauveur, et Tronchin, avec son âme ferme et droite, son jugement supérieur, dut rendre souvent d'aussi grands services à madame d'Épinay, en la conseillant, qu'en soulageant ses maux.

L'arrivée du docteur à Paris eut une influence

---

1. Sedaine était fils d'un architecte qui mourut en laissant sa femme et ses enfants dans la misère. Le petit Sedaine, obligé de gagner sa vie à l'âge de quinze ans, se résigna à l'humble métier de tailleur de pierre. L'architecte Baron, grand-père du célèbre peintre David, remarqua l'intelligence de cet enfant, apprit le nom de son père, le prit chez lui et le jeune homme devint bientôt son associé. Sans négliger son métier, il consacrait ses loisirs à l'étude; un secret instinct le poussait vers le théâtre et ne le trompait pas.

remarquable et trop peu signalée sur les habitudes et l'hygiène féminines. Grâce à lui, les femmes reprirent peu à peu l'usage de marcher ; vêtues de robes simples et courtes qu'on appela des Tronchines, elles sortaient le matin et cheminaient à pied, appuyées sur de hautes cannes. Il usa de tout son empire sur ses jolies clientes pour les engager à nourrir elles-mêmes leurs enfants, et c'est à lui plus encore qu'à Rousseau qu'est dû cet heureux retour aux devoirs de la maternité.

C'est précisément au mois de décembre 1765, que Jean-Jacques, banni de France en 1762, après la publication de l'*Émile*, se décida à se rendre en Angleterre avec Hume, et obtint la permission de traverser Paris. Il y arriva en effet le 17 décembre, après une absence de trois ans; il descendit au Temple chez le prince de Conti. Ses anciens amis n'apprirent pas sans une certaine émotion la nouvelle de son arrivée; Diderot écrit à Falconet : « Il y a trois jours que Rousseau est à Paris, je ne m'attends pas à sa visite, mais je ne vous cèlerai pas qu'elle me ferait grand plaisir, je serais bien aise de voir comment il justifierait sa conduite à mon égard. Je fais bien de ne pas rendre l'accès de mon cœur facile, car on n'en sort pas sans le déchirer. » Rousseau ne chercha pas à revoir Diderot.

Le lendemain de son arrivée, Jean-Jacques était allé se promener au Luxembourg en costume d'Arménien. N'ayant pas trouvé que cette promenade eût causé une sensation suffisante, il la renouvela sur les boulevards, où son accoutrement attira tous les yeux. La police trouva cette affectation de se montrer un peu audacieuse chez un homme décrété de prise de corps, et lui intima l'ordre de partir [1].

C'était à la recommandation de milord Maréchal et de la comtesse de Boufflers, que Hume avait offert à Rousseau une retraite libre et tranquille en Angleterre. Lorsqu'il fit part de ce projet au baron d'Holbach, celui-ci lui répondit : « Monsieur, vous allez réchauffer une vipère dans votre sein, je vous en avertis, vous en sentirez la morsure. » Une fois en Angleterre, Hume écrivit à d'Holbach : « Il m'est pénible de penser que vous êtes injuste à son égard, Rousseau n'est rien moins qu'un méchant homme, plus je le vois, plus je l'estime et je l'aime. » Peu de temps après, nouvelle lettre qui débute ainsi : « Vous aviez bien raison, monsieur le baron, Rousseau est un monstre. » « Ah ! dit le baron froidement et sans s'étonner, il le connaît enfin. »

Une nouvelle et charmante recrue apparaît en ce moment dans la société de madame d'Épinay : Sedaine venait d'épouser mademoiselle Sériny, fille d'un avocat au conseil du roi. Madame Sedaine fut accueillie avec empressement par madame d'Épinay [2]. Elles se prirent d'une vive amitié l'une pour

---

[1]. C'est à ce moment que Saint-Lambert répondit à quelqu'un qui plaignait Rousseau de sa solitude : « Ne le plaignez pas trop, il voyage avec sa maîtresse, la Réputation. »

[2]. Voici l'histoire assez romanesque de ce mariage. Le bienfaiteur de Sedaine, monsieur Lecomte, mourut ; le poète continua à habiter chez sa veuve, et les relations les plus in-

l'autre et jusqu'au dernier moment la jeune femme entoura son amie des soins les plus tendres et les plus dévoués ; son délicieux caractère lui avait attaché tous les amis de son mari. Il est probable que Sedaine fut un des pourvoyeurs attitrés du petit théâtre organisé à la Briche et dont Voltaire parle quelquefois.

times ne tardèrent pas à se nouer entre eux. Elles duraient depuis un assez grand nombre d'années, quand, malheureusement pour madame Lecomte, son ami rencontra dans le monde une jeune fille douée de tous les charmes de la figure et de l'esprit, mademoiselle Sériny, fille d'un avocat au conseil du roi ; elle avait vingt ans et Sedaine quarante-sept ; malgré cette disproportion d'âge, la jeune fille s'éprit follement du poète qui partagea bientôt son amour. Madame Sériny s'opposait au mariage, mais là n'était pas le plus grand obstacle : Sedaine dut avouer ce projet à madame Lecomte, qui entra dans le plus violent désespoir, et tenta vainement et par tous les moyens de rompre cette union. Elle offrit à la jeune fille, qui était sans fortune, de la doter de 50,000 livres, si elle consentait à retarder son mariage d'un an. Mademoiselle Sériny refusa, fit des sommations respectueuses à sa mère, et le mariage eut lieu le 4 avril 1767. Madame Lecomte mourut un mois après. Elle avait fait don à Sedaine, un an auparavant, de la maison qu'ils habitaient ensemble, rue de la Roquette. Sedaine y résida sans être trop gêné par ses souvenirs, jusqu'au moment où il fut nommé secrétaire perpétuel de l'Académie royale d'architecture et logé au Louvre.

VOLTAIRE A MADAME D'ÉPINAY.

20 novembre 1767.

« Ma belle philosophe a donc aussi chez elle un petit théâtre ? Ma belle philosophe, qui sait bien qu'il vaut mieux jouer la comédie que de jouer au whist, se donne donc ce petit amusement avec ses amis? C'est assurément le plaisir le plus noble, le plus utile, le plus digne de la bonne compagnie qu'on puisse se donner à la campagne ; mais il est bien plaisant qu'on excommunie dans le faubourg Saint-Germain ce que l'on respecte à Villers-Cotterets[1]... Il est vrai qu'on n'a jamais eu tant de raisons d'excommunier les comédiens ordinaires du roi. On prétend qu'ils sont en effet diaboliques ; le public les fuit comme des excommuniés, on dit que ce tripot est absolument désert, et que de toutes les troupes, après celle de la Sorbonne, c'est la plus vilipendée. Il y en a une à Genève qui le dispute à la Sorbonne, c'est la horde des prédicants. Depuis que le grand Tronchin l'a quittée, et qu'elle est abandonnée des médecins, elle est à l'agonie. Les autres citoyens ne se portent guère

---

1. La pièce défendue était la *Partie de chasse de Henri IV*, de Collé. On la joua en effet chez le duc d'Orléans, à Villers-Cotterets. Le duc jouait le rôle d'Henri IV.

mieux ; leur petite convulsion dure toujours. Il sera fort aisé de leur donner des lois et impossible de leur donner la paix. Heureux qui se tient paisiblement dans son château ! Il me paraît que ma belle philosophe prend ce parti neuf mois de l'année ; ainsi, je me tiens d'un quart plus philosophe qu'elle ; mais elle est faite pour Paris, et moi je ne suis plus fait que pour la retraite. Je suis bien respectueusement, véritablement, tendrement attaché à ma belle philosophe. »

XI

1767-1769

Arrivée de Louis à Pau. — Il perd au jeu. — Naissance d'Armand de Belsunce. — Louis est reçu conseiller. — Menaces de M. et de madame d'Épinay. — Voyages à Bayonne. — Louis contracte des dettes considérables. — Récit de ses malheurs. — Il est obligé de donner sa démission.

De l'année 1764 à l'année 1767, il y a une interruption complète dans la correspondance de madame d'Épinay avec son fils. En 1767, nous retrouvons Louis d'Épinay à Pau; il a obtenu une charge de conseiller au Parlement, mais comme il n'a pas atteint l'âge réglementaire pour être reçu, il doit attendre les dispenses du roi; jusque-là, il remplit les fonctions d'avocat au Parlement.

M. et madame d'Épinay n'avaient pas hésité à faire les sacrifices nécessaires pour ouvrir à leur fils cette nouvelle carrière. Ils choisirent Pau pour sa résidence, pensant avec raison que la grande situation dont M. de Belsunce jouissait dans le pays servirait son jeune beau-frère. Enfin, pour permettre à Louis de tenir son rang dans le monde, ils lui firent une pension qui devait suffire largement à ses besoins.

Voyons si le jeune conseiller se montrera moins léger, moins étourdi et moins naïf que ne l'avait été trois ans auparavant le commis de M. Bethmann. La première lettre de madame d'Épinay ne témoigne pas d'une grande satisfaction.

MADAME D'ÉPINAY A SON FILS.

A la Briche, ce 20 août 1767.

« Je vois que je n'ai point de lettre à attendre de vous toutes les fois que vous n'avez rien à me demander. Il y a plus de six semaines que vous ne m'avez donné signe de vie; cette négligence est impardonnable. Je vous ai écrit une lettre qui méritait, ce me semble, une réponse, indépendamment de ce que je ne crois pas nécessaire que vous ayez une réponse à me faire pour m'écrire. Il vous est égal que j'approuve ou non votre conduite; vous avez obtenu ce que vous désiriez, tout est dit et vous n'avez plus rien à me mander. Dans cette même lettre où je vous avertissais que vous ne seriez plus payé d'avance de votre pension, je vous mandais qu'il fallait m'envoyer un autre certificat de vie, celui que vous m'avez envoyé manquant par la forme : il ne doit point être fait par un notaire, mais par le juge royal. Je vous mandais que cela était extrêmement pressé, et je n'ai point entendu parler de vous. Votre sœur m'a envoyé le sien, qui était dans le même paquet de renvoi ; ainsi il n'a pas été égaré. Envoyez-le-moi aussitôt ma lettre reçue, et, quant à vos nouvelles, vous m'en donnerez si vo s le jugez à propos. »

Jusqu'au mois de décembre, d'Épinay ne fit pas trop parler de lui ; mais, à ce moment, il lui arriva une aventure qui n'était pas de nature à rassurer sur l'avenir.

LOUIS D'ÉPINAY A SA MÈRE.

D'Echaux, ce 5 décembre 1767.

« Ma chère maman,
» Si je ne recevais tous les jours de ma vie de nouvelles marques de vos bontés et de votre indulgence, je ne vous ferais pas l'aveu que vous allez lire. Mais je suis sûr qu'en mettant toute ma confiance dans une mère aussi tendre que respectée et chérie, je n'ai à redouter qu'une réprimande, et j'y

gagne des avis dont je profiterai mieux dorénavant que je n'ai fait jusqu'à présent. Je suis honteux de ma faiblesse et de voir que toutes mes résolutions s'évanouissent du moment que l'on m'engage au contraire. J'ai fait une imprudence qui certainement me servira de leçon pour l'avenir. Voici donc ce dont il s'agit.

» La musique m'avait lié à Pau avec le chevalier de Blair, neveu de M. l'intendant de Strasbourg ; il venait souvent en faire chez moi, et j'allais également chez lui pour le même objet. Un matin, passant devant sa porte, je montai pour lui souhaiter le bonjour ; un instant après entra chez lui un gros homme fort bien mis, que j'appris être M. de Sinthey, Américain et gouverneur de Libourne. Le chevalier tenait un jeu de cartes ; il nous proposa en riant de jouer au pharaon à la mort d'un louis. Je gagnai ; ils demandèrent revanche, je la leur donnai. De revanches en revanches, je gagnai vingt louis ; cela m'encouragea à continuer et je reperdis tout. Que j'aurais sagement fait d'en rester là et que je me serais épargné de remords et de chagrins ! mais je ne réfléchis pas assez pour cela dans ce moment. La perte de mes vingt louis me piqua ; je voulus jouer encore et je perdis encore. Puis-je le dire sans honte et sans me regarder avec horreur !

Je perdis quatre-vingt-dix louis ! L'Américain les gagna et dix en sus au chevalier. Rentré chez moi, je m'abîmai dans les plus sinistres et les plus noires réflexions.

» L'Américain quittait Pau presque immédiatement et voulait être payé de suite. Je commençai par lui donner les 800 francs destinés à ma réception ; puis, poussé par la nécessité, je tirai deux lettres de change, l'une sur mon beau-frère, l'autre sur M. d'Arippe[1], et je trouvai facilement à les négocier.

» Je partis aussitôt pour Méharin et je fis à M. de Belsunce un aveu exact et sincère de ma faute. Je lui témoignai tout le repentir que j'en avais. Ensuite, je lui demandai mille fois excuse de la liberté que j'avais prise de tirer sur lui une lettre de change. Je lui représentai que s'il n'avait pas la bonté d'y faire honneur, elle serait protestée et on obtiendrait contrainte par corps vis-à-vis de moi ; qu'il en serait sûrement de même de la lettre tirée sur M. d'Arippe ; quel mauvais effet cela ferait dans le public, surtout devant entrer dans le Parlement, si cela se répandait ; qu'à la vérité, je le méritais, m'étant attiré tous ces désagréments par mon inconduite ; que ma faute était impardonnable,

---

1. Ami de M. de Belsunce.

mais que, partant d'imprudence et non du cœur, il serait bien dur d'être entièrement déshonoré, ce qui serait, si j'allais en prison pour le payement d'une lettre de change ; qu'enfin, je le priais d'avoir pitié de moi et ne pas m'abandonner dans une occasion aussi essentielle. M. de Belsunce, convaincu de mes regrets et de mon repentir, a bien voulu me rendre le service le plus important. Il a non seulement payé ses trente louis, mais encore, pour m'éviter une scène avec M. d'Arippe, il a payé les vingt-sept autres et a retiré la lettre avant qu'elle lui eût été présentée. Je suis presque tombé à ses genoux de reconnaissance, et, pour la lui témoigner en quelque sorte, je lui ai demandé la permission de rester à Méharin un an ou plus, jusqu'à ce que je me sois acquitté vis-à-vis de lui, parce que, n'y ayant rien à dépenser, j'emploierai chaque quartier de ma pension à le payer exactement. Quand j'aurai reçu mes provisions, j'irai à Pau me faire recevoir. Ensuite, sous prétexte que je n'ai pas encore voix délibérative, je demanderai au premier président son agrément pour venir auprès de ma sœur étudier, pour me mettre en état de bien remplir ma charge par la suite, et je reviendrai m'établir à Méharin avec mes livres, d'où je ne sortirai pas que je ne me sois entièrement libéré. M. de

Belsunce a consenti avec joie à ce projet, et telle est ma résolution.

» Voilà, ma chère maman, quelle est mon aventure dans la plus exacte vérité. Elle est affreuse, je l'avoue; soyez persuadée que j'en sens toute l'horreur. Malgré cela, ma chère maman, j'ose encore lever les yeux sur vous, j'ose encore prétendre à cette indulgence et à ces bontés dont vous m'avez accablé tant de fois.

» Daignez mêler vos avis à ceux que je reçois ici de la femme du monde après vous, à mes yeux, la plus respectable et la plus aimable. Je veux parler de madame la comtesse d'Amon, chez laquelle je suis depuis trois jours. Cette digne femme a eu dix-huit enfants ; elle n'en a que huit vivants, dont cinq auprès d'elle ; adorée d'eux et de son mari, vous pleureriez de joie si vous voyiez l'amitié et la liberté qui règnent entre eux réciproquement, et combien ils sont empressés à lui témoigner leur tendresse et leur respect. Elle nous a pris en amitié, ma sœur et moi. Elle nous appelle ses enfants, nous l'appelons maman, et nous sommes aussi empressés auprès d'elle que ses propres enfants. Je lui ai confié ma dernière étourderie ; elle m'a donné là-dessus les avis les plus tendres et les plus sensés. Elle m'a dit qu'elle se ferait toujours un plaisir de m'en donner quand je viendrais la voir, et certainement j'y volerai toutes les fois que ma sœur aura du monde chez elle.

» Puis-je donc espérer, ma chère maman, que vous voudrez bien encore me conserver votre tendresse. Si je la mérite, c'est par le regret que j'ai d'avoir fait quelque chose qui ait pu me la faire perdre.

» *P. S.* Au reste la chose n'a pas transpiré à Pau; oserais-je vous prier de faire en sorte que mon père n'en soit point instruit ? »

Cette dernière recommandation était fort prudente, car si Louis pouvait espérer toucher sa mère par le récit d'invraisemblables aventures, l'expérience personnelle de M. d'Épinay ne lui permettait pas d'y ajouter foi.

Madame d'Épinay pardonna, garda le secret et envoya de nouvelles provisions [1]. Le repentir de son fils dura peu et, dès la fin de janvier, il trouvait moyen de quitter Méharin. Le premier président l'avertissait, disait-il, que son aventure avec M. de Sinthey avait fait mauvaise impression auprès des membres du Parlement, et qu'il devait venir à Pau pour prouver par lui-même le changement opéré dans sa conduite.

Au mois de mars, Louis retourna à Méharin pour

---

1. On appelait ainsi la somme d'argent qu'on devait déposer à l'avance pour les frais de la réception au Parlement.

les couches de sa sœur, qui mit au monde une fille, Émilie de Belsunce. Il n'y resta que peu de jours; une affaire importante le rappelait à Pau : les conseillers, édifiés par sa bonne conduite, consentaient enfin à le recevoir.

La cérémonie durait trois semaines. L'aspirant conseiller devait subir un long examen, où était mise à l'épreuve sa science juridique; les deux points principaux sur lesquels d'Épinay eut à répondre furent : la loi première au code *de interdicto — et matrimonio inter pupillam et tutorem seu curatorem, filios que eorum.* Quelle bizarre coïncidence ! Louis, dont le père sera interdit, qui sera interdit lui-même à trois reprises différentes, est interrogé à son entrée dans la vie sur cette loi dont il doit plus tard supporter les rigueurs !

L'examen fut jugé favorable. Le roi avait accordé des lettres de dispense d'âge; mais on stipula que le jeune conseiller n'aurait voix délibérative qu'à vingt-cinq ans. Lecture fut donnée en présence de la cour des provisions du roi, qui commençaient ainsi :

« Louis, par la grâce de Dieu, roi de France et de Navarre, à tous ceux qui ces présentes verront, salut ! Sçavoir faisons que, pour la pleine et entière confiance que nous avons en la personne de notre cher et bien-amé le sieur Louis-Joseph de la Live d'Épinay, avocat au Parlement, et en ses sens, suffisance, probité, capacité et expérience, fidélité et affection à notre service, pour ces causes et autres, nous lui avons donné et octroyé l'office de notre conseiller en notre cour de Parlement, comptes, aides et finances de Navarre à Pau... »

D'Épinay était ensuite admis aux « honneurs, pouvoirs, libertés, fonctions, autorités, privilèges, droits, exemptions, franchises, immunités, prérogatives, prééminences, rang, sceaux, gages, fruits, profits, revenus et émoluments » appartenant audit office [1].

Le nouveau conseiller commença immédiatement ses fonctions; mais la dignité de magistrat ne le rendit pas plus raisonnable. Au bout de peu de temps, il avait près de 7,000 francs de dettes; les créanciers devenaient pressants : il fallut encore recourir à madame d'Épinay, qui cette fois se montra moins facile.

MADAME D'ÉPINAY A SON FILS.

13 juillet 1768.

« Lorsqu'on ne veut ni profiter d'une lettre ni y répondre, il est plus simple de mander qu'on ne l'a pas reçue. Voilà ce qui vous arrive avec moi. C'est une excuse usée dont on n'est plus la dupe. Au reste, monsieur, vous abusez si indignement de mon indulgence, que vous n'en avez plus à espérer

---

[1]. Nous avons retrouvé ces pièces officielles aux Archives départementales des Basses-Pyrénées.

de moi. Je suis au fait de votre conduite, je sais que vous travaillez peu, que vous ne prenez aucuns moyens de vous instruire et que vous vous dérangez d'une manière qui ne me permet plus de cacher vos désordres à votre père sans en être complice. J'attends, pour l'en instruire, l'arrivée de votre beau-frère et de votre sœur. C'est à leur sollicitation et parce qu'ils s'étaient rendus garants de votre repentir que je m'étais laissée aller à cacher à votre père la perte sotte et malheureuse que vous aviez faite au jeu, où vous vous êtes laissé duper comme un nigaud. J'ai cru qu'une pareille leçon pourrait vous amender, que celle que je vous avais faite et la condescendance que j'avais eue vous toucheraient, que les procédés nobles de votre beau-frère, que ceux de madame la première présidente, qui avait affiché la protection la plus marquée pour vous, vous feraient sentir la nécessité de ne rien négliger pour effacer l'éclat d'une sottise qui pouvait vous perdre. Votre repentir n'a pas duré plus de quinze jours et vos écarts ont recommencé. Il n'y a plus qu'un parti à prendre pour vous arrêter; vous saurez incessamment la volonté de votre père et la mienne, et vous recevrez la juste récompense d'une conduite aussi indigne. Vous ne savez peut-être pas que nous ne sommes en aucune façon tenus de payer vos dettes? qu'il est même, malgré la substitution, des moyens de vous lier après nous et même de vous déshériter si vous nous y forcez? et qu'on peut vous laisser au fond d'une prison chercher comme vous pourrez les moyens d'acquitter vos sottises? L'éclat que peut faire cette sévérité ne vous perdra pas plus que vos sottises mêmes, et cette crainte ne nous arrêtera pas. C'est l'action qui avilit. Un père et une mère seraient bien plus coupables par une indulgence déplacée que par cette juste sévérité. Depuis que vous avez l'âge de raison, vous n'avez travaillé qu'à creuser votre perte. Ni mes avis, ni mes larmes, ni mon indignation n'ont pu vous arrêter; nous allons user de nos droits, puisque vous nous y forcez.

» J'avais prié M. d'Arippe de vous parler de ma part et de vous demander l'état de vos dettes ; je n'ai point encore de ses nouvelles, mais je suis très au fait, comme vous voyez, et il ne m'apprendrait rien de nouveau. Si votre conduite eût été bonne depuis votre dette de jeu, je l'aurais entièrement acquittée sans qu'il vous en coûtât rien; mais vous n'avez nulle grâce à espérer; et ce que j'en ai déjà acquitté le sera à vos dépens. Voilà mon dernier mot. »

M. d'Épinay, qui d'habitude n'intervenait guère,

avait écrit également à son fils pour le menacer d'un traitement rigoureux. Louis, fort inquiet de la tournure que prenaient les événements, chercha à se disculper ; sa réponse est celle de l'innocent, calomnié, mais fort de sa conscience et de sa vie irréprochable.

LOUIS D'ÉPINAY A SA MÈRE.

Pau, ce 6 septembre 1768.

« Ma chère maman.

» On ne peut être plus surpris que je ne l'ai été à la réception de votre première lettre et de celle que mon père m'a écrite l'ordinaire suivant. Je vois avec le plus grand chagrin que vous vous en rapportez toujours aux mémoires qui vous sont adressés par des gens qui, parce qu'ils sont inconnus, se permettent d'écrire ce qu'ils veulent, sans s'embarrasser d'approfondir la vérité ou la fausseté de ce qu'ils écrivent.

» Je reprends chaque article de la lettre de mon père et vais vous les réfuter l'un après l'autre, non par des discours, mais par des faits :

» On me reproche *ma passion pour le jeu, qui m'a fait faire anciennement et m'occasionne journellement des pertes incroyables.*

» Depuis ma perte ancienne avec M. de Blair, je

n'ai jamais joué que des jeux de commerce, et il est constant que, chez M. le premier président, je refuse les trois quarts et demi du temps de jouer, et ne le fais que lorsque je ne peux absolument pas m'en dispenser.

» *Mon luxe et mes dépenses ridicules en habits.* Je défie que l'on soit mis plus simplement que moi. Je suis toujours en noir ; je ne porte point de dentelles ; il est vrai que j'ai quelques habits de couleur, mais c'est pour aller à la campagne ou pour le temps des vacations. Si je n'étais pas mis comme les autres, cela serait ridicule.

» *Mon application continuelle à la musique.*

» Il y a près de trois mois que je n'ai eu seulement un trio exécuté chez moi. Lorsque j'aurai travaillé une partie de la journée, et que je jouerai le soir une heure ou deux du clavecin, le trouverez-vous mauvais ?

» *Et un éloignement total pour toute étude sérieuse et notamment pour les affaires de mon état.*

» M. de la Rauza, professeur en droit de cette ville, qui est un homme incapable de tromper, et avec lequel je suis lié, vous mandera, si vous le souhaitez, qu'il est venu me voir trois ou quatre fois depuis la rentrée, dans l'après-midi, et qu'il m'a toujours trouvé occupé à examiner des procès. Ce sont des faits.

» Je travaille au palais tous les matins, tant par moi-même qu'en écoutant les autres. Le reste de ma journée est réglé et divisé en quatre portions, savoir : le travail, la littérature, la société et la musique. Je ne m'écarte pas de cette règle depuis ma réception, à moins que je n'aille en campagne, ce qui m'arrive rarement.

» On a parlé de mon assiduité auprès de la plus mauvaise compagnie de Pau. Il est à connaître que, depuis que je suis ici, j'aie mis le pied chez aucune fille, ni même maison suspecte : c'est un changement qui m'a étonné moi-même, mais qui n'en est pas moins vrai. J'en ai non seulement perdu l'habitude, mais même le goût.

» Malgré ces injustices, ma chère maman, je ne me relâcherai en rien de ma conduite. Au contraire, je m'observerai plus que jamais pour ne donner au-aucune prise sur mes actions. »

Malgré ces protestations, les nouvelles que madame d'Épinay continuait à recevoir de Pau lui brisaient le cœur. On lui fit savoir que Louis montrait les lettres qu'elle lui écrivait, et s'égayait avec ses amis de ses remontrances et de ses conseils. Elle en fut cruellement blessée et chargea M. de la Caze, fils du premier président, de réclamer à Louis toute sa correspondance.

LOUIS D'ÉPINAY A SA MÈRE.

« Madame et très chère maman,

» En conséquence de l'ordre que M. de la Caze fils m'a apporté de votre part, je lui ai remis toutes vos lettres, celles de mon père, et le volume in-12 de lettres, l'autre exemplaire étant resté à Paris dans une bibliothèque. Je n'ai pas pu m'empêcher de lui demander le motif qui vous faisait agir ainsi. Il m'a montré la lettre que vous lui avez écrite. Je vous avoue que je ne m'attendais pas à ce que j'y ai trouvé. Le reproche que vous m'y faites de tourner en ridicule les avis que mon père et vous m'y donnez m'a percé le cœur. Je n'ai jamais péché par le sentiment, vous le savez bien ; toutes les fautes que j'ai faites jusqu'à présent doivent être attribuées à l'inconséquence, à la légèreté, à la faiblesse de mon caractère, mais aucune ne part du cœur. Je suis incapable de commettre aucune bassesse, et tout ce qu'on peut vous marquer qui touche cette corde-là est absolument faux. J'avais gardé le silence jusqu'à présent, n'osant paraître devant vous, et pénétré de honte de toutes mes fautes ; mais à la vue de cette accusation, je n'ai pu m'empêcher de le rompre. D'entre vos lettres, celles qui renfermaient des secrets de famille n'ont été vues de personne ; celles qui ne contenaient que des instructions générales, je les ai fait voir à la vérité ; mais ceux qui les ont vues peuvent attester que, bien loin de les tourner en plaisanteries, j'étais le premier à en faire l'éloge et à dire qu'elles mériteraient d'être imprimées. Je suis surpris, ma chère maman, que vous ayez ajouté foi à une imputation de cette nature et j'aurais cru que vous me connaissiez mieux. Je vous supplie de me rendre plus de justice et d'être persuadée que quelque chose qui arrive je ne m'écarterai jamais de la tendresse et du profond respect que je vous ai voués en naissant, que j'emporterai au tombeau et avec lesquels je suis, madame et très chère maman, votre très humble et très obéissant serviteur. »

Il faut être juste pour Louis d'Épinay : à côté de ses défauts, il était doué d'aimables qualités ; on ne s'expliquerait point sans cela les amitiés honorables qu'il sut inspirer. Très bien posé à Pau par sa situation et par sa parenté avec M. de Belsunce, il avait vu tous les salons s'ouvrir devant lui. Jeune, gracieux, excellent musicien, tournant lestement le vers, son arrivée fut une précieuse ressource pour la société,

Chez le conseiller de Saint-Pau, entre autres, il reçut un accueil particulièrement affectueux; M. et madame de Saint-Pau, touchés de sa jeunesse et nourrissant peut-être aussi quelque secret espoir, conçurent pour lui la plus vive amitié; les demoiselles de Saint-Pau également voyaient de fort bon œil le jeune conseiller, et l'aînée ébaucha même avec lui un petit roman fort tendre.

Le Parlement avait des vacances deux fois par an. Les petites *Feries* commençaient à la *Magdeleine* et duraient jusqu'à la *Notre-Dame*; les grandes *Feries* commençaient à la *Saint-Michel* et duraient jusqu'à la *Saint-Martin*.

D'Épinay alla passer les petites *Feries* à Bayonne, où il connaissait déjà plusieurs personnes : M. et madame de Noguès, M. et madame de Montpellier, le marquis d'Amon, le comte de l'Hôpital, etc. Son temps se passa fort agréablement; il le partageait entre la société et les officiers du régiment de Provence. Ce séjour ne fut marqué par aucun incident; mais, ou nous nous trompons fort, ou une soubrette de la comédie tourna quelque peu la tête de Louis. Cependant, à la *Saint-Laurent*, il s'arracha aux plaisirs de Bayonne et se rendit chez son ami M. d'Etcheverry, également conseiller au Parlement; à la *Notre-Dame* ils revinrent ensemble à Pau pour la rentrée.

Dans l'intervalle entre les grandes et les petites vacances, la situation pécuniaire de Louis ne fit que s'aggraver; désespérant d'en sortir, il prit le parti d'écrire à son père en lui envoyant un état exact de ses dettes et en le suppliant de les payer ; elles se montaient, disait-il, à 2,000 écus.

Il n'attendit même pas la réponse, et lorsque les grandes *Feries* arrivèrent, son premier soin fut de repartir pour Bayonne dont le séjour lui était évidemment fort agréable. « Le régiment de Provence, écrit-il, avait fait place à celui de Berry-Infanterie. Je refréquentai mes connaissances ordinaires. Je me liai avec quelques officiers du régiment; ils jouaient beaucoup à la paulme. Je me suis adonné à cet exercice, et cela m'a fait grand bien pour le corps et la santé, et peu de mal pour la bourse, ne me hasardant pas d'y jouer de l'argent et n'y ayant perdu que quelques frais qui sont plus chers à Bayonne de cinq sols qu'à Paris, les parties n'y étant qu'à quinze sols et à Bayonne à vingt. »

Malheureusement le jeu de paume ne fut pas sa seule distraction, car il vécut successivement avec deux comédiennes. Forcé d'emprunter et de la façon la plus regrettable, il signa des billets, reçut des marchandises en échange, les revendit à perte; bref, il se réveilla un beau matin ayant signé plus de 4,000 francs de billets et à des échéances très proches.

Éperdu, à bout de ressources, mal vu de la société qui connaissait ses désordres, il quitta enfin Bayonne et rentra à Pau. Mais les terribles échéances approchaient, la première était au 20 février. D'Épinay s'était flatté d'abord d'obtenir des délais ; il reçut bientôt d'un de ses créanciers une lettre qui ne lui laissait pas d'espoir :

A MONSIEUR D'ÉPINAY, CONSEILLER AU PARLEMENT[1]

Bayonne, le 8 janvier 1769.

» Monsieur,

» En réponce de la vôtre du 4 du courant, j'ay lhonneur dettre votre très humble serviteur. Je vous anvoi la copie de la lettre de change et sanature. »

» A Bayonne, le premier novembre 1768 ; L. 720. Au 20 février prochain il vous plaira paier par cette première et seulle de change a moy ou a mon ordre la somme de sept cent vingt livres, valeur que vous avez reçue comptant de moy et que passeres suivant lavis de.... Votre très humble obéissant serviteur.

« *Signé :* DOLABARAT DETCHEBIAGUE.

» à Monsieur
  » Monsieur de Lalive d'Épinay
  » Conseiller au parlement de Pau. »

» Acepte a paier à l'échéance par vous-même.
» Monsieur cette lettre de change est au pouvoir dun juif ; je vous prie, monsieur, davoir la bonté de la paier la echeance, sans quoy vous mettes dans le cas de

1. Nous avons respecté l'orthographe de cette lettre,

faire faire une saisie à monsieur Daulabarats ou de le faire arreter, ce que naiant point de l'argent pour paier, je pense, monsieur, que vous pense trop bien pour celle et pour luy aucasionner ce chagrin.

» J'ay lhonneur dettre, monsieur, avec tous les respect, votre très humble et très obéisant serviteur,

» Dominique Senac. »

Il n'y avait plus à hésiter, la situation devenait inextricable; il fallait de l'argent à tout prix. N'osant affronter directement le courroux maternel, d'Épinay s'adresse à sa sœur, en la priant de lui servir d'intermédiaire :

LOUIS D'ÉPINAY A MADAME DE BELSUNCE.

A Pau, ce 14 janvier 1769.

« Je suis un monstre, je ne me connais plus, j'ai le cœur déchiré de mille remords qui s'élèvent en foule et à tout moment contre moi. Je ne m'envisage qu'avec horreur, j'ai manqué à ma parole, j'ai pu violer les promesses authentiques que j'avais faites. Je ne suis pas digne de voir le jour, je me suis replongé dans de nouveaux précipices lorsque la bonté de nos parents était sur le point de me tirer des anciens.

» Si vous saviez, ma chère sœur, à quel point je me trouve odieux et en même temps à plaindre, vous auriez pitié de moi. L'état affreux où je suis ne peut se concevoir. Seul, isolé, livré à moi-même et à toutes mes passions, je n'ai pas un ami à qui je puisse confier mes peines. Est-il une situation plus fâcheuse?

» Il n'est que trop vrai que l'état que j'ai envoyé ne se trouve pas exact maintenant, il l'était pour lors; mais j'ai été passer toutes les *féries* et les fêtes de Noël à Bayonne; là j'y ai été la dupe d'un misérable qui, sous le voile de la probité et de la bonne foi, m'a fait contracter des engagements qui sont d'autant plus sérieux qu'ils sont à la veille de leur échéance, et qui se montent à 4,670 livres, outre les différents billets qui se montent encore à près de 1,000 écus, et je vous proteste par tout ce qu'il y a de plus sacré que de tout cet argent je veux être le dernier des hommes, si j'ai touché plus de 60 louis. Cela doit vous prouver à quel point j'ai été trompé.

» Je ne peux pas prendre sur moi d'écrire à ma mère, sans savoir de quelle façon je peux le faire. M. de la Fargue lui écrit aujourd'hui et veut bien avoir la bonté de s'intéresser pour moi, quelque indigne que j'en sois. M. d'Etcheverry doit vous écrire aussi, et M. de Saint-Pau à M. de Belsunce ; si M. le premier président n'avait pas été aussi incommodé, il aurait écrit certainement à ma mère, mais il m'a promis que de l'instant qu'il pourrait mettre la main à la plume, il le ferait. Il m'a parlé avec toute la tendresse que j'aurais pu attendre de mon père et de ma mère ; je me suis jeté à ses pieds, et je lui ai témoigné à quel point j'étais touché de ses bontés et indigné contre moi-même d'y avoir si mal répondu jusqu'à ce jour ; je lui ai juré solennellement en présence des trois messieurs dont j'ai parlé ci-dessus, que j'allais prendre un autre plan de vie et que je ne m'en écarterais jamais.

» Votre lettre, ma chère sœur, m'a aussi vivement touché. La réputation que j'ai dans la famille m'effraye, je vois que l'on sait tout et c'est ce qui fera ma perte. Je suppose que la tendresse de mon père et de ma mère les porte à me pardonner ces nouveaux écarts ; qui me répondra que nos autres parents ne voudront pas me punir de tant de récidives et me faire mettre en lieu de sûreté. Le parti serait extrême à la vérité et me ferait un tort irréparable dans la suite, mais je sens que je le mérite et l'idée pourrait en venir à leur esprit irrité. Si je puis acheter mon pardon par un repentir vrai, celui que j'ai dans le cœur est certainement bien sincère ;

ce qui le caractérise aussi, c'est la voix intérieure qui se fait entendre à tout moment d'une façon déchirante.

» J'ose espérer que les lettres de ces messieurs jointes à vos vives sollicitations et à celles de M. de Belsunce parviendront à fléchir le courroux de nos parents, quand ce ne serait que pour calmer un peu mon désespoir, et je n'épargnerai certainement rien de mon côté pour prouver mon changement total.

» De tout cet argent il n'y a pas un écu d'employé au jeu.

» M. de Saint-Pau me charge de vous faire ses compliments et de prier le vicomte de lui rapporter douze paires de gants blancs de peau de Paris. Je crains que cette lettre ne puisse pas partir, car il est fort tard. Je vous embrasse, ma chère sœur, mille fois. »

Madame d'Épinay avertie, il fallut bien que Louis se décidât à faire le récit de ses malheurs. Il raconte une étrange histoire ; mais nous le verrons se poser si souvent en victime de sa bonne foi, inventer, pour cacher ses désordres, des aventures si invraisemblables, recourir dans ses embarras d'argent à de si singuliers expédients, qu'il est bon d'attirer sur ce point l'attention du lecteur.

LOUIS D'ÉPINAY A SA MÈRE.

. . . .

« J'avais fait connaissance à Bayonne avec un nommé Capdevielle, ancien négociant d'Oléron. Cet homme trouva le secret de se mettre si bien dans mon esprit que nous fûmes bientôt intimes. Effectivement, quand on ne le connaît pas à fond, c'est le plus aimable homme que j'aie vu de ma vie, mais on reconnaît bientôt que ce n'est qu'un drôle, un fripon et un escroc. J'en ai fait malheureusement la triste expérience.

» Au bout d'un mois, cet homme me demanda si j'avais quelque affaire à Bayonne ; je lui dis que non, mais je lui confiai qu'ayant plusieurs dettes à Pau, je ne serais pas fâché de trouver à emprunter un ou deux milliers d'écus pour pouvoir en assoupir une partie. Effectivement, j'étais venu à Bayonne dans cette intention. Je disais en moi-même : « J'ai envoyé mon mémoire à mon père ;
» s'il a assez de bonté pour le payer, son argent
» me servira à acquitter les engagements que je
» vais prendre. S'il ne le paye pas, les créanciers de
» Pau seront toujours payés et je gagnerai du temps
» par ce moyen-là. » Voilà quels étaient mes pro-

jets. La facilité et l'occasion me les ont malheureusement fait oublier. Capdevielle me répondit que je ne pouvais mieux m'adresser qu'à lui, qu'il connaissait parfaitement la ville et qu'il se faisait fort de me trouver mon affaire dans les vingt-quatre heures. Je lui dis qu'il me rendrait service. En effet, le surlendemain matin, il me vint trouver pour m'apprendre qu'il avait réussi, et qu'il avait trouvé, non de l'argent comptant, mais des marchandises qui en tiendraient lieu, puisqu'on les revendrait sur-le-champ. Comme il faut tout dire, je ne vous cacherai point que j'eus une extrême répugnance à faire un métier qui m'était si nouveau. Acheter pour revendre, il me semblait que je n'étais point fait pour cela. D'ailleurs, il me parlait de lettre de change, et je n'étais pas accoutumé à ce tripotage ; bref, je n'en voulais rien faire, mais il sut si bien me retourner qu'à la fin je consentis à tout. Il me dit donc que Marquefoy lui donnait pour cent louis d'étoffes d'or, soie, velours et autres, et que Duhamel lui donnait aussi pour 2,300 livres en montres ; que, lorsqu'il leur avait parlé de ma signature, ils n'avaient pas balancé un moment ; que pour cacher que ce fût pour mon compte, il leur avait dit à chacun qu'il avait un effet de moi en lettres de change ; qu'il le leur donnerait en payement, prenant l'affaire comme pour lui, ce qu'ils avaient accepté; qu'en conséquence, il fallait que je lui fisse d'abord une lettre de 2,400 livres, et ensuite deux autres, l'une de 900 livres et l'autre de 1,400 livres ; que dans deux heures il m'apporterait les effets, ou, à la fin de la journée, l'argent. Je lui fis donc ces trois lettres telles qu'il voulut ; il les emporta. Ce jour-là, je n'eus pas de ses nouvelles.

» Le lendemain, je fus chez lui ; il me dit qu'il n'avait trouvé personne au magasin la veille, mais qu'il y retournerait et que je pouvais l'attendre dans sa chambre. Il sortit et revint une heure après avec les marchandises et les montres. Il y avait deux belles montres à répétition de 25 louis chacune, trois autres simples, à 300 livres, et une enfin à 200 livres. Quant aux marchandises, c'étaient des velours, satins, étoffes d'or, etc., pour la valeur de cent louis. Je lui dis que, comme je ne voulais point paraître, il me ferait plaisir de faire lui-même la vente de ces effets. Il me dit qu'il s'en chargeait et que je pouvais être tranquille. Je fus près de huit jours sans en entendre parler, mais je savais qu'il était dans la ville, aussi je n'étais pas inquiet. Enfin, un matin, il vint chez moi et me tint ce discours que je n'oublierai de ma vie : « Monsieur, voici vingt-
» cinq louis ; ne soyez pas surpris si je ne vous en

» apporte pas davantage. Entre amis, on s'aide mu-
» tuellement. J'avais beaucoup de dettes ici, j'étais
» sur le point d'être capturé ; j'ai cru que vous ne
» trouveriez pas mauvais que je me servisse de votre
» argent pour me tirer d'affaire dans ce moment,
» d'autant que vos créanciers de Pau attendront
» certainement *un homme comme vous*. Mais ne
» soyez inquiet de rien ; je vais vous faire une lettre
» de change de toute la somme, payable au temps
» que vous voudrez, et cela reviendra au même. »
J'eus besoin de tout mon sang-froid pour ne pas
le faire sauter par les fenêtres ; je l'accablai d'invec-
tives, je lui donnai toutes les épithètes qu'il méritait et je le mis à la porte, en le priant de ne jamais
mettre les pieds chez moi ; il sortit. Je ne me possé-
dais pas, j'étais furieux d'avoir été si indignement
la dupe d'un drôle comme lui, et que j'en serais
pour un si gros objet probablement... »

Madame d'Épinay ne répondit pas, mais peu de temps après son retour à Pau, c'est-à-dire dans le courant de janvier, Louis fut mandé chez M. de La Caze, premier président ; là, en présence de deux conseillers du Parlement, MM. de la Caze fils et de la Fargue, le premier président exigea de d'Épinay qu'il signât sa démission de conseiller ; il lui promit cependant de garder cette démission secrète et de n'en faire usage qu'en cas d'absolue nécessité.

« Après avoir signé ce fatal papier, écrit d'Épinay, je sortis de chez M. le premier président, et je marchai longtemps devant moi sans savoir où j'allais, la rage dans le cœur, l'âme navrée de douleur et agitée d'une foule d'idées cruelles dont la moindre était de me voir sans état dans une ville où l'instant d'auparavant j'en avais un si honorable. Enfin, tout abîmé dans mes réflexions, je me trouvai insensiblement devant la maison de M. de Saint-Pau. J'entrai, je montai avec la physionomie d'un déterré. Il y avait beaucoup de monde et beaucoup de jeunes personnes qui jouaient à ces petits jeux de société qui sont en usage parmi les jeunes demoiselles; on me demanda si je revenais de l'autre monde? J'affectai un grand mal de tête; on me dit qu'une contredanse le dissiperait. Enfin, dans l'état où j'étais, je fus forcé de la danser, et ce qui me fit le plus de peine, c'est qu'à peine fut-elle commencée, M. de la Fargue entra et demeura comme pétrifié quand il m'aperçut. »

N'est-ce pas là d'Épinay tout entier? Après un acte qui brise sa carrière, il a quelques minutes d'un affreux désespoir qui se termine par une contredanse. Il ne sait même pas garder le secret, si nécessaire dans une aventure dont la gravité ne pouvait lui échapper.

« Dans le courant de cette danse, mademoiselle de Saint-Pau, l'aînée, avec qui je dansais, me pressa vivement de lui confier ce que j'avais. Je lui dis qu'il m'était impossible de lui rien cacher, je tirai de ma poche une copie de ma démission et lui dis :
« Lorsque la contredanse sera finie, sortez un mo-
» ment, lisez ce que je viens de signer il y a un
» quart d'heure et jugez si je dois être à mon aise.
» Surtout gardez-moi le plus profond secret. Pour
» moi, je ne vous attendrai pas, il m'est impossible
» de tenir ici plus longtemps, je me retire. » Lorsque je la revis après, que de choses ne me dit-elle pas pour me consoler, mais elle avait elle-même presqu'autant besoin que moi de consolation. »

Ces événements n'étaient que le prélude de mesures beaucoup plus graves. M. et madame d'Épinay, fatigués de payer sans cesse de nouvelles dettes, fatigués de ne voir aucune amélioration chez leur fils, prirent un moyen violent, fort usité du reste à cette époque : ils sollicitèrent une lettre de cachet, qui leur fut accordée sur-le-champ. On n'aurait pas agi avec cette désinvolture vis-à-vis d'un conseiller au Parlement; mais Louis avait imprudemment signé sa démission, et M. de la Caze pouvait la produire, dans le cas où cette arrestation causerait quelque bruit.

XII

1769-1771

La lettre de cachet. — Louis est conduit à Bordeaux et enfermé au château Trompétte, puis au fort du Hà. — Correspondance avec la famille de Saint-Pau. — Projets de mariage. — Refus de madame d'Épinay. — Louis obtient un peu de liberté. — Il retourne à Paris.

A l'époque dont nous parlons, l'autorité paternelle n'était pas un vain mot, ou du moins elle avait une sanction qui paraîtrait bien rigoureuse de nos jours, et à laquelle cependant on ne craignait pas de recourir. Quand un fils de famille par son inconduite, ses désordres ou ses dettes avait lassé la patience de ses parents, personne ne s'étonnait de le voir jeté en prison pendant quelques mois ou quelques années ; il suffisait d'une lettre de cachet qu'on obtenait sans difficulté.

Déjà à plusieurs reprises d'Épinay s'était vu menacé de cette mesure extrême, mais connaissant la tendresse de sa mère, il ne s'en effrayait pas. Cependant, après ses dernières incartades, il éprouva un moment d'assez vive inquiétude; puis n'entendant parler de rien, il crut encore une fois avoir échappé au châtiment. Il vivait donc assez paisiblement, lorsqu'un soir il disparut tout à coup.

Voici de sa propre main le récit de sa mésaventure :

« Le 11 du mois dernier, à sept heures du soir, me trouvant chez M. de Saint-Pau, conseiller au Parlement, avec sa femme, son fils et ses deux filles, M. de la Caze entre, et, après une courte visite, se lève, et me dit qu'il a une lettre à me communiquer chez M. d'Arippe, à la Monnaie. J'étais en habit de velours noir, en cheveux épars et le chapeau sous le bras. Cette prétendue lettre n'était autre que l'ordre du roi. Je vous avoue que, quoique je m'attendisse depuis longtemps à cette espèce de châtiment, j'avais toujours espéré que l'on n'en viendrait pas là par considération pour les suites qui en pouvaient résulter. De sorte que lorsque l'on me lut la lettre de cachet, je fus tellement frappé que j'en devins presque immobile; toutes mes facultés s'éteignirent, je ne vis rien, je ne sentis rien, je ne pus ni boire ni manger, en un mot, j'étais comme une bête. Cette espèce d'état apathique dura plusieurs jours, et ce ne fut que lorsque, livré à moi-même dans la prison où je fus renfermé en arrivant, j'aperçus toute l'horreur de ma situation, ce ne fut qu'alors, dis-je, que je donnai un libre cours à mes larmes et que je m'enfonçai dans mes réflexions [1]. »

D'Épinay fut conduit à Bordeaux et enfermé au château Trompette [2], magnifique château-fort, construit sur les bords de la Garonne, et où résidait une nombreuse garnison.

S'il faut en croire les rapports que reçut madame d'Épinay, l'état apathique, dans lequel Louis prétendait s'être trouvé de Pau à Bordeaux n'était pas aussi complet qu'il voulait bien le dire, ni ses

1. Cet emprisonnement du fils d'Épinay donna lieu, on ne sait comment, à la plus absurde légende. Pendant la Révolution, Richer-Sérisy, dans l'*Accusateur Public*, prétendit que Louis d'Épinay avait été enfermé à la suite d'une tentative d'empoisonnement contre son père. Cette calomnie fut reproduite en 1818 dans une plaidoirie en faveur du lieutenant général Canuel et réfutée par le fils même de Louis d'Épinay. (Voir Campardon. *Les prodigalités d'un fermier général*, p. 40.)

2. Le château Trompette fut construit en 1454 par Charles VII, en même temps que le fort du Hâ, pour calmer la turbulence des Bordelais; il était situé sur les bords de la Garonne et occupait un emplacement considérable. C'était là qu'habitaient les gouverneurs de la Guyenne. Le château fut démoli en 1816; on combla les fossés, on enleva les échoppes, on établit un quai, et on fit cette belle terrasse des quinconces, large de 170 mètres, longue de 390 mètres.

facultés aussi éteintes qu'il le racontait. On l'accusa d'avoir mené joyeuse vie pendant ces quelques jours de route et d'avoir courtisé d'un peu près les servantes d'auberge. A sa mère qui lui reprochait une conduite si peu conforme à sa situation, Louis donne une explication audacieuse, mais vraiment plaisante :

« On vous a donc mandé que sur la route de Pau ici je me suis comporté d'une façon indigne, courant après toutes les filles des auberges, etc. Je suis étonné que vous ayez ajouté foi à un rapport aussi dépourvu de vraisemblance, fondé sur la foi d'un homme qui n'a pas su discerner mes sentiments véritables d'avec ceux que j'affectais de faire paraître. Les différentes pensées qui m'occupaient alors étaient, je vous le jure, bien éloignées de celles qu'on me prête. Dans la juste crainte où j'étais d'être reconnu dans les endroits où nous nous arrêtions, ou même, sans être reconnu, d'être pris pour un prisonnier, je faisais mon possible pour paraître calme, tranquille, serein, quelquefois même gai (suivant les gens qui se rencontraient dans les auberges), tandis qu'intérieurement j'avais la rage dans le cœur. »

Bien que décidés à punir leur fils, M. et madame d'Épinay cherchèrent à éviter le scandale. Ils obtinrent qu'on garderait le secret sur son emprisonnement et qu'on répandrait le bruit qu'il était à Paris pour le règlement d'affaires de famille. Ils lui écrivirent donc que sa captivité était ignorée et qu'une fois l'expiation terminée il pourrait reprendre ses fonctions de conseiller.

Malheureusement le secret ne fut pas gardé et d'Épinay lui-même s'empressa sottement de le divulguer en écrivant pendant la route à tous ses amis pour leur faire part de sa mésaventure. Le gouverneur du château Trompette, M. de la Graullet, écrivait en effet à madame d'Épinay qu'il avait été impossible de dissimuler la présence de son fils; que, dès les premiers jours de sa détention, on lui avait envoyé directement de Pau une foule d'objets avec sa nouvelle adresse. La poste elle-même lui renvoyait au château Trompette le *Mercure* et d'autres feuilles auxquelles il était abonné. Aussi Louis répondit à ses parents qu'il ne se faisait aucune illusion, et que son aventure était connue.

« Personne à Pau n'est la dupe de mon prétendu voyage à Paris ; car, en effet, dit-on, s'il n'eût été question que d'un simple voyage, pourquoi partir sans mot dire, subitement, en habit de velours et cheveux longs? Toute la ville sait que je suis parti dans cet état parce qu'on m'y avait vu tout l'après-dîner, parce que mon laquais l'a dit fort innocemment, sans savoir encore de quoi il était question. »

Les premiers jours que Louis passa au château Trompette ne furent pas trop pénibles. M. de Graullet trouvait son prisonnier fort aimable : « M. votre fils, écrivait-il à madame d'Épinay, a de l'esprit et paraît fort doux ; je voudrais qu'il pût avoir plus de liberté. » Louis de son côté appréciait beaucoup M. le gouverneur.

« Il n'y a sorte de bontés qu'il n'ait eues pour moi, écrit-il à sa mère, de politesses qu'il ne m'ait faites, d'attentions qu'il ne m'ait témoignées. Il m'a même fait l'honneur hier de m'admettre à sa table. En un mot, je n'aurais certainement rien à désirer si la pensée déchirante de vous causer du chagrin ne m'absorbait entièrement et ne me suivait partout. »

La satisfaction de d'Épinay ne devait pas durer. Sur de nouveaux ordres, il fut transporté du château Trompette au fort du Hâ[1], situé à l'autre ex-

---

1. Le château du Hâ était un château fort qui rappelait par son architecture et son aspect les constructions militaires du xv⁰ siècle. Construit en 1454 par Charles VII pour maintenir les Bordelais, il avait la forme d'un trapèze flanqué aux angles de hautes tours, et ses murailles épaisses étaient entourées de fossés larges et profonds que défendaient des barbacanes ou demi-lunes ; les murs étaient percés de deux

trémité de la ville et qui servait à la fois de caserne et de prison. Ce changement eut une grande influence sur la gaieté de son caractère et ses premières lettres s'en ressentirent.

» Depuis le peu de temps que je suis en prison, écrivait-il à sa mère, j'ai bien eu le temps de faire des réflexions. Quand elles n'auraient pas été dans le fond de mon cœur, le lieu est tout propre à les avoir fait naître. Je suis renfermé entre quatre vastes murailles, sous deux grandes portes fermées par serrures et verrous, ayant une sentinelle, ne parlant à personne, et n'ayant pas même de plumes et de papier ni d'encre pour me procurer de l'occupation. »

Une fois Louis renfermé il fallut songer à payer ses dettes, et madame d'Épinay lui en demanda un état détaillé; il l'envoya de mémoire et très incomplet. Sa mère lui répondit que d'après sa propre enquête il devait environ 25,000 livres. A cette nouvelle la stupéfaction de Louis n'a pas de bornes:

tourelles; il y avait dans l'intérieur des logements assez vastes. Le fort du Hâ fut démoli en 1835; il n'en reste plus qu'une vieille tour; on a élevé à sa place la *prison du Hâ* et le *Palais de justice*.

« J'ai été effectivement fort surpris, ma chère maman, d'apprendre que mes dettes montaient à plus de 25,000 livres. Cela me paraît incroyable, d'autant que, suivant mon dernier mémoire et les petites additions que je vous ai envoyées depuis, elles ne vont pas à plus de 19,000 livres. Et je suis bien sûr de ne pas devoir davantage, au moins des gros articles qui puissent le faire enfler jusqu'à 25,000 livres. Je vous serais extrêmement obligé si vous vouliez me marquer ce qui peut l'augmenter si considérablement. »

En réalité il ignorait lui-même le chiffre de ses dettes. Traversant Bordeaux pour se rendre à Pau, il s'était empressé d'aller voir M. Bethmann, bien qu'il l'eût mal quitté, et il avait jugé bon de lui emprunter 120 livres; à M. Decapdepont, négociant de Navarreins, il devait 240 livres; 96 livres à M. Gondoin de Paris; 288 livres à M. de Bonnas, conseiller; 144 livres à M. Duffrut, entrepreneur de tabacs. Il devait à tout le monde et partout! Pendant plusieurs mois la correspondance entre la mère et le fils roule uniquement sur le règlement des dettes.

Depuis qu'il était enfermé d'Épinay songeait plus que jamais à son petit roman si malencontreusement interrompu; il n'avait pas manqué d'écrire à M. et à madame de Saint-Pau, bien que cela lui fût interdit.

LOUIS D'ÉPINAY A MADAME DE SAINT-PAU.

« Madame, peut-être en ce moment m'accusez-vous d'ingratitude ; si cela était, je pourrais à mon tour vous accuser d'injustice. M. d'Etcheverry vous apprendra, si vous ne le savez déjà par le bruit public, que je suis enfermé au château Trompette, entre quatre murailles et sous une vingtaine de verrous, depuis près de quatre mois; arrivé dans cet affreux caveau, mon premier soin a été de vous instruire de mon sort, me flattant que vous en seriez inquiète. Je pris en conséquence la liberté de vous écrire presque un volume, où il entrait bien des détails et où je vous faisais part de toutes les réflexions tristes qui m'assiégeaient. Je guettai l'occasion de faire partir ce paquet. Enfin, je la trouvai un jour par le moyen d'un perruquier qui vint me couper les cheveux et s'en chargea. Le paquet a été mis ici à la poste, mais à Pau il a été intercepté et renvoyé au commandant du château. J'avais trouvé un nouvel expédient, mais j'ai été trahi de nouveau. Enfin, j'ai trouvé une autre voie, j'espère qu'elle réussira mieux, mais j'attendrai que j'en sois certain pour entrer dans de plus grands détails, qu'il serait indiscret d'entreprendre dans ce moment; je me contenterai aujourd'hui de vous témoigner la douleur que je ressens d'avoir été ainsi renfermé avec si peu de précaution, car je songe à l'avenir, beaucoup plus encore qu'au présent, et j'en suis effrayé.

» Puis-je espérer, madame, que vous voudrez bien me marquer l'effet qu'a produit cette punition dans l'esprit du public, et ce que vous en aurez entendu dire dans la société, où on en aura sûrement parlé beaucoup. Fontaine m'a rapporté que dans plusieurs maisons on l'avait envoyé chercher par trois fois pour s'informer de ce que j'étais devenu, et j'y ai été très sensible. Je n'ai pas été moins touché, madame, de l'intérêt que M. de Saint-Pau et vous avez bien voulu prendre à mon sort ; je n'attendais pas moins des bontés et de l'amitié que vous m'avez toujours témoignées. J'en conserve une éternelle reconnaissance et un vif regret de n'être plus à portée d'en jouir. Je serais au comble de mes vœux si vous daigniez en être persuadée. M. de Saint-Pau doit partager les mêmes sentiments de ma part, et j'aurais eu l'honneur de lui écrire si je n'avais craint de le détourner de ses affaires. J'ai l'honneur d'être avec l'attachement le plus sincère et le plus respectueux, etc.

» P.-S. — Je vous demande en grâce de ne parler de cette lettre à personne, excepté votre famille et Etcheverry...... Oserais-je vous prier, madame, de vouloir bien dire mille choses de ma part à monsieur votre fils, et présenter mes respects à mesdemoiselles vos filles. »

M. DE SAINT-PAU A LOUIS D'ÉPINAY.

« M. d'Etcheverry m'a fait part de votre lettre, mon cher d'Épinay; vous paraissez sensible à mon silence, et vous avez raison, mais je n'ai pas tort: peu de santé, beaucoup d'affaires, voilà mon excuse; elle est faible aux yeux de la véritable amitié; aussi, soyez-en sûr, j'aurais tout quitté si j'avais pu vous soulager. Vous connaissez mes sentiments : vous avez bien voulu en recevoir les sincères témoignages, et la façon avec laquelle vous l'avez fait a été pour moi d'un grand secours auprès de M. de Belsunce. avec qui j'ai longuement parlé de vous. Il vous aime comme si vous étiez son fils ; ménagez-le, mon cher ami, son mérite personnel et la reconnaissance vous y obligent. Eh bien ! ne voilà-t-il pas encore une morale? eh! oui, passez-la-moi, votre bien, mon attachement solide en est le seul mobile ; tâchez de nous venir rejoindre, et vous regagnerez sûrement, si vous le voulez, l'estime du public et des particuliers, qui savent bien que vos fautes ne viennent que de votre âge. J'y concourrai de tout mon cœur; ma maison vous sera toujours ouverte. Que n'y avez-vous toujours été! Adieu, mon cher ami, je quitte la plume pour la donner à Mimi[1]; elle va vous dire combien nous vous avons plaint, combien ardemment nous souhaitons que vous soyez parmi nous, tel que vous devez être, et que j'espère bien que vous serez. »

MADAME DE SAINT-PAU A LOUIS D'ÉPINAY.

« Nous sommes de moitié pour les sentiments, mon mari et moi; il vous peint mon intérêt pour vous, mon cher enfant, en faisant le tableau du sien : soyez-en bien persuadé. Personne ne vous a tant plaint que moi, quoique bien des gens aient pensé de même!. Ah! mon cher ami, que vous vous êtes fait de mal à vous-même! et quand je vous ai distribué des conseils, c'était pour que vous n'éprouvassiez pas le triste sort que vous avez subi. Trêve de morale, me direz-vous; je suis assez puni. Eh bien, soit! il est juste d'adoucir un peu vos maux en les partageant. J'étais bien malade lorsque le vicomte vint à Pau, mais je lui ai bien parlé en votre faveur ; enfin mon cher ami, vous touchez, j'espère, au moment de votre liberté; je la désire presque autant que vous. Où devez-vous en jouir? C'est ce que j'ignore;

---

[1]. Madame de Saint-Pau.

je voudrais bien que ce fût ici et que nous eussions le plaisir de vous voir ; ce serait une surprise bien agréable que de vous voir arriver à Mont, où nous allons passer les vacances ; vous y retrouveriez votre cher curé. Brisons là ; votre tendresse pour lui fait que je dois vous ménager de peur de nourrir vos feux, mais vous savez mieux que moi que...

L'absence est à l'amour ce qu'est au feu le vent:
Il éteint le petit, il allume le grand.

» Ainsi, voilà mon curé sûr de votre cœur. Changeons de matière ; la diversité ne vous déplaira pas.

» Je voudrais vous fournir des idées couleur de rose ; mais où les prendre ? Dans trois mois de maladie, on ne se fournit que de gris. Mes enfants ont été et sont bien touchés de votre sort ; ils vous en assurent tous et du fond de l'âme. La musique est presque éteinte chez nous depuis votre départ. Écrivez-moi souvent, je vous répondrai exactement et plus diligemment. Mes loisirs ont été remplis par un peu d'imbécillité ; je n'en suis pas guérie encore, comme vous voyez ; mais, pour ne pas tant déplaire à la société j'ai ajouté au train de ma maison pour lui donner plus de brillant... devinez... Vous allez croire que c'est peut-être un carrosse ; point, vous n'y êtes pas. Eh bien !

pour ne pas vous faire suer l'intelligence, c'est une jolie Lisette épagneule; vous n'attendiez pas cette chute. Oh! qu'elle a de grâces et de singeries!

» Adieu, mon pauvre d'Épinay, le papier finit; mais ce qui ne finira qu'avec moi, parce que vous le méritez, c'est l'amitié sincère de votre vieille amie, dont vous connaissez le nom et les caractères.

« MIMI. »

D'Épinay n'était pas seulement en correspondance avec M. et madame de Saint-Pau, il recevait encore secrètement par de complaisants intermédiaires des billets de mademoiselle de Saint-Pau et il y répondait. Décidé à faire enfin l'aveu de sa passion à sa mère, il eut la bizarre idée de lui envoyer le premier des billets qu'il avait reçus, après l'avoir annoté longuement; il espérait ainsi lui montrer l'affection qu'il ressentait pour la jeune fille et obtenir une réponse favorable.

MADEMOISELLE DE SAINT-PAU L'AINÉE A LOUIS D'ÉPINAY [1].

« Je ne saurais vous exprimer, mon cher monsieur, la vive impression (a) qu'a faite sur moi votre

(a) Il n'y a que moi qui puisse voir dans cette expres-

1. Toutes les notes de cette lettre ont été écrites par Louis d'Épinay.

départ. Soyez tranquille pour le secret que vous m'avez confié (b), je ne le dévoilerai de ma vie. On parle beaucoup de votre départ (c); tout le monde en général vous regrette (d) et l'on a blâmé tous vos parents d'avoir si mal *embarqué* votre punition (e).

sion tout ce que j'y vois. Que de douceur et en même temps que de force elle renferme! Cette phrase seule dit autant que la lettre entière.

(b) Elle veut parler de ma démission que je lui ai confiée lorsque j'eus signé ce papier, qui me fut présenté d'un air si calme et si intérieurement satisfait par M. le marquis de la Caze, en présence de son père, qui ne l'était pas moins, quoiqu'il affectât le contraire, et de M. de la Fargue, dont je n'ai certainement qu'à me louer, qui avait l'air chagrin et qui l'était véritablement.

(c) Mon départ précipité a fait fort longtemps le sujet des entretiens de tout Pau. Chacun en a parlé diversement. Les uns, suivant le rapport de mon laquais, ont dit publiquement qu'on m'avait rencontré sur la route de Toulouse, conduit par six archers de la maréchaussée, d'autres ont tenu un autre langage.

(d) Les autres, et c'est le plus grand nombre, m'ont regretté et plaint, toujours suivant le rapport de mon laquais.

(e) C'est pour vous prouver, ma chère maman, que je ne veux vous rien déguiser que j'ai laissé le mot embarqué, auquel j'avais grande envie d'en substituer un autre, mais je vous prie de croire qu'elle n'a pas senti toute la force de ce mot, et qu'en l'employant elle n'a sûrement pas pensé qu'on pût le mal interpréter; d'ailleurs ce mot ne porte que sur l'exécution de la punition qui a été mal conduite, et ainsi ne tombe plus sur *vos parents*, suivant ses termes, puisque vous n'aviez pas

Nous sommes fort inquiètes du lieu que vous habitez ; veuillez nous en instruire par d'Etcheverry, car, je vous en prie, ne me faites pas de réponse (*f*). Je vous demande encore une petite grâce, c'est d'écrire à maman, s'il vous est possible (*g*), elle y compte et se *persuade* (*h*) que vous le devez par l'attachement qu'elle a pour vous (*i*). N'oubliez pas les deux inconvénients (*k*) et soyez sûr de notre plus tendre sou-

---

ordonné que ma punition serait exécutée avec si peu de précautions, mais il tombe sur ceux que vous en aviez chargés, qui véritablement l'ont fort mal embarquée.

(*f*) Le moyen de s'empêcher de répondre à une lettre comme celle-ci.

(*g*) A peine ai-je été arrivé, que j'ai mis la main à la plume pour elle, et j'aurais cru manquer à tout si je ne l'avais pas fait.

(*h*) Voilà encore un mot dont mademoiselle de Saint-Pau n'a pas senti la force, et on serait en droit de l'accuser de manquer de respect à sa mère ; eh bien, au contraire, personne n'aime plus ses parents et ne les respecte davantage qu'elle.

(*i*) Elle me l'a bien prouvé par tout ce que vous avez vu dans la lettre que j'ai l'honneur de vous écrire aujourd'hui.

(*k*) Plaisanterie de société. Je leur dis un jour en badinant que, depuis que j'avais l'avantage de les connaître (les deux sœurs), il m'était impossible de rien faire que de penser à elles, qu'à peine voulais-je lire, écrire, m'appliquer à quelque chose de sérieux, leur idée venait me troubler et me détourner de mes occupations. Depuis ce temps-là, je les ai toujours appelées mes deux inconvénients.

venir (*l*). Je garde votre musique (*m*) jusqu'à ce que je sache quelque nouvelle de votre part : elle ne prendra pas de mal, et j'en userai comme vous l'avez bien voulu. Adieu, mon cher d'Épinay, vous me connaissez bien ; je suis la petite musicienne de Saint-Pau. Ma sœur vous dit cent mille choses et n'est pas moins affligée que moi de votre absence (*n*). Souvenez-vous de nous aussi souvent que nous le ferons de vous, et je serai contente (*o*). Adieu encore, ne dites rien de cette lettre (*p*). »

Madame d'Épinay accueillit fort mal les ouvertures de son fils :

« Vous me donnez, lui répond-elle, comme une preuve de la délicatesse de mademoiselle de Saint-Pau de ne vous avoir jamais parlé de votre conduite,

---

(*l*) Expression bien tendre.
(*m*) Quelques ariettes, opéras bouffons, pièces de clavecin, que je leur avais prêtés.
(*n*, *o*) Ces deux phrases expriment encore tout ce qu'il est possible d'exprimer.
(*p*) Au surplus, ma chère maman, vous devez voir deux choses principales dans cette jolie lettre. Premièrement la tendre amitié des deux sœurs pour moi, quelque chose de plus dans l'aînée. Secondement, que l'on n'est point la dupe à Pau de mon départ, et qu'il passe constamment pour une punition.

ce m'est une preuve bien contraire ; et, à côté de cela, elle vous écrit des lettres et des lettres fort tendres ; sa délicatesse le lui permet. Est-il possible de voir et de juger ainsi? Je serais fâchée de juger légèrement, mais on ne peut cependant asseoir un jugement sain que sur les faits. La conduite de mademoiselle de Saint-Pau est indiscrète, pour ne pas dire plus, et annonce qu'elle fait beaucoup plus de cas du peu de bien qui vous attend que de votre personne. »

Louis ne se tint pas pour battu et essaya encore de faire revenir sa mère sur ses fâcheuses impressions :

LOUIS D'ÉPINAY A SA MÈRE.

« Commencez, je vous supplie, ma chère maman, de prendre une meilleure idée du caractère et de la délicatesse d'âme de mademoiselle de Saint-Pau. Elle ne mérite à aucun égard le jugement que vous en avez porté, et si vous aviez passé un peu de temps avec elle, vous l'auriez bientôt rétracté. Cette aimable personne joint en elle le rare assemblage de l'esprit le mieux fait, le plus orné, de la figure la plus intéressante, et de plusieurs talents qu'elle possède au même degré de supériorité. Ce témoignage sera confirmé par tous ceux qui la voient aussi souvent que je l'ai vue.

» Quant à la passion qu'elle m'a inspirée, dont je vous ai fait l'aveu, je ne crains pas de dire qu'il n'y en a eu jamais de plus forte. Quoique vous m'accusiez de n'avoir jamais huit jours de suite la même idée, ceci est bien différent. Depuis que je suis un peu plus répandu dans le monde, j'ai eu quelques fantaisies qui n'ont pas duré longtemps. Je n'ai connu le véritable amour que depuis que j'ai connu mademoiselle de Saint-Pau, et c'est par cette raison même que mes sentiments en sont plus constants. Depuis deux ans et demi qu'ils ont commencé, je puis dire sans mentir qu'ils ont acquis chaque jour de nouvelles forces, au point que maintenant ils sont parvenus au plus violent degré.

» Je ne vous parlerai plus de mes projets; je remets cela à des temps plus favorables. »

Madame d'Épinay ne se laissa pas toucher et refusa toute nouvelle communication sur ce sujet : il n'en fut jamais plus question.

On avait envoyé de Pau à madame d'Épinay tous les papiers trouvés chez son fils; elle voulait tout brûler, sauf quelques pièces importantes. Aussitôt Louis se récrie et proteste contre cet autodafé :

LOUIS D'ÉPINAY A SA MÈRE.

« Je consens très volontiers assurément à la revision que vous voulez faire de tous mes papiers. Cette opération ne peut être en de plus sûres mains, et je suis pleinement tranquille là-dessus. Les lettres de famille et d'amis honnêtes resteront entre vos mains, ainsi que les papiers d'affaires ; dans le reste, il y a quelques distinctions à faire avant de le brûler. Les lettres qui peuvent compromettre doivent l'être ; j'en sens la nécessité. Mais elles ne sont pas toutes dans ce cas. Il y en a qui ne sont pas signées et dont la matière ne roule d'ailleurs que sur quelques plaisanteries de société qui ne peuvent compromettre en aucune façon celles qui les ont écrites. Il y a une correspondance suivie entre madame de Gomère et moi, fort innocente, et pleine d'esprit de son côté, que je serais fort fâché de perdre. Il y en a une autre également très curieuse entre moi et Ninette, ancienne femme de chambre de ma sœur, fille singulière et remplie d'esprit, que je serai charmé de conserver par curiosité simplement, car ma sœur peut vous dire qu'il y a longtemps que je suis détaché d'elle. Il y a encore quelques pièces de vers fort jolies ; il y a en outre un recueil de pièces dont je rougirais de vous nommer le titre, que je suis honteux d'avoir en mains, mais qui ne m'appartient pas. Il est à quelqu'un de Paris, qui me l'avait prêté avant mon départ pour Pau, et je dois le lui rendre. Toutes ces raisons m'engagent à vous supplier de ne rien brûler dans le moment et de faire un paquet cacheté de tout ce dont vous n'aurez plus besoin, et je vous promets d'en faire par la suite le triage en votre présence.... »

Après un an de claustration, Louis éprouvait un vif désir d'obtenir un peu de liberté; il ne cessait de solliciter ses parents dans ce but, mais son père restait impitoyable. M. d'Épinay, qui aurait dû être plus indulgent que personne pour son fils, se montrait au contraire profondément irrité de sa conduite; il ne lui écrivait que très rarement et dans des termes fort durs:

M. D'ÉPINAY A SON FILS.

5 novembre 1769.

« Je souhaite que vous ayez été touché de mon silence; vous n'avez pas dû en être étonné. Il faudrait que vous fussiez *un grand imbécile* pour ne pas voir que, dans la position où vous êtes, je suis informé de la moindre de vos démarches. Je l'étais déjà plus de six mois avant votre détention; à plus forte raison dois-je l'être depuis que vous êtes dans la prison que vous avez si justement méritée. D'après cet exposé, je vous laisse à juger si j'ai lieu d'espérer un sincère repentir de votre part et un véritable changement dans votre conduite. Je savais la plupart des faits que vous avez avoués à votre mère dans les deux grandes lettres que vous lui avez écrites, et *j'étais indigné de l'effronterie* avec laquelle vous m'assuriez que vous n'aviez plus rien à m'avouer. D'après votre aveu, votre mère avait obtenu de moi de vous donner le château pour prison, mais *votre conduite, pire que jamais depuis deux mois,* m'a fait suspendre cette faveur. Je sais que vous n'êtes occupé qu'à corrompre les gens que M. de la Graullet ne peut se dispenser de vous laisser voir. Il s'en plaint amèrement. Vous faites venir des livres de la ville, que vous achetez à crédit, et par la liste que j'en ai vue, je juge que votre esprit est tourné plus que jamais à la frivolité. Si, dès le moment que vous avez été emprisonné, vous eussiez gémi sur vos fautes; que, profitant des bons livres que je vous ai fait passer, vous en eussiez fait une lecture réfléchie; que, par de bons extraits, vous m'eussiez convaincu d'un travail suivi et d'occupations sérieuses, il y a déjà du temps que je vous aurais accordé la liberté du château; mais *je suis trop mécontent de votre conduite en tout genre* pour me prêter encore à cette douceur, que je veux que vous méritiez. Ma santé n'est point bonne. Les chagrins de toute espèce que j'ai éprouvés et auxquels *vous mettez le comble par votre conduite* ne sont pas propres à la rétablir. »

Madame d'Épinay se montrait moins sévère ; elle espérait que de si dures leçons ouvriraient enfin les yeux de son premier né. En février 1770, elle obtint de son mari de se relâcher un peu de sa rigueur et d'accorder à Louis la permission de revenir habiter le château Trompette ; on lui permit même d'en voir les habitants. Sa joie fut extrême :

LOUIS D'ÉPINAY A SA MÈRE.

« Ma chère maman,

» J'ai reçu avec toute la reconnaissance possible la nouvelle du consentement que mon père et vous avez bien voulu donner à mes désirs. Bien loin d'abuser de votre condescendance, soyez persuadée que j'emploierai tous les instants de ma vie à vous prouver à quel point j'en suis touché, et combien je désire mériter vos bontés. Je vous promets aussi que lorsque j'aurai la liberté du château (la permission n'en est pas encore arrivée); j'observerai exactement tout ce que vous me prescrivez. Mais la joie que j'ai ressentie à la réception de votre billet a été bien empoisonnée par la lecture de la lettre que vous m'avez fait l'honneur de m'écrire la semaine d'après....

» M. Morel m'a envoyé une douzaine de chemises et autant de mouchoirs. Les chemises ont été fort mal faites ; les poignets sont beaucoup trop larges et les cols beaucoup trop étroits. J'ai voulu les faire rectifier, mais comme la couturière était déjà payée, elle a fait semblant de les retoucher, et me les a renvoyées deux fois de suite dans le même état, de sorte que je suis forcé de les garder telles qu'elles sont. Je vous en suis fort obligé, ainsi que du frac de ratine que vous avez bien voulu me faire faire. Il me sert beaucoup par les grands froids qu'il a fait, et qui durent encore, mais il ne sera pas honnête à mettre en compagnie, et, à l'exception d'un habit de velours noir et de quelques autres de la même couleur, je n'en ai aucun ici avec lequel je puisse paraître décemment, de sorte que, si vous n'avez pas la bonté de me faire passer les habits qui sont en mains de M. d'Arippe (avec ma montre), je serai obligé de prendre le deuil le mois prochain. Je vous prie instamment de vouloir bien y avoir égard. »

D'Épinay n'abusa pas de la permission qui lui avait été accordée, et, peu à peu, on l'autorisa à sortir du château et à voir quelques personnes. Mais sa mère, toujours inquiète de l'avenir, s'épanchait souvent dans le cœur de ses amis. A une lettre plus attristée que les autres, elle reçut de Galiani cette spirituelle boutade [1] :

19 janvier 1771.

« Ma belle dame, je vous plains, je m'attriste et je voudrais vous consoler et vous conseiller, en même temps que je suis persuadé que vous n'en avez pas besoin. Quelle folie vous prit d'aller faire des enfants avec M. d'Épinay ! Ne savez-vous pas que les enfants ressemblent à leur père ? Vous voyiez que monsieur d'Épinay était prodigue : il fallait donc faire des enfants avec mon ambassadeur, le marquis de Castromonte [2], qui était à Paris au moment de la conception de votre fils, et il aurait rétabli les affaires de la famille. Avez-vous jamais eu le délire de croire à Rousseau et à son Émile ? Avez-vous cru que l'éducation, les maximes, les

---

1. Nous n'avons pas encore parlé du départ de Galiani, mais nous anticipons un peu sur les événements pour ne pas interrompre le récit du séjour de Louis à Pau et à Bordeaux.

2. Le marquis de Castromonte avait une réputation d'avarice bien établie.

discours puissent rien à l'organisation des têtes ? Si vous y croyez, prenez-moi un loup et faites-en un chien si vous pouvez..... »

D'Épinay[1] demeura prisonnier jusqu'en septembre 1771 ; à cette époque, sa famille le rappela à Paris;

---

[1]. Il touchait encore ses appointements de conseiller, comme le prouve l'état suivant :

État des finances de Navarre et de Béarn.
(Année 1770.)

Gages et droits d'ancienne création, attribués aux officiers dudit domaine (de Navarre).
A Armand de Belsunce, bailly de Mixe, 51 livres, 18 sols, 11 deniers ;
A Jean Maudiry, alcade de Cize, 21 livres, 6 sols, 7 deniers ;
A Jean-Pierre d'Etcheverry, juge royal au bailliage de Mixe, en Navarre, 45 livres...
Parlement, gages, augmentation de gages et droits attribués aux officiers du Parlement, comptes, aydes et finances, et cour des monoyes de Navarre, suivant la déclaration du 30 décembre 1765 :
A Jacques de Saint-Pau, conseiller, 720 livres ;
A Jean-Pierre d'Etcheverry, conseiller, 720 livres ;
A Joseph-Louis de Lalive de Pinay (sic), conseiller, 720 livres.
A lui 1,080 livres, par accroissement pour trois quartiers, de 1,600 livres d'augmentation de gages attribués à son dit office en 1,646, cy 1,080 livres.
. . . .
Fait et arrêté au conseil royal des finances tenu à Versailles le quatrième jour de février 1772.

Signé : Louis.
Signé : Philippeaux.

(Extrait des *Archives départementales* de Pau.)

elle avait compris qu'après deux ans de séjour au château Trompette, sa situation à Pau serait impossible et qu'il n'y pouvait reprendre ses fonctions de conseiller. On se décida donc à rendre publique sa démission, que M. de la Caze avait jusqu'alors gardée secrète.

XIII

1769-1770

Salon de madame d'Épinay. — Portraits. — Disgrâce de Galiani. — Son départ. — Ses *Dialogues sur les blés*. — Correspondance de Galiani et de madame d'Épinay.

Malgré les revers de fortune de madame d'Épinay, son salon subissait une transformation remarquable, et il était devenu depuis quelques années un centre littéraire fort recherché. Ce milieu intelligent avait attiré peu à peu le corps diplomatique presque entier. Le comte de Creutz, le baron de Gleichen, milord Stormont, le comte de Fuentès; plus tard, le marquis Caraccioli, le marquis de Mora et le prince Pignatelli, présentés par Galiani et par Grimm, se donnaient rendez-vous presque chaque soir chez cette aimable maîtresse de maison. « *Ni bête ni conquérante* », elle savait à merveille laisser à chacun sa liberté d'allure, rapprochant seulement ces esprits de nature diverse, avec un tact conciliant et une bonne grâce tout à fait féminine.

D'autre part, elle avait renoué d'anciennes relations ; les Trudaine de Montigny, les de Fourqueux, M. de Montyon, M. et madame de Sartines, etc., étaient venus se joindre au groupe diplomatique et aux hommes de lettres que nous connaissons déjà. Peut-être n'est-il pas inutile de dire quelques mots des personnages nouveaux qui entourent maintenant madame d'Épinay.

Le comte de Creutz [1], ambassadeur de Suède à Paris, y arriva en 1766 et y resta jusqu'en 1781. Souvent pensif et distrait, sa conversation possédait cependant un charme inexprimable. « La nature, dit Morellet, avait donné par excellence au comte de Creutz la sensibilité, la chaleur, la délicatesse du sens moral et du goût; moins empressé à plaire que Caraccioli, mais le plus charmant des convives, lorsque, sans distraction, il se livrait à nous. »

Presque compatriote et ami intime du comte de Creutz, le baron de Gleichen [2] résidait à Paris comme envoyé de Danemark. Attaché à la margrave

---

1. Le comte de Creutz (1729-1785) devint, à son retour de Paris, premier ministre de Gustave III. Il adorait Paris et écrivait pendant un voyage en Espagne : « Pour mon malheur, mes amis sont toujours présents à mon imagination, les soupers délicieux de madame Geoffrin me poursuivent au milieu des sombres assemblées de Madrid... Les Pyrénées sont, à mon avis, les barrières du monde éclairé !... »

2. Ch.-Henri, baron de Gleichen, né à Bayreuth, en 1735, mort à Ratisbonne en 1805.

de Bayreuth avant son arrivée en France, on prétend que le sentiment que lui avait inspiré sa bienfaitrice dépassait les bornes de la reconnaissance. Elle mourut à son grand désespoir, mais une affection plus vive succéda à la première. Il s'éprit passionnément de la duchesse de Choiseul, « la plus jolie petite créature qui soit sortie d'un œuf de fée, disait Walpole », et en même temps la plus fidèle à son mari, qui ne le méritait guère. C'était jouer de malheur; cependant la duchesse accordait à Gleichen une place distinguée dans son estime et son amitié.

La douceur du caractère du baron n'excluait pas l'énergie et même l'audace; dînant pour la première fois chez le duc de Choiseul, celui-ci parla légèrement de la margrave de Bayreuth; Gleichen répliqua d'une manière si fière et si piquante que le duc jeta sa serviette sur la table et se leva d'un air fort échauffé. Gleichen voulut partir; mais le duc, revenu à lui-même, le retint et le traita dès lors avec la plus grande distinction.

L'envoyé de Danemark parlait peu, mais lançait avec promptitude des mots aussi justes que piquants [1].

Le marquis Caraccioli avait succédé comme ambassadeur de Naples à Paris au marquis de Castromonte. Intime ami de Galiani et comme lui pas-

---

1. Il écrivait d'Angleterre à madame du Deffand : « Il me semble que je suis en Laponie et qu'il neige du vert. »

sionnément épris de Paris [1], il ne le cédait à aucun Français, dit Marmontel, pour l'agrément et l'abondance des lumières. Son esprit original et fin, les gestes napolitains dont il animait ses récits faisaient dire de lui « qu'il avait de l'esprit jusqu'au bout des doigts ». Son cœur et son dévouement étaient à la hauteur de son esprit.

Le comte de Fuentès, ambassadeur d'Espagne, père du charmant marquis de Mora et de l'aimable prince Pignatelli, était aussi un ami personnel de Galiani, qu'il avait accueilli, à son arrivée à Paris, avec une bienveillance particulière. Sa politesse recherchée et son goût pour la société des femmes, lui assuraient de grands succès. On ne le voyait jamais s'asseoir dans un salon, il papillonnait sans cesse de l'une à l'autre[2]. Rien en lui ne rappelait la fierté ou la morgue espagnole, il se prêtait volontiers à des plaisanteries, dont il riait le premier.

David Murray, vicomte de Stormont, ambassadeur

---

1. Lorsque Caraccioli fut nommé à la vice-royauté de Sicile en 1781, le roi Louis XVI, dont il prit congé, lui dit : « Monsieur l'ambassadeur, je vous fais mon compliment : vous allez occuper une des plus belles places de l'Europe. — Ah ! sire, répondit tristement Caraccioli, la plus belle place est celle que je quitte, c'est la place Vendôme ! »

2. Un soir, chez madame d'Épinay, arrive le comte de Fuentès, ambassadeur d'Espagne, homme naturellement aimable et bavard ; il allait sans cesse d'une dame à l'autre sans se décider à s'asseoir. Galiani remarquant ce mouvement perpétuel lui dit tout à coup :

Si qua sede seden quæ sit tibi commoda sedes
In illa sede sede, nec ab illa sede recede.

(Galiani e i suoi tempi, dal barone Saverio Mattei.)

de la Grande-Bretagne[1], formait un parfait contraste avec le bon comte de Fuentès. Fort instruit, causeur remarquable, mais grave et mesuré, il aimait passionnément la discussion et apportait toujours un élément intéressant à la conversation. Il arriva à Paris après le départ de Galiani, mais il avait une si haute idée du mérite de l'abbé, qu'il demandait parfois que malgré son absence on le prît pour juge des discussions qui s'élevaient dans le salon de madame d'Épinay[2].

Enfin venait l'original baron de Thun, ministre pénipotentiaire du duc de Wurtemberg, très aimable, très avare, ayant placé tout son bien en rente viagère, sans s'inquiéter des siens. Il habitait cependant un fort bel hôtel proche de madame d'Épinay, rue de la Chaussée-d'Antin[3].

Les Français admis dans le salon de madame

---

1. Il conserva ses fonctions d'ambassadeur de 1772 à 1778. Milord Stormont était né en 1713 et mourut en 1796.
2. Il s'agissait un jour de savoir si le mérite d'un homme était mieux jugé par la postérité que par ses contemporains. Madame d'Épinay soutenait que la postérité était plus compétente, lord Stormont prétendait le contraire. On décida d'écrire à Naples sur-le-champ et de faire l'abbé juge de la question. Il donna gain de cause à milord Stormont.
3. Le baron de Gleichen raconte dans ses *Souvenirs* que M. de Thun attachait un grand prix à reposer dans sa terre natale; il ordonna en mourant, pour éviter la dépense, qu'on le coupât en pièces, qu'on le salât, qu'on le mît dans un tonneau et qu'on l'embarquât sur le premier vaisseau qui partirait pour la Poméranie. Ainsi fut fait. Pendant la route, les matelots visitèrent le tonneau et, croyant que c'était du bœuf salé, mangèrent la moitié du baron de Thun.

d'Épinay ne le cédaient en rien aux étrangers. M. de Sartines[1] en dehors de ses graves fonctions de lieutenant de police était un homme du monde, aimable et gai, d'une obligeance et d'une politesse parfaite. Il apportait tant de ménagement et de délicatesse dans l'accomplissement de son ministère qu'il n'avait presque pas d'ennemis. Madame de Sartines, affable et gracieuse, se mêlait volontiers à la conversation et on s'étonnait parfois en entendant un sérieux argument sortir de sa jolie bouche ; c'est à son influence que Sedaine dut la représentation du *Philosophe sans le savoir*.

Le baron de Montyon[2], intendant d'Auvergne, puis chancelier du comte d'Artois, homme de beaucoup d'esprit, fort instruit et doué d'une prodigieuse mémoire, était un répertoire vivant de curieuses anecdotes.

Madame d'Épinay était dès longtemps liée avec le comte de Schomberg[3] ; c'est lui qui avait amené Grimm en France comme précepteur de ses enfants. Pro-

---

1. M. de Sartines était né en 1720 et mourut en 1801.
2. Né à Paris en 1733, il avait fondé dès 1782 un prix de vertu et divers autres prix destinés aux ouvrages ou aux travaux les plus utiles ; ces fondations furent abolies par la Convention. Il passa en Angleterre pendant la Révolution, rentra en France en 1815 et mourut en 1820. Il augmenta encore ses fondations par son testament et confia à l'Académie française et à l'Académie des sciences le soin de distribuer les prix.
3. Gottlieb, Louis, comte de Schomberg, propriétaire du régiment de Schomberg (dragons allemands), maréchal de camp en 1762. Cet homme, qui montra la plus brillante va-

priétaire et colonel du régiment qui portait son nom, sa situation militaire était fort brillante. Son esprit et sa solide instruction donnaient un grand crédit à ses jugements littéraires. On prétendait que n'ayant jamais réussi à plaire aux femmes, il se bornait auprès d'elles au rôle de confident; on ne pouvait en rencontrer de plus sûr et de plus dévoué.

Les portraits que nous venons de tracer, sont nécessaires pour montrer le changement complet qui s'est produit dans les relations de madame d'Épinay. Isolée, au moment de son départ pour Genève, gravement atteinte dans sa réputation, conservant à peine quelques amis fidèles, il avait fallu une rare persévérance et une grande volonté pour reconquérir dans le monde un rang aussi honorable.

Une modification remarquable s'était d'ailleurs opérée dans la société française. A l'ivresse et à la folie de la Régence et des premières années du règne de Louis XV avaient succédé des goûts plus sérieux.

« On recherchait avec empressement, dit Ségur, toutes les productions nouvelles des brillants esprits qui faisaient alors l'ornement de la France, elles donnaient un aliment perpétuel à ces conversations, où presque tous les jugements semblaient dictés par le bon goût. On y discutait avec douceur, on n'y disputait presque jamais, et comme un tact fin y

leur à la guerre, avait en même temps une peur indicible des revenants! Il survécut à la Révolution et mourut à Dresde, où il s'était retiré.

rendait savant dans l'art de plaire, on y évitait l'ennui en ne s'appesantissant sur rien. »

Les idées philosophiques, émises d'abord timidement, gagnaient de jour en jour du terrain. L'habitude de la discussion qu'elles avaient fait naître s'appliquait non seulement aux productions de l'esprit, mais aux actes du pouvoir, aux délibérations des parlements, aux croyances religieuses, etc. Les femmes elles-mêmes s'occupaient avec passion de philosophie et d'économie politique et l'on entendait sortir des plus jolies bouches des dissertations passionnées sur la libre sortie des blés et sur les droits prohibitifs. On discutait avec autant d'ardeur la *Théorie de l'impôt* et l'*Intérêt général de l'État*, que l'*Armide* de Glück ou le *Roland* de Piccini. Sur les cheminées des salons comme sur les toilettes des boudoirs on trouvait les ennuyeuses élucubrations du marquis de Mirabeau, de l'abbé Baudeau, et autres économistes.

Le salon de madame d'Épinay subissait l'entraînement général, mais la secte nouvelle y rencontrait un rude antagoniste. Galiani, habitué de longue date à traiter en maître ces questions, ne se laissait point éblouir par les phrases sonores et creuses des économistes. « L'abbé, écrit Diderot, prêcha beaucoup hier contre l'exportation des grains et cela par une raison qui n'est pas commune, c'est qu'il faut laisser subsister les mauvaises lois partout où il n'y a pas dans le ministère des hommes d'assez de tête pour faire exécuter les bonnes, en pourvoyant aux inconvénients des innovations les plus avantageuses... Je me suis prosterné devant lui pour qu'il publiât ses idées. »

M. de Sartines joignit ses instances à celles de Diderot, et Galiani se rendit enfin au désir de ses amis ; il écrivit les célèbres *Dialogues sur les blés*, appelés à faire une si vive sensation. Mais il cachait avec soin son travail, sachant bien qu'il heurterait de front les idées du duc de Choiseul, déjà mal disposé pour lui. Ce ministre, auteur du *Pacte de famille*, connaissait la sourde et persévérante opposition que lui faisait Tanucci, ministre des affaires étrangères à Naples, et il n'ignorait pas davantage que Galiani était *l'âme damnée de Tanucci*. Une lettre confidentielle du baron de Gleichen à sa cour fut interceptée ; il rapportait mot à mot une conversation de Galiani engageant le Danemark à ne point intervenir dans la guerre en faveur de la France. Choiseul, furieux, exigea le rappel immédiat de l'abbé. Cette nouvelle arriva à Galiani comme un coup de foudre, il eut à peine le temps de mettre la dernière main à son travail et d'en confier le manuscrit à Diderot et à madame d'Épinay.

Grimm apprit ce triste événement le 17 mai, la veille de son départ pour un long voyage en Allemagne et le 25 du même mois, Galiani, au désespoir, reprit la route d'Italie. Ce fut un chagrin réel et un vide cruel pour toute notre société que le départ de *l'irréparable abbé*, mais ce fut l'occasion de sa correspondance avec madame d'Épinay, correspondance qui dura douze ans sans interruption et sans refroidissement [1].

Madame d'Épinay et Diderot s'occupèrent de la revision du *Dialogue sur les blés;* ils trouvèrent un éditeur [2]; et, lorsque l'ouvrage parut, rien ne fut négligé pour assurer son succès. D'autres occupations sollicitaient encore leurs soins; Grimm, en partant, leur avait confié la rédaction de la *Correspondance littéraire;* ils s'en acquittèrent à leur honneur.

Malgré la diminution considérable apportée dans les revenus de M. d'Épinay par sa destitution, M. de Jully était parvenu à rétablir l'ordre dans les affaires de son frère et à payer presque toutes les dettes qui se montaient au chiffre énorme de 700,000 livres. Malheureusement en 1767 la raison de M. de Jully commença à se troubler d'une manière inquiétante [3]. Il dut renoncer à s'occuper des intérêts de son frère;

---

1. Nous nous servirons de cette correspondance toutes les fois qu'elle sera nécessaire à notre récit, mais nous ne citerons que de courts extraits renvoyant pour plus amples détails à l'ouvrage que nous avons publié il y a deux ans. (V. l'*Abbé Galiani. Correspondance complète avec une étude sur sa vie et ses œuvres,* par Lucien Percy et Gaston Maugras, 2 vol. in-8°, chez Calmann Lévy.)

2. Merlin.

3. Grimm écrit en 1770 : « M. de la Live se trouve depuis quelques années dans un état de santé si déplorable, que sa famille a pris son parti de faire vendre son cabinet au profit de ses enfants mineurs. C'était un homme aimable et généralement aimé, riche d'ailleurs et d'une figure intéressante, un peu dévot, un peu musicien, un peu graveur. Il n'en faut pas tant pour être à la mode à la cour et à Paris. A l'âge de quarante ans, remarié à une femme

nous ignorons quel fut le membre de la famille qui en prit la direction, mais il fut à coup sûr moins soucieux des intérêts de madame d'Épinay, dont la gêne fut telle en 1769 qu'elle voulut renoncer à la Briche, sa propriété favorite.

MADAME D'ÉPINAY A GALIANI.

Le 4 octobre 1769.

« Comment, je n'aurai pas un moment à moi ! toujours des inquiétudes, des affaires, des..., etc. Oh ! la sotte vie que la mienne ! Mon gendre est là qui a mal aux dents. Oh ! comme il souffre ! Il fait une grimace de possédé. Sa femme a la colique. Ragot a des convulsions. Rosette aboye à me fendre la tête. Je veux écrire, point, c'est une visite : une femme que je n'ai jamais vue ; elle vient voir la maison. Elle est à louer, ma maison, il faut bien qu'on la vienne voir. Cette femme est une tatillonne, une bavarde. « Madame, votre servante. — Votre très humble, madame. — Madame, votre maison paraît

---

qu'il aimait, entouré de petits enfants dont il raffolait, il est tombé dans un état de mélancolie qui a affecté sa tête et l'a sequestré de la société. Il avait entrepris de recueillir un cabinet de tableaux français, et il mettait du zèle et du patriotisme dans l'exécution de ce projet. On trouve dans son cabinet les premiers ouvrages de Greuze, entre autres le *Père de famille*. » (*Corr. litt.*, t. VIII.)

charmante. Ah! mon Dieu, comment pouvez-vous la quitter? Est-elle à vous? Mais vous n'aimez peut-être pas la campagne? — Pardonnez-moi, madame, je regrette... — Elle est peut-être malsaine? Il y a beaucoup d'eau. Vous avez l'air délicate. — Madame, cette habitation n'est pas malsaine, mais je... — Ah! madame, voilà, je crois la rivière? — Non, madame, c'est un canal. — Et les meubles? reste-t-elle meublée? — Madame, il faut acheter le canal, et l'on pêche les meubles tous les trois ans. »

» En vérité, j'ai dit comme cela, tant j'étais ahurie de ses questions et de ses étourderies. Au reste, ce détail de maison, d'inventaires, tout cela a quelque chose de si triste, de si affligeant que je me tiens à quatre pour ne pas pleurer. Chaque chose que j'ai faite ici, que j'ai arrangée, que j'ai plantée, me paraît mieux faite, plus intéressante que jamais, mais je ne suis pas payée; on ignore quand on le sera. J'ai des enfants, des dettes, d'anciens domestiques qu'il faut pouvoir récompenser. L'équité veut que je me réduise au nécessaire, mais je ne vous cache pas que cette réforme me coûte infiniment. Oh! quelle tâche le sort donne à mes amis en accumulant sur ma tête tant de circonstances fâcheuses et parfois même désespérantes! Il n'y a qu'eux, par leur amitié, qui puissent arrêter les progrès du mal qui me gagne journellement. Jugez quelle place vous occupez dans la très courte liste de mes dédommagements...

» Je crois que, pour me dédommager de mes désastres, je vais me faire maîtresse d'école ou pour parler plus correctement, tout bonnement sevreuse. Il m'est arrivé du fond des Pyrénées une mienne petite-fille de deux ans, qui est une originale petite créature. Elle est noire comme une taupe, elle est d'une gravité espagnole, d'une sauvagerie vraiment huronne ; avec cela les plus beaux yeux du monde, et de certaines grâces naturelles, un mélange de bonté, de sérénité, dans toute sa personne, très marqué et bien singulier pour son âge. Je parie qu'elle aura du caractère, oui, je le parie. Et, pour qu'elle le conserve, il me prend envie de m'emparer de cette petite créature. Ce sont de terribles chaînes que je me donnerai. Je me connais, cela mérite réflexion, ou plutôt il n'en faut pas faire et donner tête baissée dans ce nouveau piège que me tend mon étoile ; la sienne n'en sera pas plus mauvaise. Eh bien! voilà un motif déterminant ; allons, voilà qui est dit, demain je l'enlève à sa mère, je m'en empare, et nous verrons une fois un enfant qui n'est ni contraint ni gêné. Ce sera le premier exemple dans Paris. Imaginez que je suis la seule dans Paris qui ne lui fait pas peur ; elle me sourit, l'abbé, voyez-vous cela ! Et puis elle s'appelle Émilie. Le charmant nom et le moyen d'y résister ! »

Madame d'Épinay ne réussit pas à louer la Briche et elle y passa la fin de l'été. Vers le milieu d'octobre, Grimm rentra en France et rejoignit aussitôt son amie à la campagne.

DIDEROT A MADEMOISELLE VOLLAND.

Paris, 18 octobre 1769.

« Enfin, il est de retour, de mardi dernier, à ce qu'on dit ; mais certains apprêts fort antérieurs, un voyage à la Briche, une santé bonne à la vérité, mais qui marquait déjà un peu de déchet, me font soupçonner un arrangement que je n'ai garde de blâmer. Il était très naturel que nous nous vissions le mercredi ; en effet, son tartare vint me dire qu'il m'attendait à onze heures. Je ne vous parle pas du plaisir que nous eûmes à nous revoir, après une absence de cinq mois. Je l'aime et j'en suis tendrement aimé. C'est tout dire. Je ne finirais pas si je m'embarquais dans l'histoire des agréments de son voyage ; le roi de Prusse l'a arrêté trois jours de suite à Potsdam, et il a eu l'honneur de causer avec lui deux heures et demie chaque jour. Il en est enchanté ; mais le moyen de ne pas l'être d'un grand prince quand il s'avise d'être affable? Au sortir du dernier entretien, on lui présenta de la part du roi une belle boîte d'or ; cela est fort bien. Le prince de Saxe-Gotha a fait encore mieux : il lui a donné un titre, je ne sais quel, et il a attaché à ce titre une pension de 1,200 livres. Ajoutez à cela un ventre très rondelet et une face lunaire qu'il a rapportés de son voyage, et vous trouverez qu'il n'a pas tout à fait perdu son temps sur les grands chemins. »

Le printemps de 1770 arrivé, on commença de grosses réparations à la maison qu'occupait madame d'Épinay, rue Sainte-Anne [1] : elle se réfugia avec Grimm à la Briche et y passa tout l'été.

MADAME D'ÉPINAY A GALIANI.

A la Briche, le 20 octobre 1770.

« Non, en vérité, depuis guignon guignonant, comme dit madame Geoffrin des gens malheureux, il n'y a eu rien de pareil à mon aventure de la semaine dernière ; cela est si désastreux, qu'il en faut mourir de rire. Je reçois, le matin, un avis que, par la faute de mon notaire, par sa négligence enfin, je me

---

1. La maison avait un pignon sur la rue; il fut supprimé.

trouve forcée à faire un remboursement de 10,000 livres, sur lequel je ne comptais pas et dont je n'ai pas le premier sol; et cela sous huit jours. Je fais mettre mes chevaux et je pars pour Paris, pour trouver la chose impossible. Dix mille francs à présent! J'arrive; tandis qu'on change de chevaux, je m'avise d'ouvrir une armoire où j'avais serré toutes mes provisions, pendant qu'on travaille à réparer la maison ; les souris s'y étaient réfugiées aussi et s'étaient si bien accommodées desdites provisions, que de vingt pots de confitures et de quatre pains de sucre, il n'en reste pas vestige, mais ce qui s'appelle rien. Je jure, cela soulage, et je fais mettre des souricières : c'est par où j'aurais dû commencer; enfin, comme il y reste du linge et des livres, il faut bien les garantir. Je remonte en carrosse, et me voilà à courir, répétant : De l'argent! de l'argent! Ne voilà-t-il pas qu'un cheval se déferre, et que me voilà restée à perdre une heure à la porte d'un maréchal. J'ai beau grincer les dents, tirer la langue à tous les passants, je n'en étais pas plus avancée. Enfin, j'achève mes courses sans trouver d'argent, mais bien en ayant perdu (car je crois vous avoir mandé cela déjà) ; en rentrant chez moi, je m'aperçois que j'ai perdu ma bourse avec cinq louis dedans et un anneau d'or. J'ai eu beau la chercher partout où j'avais été, elle est perdue sans ressource.

» Je reviens à la Briche, excédée de froid, de fatigue et d'impatience, et, en y arrivant, je casse ma montre. Oh! ma foi, je fus me coucher sans souper, car j'eus peur de m'étrangler en mangeant. Je vous demande, l'abbé, s'il y a rien de fait comme cela.

» Oh! quels sublimes *ainsi*[1], vous m'avez envoyés! Cela est incroyable, Grimm en est fou. J'ai occasion d'écrire à Voltaire, et je veux les lui envoyer. Il est toujours ivre de votre livre; je veux qu'il vous venge du silence de ceux qui ne devraient pas se taire. Je l'ai un peu négligé; je vais me remettre à lui écrire, et je veux lui échauffer la tête. Écrivez-moi de votre côté quelque chose en son éloge, que je lui enverrai. Les injures passeront, mais ses paroles et votre livre ne passeront pas. Il a écrit à Grimm l'autre jour[2]....

---

1. Voir la lettre des *Ainsi*, Corr. de Galiani, t. I, p. 270.

2. Voici la lettre que Voltaire venait d'adresser à Grimm :

« Mon cher prophète, je suis le bonhomme Job; mais j'ai eu des amis qui sont venus me consoler sur mon fumier, et qui valent mieux que les amis de cet Arabe. Il est très peu de gens de ces temps-là, et même de ces temps-ci, qu'on puisse comparer à M. d'Alembert et à M. de Condorcet; ils m'ont fait oublier tous mes maux... Ils m'ont dit, et je savais sans eux, à quel point les Welches sont déchaînés contre la philosophie. Voici le temps de dire aux philo-

» Je retourne demain à Paris; mes réparations sont finies [1], et je dis adieu à la Briche sans miséricorde et sans retour. Elle est louée pour neuf ans sans clauses; et, dans neuf ans, qui sait si je serai au monde? Au reste, il fait un temps, depuis huit jours, très propre à faire quitter la campagne sans regret; des pluies continuelles, un froid d'une humidité insupportable : mais je me porte bien, et lorsque je vous écris et que je reçois vos lettres, mon cher abbé, je suis tout aussi contente que si j'avais trouvé mes 10,000 livres, que si mes confitures n'eussent pas été mangées, que si mon cheval n'eût pas été déferré, que si ma bourse ne fût pas perdue et que ma montre ne fût pas cassée. Après l'histoire de mes vingt-six infortunes, il ne manquerait plus que de ne pas avoir de lettres de vous cette semaine. Je m'en prends au Fontainebleau, et j'espère en trouver une demain en arrivant. Adieu, mon cher abbé, je vous embrasse. »

sophes ce qu'on disait aux sergents et ce que saint Jean disait aux chrétiens : « Mes enfants, aimez-vous les uns les autres, car qui diable vous aimerait? »

» Embrassez pour moi, je vous prie, frère Platon, quand même il n'admettrait pas l'intelligence comme Spinosa. Ne m'oubliez pas auprès de ma philosophe; le vieux malade ne l'oubliera jamais et vous sera dévoué jusqu'au dernier moment. »

1. Les réparations que l'on faisait à la maison de la rue Sainte-Anne.

Galiani répond :

« Vous voudriez me faire rire sur vos infortunes ; cela est impossible aux absents. Les éloignés ne voient que les choses et jamais la *couleur des choses*. Je vois donc cinq louis et un anneau d'or perdus, des dragées mangées, une montre cassée et 10,000 livres à payer. Je gage que vous rirez mieux de mes 2,000 livres attrapées[1] ?

» Voltaire a tort de dire aux philosophes : Aimez-vous, mes enfants ! Ceci ne doit se dire qu'aux sectaires. Voltaire n'est point aimé de personne ; il est craint, il a sa griffe et c'est assez. Planer au-dessus et avoir des griffes, voilà le lot des grands génies !... »

Galiani n'était pas toujours un correspondant facile, il avait souvent des boutades de mauvaise humeur, dont madame d'Épinay recevait le contrecoup. En voici un exemple :

« Il y a déjà trois ou quatre semaines que vos lettres ne m'électrisent point. Personne ne m'écrit plus de Paris ; vous même ne répondez pas aux trois quarts de mes questions. Je vous prie de par-

---

[1]. Galiani venait d'obtenir une place qui lui rapportait 2,000 livres par an.

courir mes lettres et vous verrez que j'ai raison. Tout cela me donne une humeur de chien... Sans une multitude de lettres de tous mes amis, je ne puis plus me représenter cette société irréparable!...

» Vous ne m'avez rien dit du marquis [1] métamorphosé en amazone à la comédie de la Chevrette, où les *Prétentions* du chevalier de Chastellux ont été jouées.

» Que Dieu préserve mon ami Chastellux d'un autre coup d'épée [2]! Mais le titre de sa pièce me fait trembler. Dites-moi quelque chose de Grimm et de Diderot; et Schomberg, pourquoi ne m'écrit-il pas? Madame d'Houdetot se souvient-elle de moi? M. de Saint-Lambert sait-il que je l'aime toujours?... »

---

1. Le marquis de Croismare.
2. Le chevalier de Chastellux avait composé cette comédie avec la marquise de Gléon, nièce de M. Savalette de Magnanville. L'abbé fait allusion à l'anecdote suivante : le chevalier s'était battu en duel à Calais, avec un officier exclu de son régiment; il fut blessé de trois coups d'épée, dont un pénétra profondément dans la poitrine. En revenant en ville, l'officier dit à son colonel : « Monsieur le chevalier, vous marchez, ce me semble, très fermement; je crois que nous pourrions recommencer. — Très volontiers, répondit le chevalier. » Le combat s'engage; Chastellux désarme son adversaire, et, lui appuyant la pointe de son épée sur la gorge, lui dit : « Je pourrais vous tuer, monsieur, mais je vous donne la vie que vous ne méritez pas; allez, vous n'êtes qu'un lâche! »

MADAME D'ÉPINAY A L'ABBÉ GALIANI.

« A la Briche, à Paris, sur le chemin, partout où je trouve une plume et de l'encre, depuis le 3 novembre 1770 jusqu'au 10 que la lettre partira.

» Mais quel train il fait, ce petit abbé! On dirait un éphémériste, d'autant qu'il est, dans cette lettre du 13 octobre que je viens de recevoir, aussi injuste que bruyant. Que voulez-vous de moi? Je vous écris régulièrement toutes les semaines, toute affaire cessante. Quel est le Parisien ou la Parisienne qui en fasse autant? Je suis trois semaines de suite sans vous *électriser?* Voilà, assurément, une belle nouvelle que vous m'apprenez là! Mais mon étonnement vient bien plutôt de ce que quelques-unes de mes lettres vous ont fait ce surprenant effet. Qui diantre! peut avoir de l'esprit ou de l'imagination une fois par semaine, précisément le jour de poste? Je vous écris tout ce qui me passe par la tête; je vous écris, parce que je vous aime, parce que j'aime à vous faire souvenir de moi; ce n'est pas ma faute si les autres ne vous écrivent pas; il ne faut pas me chercher noise pour cela, car je vous dirai comme cette religieuse : « Eh bien! mon révérend » père, si vous n'êtes pas content de moi, couchez-» vous auprès. » C'est un de nos proverbes qui veut dire : « Allez vous promener. »

» Attendez; on m'appelle pour voir si mon vin est bien emballé, et je reviens... Me voilà... Vous dites encore que je ne réponds pas à la moitié de vos lettres. Il se peut que je n'aie pas répondu à celles que je n'ai pas encore reçues et qui sont en chemin; mais je n'ai laissé aucun article en arrière, du mois d'août 1769 jusqu'au 13 octobre 1770. Songez qu'au moment où vous recevez mes lettres, ce sont des réponses à des questions de six semaines de date, et que je ne vous écris pas sans avoir vos lettres sous les yeux. Par exemple, je vous écris actuellement sur un damier où le marquis a perdu hier une partie d'échecs. J'ai les pieds sur un fauteuil, parce que je n'ai plus de table autour de moi. Sur ce fauteuil sont vos trois dernières lettres, des clefs, des mémoires à payer, un sac d'argent où l'on vient malheureusement puiser si souvent, qu'il sera bientôt à sec; et, malgré cela, je suis à mon abbé, sans aucune distraction, parce qu'encore une fois je l'aime de tout mon cœur, de toute mon âme, de toutes mes forces...

» Ah! quel chien de sabbat! Eh bien! oui, que la charrette parte, qu'elle aille au diable, et qu'on mette mes chevaux.

» Je disais donc, pour vous prouver mon exactitude, que je n'ai pu répondre plus tôt sur ce qui concernait les réparations; mes dernières lettres en parlent amplement.

» Je n'ai point vu le comte de Schomberg, il est à Fontainebleau; Diderot est au Grand-Val jusqu'à la Saint-Martin : parce qu'il avait promis d'être ici, il fallait bien qu'il fût ailleurs. L'homme à la chaise de paille, qui n'est assurément pas un homme de paille, fait toujours plus de feuilles que personne. Il mène une vie de galérien, et n'en est pas moins gai le soir au sortir de son grenier. Il vous aime, il vous dit mille choses tendres, et n'a malheureusement pas le temps de vous les dire lui-même. Le prince de Gotha se porte bien; mais il y a un siècle qu'il n'a écrit, parce qu'il a été en gala pour la réception des princesses de Galles et autres. M. de Saint-Lambert vous aime toujours fort sérieusement, à ce que je suppose, parce qu'il en parle toujours avec la même chaleur que vous lui connaissez. La comtesse d'Houdetot vous trouve charmant; mais Panurge [1] est un bien bon esprit qui a une logique admirable, et elle aime beaucoup la logique.

» Au reste, il y a un mois que je n'ai vu personne, et que je mène une vie selon mon cœur et ma tournure, qui a un certain penchant à la sauvagerie. Je

---

1. L'abbé Morellet.

vous jure qu'excepté trois ou quatre personnes dont je ne me sépare jamais sans peine, je me passe des autres le plus aisément du monde. Je ne fuis pas le monde cependant, mais je n'en ai nul besoin. Je n'ai besoin que de mes amis. Je relis ce que je viens d'écrire. Cela est abominable; brûlez-le. Il faut que je parte; je continuerai quand je serai arrivée, mais brûlez toujours. »

Le 6, à Paris.

« Un taudis, un bruit, un froid! Ah! vous n'avez pas l'idée des calamités qui m'environnent. J'ai été une fois l'autre semaine à Paris, comptant m'y établir. L'odeur de peinture m'en a chassée, et enfin m'y voilà sans miséricorde. »

Madame d'Épinay venait de se réinstaller dans sa maison de la rue Saint-Anne [1]. Elle en occupait les deux premiers étages, et Grimm loua le troisième. Cet arrangement qui comblait les vœux de Louise, dut souffrir quelques difficultés de la part de son ami. On peut dire en faveur de madame d'Épinay

1. Rue Sainte-Anne, seconde porte cochère, à droite, passé la rue Neuve-des-Petits-Champs. Madame d'Épinay habita ensuite le Palais-Royal, puis la rue Gaillon, la rue Saint-Nicaise; plus tard elle s'installa avec Grimm rue de la Chaussée-d'Antin, dans la maison que Necker habita en 1789; c'est là qu'elle mourut le 15 avril 1783.

que l'opinion du monde était faite sur leur liaison, qu'elle avait été acceptée comme tant d'autres à cette époque singulière, et que le fait d'habiter la même maison n'y ajoutait rien. Nous avons vu Saint-Lambert ouvertement attaché à madame d'Houdetot, Diderot à mademoiselle Volland, madame de Verdelin à Margency, mademoiselle de Lespinasse au marquis de Mora, etc., sans perdre pour cela l'estime et la considération des honnêtes gens. Il s'agissait seulement d'être fidèle à son amant; quant au lien conjugal, il ne comptait pas. Madame d'Épinay eut bien plus de peine à se faire pardonner son infidélité à Francueil que ses infidélités à son mari.

XIV

1770-1772

Les *Confessions* de Rousseau. — Lettre à M. de Sartines. — Les réformes de l'abbé Terray.— Madame d'Épinay est ruinée.— Galiani l'engage à venir à Naples.— Nouveaux voyages de Grimm.— *Dialogues et Essai sur les femmes*. — Maladie de Grimm. — L'habit de cérémonie des barons allemands. — Mort du marquis de Croismare.

Rousseau était revenu à Paris en 1770. Il avait écrit les *Confessions* l'année précédente ; on sait comment il y traite ses anciens amis. L'annonce de cet ouvrage produisit une grande sensation. Le roi de Suède en obtint communication par l'entremise de Rulhière, et Jean-Jacques en fit lui-même plusieurs lectures. Il en cite une seule :

« Dans la lecture que je fis à madame la comtesse d'Egmont, à M. le prince Pignatelli, à madame la marquise de Mesme et à M. le marquis de Juigné,

j'ajoutai ce qui suit : « J'ai dit la vérité, si quelqu'un
» sait des choses contraires à ce que je viens d'expo-
» ser, *fussent-elles mille fois prouvées*, il sait des men-
» songes et des impostures. Pour moi, je le déclare
» hautement et sans crainte, quiconque, même sans
» avoir lu mes écrits, examinera par ses propres yeux
» mon naturel, mon caractère, mes mœurs, mes pen-
» chants, mes plaisirs, mes habitudes et pourra me
» croire un malhonnête homme, « *est lui-même un*
» *homme à étouffer*. » J'achevai ainsi ma lecture et
tout le monde se tut. Madame d'Egmont fut la
seule qui me parut émue ; elle tressaillit visiblement,
mais elle se remit bien vite et garda le silence, ainsi
que toute la compagnie. Tel fut le fruit que je tirai
de cette lecture et de ma déclaration. »

On voit que, de son propre aveu, Jean-Jacques
n'eut pas lieu d'être satisfait de cette première
épreuve. Dusaulx parle d'une seconde lecture à laquelle assistaient Dorat, le marquis de Neuville et
lui, et qui ne fit pas autant de bruit que Rousseau
l'aurait voulu. Il y en eut une autre chez le poëte
Dorat. Chacun, dans ces séances, fit un extrait de
mémoire qu'il lut ou publia. Cette publicité fut très
pénible à madame d'Épinay, et l'on assure qu'elle
écrivit à M. de Sartines la lettre qui suit :

MADAME D'ÉPINAY A M. DE SARTINES.

1770.

« Il n'y a rien de si insupportable pour les personnes surchargées d'affaires, monsieur, que ceux qui n'en ont qu'une. C'est le rôle que je meurs de peur de jouer avec vous; mais comptant, comme je le fais, sur votre amitié et sur votre indulgence, je dois vous dire encore que la personne dont je vous ai parlé hier matin a lu son ouvrage aussi à M. Dorat, à M. de Pezay et à M. Dusaulx : c'est une des premières lectures qui en aient été faites. Lorsqu'on prend ces messieurs pour confidents d'un libelle, vous avez bien le droit d'en dire votre avis, sans qu'on soit sensé vous en avoir porté des plaintes. J'ignore cependant s'il a nommé les personnages à ces messieurs. Après y avoir réfléchi, je pense qu'il faut que vous lui parliez à lui-même avec assez de bonté pour qu'il ne puisse s'en plaindre, mais avec assez de fermeté cependant pour qu'il n'y retourne pas. Si vous lui faites donner sa parole, je crois qu'il la tiendra. Pardon mille fois, mais il y va de mon repos, et c'est le repos de quelqu'un que vous honorez de votre estime et de votre amitié et qui, quoiqu'en dise Jean-Jacques, se flatte de la mériter. J'irai vous faire mes excuses et mes rémerciments à la fin de cette semaine; ne vous donnez pas la peine de me répondre, cela n'en demande pas; je compte sur vos bontés, cela me suffit[1]. »

1. Cette lettre a été publiée pour la première fois par

« Cette lettre, dit Musset-Pathay, fit suspendre les lectures des *Confessions*. On sait que Rousseau fut mandé à la police, mais on ignore ce qui se passa entre le magistrat et lui. »

Quoique l'authenticité de la lettre ne soit pas prouvée, il n'est pas impossible que madame d'Épinay l'ait écrite; profondément froissée de la manière dont Rousseau parle d'elle dans ses *Confessions*, il est tout naturel qu'elle ait fait le nécessaire pour arrêter leur publicité. Son émotion ne fut pas de longue durée, car son ton redevient fort gai :

MADAME D'ÉPINAY A GALIANI

Paris, 20 janvier 1771.

« Ah! ah! vous dites donc que je vous ai écrit une lettre charmante? Cela peut bien être. En effet, j'ai quelque soupçon qu'elle était bonne, celle dont vous parlez; mais j'espère néanmoins que vous gardez mes réflexions pour vous seul, et que vous ne faites pas comme notre cher intendant d'Auvergne [1] qui s'en va nigaudement lire une de mes lettres charmantes au milieu d'un cercle à Riom. Ne voilà-t-il pas que j'ai une réputation à soutenir en Auvergne

---

Pierre Manuel dans la *Police dévoilée*, T. I, p. 97. — L'auteur dit qu'elle n'est ni datée ni signée, mais qu'on connaissait bien l'écriture de madame d'Épinay.

1. M. de Montyon.

à présent? Je ne pourrai plus lui écrire sans penser à ce que je dis. Je ne puis pas souffrir cela ; j'aime à causer avec mes amis en toute sécurité, et je ne veux pas avoir de rôle à jouer. Est-ce orgueil? Est-ce modestie? Je n'en sais rien. C'est peut-être l'un et l'autre; je suis très ignorante, voilà le fait. Toute mon éducation s'est tournée vers les talents agréables, et j'en ai perdu l'usage.

» Il ne me reste que quelques légères connaissances de ces arts et le sens commun, chose rare de nos jours, j'en conviens, mais cela ne vaut pourtant pas la peine d'en faire étalage..... »

Ici, madame d'Épinay raisonne à perte de vue pendant quatre pages sur l'éducation des femmes ; enfin elle termine en demandant à l'abbé son avis. Le voici :

« ... Vous voulez savoir de moi ce qu'une femme doit étudier : sa langue, afin qu'elle puisse parler et écrire correctement la poésie, si elle y a du penchant; en tout, elle doit cultiver toujours son imagination, car le vrai mérite des femmes et de leur société consiste en ce qu'elles sont toujours plus originales que les hommes; elles sont moins factices, moins gâtées, moins éloignées de la nature, et par cela plus aimables. En fait de morale, elles doivent étudier *beaucoup les hommes et jamais les femmes;* elles doivent connaître et étudier tous les ridicules des hommes et jamais ceux des femmes. »

Le zèle de madame d'Épinay pour son cher abbé ne se ralentissait pas, elle parlait de lui sans cesse à Voltaire : « Vous ne le connaissez pas ! » s'écriait-elle. Le patriarche répond :

« Comment pouvez-vous me dire que je ne connais pas l'abbé Galiani? Est-ce que je ne l'ai pas lu? par conséquent je l'ai vu. Il doit ressembler à son ouvrage comme deux gouttes d'eau ou plutôt comme deux étincelles. N'est-il pas vif, actif, plein de raison et de plaisanterie? Je l'ai vu, vous dis-je, et je le peindrais. On fait actuellement un petit dictionnaire encyclopédique où il n'est pas oublié à l'article blé. »

Quelque temps après, nouvelle lettre.

VOLTAIRE A MADAME D'ÉPINAY.

17 janvier 1771.

« Je vous ai envoyé, madame, l'article *Blé*, et vous avez dû trouver qu'on n'y traite pas l'abbé Galiani comme les économistes; je ne vous ai point écrit, parce que j'étais très malade : je perds les yeux dès qu'il y a de la neige sur la terre, et bientôt je les fermerai pour toujours. J'ai cru d'ailleurs que cet article *Blé* valait mieux que mes lettres ; la différence entre les économistes et moi, c'est qu'ils écrivent et que je sème, et bien m'en a pris d'avoir été plus laboureur qu'écrivain. La famine est dans notre pays ; il y a trois mois qu'une livre de pain blanc coûte neuf sous : vous êtes plus heureux à Paris. Si vous vouliez vous réduire à venir mener chez nous la vie patriarcale, comme vous le disiez dans votre dernière lettre, vous auriez peut-être de la peine à vous y accoutumer. Les patriarches n'étaient point dans les neiges six mois de l'année, et puis, toute philosophe que vous êtes, serez-vous jamais assez philosophe pour quitter Paris ? Vous n'en ferez rien, madame ; vous trouverez Paris insupportable, et vous l'aimerez. On prétend que cette grande ville est un peu folle pour le moment présent, et que tout le monde y fait son château en Espagne ; j'aimerais bien mieux que vous eussiez un beau château dans mon voisinage.

» Adieu, madame ; probablement je n'aurai jamais la consolation de vous revoir, mais vous serez toujours ma chère et belle philosophe. »

La misère dont se plaint le patriarche de Ferney

était aussi grande à Paris que dans le pays de Gex ; les désastreuses mesures de l'abbé Terray [1] avaient porté un coup fatal à toutes les fortunes. L'inquiétude de madame d'Épinay était à son comble.

MADAME D'ÉPINAY A GALIANI.

Le 11 avril 1771.

« Si je n'espérais pas que mes lettres vous parviennent à peu de frais, mon cher abbé, je n'aurais plus le courage de vous écrire, car ma puissance

---

1. Terray (l'abbé Jos.-Marie) [1715-1778]. Il parvint au contrôle général en 1769 et donna l'exemple de tous les scandales. Il créa des impôts de tous genres, organisa presque ouvertement, pour le compte du roi et le sien, le monopole des grains, et affecta de braver la misère publique par son luxe et par les sarcasmes les plus cyniques et les plus durs. Le public se vengea par d'innombrables bons mots : Terray ayant paru, à l'entrée de l'hiver, avec un superbe manchon, mademoiselle Arnould dit : « Qu'a-t-il besoin d'un manchon? » Il a toujours les mains dans nos poches. »

L'abbé Maury raconte qu'il rencontra un jour un avare de sa connaissance. « Mon cher baron, vous avez l'air » triste? — La vie m'est à charge, répondit celui-ci, depuis » que l'abbé Terray a supprimé les tontines; avant ce temps, » je me levais le matin, j'allais aux Tuileries, je deman- » dais les affiches, je voyais les morts, j'y trouvais quel- » qu'un de ma classe; c'étaient 15 livres, 30 livres de rente » que j'avais gagnés; c'était un plaisir pour tout le jour : » j'allais dans les rues, je trouvais un enterrement, je de- » mandais : de qui est-il? c'était justement quelqu'un de ma » classe. A présent, je rencontrerais quarante enterrements » sans demander seulement de qui ils sont; je n'ai plus de » goût à rien. »

épistolaire ne va pas au delà de vingt lignes de ma main, et la force de ma tête ne me permet guère de dicter plus d'une ou deux pages. Il faut pourtant que je vous raconte mes désastres. L'abbé Terray m'a ruinée par ses opérations. Je n'ai ni crédit ni protections, et Dieu me préserve d'en employer jamais pour réclamer un écu! Je me défais de mon équipage, je vends le peu de vaisselle que j'ai; cela ne me mènera pas bien loin. Tout ce qui me fâche, c'est que cela ne suffira pas pour payer mes dettes, parce que ma santé m'en fait contracter et m'empêche d'économiser sur le peu qui me reste. Ce dont je vous réponds, c'est que je n'en suis pas plus triste, et que j'irai à l'hôpital gaiement.

» A présent que je vous ai mandé ce qui me concerne, je dicte le reste de ma lettre. Si je maudis par-ci par-là un abbé, il faut que j'en chérisse davantage un autre; si je voulais faire un parallèle entre vous deux, cela serait assez plaisant. Mon assassin est grand comme une perche, mon consolateur n'a pas quatre pieds de haut; l'un est sec comme un cotteret, a les yeux couverts et ardents, l'air moqueur, dur et dénigrant; l'autre est gras à lard, a les yeux à fleur de tête, l'air doux, malin et bon; le grand abbé a le génie d'un chef de brigands; le petit abbé, celui d'un grand homme; le grand abbé a les mœurs, etc... Quelque jour je suivrai cette idée. Au reste, je ne vous écris si librement que parce qu'un voyageur sûr vous remettra cette lettre, et m'en répond. Je vais répondre à vos questions, à celles que vous feriez si vous saviez ce qui se passe....

» On s'attendait à la suppression de la Cour des Aides; on a pénétré le but de la précipitation qu'on y a mise, et personne ne croit que ce but puisse être rempli; on est affligé de cette privation de toute justice; on se révolte contre l'idée que le conseil est complètement juge et partie. La consternation est grande. Je vois les esprits moins disposés à la violence qu'à la désertion. Nombre de gens pensent sérieusement à s'expatrier; ceux que leur position enchaîne évaporent leur douleur par des déclamations qui ne remédient à rien, mais qui soulagent... Si l'on n'avait voulu que le bien, on aurait remédié aux abus, sans renverser l'édifice; et lorsqu'on veut employer les matériaux d'un édifice, il faut démolir avec précaution, et non pas briser; sans compter qu'il ne faut pas traiter les hommes comme les pierres qui se meuvent avec des grues. Chaque pas aggrave le mal. On écrit, on répondra. Tout est de mode pour le caractère français ; tout le monde voudra approfondir la constitution de l'État ; les têtes s'échaufferont. On met en question des thèses auxquelles on n'aurait jamais osé penser ; or, voilà un mal irréparable. Comme je vous l'ai dit, mon cher abbé, ces questions sont la théologie de l'administration. Pour qu'elles soient éclaircies sans danger, il faut que, par le résultat de ses recherches, on se trouve aussi bien traité et aussi heureux qu'un homme raisonnable puisse le prétendre ; sans quoi les lumières qu'acquièrent les peuples doivent un peu plus tôt, un peu plus tard, opérer des révolutions…

» Voilà, mon cher abbé, mes idées que je vous prie de garder pour vous tout seul, au moins jusqu'à ce que mon maître ait achevé la banqueroute totale ; car je compte alors me faire mettre à la Bastille, attendu qu'il ne me restera pas d'autre manière de subsister qu'à ses dépens. »

Les raisonnements si justes de la fin de cette lettre sont évidemment inspirés par Grimm. On voit dans la *Correspondance littéraire* combien les opinions du Bohémien se sont modifiées. Il a très vite compris les conséquences fatales des doctrines hardies et irréfléchies des encyclopédistes ; il voit la pente dangereuse sur laquelle ils se sont engagés devenir si raide et si glissante qu'ils ne peuvent faire halte ni retourner en arrière. Il tempère peu à peu ses jugements et, d'accord avec Galiani, redoute les réformes hâtives, si périlleuses lorsqu'il n'y a pas une main ferme et une intelligence supérieure pour les diriger.

L'abbé, fort touché de la situation de son amie, lui répond aussitôt, mais en évitant prudemment toute allusion aux événements politiques :

« Votre lettre du 8 mars m'a anéanti. Quoi ! vous courez risque de vous voir réduite à l'indigence, cent écus ! pas un liard avec ? Non, vous ne courez d'autre risque que d'être forcée de venir à Naples. Avez-vous de quoi faire le voyage, en vendant quelques meubles meublants qui vous deviendraient inutiles ? Je parle tout de bon, je ne badine pas. Venez, vous ne devez pas vous embarrasser du reste. Mais savez-vous que sérieusement cette idée commence à me plaire ? Que fait-il donc, M. l'abbé Terray ? Qu'attend-il donc ? Pourquoi ne se dépêche-t-il pas ? Laissez-lui donner ses édits. Achetez une berline, vous, Grimm, Schomberg et Diderot ; dans une autre chaise, une femme de chambre et un valet de chambre et deux domestiques. Venez, arrivez ; vous renverrez ensuite deux des quatre à votre choix ou à leur choix. Il me semble que Grimm est bien partout. Il entretiendra sa correspondance au Nord avec ce que vous et moi lui fournirons à nous tous seuls. Ah! qu'il serait grand et beau, à moi et à l'abbé Terray, d'avoir fait aller Paris à Naples!... Adieu, ma belle indigente. »

Les mesures prises par l'abbé Terray ne furent pas aussi rigoureuses qu'on le craignait. Madame d'Épinay l'écrit à Galiani et lui demande en plaisantant de la faire nommer gouvernante des enfants du roi de Naples; il n'eût pas demandé mieux et répond :

« Vous me donnez le plaisir de m'assurer que vous n'avez plus besoin de venir à Naples, et que vous en avez l'envie. C'est tout ce que mon cœur souhaitait d'apprendre de vous...

» Pour vous appeler ici à l'éducation des princes, il faudrait commencer par la grossesse de notre reine. Je travaille à cela par mes vœux au ciel, et par les plus sincères désirs. Si notre reine était la femme d'un particulier, je tâcherais d'y travailler encore plus efficacement, car c'est une des plus intéressantes figures que j'ai jamais vues. Elle est la plus belle femme de Naples, et c'est bien dommage qu'elle soit reine. »

Pour se rétablir un peu de toutes ces émotions, madame d'Épinay céda aux instances de son amie, mademoiselle Jeanne de Valory, et alla passer quelque temps au Bourgneuf. Ces séjours réussissaient souvent à la distraire de ses chagrins. Elle annonce son départ à Galiani et lui apprend en même temps que madame Geoffrin a été assez gravement malade :

« Madame Geoffrin aura eu un érésipèle, lui répond l'abbé, parce que quelque étourdi se sera avisé de donner une nouvelle quelconque chez elle[1]. Je suis enchanté qu'elle soit rétablie. »

Madame d'Épinay avait emporté au Bourgneuf le livre de Thomas[2] sur les femmes ; elle le lut avec

1. Dans les annonces et bans publiés par Grimm à la fin de son Sermon du jour de l'an, il plaisante l'esprit timoré de madame Geoffrin. « Mère Geoffrin fait savoir qu'elle renouvelle les défenses et lois prohibitives des années précédentes, et qu'il ne sera pas plus permis que par le passé de parler chez elle ni d'affaires intérieures ni d'affaires extérieures; ni d'affaires de la cour ni d'affaires de la ville; ni d'affaires du Nord ni d'affaires du Midi ; ni d'affaires d'Orient ni d'Occident; ni de politique ni de finances; ni de paix ni de guerre; ni de religion ni de gouvernement; ni de théologie ni de métaphysique ; ni de grammaire ni de musique ; ni en général d'aucune matière quelconque, et qu'elle commet Dom Burigny, bénédictin de robe courte, pour faire taire tout le monde, à cause de sa dextérité connue et du grand crédit dont il jouit; et pour être grondé par elle, en particulier, de toutes les contraventions à ces défenses. »
2. Thomas (Ant.-Léonard), né à Clermont en Auvergne le 1er octobre 1732, mort au château d'Oullins en 1785. Membre

son amie, mademoiselle de Valory, et fit part de ses impressions à Grimm.

MADAME D'ÉPINAY A GRIMM.

De Bourgneuf.

« Eh bien! je l'ai lu ce livre de M. Thomas. Je vous avoue que cela ne me paraît qu'un pompeux bavardage, bien éloquent, un peu pédant et très monotone. On y trouve quelques petites phrases pomponnées, de ces phrases qui, entendues dans un cercle, font dire de leur auteur, le jour et le lendemain : « Il a de l'esprit comme un ange; il est charmant, il est charmant! » Mais quand je les trouve dans un ouvrage qui a la prétention d'être grave, et que je n'y trouve que cela, j'ai bien de la peine à m'en contenter, et je dis : « Il est plat. » Celui-ci n'a pas de résultat; on ne sait, quand on l'a lu, ce que l'auteur pense, et si son opinion sur les femmes est autre que les opinions reçues.

» Il finit son ouvrage par faire des vœux pour le

---

de l'Académie française en 1767. Ses *Éloges* forment la partie importante de son bagage littéraire. Le style de Thomas et son éloquence, tant admirés de ses contemporains, nous paraissent aujourd'hui vieillis, ampoulés et ridicules. Son *Essai sur les femmes* ne supporte plus la lecture, alors que ceux de Diderot et de Galiani font encore un plaisir extrême.

retour des mœurs et de la vertu. Ainsi soit-il, assurément. Ces quatre dernières pages sont les plus agréables de son livre, par le tableau qu'il fait de la femme telle qu'elle devrait être; mais il le regarde comme une chimère. Cela est si évident que cela ne vaut pas la peine d'être dit. Il était difficile de rien faire de neuf sur cette matière; et, en général, comme vous disiez l'autre jour, il n'y a plus ni sujets ni idées neuves; il ne nous faut plus que des têtes neuves pour nous faire envisager les objets sous des points de vue différents. Mais où les trouve-t-on? J'en connais deux cependant : l'abbé Galiani et le marquis de Croismare. Le marquis est aux riens de la société ce que l'abbé est à la philosophie et à l'administration. »

Diderot publia à son tour un article sur les femmes, et Galiani, stimulé par son amie, lui envoya le piquant dialogue que tout le monde connaît[1]. Madame d'Épinay lui expédia l'article de Diderot, et il répondit :

« Je vous remercie de la feuille de Diderot, elle est digne de lui et ne ressemble en rien à mon

---

1. Voir *la Correspondance* de Galiani, édition Percy et Maugras. T. II, p. 50.

dialogue; mais il écrit à côté des dames parisiennes, et moi j'écris à côté des dames napolitaines. Il trempe sa plume dans l'arc-en-ciel et moi je la trempe dans la Thériaque. Son écrit ressemble à un paon, le mien à une chauve-souris. Tel est l'homme, toujours diaphane; il croit être quelque chose en lui-même et il n'est rien qu'une transparence. »

Grimm reçut de la cour de Vienne, en avril 1772, le diplôme et le titre de baron du Saint-Empire, qui lui causèrent une vive satisfaction et lui furent utiles dans sa carrière diplomatique. Désireux de savoir quel costume un baron du Saint-Empire devait porter en voyage, il s'adressa à Galiani, fort au courant de l'étiquette. L'abbé répond avec gaieté et une pointe d'ironie à la question de son ami, dont il connaissait bien la faiblesse :

« Je vais obéir aux ordres de M. le baron Grimm. La mode introduite par l'empereur et le grand-duc, c'est de paraître toujours en uniforme militaire... Voici donc ce que je conseille à M. le baron : il faut qu'il ait un uniforme de cour, soit d'officier, soit de chambellan, et, au pis-aller, il prendra l'uniforme d'Arlequin baron suisse... Avec cela, il aura des habits de deuil à tout événement, et enfin il aura de belles *chenilles* [1] pour courir les rues le matin ; mais surtout, il faut avoir l'esprit d'imaginer qu'on se fait faire à l'occurrence, dans une ville quelconque, un très bel habit magnifique en vingt-quatre heures, à meilleur marché qu'à Paris et aussi bien fait sans conteste...

» Ainsi, il faut compter le cas d'un habit magnifique comme un événement extraordinaire, tel que celui de se casser la jambe, et il faut y être préparé d'avance, mais n'en point avoir avec soi, car on ne saurait deviner la saison dans laquelle ce malheur arrivera. »

En mai, Grimm tomba gravement malade d'une attaque de choléra morbus et les inquiétudes de ses amis furent extrêmes ; Galiani écrit aussitôt :

« Je ne sais pas si je réussirai à vous peindre ma situation et ce qui m'est arrivé en recevant votre lettre... La lettre commence : « Grimm est hors... » J'ai lu : Grimm est mort et j'ai cru m'évanouir. Je veux relire, mais en esquivant la lecture ; et je relis : « Grimm est mort d'affaire. » Cela m'a paru bizarre. J'ai approché courageusement les regards,

---

1. Habits négligés.

et j'ai bien lu alors, et galopé et dévoré votre lettre.

» A le bien prendre, pourtant, je trouve une espèce de prophétie dans ma lecture de travers. Grimm est hors d'affaire, mais il est mort ou il mourra d'affaires. C'est cette chaise de paille qui le tue. Quand on a toute la journée un grand carreau appliqué au derrière, comment peut-on prétendre à évacuer grandement à travers de tout cela? De grâce, ordonnez qu'on lui débouche tout et même qu'on l'envoie comme les enfants, culottes fendues, courir dans les rues. Il dira que c'est l'habit de cérémonie des barons allemands qui n'ont point de baronnie, et dont les revenus féodaux, sur les terres du Saint-Empire, ne suffisent pas à payer des fonds de culotte. »

La convalescence de Grimm fut très longue et madame d'Épinay eut à supporter des inégalités de caractère et un état d'irritabilité, qui lui rendaient la vie très pénible; enfin le malade recouvra la santé et la bonne humeur; mais, à peine guéri, de nouveaux sujets d'inquiétude assaillirent son amie. On offrait à Grimm la position la plus brillante en Russie, s'il voulait s'y fixer. On comprend le désespoir dans lequel cette perspective jeta madame d'Épinay; trop délicate pour vouloir entraver la carrière de son ami, elle renfermait sa douleur en elle-même et ne voulait en rien influencer sa résolution;

mais, à bout de force, elle avoue sa peine à Galiani qui la blâme énergiquement :

« Votre numéro 8 m'a attendri jusqu'aux larmes. Vous m'ouvrez votre cœur, que je vois brûler aux flammes d'un élixir de vertus, de sentiments et d'héroïsme. Mais pourquoi être héroïne au point de s'en trouver mal? Si la vertu ne nous rend pas heureux, de quoi diable sert-elle? Je vous conseille donc d'avoir autant de vertu qu'il en faut pour vous procurer vos aises, votre commodité et pas davantage.

» Si *quelque chose va arriver* qui vous causerait un chagrin mortel, barrez-la, empêchez-la de toutes vos forces, et n'ayez pas le regret de l'avoir pu faire et de ne l'avoir pas fait; et point d'héroïsme, je vous prie, car il me tue et m'ennuie à périr!... Quel sot bonheur que des sots (c'est-à-dire les hommes), au milieu de cent sottises, mille mensonges et cent mille bavardages, disent quelquefois: Ah! la défunte sacrifia sa vie pour un sentiment héroïque. Vivent le sot et la défunte! Faites donc une ferme résolution de tuer ce ver rongeur que j'entends à présent et que je ne comprenais pas dans vos précédentes lettres. Si vous le voulez, il me paraît que vous le pouvez, en parlant; mais si vous étouffez, c'est votre faute. Au reste, il me paraît que vous ne courez pas autant de risques que votre imagination montée vous en présente. Je ne saurais me persuader qu'un homme de bon sens calculât toujours les avantages au poids de l'argent et au marc la livre. »

L'abbé avait raison, Grimm n'accepta pas une position fixe en Russie et se borna à reprendre ses voyages habituels.

Quelque temps après la maladie de Grimm, le marquis de Croismare[1], frappé d'une attaque d'apoplexie, succomba, malgré les soins qui lui furent prodigués ; ce fut une véritable désolation chez tous ses amis. La perte était plus cruelle pour madame d'Épinay que pour tout autre, car, depuis vingt ans, l'amitié la plus tendre l'unissait au marquis. Grimm disait qu'ils étaient faits l'un pour l'autre. Il lui consacre quelques pages charmantes dans sa *Correspondance*.

« Il était de la même année que M. de Voltaire

---

1. Marc-Antoine-Nicolas de Croismare, baron de Lasson, en Normandie, né vers 1694, chevalier de Saint-Louis, mort le 3 août 1772, sur la paroisse Saint-Roch, âgé de soixante-dix-huit ans. Il avait épousé, le 8 août 1735, Suzanne Davy de la Pailleterie, fille du marquis de la Pailleterie (Anne-Pierre Davy). Il eut trois enfants, deux fils et une fille ; ses deux fils moururent sans enfants. Sa fille épousa, le 26 août 1768, le marquis Gratien de Montalembert, capitaine au régiment du roi.

qui l'avait précédé en ce monde de trois mois, et il avait conservé, à l'exemple de cet homme illustre, toute sa fraîcheur d'esprit jusqu'au dernier moment... Au caractère le plus solide, au commerce le plus sûr, à une façon de penser pleine de délicatesse et d'élévation, il joignait une imagination vive et riante, un tour d'esprit piquant assaisonné de tous les agréments ; le sel, la finesse et la gaîté distinguaient sa conversation. La grâce et la légèreté avaient, sous sa plume ou dans sa bouche, un caractère inexprimable. » Diderot comparait la plaisanterie du marquis de Croismare à la flamme de l'esprit de vin : « Elle se promène sur ma toison sans jamais » la brûler, » disait-il.

La vie du marquis fut une suite de bonnes actions, de procédés délicats et de services rendus. Il ne laissa pas un ennemi.

XV

1771-1772

Louis est nommé lieutenant aux mousquetaires. — Séjour à Paris. — Nouvelles dettes. — Il est nommé aux dragons de Schomberg, à Nancy. — Il enfreint l'ordonnance de M. de Schomberg ; il est enfermé aux tours Notre-Dame. — Chagrin de sa mère. — On le fait interdire. — Il est nommé à la suite, remis en liberté, puis emprisonné de nouveau. — Départ pour Berne. — Les cercles. — Mœurs bernoises.

Lorsque en septembre 1771, Louis fut rentré à Paris, Galiani écrivait à sa mère :

« J'étais dans une impatience incroyable d'apprendre de vous les symptômes de votre entrevue avec votre fils ou plutôt avec le fils de M. d'Épinay ; vous ne m'en dites mot, on dirait que vous ne l'avez pas vu. » Madame d'Épinay n'en parlait pas, parce qu'elle n'avait rien de bon à en dire. Cependant elle ne se rebuta pas et consentit à tenter une nouvelle expérience; elle pensa avec quelque apparence de raison qu'on s'était trompé jusqu'alors sur les aptitudes de Louis. On lui acheta donc en novembre une commission de lieutenant et on le fit entrer dans les mousquetaires.

Il ne paraît pas que son séjour à Paris ait ramené d'Épinay à la raison. Tel nous l'avons connu chez M. Bethmann, tel nous l'avons vu à Pau, tel nous le retrouvons comme lieutenant de mousquetaires, toujours faible, toujours perdu de dettes, toujours dupé, du moins s'il faut l'en croire. Un billet intime de son cousin de Lucé ne laisse pas de doute à cet égard.

M. DE LUCÉ A M. D'ÉPINAY,

Mousquetaire du roy de la 1re compagnie.

« Je suis, mon cher ami, retenu par la patte à cause d'une foulure que j'ai attrapée chez Louvois, au bal, et que j'avais négligée; cela ne m'empêchera pas d'aller te voir et de passer l'après-midi avec toi, mais je te préviens que ce sera pour te prêcher, car je t'avoue que ta conduite me cause un chagrin mortel. Adieu, je t'embrasse de tout mon cœur, mais sois plus sage et aie confiance dans tes amis. »

Au bout de dix-huit mois de séjour à Paris, la

situation de Louis n'était plus tenable, et il fallut prendre des mesures pour l'éloigner. C'est encore à sa mère qu'incomba cette lourde tâche; on sait combien M. d'Épinay montrait d'indifférence pour tout ce qui touchait ses enfants. Heureusement madame d'Épinay obtint de M. de Schomberg, dont le régiment de dragons tenait garnison à Nancy, que Louis serait accueilli dans ce régiment avec son grade. On le fit partir vers la fin de 1772. Il laissait à Paris de nombreuses dettes et des plus pressantes.

A peine à Nancy, il reprend sa correspondance :

LOUIS D'ÉPINAY A SA MÈRE.

Nancy 1772.

« Ma chère maman,

» Je suis arrivé hier au soir fort fatigué après huit jours de marche. Je n'ai pas voulu me présenter fait comme j'étais chez le commandant du régiment. J'y ai été ce matin; je n'ai point trouvé M. de Balthazar, il est à Strasbourg pour quelques jours, mais M. de Treffa, major, m'a reçu avec toutes les honnêtetés possibles et m'a promis son amitié. Je dois dîner aujourd'hui chez lui.

» Malgré le chagrin que doit me causer naturellement notre séparation, néanmoins je sens tellement, ma chère maman, la nécessité qu'il y avait d'abandonner pour quelque temps le pavé de Paris que je la supporte plus patiemment.

» J'ai l'honneur d'être avec le plus profond et le plus tendre respect votre très humble et très obéissant serviteur. »

En quittant Paris, d'Épinay avait accablé sa mère des plus vives protestations pour l'avenir; on sait combien peu on y pouvait compter. Cette fois encore il resta fidèle à son passé :

LOUIS D'ÉPINAY A SA MÈRE.

Nancy, 27 novembre 1772.

« Madame et très chère maman,

» Ce n'est qu'en tremblant que j'ose prendre la plume pour vous annoncer une nouvelle bien cruelle certainement pour vous, mais peut-être plus affreuse encore pour moi par les suites funestes qu'elle peut avoir. Je suis dans un état difficile à vous peindre, toutes les furies de l'enfer sont dans mon cœur, je n'ai de repos ni jour ni nuit. Ah! que ne puis-je vous exprimer à quel point les remords me poursuivent de n'avoir pas mieux profité de vos conseils, je ne serais pas aussi à plaindre que je le suis maintenant!

» Daignez considérer à quel point j'ai été trompé

dans cette dernière aventure. Je joue au billard, d'abord une misère, avec un de mes camarades, jeune homme de la figure et de l'extérieur peut-être les plus insinuanst. Je suis loin de m'imaginer qu'un jeu aussi modique peut me conduire aussi loin, et je le continue. Insensiblement la somme augmente et je me trouve lui devoir une vingtaine de louis. Il me demande alors sous différents prétextes de lui faire l'emplette de bas de soie, d'habits tant d'uniforme que d'autres, de bijoux, etc. Il me procure des marchands qui vendent à crédit; il me met pour ainsi dire le couteau sur la gorge pour me faire accepter toutes les propositions de ce genre qu'il me fait. M. de Balthazar lit un matin chez lui, en présence de tous les officiers, une lettre de M. le comte de Schomberg, contenant une défense expresse de jouer à tous les jeux de hasard. Quelques jours après cet officier me vient trouver dans ma chambre, après souper, tout seul, et me propose de me donner revanche. Nous étions alors à 80 louis passés. Je lui oppose la lettre du colonel. Il me dit qu'étant seuls, personne ne peut le savoir. A la fin, sous l'espérance de me racquitter, je consens. Nous jouons au trente-et-quarante jusqu'à minuit, il me gagne encore près de quatre cents louis, et nous nous séparons. Dès le lendemain, nouvelles persécutions de sa part, pour prendre encore chez les marchands, pour mon compte, diverses marchandises à son usage. J'ai marqué à M. de Boistel la manière dont il s'y prenait pour m'y engager. Enfin, voulant terminer tout cela, je lui demande revanche du tout. Il me fait espérer et me traîne de jour en jour, sous divers prétextes. Enfin, la veille de son départ, après souper, je l'aborde et l'assure que s'il ne vient pas tout à l'heure pour me racquitter entièrement du tout, je vais en instruire sur-le-champ M. de Balthazar, au risque de ce qui peut m'en arriver. A force de le presser, il y consent, vient chez moi et reperd quatre cents louis. Par conséquent, nous sommes parfaitement quittes l'un envers l'autre. Je ne suis pas le premier qu'il ait mené ce train-là, car le pauvre comte de Sinclaire, jeune homme de vingt ans, neveu du comte de Lœwenhaupt et capitaine à la suite du régiment de Schomberg, est depuis quatre mois au quartier en prison, pour avoir perdu contre le même officier major beaucoup d'argent payé en linge, cabriolet, bijoux, diamants, etc.

» L'échéance des engagements qu'il m'avait fait prendre avec les marchands est arrivée. Cela a fait du bruit; ce bruit est venu aux oreilles de M. de Balthazar, qui m'a envoyé ordre de me rendre sur-le-champ à la prison militaire, où je suis depuis dimanche au soir dans les plus vives inquiétudes sur mille sujets ; premièrement sur le redoublement de chagrin que ceci va vous causer. Croyez que je le sens bien profondément et que je donnerais mon sang pour que cela ne fût point arrivé. Mes craintes ne sont pas moins vives relativement à M. de Schomberg, qui est homme à nommer sur-le-champ à mon emploi à la première nouvelle qu'il recevra de M. de Balthazar. C'est pourquoi j'ai pris la liberté de prévenir M. de Boistel et je l'ai supplié d'implorer pour moi M. de Schomberg afin qu'il ne me perde pas. Je vous conjure aussi, ma chère maman, quoique je ne l'aie pas mérité, de joindre vos instances aux siennes. Je le répète, que M. de Schomberg me tienne en prison tant qu'il voudra, je serai satisfait de l'instant que je ne serai pas renvoyé.

» Je tremble encore que mon père ne soit instruit de ce qui m'arrive, ce qui, après mon silence, me mettrait cruellement mal avec lui.

» Si vous pouviez voir le fond de mon cœur, ce que vous y liriez vous tranquilliserait, mes remords vous paraîtraient sincères, mes résolutions constantes. Daignez encore une fois m'écouter et ne pas rejeter les larmes d'un fils au désespoir de vous causer tant de chagrin et qui désormais ne veut vivre que pour vous le faire oublier. Ce sont les sentiments dans lesquels je serai toute ma vie, madame et chère maman, votre très humble et très obéissant serviteur. »

Madame d'Épinay, désespérée, ne répondit pas; mais Louis connaissait la profonde tendresse de sa mère, qui ne sut pas résister à de nouvelles instances.

LOUIS D'EPINAY A SA MÈRE.

Nancy, 21 janvier 1773.

« Madame et très chère maman,

» Les mauvaises nouvelles que vous me donnez sur l'état actuel de votre santé m'affligent bien sensiblement, et je fais, je vous assure, les vœux les plus ardents pour votre parfait rétablissement. Si l'assurance d'une meilleure conduite de ma part peut y contribuer, soyez tranquille à cet égard; je vous réponds que les réflexions que j'ai faites sur ma dernière aventure m'ouvriront les yeux cette fois, et que je suis prémuni pour la vie contre de semblables sottises. J'ai tellement et si souvent été dupe en ma vie que, pour me corriger de ma grande confiance, je deviendrai presque sauvage, je m'imaginerai que tout le monde veut me tromper. J'aime, en vérité, mieux tomber dans cet excès, il n'a pas autant d'inconvénients que l'autre. Mais en reconnaissant mes torts, en en connaissant toute l'étendue, et les abjurant pour jamais, je ne vois pas d'un autre côté qu'il n'y ait aucune espèce de remède aux sottises que j'ai faites en dernier lieu. Elles consistent en 7,000 francs, dont la plus grande partie comprend mon équipement et de l'argent qui m'a été gagné au jeu ; si je ne paye pas, je serai déshonoré. Je sais que cela dépend de mon père et qu'il est fort difficile de l'engager à donner quelque chose. Cependant, cette circonstance mérite quelque égard, et je ne crois pas que mon père laisse déshonorer son fils pour 7,000 francs. Au moins je le pense, et d'ailleurs j'ose espérer que vous, ma chère maman, M. de Belsunce, M. de Pailly, etc. (qui sont toujours militaires), vous voudrez bien vous réunir pour engager mon père à payer ce que je dois ici, ou au moins à prendre des arrangements, ce qui est facile ici plus que je ne l'avais pensé. Je leur écris à tous aujourd'hui pour cet objet..... »

Sur ces entrefaites, Louis tomba malade et obtint la permission de garder les arrêts dans l'auberge qu'il habitait. Mais peu de jours après il fut accusé d'avoir rompu les arrêts pour courir les bals masqués, et on le réintégra dans sa prison. Pendant ce temps, madame d'Épinay, sur le conseil de M. de Schomberg, cherchait à lui faire obtenir le titre d'officier à la suite, et à l'envoyer dans une autre garnison ; son court séjour à Nancy avait si mal réussi qu'on ne pouvait songer à le prolonger.

LOUIS D'ÉPINAY A SA MÈRE.

Nancy, 2 avril 1773.

« Ma chère maman,

» J'imagine que vous sentez combien il est important pour mon honneur, pour le vôtre, pour celui de toute la famille, que je sois reçu officier avant de partir. On m'accuse injustement d'avoir rompu mes arrêts et d'être allé au bal masqué. J'ai déjà protesté hautement du contraire, et je vous le répète ici ; je vous donne ma parole d'honneur des plus sacrées que je n'y ai point été. Sur cette fausse imputation, on sévit sur moi, on me remet en prison, quoique malade, on m'y resserre comme un criminel.

» L'animosité de M. de Maltzen lui fait imaginer, depuis le départ de M. de Balthazar, les consignes les plus funestes contre moi. Sa haine est portée au comble. En voici, ma chère maman, un échantillon. Il a pris le moment que trois ou quatre officiers de l'auberge qui auraient certainement pris mon parti étaient absents ou aux arrêts ; il a fait entendre aux autres qu'ayant rompu mes arrêts, je n'étais plus digne de manger avec eux, et qu'il fallait me faire quitter la table. En conséquence, il a fait appeler l'aubergiste et lui a annoncé, au nom de tous, que s'il me donnait encore à manger, ils quitteraient tous. L'aubergiste est venu me trouver, et, au travers de ma porte, m'a annoncé cela, en me disant qu'il en était bien fâché. C'est le trait qui m'a le plus outré de la part de M. de Maltzen, et celui dont je lui conserve le plus de ressentiment.

» Vous ne m'avez point encore répondu sur ma destination; c'est un article qui ne laisse pas que de m'inquiéter. Il est bien naturel que je sache ce que je deviendrai après avoir quitté le régiment. Je vous ai demandé en grâce de ne pas me faire quitter le service, n'ayant que ce seul état qui convienne à mon goût et à ma position. Je vous ai nommé même plusieurs régiments dans lesquels je désirerais d'entrer préférablement à d'autres.

» J'ai l'honneur d'être avec le plus profond respect. »

D'Épinay n'avait plus rien à attendre de son père; sa mère seule, dont il ne pouvait lasser l'abnégation et le dévouement, ne l'abandonnait pas, et elle travaillait à réunir ses faibles ressources pour le tirer de la fâcheuse situation où il s'était placé. Elle eut l'idée, vers cette époque, de l'envoyer à l'étranger, espérant que le changement d'habitudes et de société aurait sur lui une heureuse influence.

LOUIS D'ÉPINAY A SA MÈRE.

A Nancy, le 22 mai 1773, le 183º jour de ma détention.

« Ma chère mère,

» Il me faut vous répondre sur les deux partis que vous me proposez. Je commence par vous remercier de me laisser la liberté d'opter entre les deux. J'étais déjà décidé avant d'avoir reçu votre lettre, car Lucé m'en avait parlé à son passage. J'y ai réfléchi mûrement, et voici le résultat de mes réflexions. D'abord, le voyage de Saint-Domingue, non seulement est trop long, trop périlleux, mais encore a trop d'inconvénient à mes yeux pour que je m'y sois arrêté longtemps. Je ne pourrais jamais me résoudre à abandonner peut-être pour toujours, ou au moins pour bien longtemps, le pays où vous êtes, surtout dans un moment où votre santé est si mauvaise. Non, ma chère maman, je vous aime trop et vous suis trop attaché, malgré le peu de preuves que je vous en ai donné jusqu'à présent, pour vous quitter ainsi. Je n'y résisterais pas et j'en mourrais bientôt de chagrin.

» Je connais trop, d'un autre côté, votre tendresse

pour moi, pour n'être pas persuadé que vous ne me verriez me séparer de vous qu'avec la plus violente peine. D'ailleurs si, avec toutes mes aventures et mes différentes détentions, on me voyait m'embarquer pour les îles, on ne croirait jamais que j'y passe de bonne volonté. Quoique vous me bannissiez de votre présence pour quelques années, je me flatterai toujours que ma conduite pourra un jour vous toucher et faire révoquer un exil aussi cruel pour moi, mais que j'ai mérité.

» Au défaut de ce parti, vous me laissez le maître de me retirer dans telle ville que je souhaiterai, excepté à Paris, et que vous me ferez toucher une pension de mille écus par an. Ce dernier article surpasse mes espérances ; je vous en ai d'autant plus d'obligation, et je puis vous promettre maintenant qu'au moyen de cette somme, non seulement je ne ferai plus de dettes, mais encore je ferai des épargnes pour me faire des avances.

» J'écris à mon père ; je vous prie de vouloir bien lui donner communication de cette lettre-ci, et l'engager de m'envoyer un mot de sa main. Il ne m'a pas encore écrit depuis que j'ai quitté Paris, et je souffre extrêmement d'un silence aussi long.

» Je suis avec le plus profond respect, ma chère mère, etc.

Avant de payer les dettes de Louis et d'obtenir son élargissement, madame d'Épinay avait eu recours à une mesure sévère, mais indispensable pour se protéger à l'avenir contre de nouvelles dilapidations ; elle avait demandé l'interdiction de son fils. Louis ne fit aucune opposition, comprenant que c'était la seule chance qui lui restât de recouvrer enfin sa liberté.

LOUIS D'ÉPINAY A SA MÈRE.

Nancy, samedi 29 mai 1773.

« Ma chère maman,

« J'ai reçu ce matin la visite de M. le lieutenant civil et de son greffier. J'ai eu communication et pris lecture de toutes les pièces, savoir du procès-verbal de Paris et des papiers ou différents états de mes dettes. J'ai signé un procès-verbal dressé devant moi par le greffier, par lequel je déclare que le tout m'ayant été communiqué, je ne mets aucun empêchement à la prononciation de la sentence que vous poursuivez. J'espère, ma chère mère, que vous voudrez bien me faire sortir de prison, je vous le demande en grâce. Vous m'avez promis de m'accorder la liberté aussitôt que cette formalité serait remplie, la voilà finie. Je vous demande mille pardons de vous importuner ainsi, mais vous m'excuserez facilement en songeant qu'il y a six mois et demi que je suis en prison, et dans la prison du monde la plus sévère, que j'ai la plus grande impatience d'en sortir, et que, d'ici à ce moment, les minutes me semblent des heures et les heures des jours.

» En attendant de vos nouvelles avec la plus extrême impatience, j'ai l'honneur d'être avec le plus profond respect, etc.

Malgré sa bonne volonté, madame d'Épinay ne pouvait parvenir à trouver l'argent nécessaire pour payer les dettes de son fils. Pendant un des rares instants de répit que lui laissaient ses maux, elle pria madame de Belsunce, qui ne la quittait plus, de se rendre à Nancy avec son mari pour tenter un arrangement avec les créanciers. Louis revit sa sœur avec joie et apprit d'elle qu'il venait d'être nommé lieutenant à la suite d'un régiment de dragons; mais quand il connut les difficultés que l'on éprouvait à lui venir en aide, sa déception fut grande et il osa écrire à sa mère : « Si les nouvelles que m'a sœur m'a données de votre état m'ont fait plaisir, en revanche ce qu'elle m'a dit concernant mes affaires m'afflige beaucoup. Comment, ma chère mère, depuis huit mois que je suis en prison les choses en sont encore à chercher de l'argent ! »

Enfin, grâce aux sollicitations de madame de Belsunce, M. de Schomberg leva les arrêts, bien que les dettes de d'Épinay ne fussent pas payées.

LOUIS D'ÉPINAY A SA SŒUR.

Aux tours Notre-Dame, ce 22 septembre 1773.

« Je vais vous faire, ma chère sœur, un détail succinct de ce qui m'est arrivé depuis votre passage à Nancy. Quelques jours après votre départ, j'ai reçu de Paris les boutons de mon nouvel uniforme. Quand je l'ai eu entièrement fini, j'ai écrit à M. de Balthazar que, n'étant plus attaché au régiment de Schomberg et n'en portant même plus l'uniforme, je le priais de me relever des arrêts. Il m'a répondu qu'il ne pouvait pas m'y retenir et que j'étais le maître de sortir, mais que, si je l'en croyais, je ne sortirais pas que mes affaires ne fussent finies. Cependant, enchanté de jouir de ma liberté après neuf mois d'esclavage, je sortis et fus voir le lieutenant-colonel, qui venait de partir pour la campagne, et M. de Treffa, qui me reçut d'une manière fort affable et qui me témoigna beaucoup de regrets de n'avoir pu avoir l'honneur de vous voir à l'hôtel d'Angleterre.

» En sortant de chez lui, je trouvai M. Hoym, officier de Schomberg, l'un de mes ennemis, qui me dit que puisque j'étais libre, nous nous verrions l'après-midi à quatre heures. Je ne manquai pas à cette heure-là d'aller chez lui, et nous nous rendîmes en fiacre, accompagnés d'un troisième, à une demi-lieue de la ville. Nous nous battîmes là vigoureusement ; je le blessai deux fois. Étant fatigué, il remit notre combat au lendemain matin. L'officier qui avait été témoin ne voulut pas l'être une seconde fois, de sorte que, le lendemain matin, nous eûmes deux autres officiers de Schomberg, et nous nous rendîmes encore sur le champ de bataille, où, après nous être chamaillés pendant environ un quart d'heure, je lui portai à la fin une botte que, voulant parer, il releva, et l'épée lui entra dans l'œil. Il me dit qu'il en avait assez et qu'il était content.....

» J'étais dans la plus parfaite sécurité, lorsque, jeudi soir, en arrivant chez M. Othenin, où je mangeais, on me dit qu'un officier-major de la place était venu plusieurs fois me demander de la part de M. de Montesquieu. Le cœur a commencé à me battre par un pressentiment de ce qui allait m'arriver. Cependant, je me suis rendu sur-le-champ aux ordres du commandant, et lui ai demandé ce qu'il me voulait. Il m'a répondu : « *Mon cher ami, je suis fâché* » *de vous avoir fait venir si tard pour vous envoyer* » *en prison; c'est par l'ordre de M. le comte de* » *Stainville.* » Malgré toute ma surprise et ma douleur, il a fallu m'y rendre, et je suis aux tours Notre-Dame depuis jeudi dernier, à huit heures du soir.

Jugez vous-même, ma chère amie, combien il est désespérant de m'y voir replonger au moment où j'avais les plus belles espérances. J'ai su depuis ce qui m'y a fait mettre, et le voici. Jeudi, après dîner, M. Hoym, dont l'œil commence à aller mieux, sauf cependant y voir du tout, est venu cinq ou six fois chez moi ; il ne m'a point trouvé que la dernière. Aerts, l'un de mes créanciers, et le plus indécrottable que je connaisse, a été effrayé de toutes ces visites ; il a eu peur que je n'eusse encore de mauvaises affaires ; il a tant persécuté M. de Stainville qu'enfin il en a obtenu l'ordre de me mettre ici pour sa sûreté, sous prétexte de la mienne, et il a maintenant juré que, puisque j'y étais, je n'en sortirais que quand il serait payé en argent comptant.

» Cela seul, ma chère sœur, peut accélérer ma liberté ; je vous conjure en grâce de ne rien épargner auprès de mon père et de ma mère pour hâter ce moment. Engagez de ma part M. de Belsunce à joindre ses sollicitations aux vôtres ; faites-moi le plaisir de lui communiquer ma lettre, et priez-le de me dire franchement ce qu'il pense de mon affaire avec M. Hoym. Embrassez-le aussi de ma part, ainsi que vos enfants, et croyez-moi pour la vie votre tendre et malheureux frère, etc. »

Les créanciers, faute de mieux, finirent par se contenter d'acomptes et d'engagements signés par madame d'Épinay. En octobre 1773, Louis recouvra définitivement sa liberté. Il quitta immédiatement Nancy et partit pour Bâle et Berne, muni de recommandations pour d'honorables familles.

Son séjour à Bâle fut de courte durée et, au milieu de novembre, nous le trouvons installé à Berne; ses premières impressions furent excellentes et il fait à sa mère une description de sa vie et de ses relations qui ne manque pas d'originalité.

LOUIS D'ÉPINAY A SA MÈRE.

Berne, 14 novembre 1773.

« Je suis arrivé en cette ville, il y a aujourd'hui huit jours. Comme j'avais eu l'honneur de vous écrire de Bâle, j'ai voulu attendre quelques jours pour le faire d'ici, pour pouvoir vous donner une idée de ma situation actuelle. Elle est telle que je ne voudrais pas la troquer pour aucune autre, excepté dans le seul cas où vous voudriez me rappeler auprès de vous. Oh! pour lors, rien ne m'arrêterait certainement; mais je vous proteste qu'à moins de cette circonstance je ne puis pas trouver de pays qui me convienne mieux à tous égards.

» Je suis arrivé le 7 à cinq heures du soir. A la porte de la ville, il m'a fallu décliner mes noms, surnoms et qualité, et mes projets d'établissement, pour pouvoir entrer. A Bâle, j'avais essuyé la même chose. Le lundi matin, j'ai été présenter ma lettre à M. Wilhelmy, qui m'a reçu avec tous les égards et la politesse possibles, après avoir reconnu l'écriture de M. Leu.... C'est un homme fort froid dans l'abord, distrait, préoccupé, mais dont le fond du caractère a quelque chose de divin. Il gagne beaucoup à être connu, et, peu à peu, il a mis beaucoup plus de cordialité et beaucoup moins de gêne dans ses manières avec moi. J'ai commencé le même jour à manger chez lui. A trois heures après midi, il m'a mené dans une coterie d'hommes dont il est, et où il m'a fait recevoir sur-le-champ. Cette institution rappelle tout à fait les mœurs et la simplicité de l'ancienne Rome, et même de certains Genevois que nous avons connus. Cette société est composée aujourd'hui de cent soixante et dix-sept membres, sans que le nombre en soit limité. On s'assemble à trois heures (ceux qui veulent, s'entend, car il n'y a jamais guère chaque jour plus de quinze à vingt personnes); on cause auprès d'un grand feu avec cette liberté qui est si précieuse et si rare. Le premier jour de mon introduction j'y ai été autant à mon aise qu'aujourd'hui. Tout jeu en est banni, ainsi que tout jurement, etc. On y lit gratis tous les journaux, gazettes, etc. Il y a une grande bibliothèque acquise, et entretenue aux frais des membres de la société. Les étrangers sont exempts de cette contribution, mais ils n'en ont pas moins la jouissance des livres qu'on lit dans la salle seulement, sans pouvoir en emporter. Quand quelqu'un entre ou sort, on ne se lève jamais. Je n'aurais jamais fini, ma chère mère, si j'entreprenais de vous rapporter toutes les lois de cette assemblée. J'y vais tous les jours et je suis assez heureux pour y avoir bien pris. On me le témoigne souvent, et je crois connaître assez les Bernois pour être persuadé que, s'ils pensaient différemment, ils ne feindraient pas avec moi, car la qualité d'étranger n'a jamais imposé moins qu'ici.

» Après être resté une heure à la société, M. Wilhelmy m'a conduit chez M. l'avoyer d'Erlach, que nous n'avons pas trouvé, et où j'ai laissé un billet. De là, nous sommes retournés chez lui, et il m'a présenté à madame Wilhelmy, qui m'a reçu comme le meilleur de ses amis. Elle est extrêmement laide, fort noire, fort maigre, aucune espèce d'extérieur, mais pleine d'esprit et y joignant un cœur excellent, capable de la plus constante amitié, ce qui rend son commerce extrêmement agréable et fort recherché. Ordinairement, je suis avec elle depuis midi jusqu'à minuit, excepté l'heure de sa toilette, pendant lequel temps je vais à la société, et je vous proteste que je ne m'ennuie pas un seul instant. Chaque jour je découvre de nouvelles qualités dans son âme, et je ne puis que gagner infiniment avec elle. Nos moments s'écoulent à causer de diverses choses, et je n'ai peut-être pas réfléchi ni parlé plus sensément en toute ma vie que depuis les huit jours que je suis à Berne.

» Mais, ma chère maman, voici qui va vous surprendre. Madame Wilhelmy, dès le même jour que je lui ai été présenté par son mari m'a mené chez madame de Watteville, qui vit avec mademoiselle Felz. Ce sont deux femmes d'un mérite éminent, généralement reconnu, et qui passent pour être d'un tact sûr pour juger les gens. Vous sentez combien je me suis tenu sur mes gardes, après avoir été ainsi prévenu. Ma visite a eu cependant un heureux succès. Quelques réflexions que j'ai semées dans la conversation, quelques opinions que j'ai soutenues par des raisonnements suivis, m'ont fait trouver le secret de leur plaire, et, au bout de cinq ou six jours, madame de Watteville et mademoiselle Felz ont parlé un matin de moi à madame Wilhelmy avec le plus grand intérêt et lui ont dit qu'il était rare de trouver à mon âge un esprit de spéculation et d'observation comme le mien, et qu'elles étaient on ne peut plus contentes de moi. Si vous aviez entendu porter ce jugement, ma chère mère, vous l'auriez trouvé un peu hasardé, j'en suis sûr. Madame Wilhelmy m'a demandé à mon tour ce que je pensais de ces dames. Comme je m'étais attendu à cette question, j'avais eu le temps de préparer ma réponse, et elle s'est trouvée si conforme à la vérité, qu'elle en a conçu un degré d'estime de plus pour moi. Nous avons été tous les jours à cinq heures jusqu'à huit chez madame de Watteville. Nous nous retirons pour souper. Après, M. Wilhelmy va se coucher, et je veille avec madame jusqu'à minuit. Vous voyez, ma chère maman, qu'elle a prévenu sans le savoir vos intentions en me présentant chez cette dame. Tout le monde est encore à la campagne jusqu'à la fin du mois; elle m'a promis alors de me conduire chez ses amis. M. Wilhelmy et elle me chargent de vous faire leurs compliments.

» Voilà, ma chère maman, le commencement de l'exécution du plan que je me suis formé pour ma conduite. Pour ne vous rien cacher, je vous avouerai que, n'étant malheureusement guère accoutumé à réfléchir, ce rôle me coûte quelquefois; mais j'espère qu'au moyen de la résolution constante et inébranlable que j'ai prise, je parviendrai à en contracter l'habitude; mais je crains fort que, redoutant ma faiblesse, vous ne vous croyiez obligée de prévenir M. Wilhelmy de mes fautes passées et surtout de mon interdiction. Alors tout le fruit de mon plan serait évanoui et j'en serais désespéré. Il croirait que je l'aurais trompé, parce que je ne lui aurais pas tout dit, et peut-être me mésestimerait-il. Je vous conjure de n'en rien faire et de vous en rapporter entièrement à la maturité de mes réflexions. Une autre grâce que j'ai à vous demander, c'est de vouloir bien me donner quelques conseils sur les circonstances où je me trouve. Ils me sont nécessaires pour m'affermir dans la voie que j'ai prise. Dites-moi aussi, je vous prie, ce que vous pensez de mon début ici, et veuillez y mettre quelque chose de flatteur pour madame Wilhelmy que je puisse lui lire.

» Le premier courrier, je vous écrirai sur ce que j'aurai remarqué d'ici à ce temps; en attendant les avis que j'espère que vous ne me refuserez pas, j'ai l'honneur d'être avec le plus profond respect, etc. »

LOUIS D'ÉPINAY A SA MÈRE.

Berne, 16 novembre 1773.

« Ma chère maman,

» ... Une chose qui mérite la plus sérieuse attention, c'est que M. Wilhelmy, n'ayant pas de logement à donner chez lui, m'a fait avoir un appartement chez le professeur Walthard, à côté de sa maison, composé d'une chambre à coucher et d'un cabinet avec un bouge pour mon domestique, et cela me coûte par mois deux louis, et on me fournit le bois. C'est fort cher. Et quand on vous a dit, ma chère mère, que tout était pour rien dans ce pays-ci, on vous a bien trompée, car, sans aucune exagération, tout est le double plus cher qu'en France. Les choses du plus commun usage et les plus indispensables sont d'un prix excessif : les souliers, 6 livres ; la poudre, 12 francs la livre, et tout à proportion. Et c'est de même dans toute la Suisse. Les vivres sont ici si prodigieusement chers que madame Wilhelmy, à qui je parlai, le second jour de mon arrivée, du prix de sa pension, me dit que c'était 6 louis pour moi et 2 louis pour mon laquais. Je pensai tomber à la renverse. Je lui dis à cela que je la suppliais de me traiter sans façon, et de me mettre à son petit ordinaire, qui consiste en la soupe, le bouilli et un plat de légumes. Je crois qu'au moyen de cela, elle pourra se contenter de 5 louis pour moi et mon laquais. M. Wilhelmy m'a dit qu'il aurait l'honneur de répondre aujourd'hui à la lettre que vous lui avez écrite et qu'il vous parlerait de l'extrême cherté de tout.

» En partant de Nancy, j'avais fait de si beaux projets! Je comptais prendre ici quelques maîtres utiles pour réparer un peu le temps perdu; mais je vois que cela m'est de toute impossibilité. Le meilleur marché est de 40 sols par leçon. 120 livres pour nourriture et 48 de logement font 7 louis [1]; il ne m'en reste plus que 3 pour mon entretien et la partie de dames le soir, qui est cependant peu de chose; c'est plus que court. C'est ce qui fait que je voudrais bien que vous eussiez la bonté de me faire payer mes mois d'avance, le 1er de chaque mois, afin que j'aie un petit fonds par devers moi. Par exemple, il faut que je remonte entièrement mon linge, qui en a le plus grand besoin. Je ne puis mieux le faire qu'à Berne, où le linge est beau et d'un prix raisonnable; mais avec mes 3 louis, cela me serait impossible.

» Avant de finir, il faut, ma chère mère, que je vous raconte un trait plaisant, arrivé récemment chez Voltaire. Un Anglais, arrivé tout exprès de Londres pour le voir, entre dans son antichambre. Son valet de chambre veut lui refuser l'entrée de son cabinet. Ils disputent longtemps ensemble fort haut. Au bruit qu'ils font, Voltaire sort et demande

---

1. Le louis était de 24 livres.

s'il est une bête rare pour vouloir le voir par curiosité. Il ajoute qu'on ne le voit pas à moins de six sous. L'Anglais en tire douze et lui dit que c'est pour deux fois, et qu'il reviendra le lendemain. Voltaire se met à rire et l'engage à rester huit jours chez lui.

« Je suis avec le plus profond respect.... »

LOUIS D'ÉPINAY A SA MÈRE.

A Berne, ce 1er décembre 1773.

« Ma lettre ne sera pas longue. Je suis trop affecté pour n'être pas concis. Après avoir reçu ce matin votre paquet, j'ai fait ma confession générale à M. et à madame Wilhelmy. Je ne leur ai rien caché de mes aventures, qui les ont fort étonnés; ils m'ont blâmé et plaint en même temps, mais M. Wilhelmy n'est point du tout d'avis de répandre dans le public le bruit de mon interdiction. Il trouve, ainsi que moi, que ce serait me perdre entièrement dans son esprit et que cela ne peut faire que le plus mauvais effet pour moi. Dans la façon de penser des Bernois, de quel œil serais-je regardé d'eux, s'ils étaient instruits de cette malheureuse circonstance de ma vie! Je commence à être estimé dans ce pays, je fais au moins mon possible pour y parvenir. Voudriez-vous détruire mon ouvrage en un instant ? Je ne puis le croire. Cela ne manquerait cependant pas d'arriver. M. Wilhelmy ne trouve pas non plus nécessaire que les banquiers soient prévenus de mon interdiction. Vous me croyez capable de profiter de l'ignorance où quelqu'un d'eux serait à cet égard pour faire des dettes ? C'est exactement comme si vous me disiez que vous me regardez comme un fripon. Ne m'enlevez pas du moins, ma chère mère, la satisfaction intérieure de pouvoir m'approprier seul le mérite de ma bonne conduite.

» Je ne vous cache pas que la résolution, où vous paraissez être, de parler ici de mon interdiction me met au désespoir.

» Je vous jure sur ma parole d'honneur que, quelque juste que soit mon compte, je ne ferai pas à Berne un écu de dettes. Je me priverai plutôt des choses les plus indispensables, mais je vous jure aussi par ma même parole d'honneur que si je découvre que la moindre personne ici, excepté M. et madame Wilhelmy, de la discrétion desquels je suis assuré, soit instruite de mon interdiction, plutôt que de vivre déshonoré, je partirai sans prendre congé de personne, et j'irai habiter quelque pays, où, inconnu, je pourrai du moins jouir de l'estime et de la considération des gens honnêtes que j'y trouverai, sans craindre de la voir troubler. Cette alternative est cruelle, mais je ne dois pas balancer. Vous pouvez entièrement compter sur l'exécution fidèle de ces deux serments. Je vous les réitère en vous assurant du profond respect avec lequel, etc. »

D'Épinay prolongea assez longtemps son séjour à Berne et, pour la première fois de sa vie, nous le voyons adopter un genre de vie à peu près raisonnable. Son interdiction n'y était peut-être pas étrangère.

Nous le retrouverons bientôt dans une des circonstances les plus graves de sa vie.

XVI

1773 — 1775

Départ de Grimm pour Darmstadt et de Diderot pour la Haye. — Galiani. — Séjour de Diderot à la Haye. — Son arrivée à Saint-Pétersbourg. — Séjour de Grimm à Berlin. — Ses impressions sur Saint-Pétersbourg. — L'avènement de Louis XVI jugé par Voltaire et par Galiani. — Maladie de Grimm, séjour à Carlsbad. — Retour de Grimm et de Diderot à Paris. — Les conversations d'Émilie. — Mariage de Louis.

Cette malheureuse année 1773 fut lamentable pour madame d'Épinay. La maladie qui la menaçait depuis si longtemps faisait chaque jour de nouveaux progrès, et la pauvre femme restait maintenant bien souvent alitée. Mais une douleur plus intime, plus profonde peut-être, lui était encore réservée. Au mois d'avril Grimm partit pour Darmstadt, appelé par sa protectrice; la landgrave de Hesse-Darmstadt, qui se rendait à Pétersbourg avec sa fille [1] et désirait qu'il les accompagnât. Cette absence menaçait d'être longue. Pour comble de chagrins, Diderot avait quitté Paris en même temps que Grimm; comme lui il se rendait à Saint-Pétersbourg, mais il ne suivait pas la même route et passait d'abord par la Haye. Madame d'Épinay fut inconsolable. Elle redoutait pour Grimm les fatigues du voyage et son imagination exaltée lui faisait prévoir les plus sinistres événements. Galiani s'efforçait en vain de lui rendre un peu de courage :

« Les désordres de notre imagination sont bien extraordinaires et bien difficiles à guérir à l'aide de la philosophie toute seule. Il faudrait que le tempérament s'en mêlât. Par exemple, vous vous figurez mille risques, mille morts des absents. J'ai éprouvé ce mal d'imagination. Au fond, c'est une folie. Est-ce que nous guérissons, en couvant des yeux, comme les tortues leurs œufs ? Et prend-on moins une colique lorsqu'on mange trop à côté de son ami que lorsqu'on dîne tout seul ? La seule différence est que nous l'apprendrons plus tôt; cela ne

---

1. La princesse Nathalie Guilhelmine, qui épousa le 10 octobre le grand-duc Paul.

guérit de rien. Ainsi, persuadez-vous que sous vos yeux, ou loin de vous, il n'en sera ni plus ni moins. Pour ce qui est de la perte réelle que nous cause une absence, je n'ai rien à dire; elle existe, elle est irréparable; mais l'idée des retours est un calmant singulier. D'ailleurs, le temps s'écoule si vite ! »

Heureusement pour madame d'Épinay, madame de Belsunce ne la quittait pas, elle l'entourait de soins dont elle avait grand besoin et lui servait de secrétaire. « Tout est désolant dans votre lettre sans date, écrivait Galiani à madame de Belsunce. Mais ce qui l'est plus pour moi, c'est l'état physique et moral de madame votre mère, malade, abandonnée; rien n'est plus affreux. »

Et cependant malgré son état déplorable, madame d'Épinay n'interrompait pas tout à fait sa correspondance. Elle savait que ses lettres jouaient surtout un grand rôle dans la vie de Galiani, *exilé* sur sa terre natale; elle savait que l'abbé serait inconsolable de perdre sa gazetière, et, à tout prix, elle voulait lui épargner ce chagrin :

« Vous avez bien raison, lui écrivait-il [1], le prix qu'on attache à ce chiffon de papier qu'on appelle *lettre* est incroyable. Cette folie rapporte au roi de France six millions par an. Mais savez-vous le pourquoi? C'est que la correspondance par lettres n'est

1. Naples, 25 juillet 1773.

que le débris d'une riche fortune qu'on cherche à conserver soigneusement et qui nous rend avares. Vos lettres sont pour moi les restes de ces conversations à la cheminée, perruque à bas, etc. Que de fois je me fâche de ne vous avoir pas dit des choses que je vous écris ! »

Aussi, triste ou joyeuse, mourante ou mieux portante, madame d'Épinay ne laissa pas pendant des années, écouler une semaine sans écrire à son cher abbé. L'heureux côté de cette correspondance était de la distraire elle-même de ses préoccupations. Galiani faisait toujours mille questions auxquelles il fallait répondre, les commissions ne chômaient pas non plus, et sa fidèle amie s'employait à tout sans se plaindre. L'abbé, de son côté, bien qu'assombri par par des embarras d'argent et des ennuis de famille, s'efforçait de donner à ses lettres un tour plaisant pour égayer la malade; sous des dehors sceptiques, son cœur était excellent. Rien n'est plus varié que le ton de leur correspondance; parfois la lettre commencée en riant finit par un mouvement de véritable éloquence.

« Vous savez bien, ma belle dame, que votre correspondance, après notre mort commune, sera imprimée. Quel plaisir pous nous ! Comme cela nous divertira. Or, je travaille de toute ma force de faire en sorte que mes lettres l'emportent sur les vôtres, et je commence à me flatter d'y réussir. On remarquera dans les vôtres un peu trop de monotonie d'amitié. Toujours tendre, toujours affectueuse, toujours caressante, toujours applaudissante. Au contraire, les miennes auront une variété charmante : quelquefois je vous dis des injures, quelquefois des sarcasmes ; j'ai de l'humeur de chien, et même quelquefois je commence sur un ton et je finis d'un autre, et toujours je me porte bien ; voilà surtout ma grande supériorité. Car enfin, vos quatre derniers numéros, quelle figure pitoyable et lamentable ne feront-ils pas dans le recueil ? Admirez donc mon adresse si je vous dis des injures parfois, et portez-vous bien, quand ce ne serait que pour le succès de notre recueil. Tâchez de m'annoncer vite que vous êtes désobstruée ; sans cela, j'aurai, moi, une obstruction à la tête, et je ne saurai plus que vous dire...

» ... Hier, j'ai reçu le portrait de notre pauvre marquis de Croismare, que le marquis Spinola a eu le soin de me faire parvenir par son valet de chambre, qui est venu ici revoir son père. Il est parfaitement bien gravé, mais il ne m'a point attendri en le voyant, car il ne lui ressemble guère. L'incomparable Croismare avait une laideur originale, charmante, caractéristique ; son portrait est bien moins laid et bien moins beau.

» On a beau faire le revêche contre notre destinée et la loi commune des êtres, nous mourrons, nous et nos physionomies et nos saillies et nos portraits et notre souvenir et tout doit s'en aller. Quel délire que celui des Romains et des Grecs, que de faire tout pour l'immortalité. Cette prétendue immortalité n'est qu'un terrain disputé à l'oubli, mais bien faiblement disputé. Laissons cela; c'est une rêverie sombre et désespérante, à laquelle j'allais me livrer à présent. Restons dans le délire de la gloire humaine.

» Ne manquez pas de me donner toutes les nouvelles que vous aurez du philosophe, dont vous savez que je suis fort inquiet.

» Adieu, aimez-moi. Excusez mes injures ; acceptez les expressions d'une amitié, dont l'histoire parlerait, si elle parlait d'autre chose que des sottises et des malheurs des hommes. Adieu encore. »

MADAME D'ÉPINAY A GALIANI.

Paris, 26 juin 1773.

« Vous êtes insupportable en me rappelant que notre correspondance sera imprimée après nous. Je le savais bien, mais je l'avais oublié. Voilà, à présent, que je ne sais plus que vous dire. L'immortalité me fait une peur épouvantable. Au reste, mon cher abbé, vous savez que les repos sont une règle du beau, et, comme on intercalera mes lettres avec les vôtres, cela fera, à tout prendre, une collection parfaite.

» Je vous annonce que je commence un peu à me désobstruer ; mais c'est bien peu de chose encore. Je ne suis désenflée que d'un oreiller. Il m'en fallait cinq pour dormir ; à présent, je me contente de quatre. Il n'y a pas encore de quoi chanter victoire ; mais il faut espérer, parce que l'espérance est une bonne chose. Je ne vous ai point écrit la semaine dernière, parce que j'avais le croupion écorché, et que vous ne sauriez croire combien, pour dicter une lettre, il faut l'avoir en bon état ; je ne l'aurais jamais cru. Cela me fait voir qu'il y a encore dans ce monde plus d'une vérité à découvrir. Il fallait, par exemple, une circonstance qui me fît rester trois mois dans la même attitude, sans remuer, pour découvrir celle-là.

» On n'a point encore de nouvelles directes du philosophe. Par une lettre du prince Galitzine à madame Geoffrin on sait seulement qu'il est arrivé à La Haye en très bonne santé ; qu'il a été à Leyde, où il a fait connaissance avec tous les professeurs ; que le prince ne peut le tirer d'auprès d'eux, et qu'il est vraiment très douteux qu'il aille en Russie. Il aime tous ces docteurs hollandais à la folie ; il passera peut-être là le reste de sa vie : que sait-on?

» J'accepte, mon cher abbé, vos tendresses, vos injures, vos excuses. Tout ce qui vient de vous m'est précieux, soyez-en bien sûr. Sans doute l'histoire parlera de notre amitié, puisqu'elle parle des malheurs des hommes. Y en a-t-il un plus grand que d'être séparé des gens qu'on aime? »

En effet Diderot se plaisait beaucoup à la Haye, mais il semble que les docteurs n'aient pas seuls contribué à sa satisfaction :

« Plus je connais ce pays-ci, écrivait-il à mademoiselle Volland, mieux je m'en accommode. Les soles, les harengs frais, les turbots, les perches et tout ce qu'ils appellent Waterfish, sont les meilleures gens du monde. Les promenades sont charmantes, je ne sais si les femmes sont bien sages, mais avec leurs grands chapeaux de paille, leurs yeux baissés, et ces énormes fichus étalés sur leur gorge, elles ont toutes l'air de revenir du salut ou d'aller à confesse. »

Les prévisions de madame d'Épinay ne se réalisèrent pas, et ce fut Galiani qui eut raison : « Le philosophe, à La Haye, disait-il, électrisera toutes les tortues hollandaises. Cependant, il ira en Russie, je n'en doute pas, ou, pour mieux dire, il se trouvera à Pétersbourg un beau matin sans savoir comment il y est parvenu. »

Un beau matin, en effet, Diderot arriva à Pétersbourg.

13 août 1773.

« Rien n'est plus vrai, madame, écrit-il à la princesse Dashkoff, je suis réellement à Pétersbourg. J'ai fait huit ou neuf cents lieues à soixante ans; me voilà loin de ma femme, de ma fille, de mes parents, de mes amis, de mes connaissances ; tout cela pour rendre hommage à une grande souveraine, ma bienfaitrice !

» J'ai eu l'honneur d'approcher Sa Majesté Impériale aussi souvent que je pouvais le désirer, plus souvent peut-être que je n'eusse osé l'espérer. Je l'ai trouvée telle que vous me l'aviez peinte à Paris : l'âme de Brutus avec les charmes de Cléopâtre... »

La princesse de Hesse s'était arrêtée longuement à Berlin, où de grandes fêtes avaient été données en son honneur; Grimm nous met au courant des incidents de son voyage par ses lettres à Meister : c'est lui qu'il avait chargé de rédiger la *Correspondance*.

littéraire aussi longtemps que durerait son absence; madame d'Épinay conservait cependant la haute main sur ce travail, quand sa santé le lui permettait :

GRIMM A MEISTER [1].

Berlin, 1er juin 1773.

« J'ai vu, monsieur, le mois de mars, et il m'a confirmé dans l'idée que j'avais déjà que vous vous acquitterez supérieurement du mauvais rôle dont vous vous êtes chargé pendant mon absence. Mes inquiétudes sur madame d'Épinay sont extrêmes, et si cet état empire, vous resterez seul chargé de tout le fardeau de cette correspondance. Je vous supplie de me mander comment va l'expédition et de quelle manière vous pourrez établir l'atelier. Je doute qu'il puisse rester chez madame d'Épinay dans l'état où elle se trouve. Si l'état de madame d'Épinay empirait par malheur, M. Freisleben se trouverait à mon grand regret plus désœuvré, et je vous prierais de lui dire de s'appliquer alors à cette besogne...

» Je fais le voyage du monde le plus brillant et le plus flatteur pour la vanité. Le roi me témoigne mille bontés, toute la maison royale imite l'exemple de Sa

---

1. Nous devons à l'obligeance de notre ami M. Maurice Tourneux la communication de ces lettres inédites de Grimm à Meister.

Majesté. Les bontés, dont je suis comblé par le prince Henri, auraient de quoi couvrir de confusion l'amour-propre le plus intrépide. Avec cela, l'idée d'être loin de Paris lorsque je pourrais être de quelque consolation à mes amis me tourmente et m'accable. Il y a grande apparence que j'irai en Russie avec le prince. Madame la landgrave sa mère et les trois princesses ses filles partent à la fin de la semaine pour s'embarquer à Lubeck pour Pétersbourg. Tout le monde me félicite sur un voyage si brillant; on envie mon bonheur, j'en sens tous les avantages, mais je n'en suis pas séduit, et je ne désire qu'à finir doucement dans la retraite le songe de la vie. Nous sommes ici dans les déjeuners dansants, les bals, les dîners, les spectacles, les soupers jusqu'au cou, pas un moment de relâche. Cette vie ressemble peu à celle que je mène à Paris. Au milieu de ce tourbillon, un philosophe peut faire de grandes et utiles remarques, car il trouve à la tête du gouvernement l'homme le plus rare et le plus extraordinaire qu'il y ait peut-être jamais eu, et vous jugez aisément quelle influence un tel homme doit avoir sur son siècle, sur son pays, sur sa nation et combien tout ce qu'on voit est étonnant lorsqu'on y réfléchit. Je vous supplie de présenter mon respect à madame de Vermenoux, ainsi qu'à madame

Huber et madame Necker, et mille hommages à leurs époux et à ceux qui m'honorent de leur souvenir. J'espère, monsieur, que vous ne doutez aucunement de mon tendre et inviolable attachement.

» Mon adresse :

» A. M. de Grimm à la suite de S. A. Monseigneur le Prince héréditaire de Hesse-Darmstadt, chez messieurs Splitgerber et Daum, banquiers.

» *A Berlin.*

» Je vous supplie de dire à madame Necker que j'aurai l'honneur de lui écrire au premier moment que j'aurai à moi. Malheureusement on n'en a pas à la suite des princes et princesses. »

Tous ces princes, toutes ces princesses tournèrent la tête de Grimm ; il en raffola bientôt au point de ne pouvoir s'en passer. « Vous n'êtes jamais plus heureux, lui écrivait plus tard Catherine, que lorsque vous avez un prince allemand par devant et un autre par derrière. » Au milieu des fêtes, entouré, adulé, songeait-il souvent à la vieille et fidèle amie, qui l'attendait impatiemment ?

Il fallut cependant s'arracher aux délices de Berlin et partir pour la Russie. Une lettre à madame

Geoffrin nous donne les premières impressions de Grimm sur son arrivée à Pétersbourg.

GRIMM A MADAME GEOFFRIN.

Pétersbourg, le 10 novembre 1773.

« Les deux premiers objets, madame, qui ont frappé nos yeux à Pétersbourg, c'est votre lettre et l'impératrice. Je suis arrivé à huit heures du soir. Le lendemain à onze heures, j'ai reçu votre lettre. A midi, j'ai fait la révérence à Sa Majesté, et je lui ai baisé la main avec le respect qu'on doit à la main auguste qui tient les rênes d'un grand empire, et avec le plaisir qu'on a d'approcher ses lèvres d'une belle main de femme. Quant à votre lettre, madame, qui a pris le pas sur l'impératrice, elle m'a horriblement choqué. Au lieu de laisser ce fatal *de* sur l'adresse, vous l'avez fourré dans le texte, vous l'avez fricassé de toutes les manières ; tantôt vous l'avez souligné, tantôt vous l'avez oublié exprès, afin de le camper au-dessus en interligne...

» ... L'impératrice, qui, par parenthèse, quand elle dit aux autres qu'elle me trouve aimable, m'appelle M. Grimm et non M. de Grimm, me combla de mille bontés dès le premier jour. Sa Majesté, après s'être entretenue quelque temps avec moi, me fit ordonner de rester à dîner. Il y avait à cette table, indépendamment du grand-duc et de la famille de Darmstadt, une douzaine des premiers personnages de l'empire. Je me fourrai, comme je pus, dans un coin, mais l'impératrice ne ménagea pas ma timidité ; elle me demanda d'un bout de la table à l'autre si je ne me trouvais pas bien loin du Palais-Royal. Je lui balbutiai que j'avais l'ingratitude de n'y pas penser en ce moment. Au dessert, elle m'envoya par un page une pomme transparente, qui est particulière à ce pays-ci, et, après dîner, elle me dit en souriant : « J'ai été bien loin de vous, mais j'es» père qu'il n'en sera pas toujours de même. » Voilà, madame, un échantillon du traitement qu'elle fait aux gens fourvoyés du Palais-Royal. J'ai eu l'honneur de la voir presque tous les jours, de dîner deux ou trois fois avec elle, et, ce qui vaut au-dessus de tout, de causer encore quelquefois le soir une heure et demie, deux heures de suite, tête à tête dans son cabinet. Là, il faut se camper dans un bon fauteuil, en face du canapé impérial et de la souveraine de toutes les Russies, et, quelque étrange que cela paraisse à M. de Grimm, il n'y a point de *de* qui tienne, et il faut se soumettre à l'étiquette. Là, on cause, on babille de choses sérieuses, gaies, graves, frivoles, souvent très gaiement de choses graves, très gravement de choses gaies, en vertu des lois de toute bonne conversation qui exige pour se soutenir une grande variété de tons. Et puis, Sa Majesté dit bonsoir. Nous avons jasé ce soir comme des pies borgnes. C'est, je vous assure, une charmante emme, dont la maison manque à Paris. Vous y iriez souvent faire la police. M. l'ambassadeur de Naples n'en bougerait ; il n'y aurait point de pluie ni de ruisseau de la rue Saint-Honoré qui nous empêchât, M. de Burigny et moi, d'y passer la soirée. On jurerait qu'elle n'a autre chose à faire au monde que d'être aimable et l'on ne se douterait, pas en mille ans, qu'elle a un empire à gouverner ; elle appelle cela son gagne-pain...

» Une ou deux fois la semaine, l'impératrice dîne dans son ermitage, attenant le palais et communiquant à son appartement. C'est là que sont ses immenses trésors en peinture ; c'est là qu'on trouve un jardin d'été et un jardin d'hiver de plain-pied avec l'appartement au premier étage. L'entrée de l'Ermitage rend tout le monde égal : on quitte son rang, son épée, son chapeau à la porte. C'est comme chez vous ; excepté qu'on n'est pas grondé ; il n'y a pas là un soupçon d'impératrice. Dans la salle à manger, il y a deux tables, l'une à côté de l'autre, chacune de dix couverts. Le service se fait par machines; ainsi point de valets derrière les chaises; et le lieutenant de police est fort attrapé, car il ne peut pas faire un seul rapport à Sa Majesté de ce qu se dit pendant ces dîners-là. Les places se tirent au sort, et l'impératrice est souvent placée au coin de la table, tandis que M. Grimm ou un autre homme de son importance occupe la place du milieu.

» Malgré tout cela, elle n'est ni plus ni moins qu'impératrice de Russie, et elle le prouve par un grand nombre d'établissements vraiment impériaux, qui lui doivent leur fondation, et dont le but n'est pas petit. Mais je m'aperçois que je vais entamer une seconde feuille, tandis que je n'ai pas peut-être le droit de vous en écrire une première. Je ne dirai pas que j'en ai la permission, cela me ferait ici un diable chargé d'ennemis; et, comme je dois y rester encore un peu, je ne veux irriter personne contre moi. Toute la suite de Darmstadt est repartie, il y a quinze jours, comblée de présents et de bontés. Le prince héréditaire est seul resté avec ses compagnons; mais, comme il est entré au service de Russie, et qu'il se prépare à faire le service sur le Danube, rien n'empêche que je ne songe aussi, de mon côté, à mon gagne-pain. Je serais même déjà en route; mais Sa Majesté ayant assuré madame la landgrave qu'elle voulait bien me tolérer encore un peu en

Russie, je ne sais au juste, madame, quel jour je pourrai aller me faire gronder chez vous. J'ai été obligé d'avouer à l'impératrice que je n'étais pas un des mieux grondés : cela n'est pas vain, mais il faut avant tout être vrai. Aussi Sa Majesté en a-t-elle bien rabattu depuis cet aveu-là. J'ai assisté ici à un mariage tout à fait édifiant. Le grand-duc a eu l'avantage unique de se choisir lui-même sa femme; ils se sont fait l'amour trois mois de suite sous les yeux de leurs parents. Il est aujourd'hui le meilleur mari, comme la grande-duchesse est la plus aimable femme et la plus empressée à plaire à son mari.

» Diderot est arrivé tout juste la veille du mariage, mais malade; ainsi, il n'a pu assister qu'au bal masqué, plusieurs jours après la bénédiction nuptiale. L'impératrice lui a fait l'accueil le plus distingué. Elle en est enchantée, et lui, je désespère qu'il sente jamais la nécessité et la convenance de votre sermon de l'ingratitude. On nous a élus tous les deux membres de l'Académie impériale des sciences; c'est un tour que l'impératrice m'a joué; c'est la seule occasion où je me serais bien dispensé de voir mon nom à côté de celui de Diderot. Quand je représente à Sa Majesté son tort, elle n'en convient pas, et se moque de moi...

» ... Je désespère au moins de recevoir votre

réponse avant la fin de l'année, mais si vous m'aimez toujours un peu, je prendrai patience, madame, jusqu'à ce que je puisse vous porter mon respect et mes hommages. »

L'été s'était écoulé, puis l'automne, et Grimm, qui ne pouvait s'arracher aux séductions de Catherine, ne parlait pas de retour :

GRIMM A MEISTER.

Pétersbourg, ce 8 novembre 1773.

« J'ai toujours lu, monsieur, avec beaucoup d'édification votre travail ; mais vous ne saviez pas à quoi vous vous êtes engagé. Mon retour à Paris ne sera pas aussi prompt que je l'aurais cru. Ma mission auprès du prince héréditaire de Hesse-Darmstadt tire à la vérité à sa fin. Il vient d'entrer au service de Russie, et il va faire la campagne prochaine sur le Danube où je ne le suivrai pas. Mais enfin je suis, le 8 novembre, encore à Pétersbourg; ce n'est pas être près de Paris, et les bontés dont l'impératrice m'a comblé ne me donnent pas envie de m'en aller si vite. Je ne sais pas au juste quand je reprendrai la route de Paris. Il faut donc, monsieur, que vous souteniez l'énorme fardeau dont vous vous êtes chargé, jusqu'à la fin, et que vous empêchiez le dépenaillement jusqu'à mon retour.

» M. Diderot est ici depuis un mois comblé de bontés par l'impératrice; il vous fait mille compliments...

» Agréez, monsieur, les assurances de l'attachement le plus inviolable et plaignez un homme jeté au milieu du grand monde et qui ne peut jamais lui dérober que quelques minutes pour les donner à à ses amis. Comment va votre santé? »

GRIMM A MEISTER.

Pétersbourg, 29 janvier 1774.

« J'aurai l'honneur de vous dire que l'impératrice est fort contente de mon vicaire et quand celle-là est contente je pense que les autres peuvent l'être aussi.

» Si vous me promettez abondante moisson de tracasseries littéraires et d'autres graves affaires de cette importance, j'aurai l'honneur de vous dire que ce n'est pas précisément par là que Paris me fait tourner la tête; mais j'aurai un grand plaisir à revoir mes amis au nombre desquels j'ai la prétention de vous compter. Notre général[1] partira avant moi, sous quinze jours ou trois semaines, mais il

---

1. Diderot.

s'arrêtera peut-être plusieurs mois en Hollande ; ainsi je compte être à Paris avant lui. L'impératrice lui donne un conducteur à qui il est ordonné de le livrer sain et sauf à la Haye. Il me charge de mille compliments pour vous, mais il n'écrit à personne. L'impératrice en est enchantée et l'a traité comme elle sait faire et comme on n'en a pas d'idée quand on ne l'a pas vu. Quoique je n'aie jamais désiré d'être envié, je crois que mon sort est digne d'envie et je le partagerais volontiers avec des hommes qui comme vous sont faits pour sentir le prix du spectacle que j'ai sous les yeux ; il est d'un intérêt infini sous plus d'un aspect.

» Je vous prie, monsieur, de vous rappeler mon tendre et inviolable attachement. »

Diderot plut beaucoup à Catherine, par la vivacité de son esprit, par l'originalité de son génie et de son style, par sa véhémente et rapide éloquence.

« Je m'entretins longtemps et souvent avec lui, racontait Catherine, mais avec plus de curiosité que de profit. Si je l'avais cru tout aurait été bouleversé dans mon empire ; législation, administration, politique, finances, j'aurais tout renversé pour y substituer d'impraticables théories. Cependant, comme je l'écoutais plus que je ne parlais, un témoin qui

serait survenu nous aurait pris tous deux, lui pour un sévère pédagogue et moi pour son humble écolière. Probablement il le crut lui-même, car au bout de quelque temps, voyant qu'il ne s'opérait dans mon gouvernement aucune des grandes innovations qu'il m'avait conseillées, il m'en montra sa surprise avec une sorte de fierté mécontente. Alors, lui parlant franchement, je lui dis : « M. Diderot,
» j'ai entendu avec le plus grand plaisir tout ce que
» votre brillant esprit vous a inspiré, mais avec
» tous vos grands principes, que je comprends très
» bien, on ferait de beaux livres et de mauvaise
» besogne. Vous oubliez dans tous vos plans de
» réforme la différence de nos deux positions :
» vous, vous ne travaillez que sur le papier, qui
» souffre tout; il est tout uni, souple, et il n'oppose
» d'obstacle ni à votre imagination, ni à votre plume,
« tandis que moi, pauvre impératrice, je travaille
» sur la peau humaine, qui est autrement irritable
» et chatouilleuse. »

» Dès ce moment, il ne parla plus que de littérature et la politique disparut de nos entretiens[1]. »

Au moment de quitter la Russie, Grimm éprouva une attaque de choléra et fut assez longtemps souf-

---

1. Mémoires du comte de Ségur.

fränt. A peine convalescent, il apprit une nouvelle qui le navra de douleur, la landgrave de Hesse-Darmstädt venait de mourir[1], c'était pour lui une perte irréparable. Il hâta ses préparatifs de départ et quitta Riga le 30 avril ; sa santé encore chancelante l'obligeait à voyager à petites journées et il n'arriva à Berlin qu'à la fin de mai.

« Je viens de recevoir votre lettre du 30 juin, lui écrit Catherine, et j'ai été enchantée de l'accueil que le roi de Prusse vous a fait et que l'un à l'autre vous vous fassiez la cour...

» ... Je suis fâchée de ce que je n'aurai de bonnes nouvelles à donner de votre santé à votre ami Diderot, car tout ce que vous m'en dites me fait augurer qu'on pourrait se porter mieux que vous ne faites et être encore censé n'avoir pas la meilleure des santés possibles. Surtout, je n'aime point ces fréquentes consultations de médecins ; ces charlatans vous font toujours plus de mal que de bien, témoin Louis XV, qui en avait dix autour de lui et qui cependant *mortuus est;* or j'opine que, pour mourir de leurs mains, il y en avait neuf de trop. »

Enfin, sur le conseil de Frédéric, Grimm se résolut

1. Mars 1774.

à faire une cure à Carlsbad. Il s'y rendit directement de Berlin.

Des événements considérables venaient de s'accomplir en France. Louis XV était mort le 10 mai 1774. L'avènement de Louis XVI fut accueilli avec un enthousiasme indescriptible. Voltaire lui-même partagea l'illusion générale. Il avait appris par une lettre de madame d'Épinay toutes les promesses du nouveau règne et en même temps la maladie qui depuis des mois la clouait sur son lit.

VOLTAIRE A MADAME D'ÉPINAY.

8 juillet 1774.

« Quoi ! ma philosophe a été comme moi sur la frontière du néant, et je ne l'ai pas rencontrée ! je n'ai pas su qu'elle fût malade ! Je ne doute pas que son ami Esculape-Tronchin ne lui ait donné dans ce temps funeste des preuves de son amitié pour elle et de son pouvoir sur la nature ; si cela est, je l'en révérerai davantage, quoiqu'il m'ait traité un peu rigoureusement.

» Mes misérables quatre-vingts ans sont les très humbles serviteurs de vos étouffements et de vos enflures ; et sans ces quatre-vingts ans, je pourrais bien venir me mettre à côté de votre chaise longue.

» J'ai reçu, il y a longtemps, des nouvelles d'un de vos philosophes, mais rien de l'autre, qui est encore en Hollande ; je ne sais pas actuellement où est M. Grimm ; on dit qu'il voyage avec MM. de Romanzoff ; il devrait bien leur faire prendre la route de Genève ; il est bon que ceux qui sont nés pour être les soutiens du pouvoir absolu voient les républiques.

» J'admire le roi de s'être rendu à la raison et d'avoir bravé les cris du préjugé et de la sottise, cela me donne grande opinion du siècle de Louis XVI. S'il continue, il ne sera plus question du siècle de Louis XIV. Je l'estime trop pour croire qu'il puisse faire tous les changements dont on nous menace. Il me semble qu'il est né prudent et ferme ; il sera donc un grand et bon roi. Heureux ceux qui ont vingt ans comme lui et qui goûteront longtemps les douceurs de son règne ! Non moins heureux ceux qui sont auprès de votre chaise longue ! Je suis fixé sur le bord du lac et c'est de ma barque à Caron que je vous souhaite du fond de mon cœur la vie la plus longue et la plus heureuse.

» Agréez, madame, mes très tendres respects. »

Bien différentes sont les prévisions de Galiani, lorsqu'il répondait sur le même sujet à sa fidèle amie. Il voit avec plus de justesse que Voltaire, et perce l'avenir de son coup d'œil d'aigle :

GALIANI A MADAME D'ÉPINAY.

Naples, 4 juin 1774.

« Je suis enchanté de tout ce qu'on dit du nouveau roi. Permettez-moi cependant d'être fâché de l'engouement des Français à son égard. Je vous connais; je sais combien il est aisé de vous dégoûter par un effet de l'excès des désirs et des espérances conçues. D'ailleurs, plus j'y pense, plus je trouve que c'est la chose du monde la plus difficile de gouverner bien la France dans l'état où elle est. Vous êtes précisément dans l'état où Tite-Live peint les Romains, qui ne pouvaient plus souffrir ni leurs maux, ni les remèdes....

» *Vous fûtes, Français*, — et ne vous y trompez pas — vous verrez (attendez), avec quelle adresse, quel enchaînement admirable le destin (cet être qui en sait bien long) au meilleur roi possible, au mieux intentionné, escamotera toutes les bonnes intentions, et fera tout ce qu'il voudra et ce que nous ne voudrions pas. Arrêtez-vous de grâce devant un rôtisseur ; regardez un tournebroche ; voyez-vous ce magot en haut, qui paraît, avec une force et une application étonnantes, s'employer à tourner la roue ; eh bien, c'est là l'homme, le contre-poids caché est le destin, et ce monde est un tournebroche. Nous croyons le faire aller, et c'est lui qui nous mène. »

Le séjour de Grimm à Carlsbad se prolongea plus de deux mois. Suivant la prédiction de Galiani il y recouvra la santé.

« Je suis ravi des nouvelles de Carlsbad, écrit l'abbé; elles sont conformes, non seulement à mes désirs, mais aussi à mes conjectures et à mes prédictions. Or, vous savez que l'orgueil de l'esprit est plus fort en nous que le contentement du cœur : et que, par conséquence, l'homme est plus flatté d'avoir deviné un malheur qui arriverait ensuite, que de s'être trompé et de l'avoir évité. Horrible constitution de l'homme qui fait qu'un médecin est capable de tuer son ami pour n'en pas avoir le démenti, qu'un général perd exprès une bataille donnée contre son avis, etc. Heureusement, pour le coup, j'avais dit dans ma tête que le voyageur, en mettant le pied sur le sol natal, guérirait. Ainsi, je suis parfaitement content. »

Après deux ans d'absence, Grimm songe enfin au retour. Aussitôt, madame d'Épinay oublie ses douleurs, elle renaît à la santé, sa joie déborde dans ses lettres, son ami Galiani y prend une vive part :

« C'est cela qui s'appelle de belles lettres, ma belle dame, et bien sublimes ! Vous êtes debout, vous n'étouffez plus, vous êtes donc soulagée, quoique vous n'en disiez mot, cette réticence est sublime ! Embrassez de ma part le revenant de bien loin. S'il est rassasié des froides grandeurs hyperboréennes, ce sera tout ce qu'il aura rapporté de mieux de son voyage. A Paris, les philosophes viennent en plein air ; à Stockholm, à Pétersbourg, ils ne viennent que dans des serres chaudes ; à Naples, on les élève sous le fumier : c'est que le climat ne leur est pas favorable. Adieu. »

Enfin Grimm arrive. Madame d'Épinay, tout à la joie de le revoir, ne veut pas qu'on parle d'autre chose que de lui :

« Je ne dois donc, ma belle dame, vous parler que de lui, écrit Galiani. Qu'a-t-il fait dans ce triste Nord ? A-t-il assuré son état avec de bonnes pensions et de légères correspondances ? Caraccioli dit qu'on ne tirera rien de ces deux voyageurs, car l'un dira ce qu'il n'a pas vu, l'autre ne dira pas ce qu'il a vu, et je crois, ma foi, qu'il a raison. »

L'un et l'autre parlèrent du moins avec enthousiasme de Catherine : « M. Grimm est de retour, écrit mademoiselle de Lespinasse. Je l'ai accablé de questions. Il peint la czarine, non pas comme une souveraine, mais comme une femme aimable, pleine d'esprit, de saillies et de tout ce qui peut séduire et charmer. Dans tout ce qu'il me disait, je reconnaissais plutôt cet art charmant d'une courtisane grecque, que la dignité et l'éclat de l'impératrice d'un grand empire. Mais il nous revient une autre manière d'un grand peintre, c'est Diderot ; il m'a fait dire que je le verrais demain. » — A propos de Diderot, il prétendit que la tête lui aurait tourné s'il était resté plus longtemps à Pétersbourg. « Je crois que j'ai bien fait, disait-il, de mettre l'espace de six cent lieues entre cette sublime magicienne et moi. »

Grimm, pendant son voyage, avait beaucoup négligé Galiani ; aussi à peine remis des fatigues de la route s'empresse-t-il de lui écrire.

GRIMM A GALIANI.

A Paris, ce 28 février 1775.

« Mon cher prototype de tous les charmants abbés, passés, présents et à venir, madame d'Épinay n'a plus de fièvre, mais elle est faible. Malgré cela, elle vous aurait écrit elle-même, sans une maudite migraine qui a dérangé ses projets de jour de poste. Si elle ne vous écrit pas elle-même par la suite aussi souvent que vous le désirez tous les deux, ce ne sera que par des motifs de ménagements si nécessaires à son état. Ce qu'il y a de mieux, c'est que son courage et sa tranquillité se soutiennent, et ce sont les deux plus grands remèdes que je connaisse en médecine.

» Charmant abbé, je suis au désespoir de vous écrire aujourd'hui, parce que je n'en suis pas digne, hébété, assommé par l'arrivée du jeune duc de Saxe-Weimar et du prince son frère, traînant après eux une suite de six maîtres. J'en suis rendu, mais, rendu ou non, il n'est point d'instant dans ma vie où je ne vous aime à la passion. J'en parle souvent à ceux qui sont dignes de l'entendre, mais ne craignez pas que j'en parle à ceux qui s'en sont rendus indignes. Le secrétaire ordinaire, madame de Belsunce, est à Versailles, à la fête que Monsieur donne à l'archiduc Maximilien; l'abbé Jésus-Christ[1] fait son mardi gras, et moi ma pénitence au milieu des enfants d'Allemagne nouvellement débarqués à Paris. Tout ce que je puis vous dire, c'est que je vous regretterai tant que mon boyau fêlé me permettra de vivre. Vous ne savez pas peut-être que

---

1. L'abbé Mayeul.

depuis l'été dernier j'ai pour premier médecin le roi de Prusse, qui m'a tiré d'affaire en m'envoyant à Carlsbad, en Bohême.

» Vous ne savez pas peut-être que vous êtes connu de l'impératrice de Russie comme le pain quotidien et qu'elle en parle aussi souvent que moi. Cette femme a le malheur de se moquer des musulmans et des économistes, mais à cela près c'est une charmante femme ; moi qui ai appris dans la civilité puérile et honnête qu'il ne faut se moquer de personne, je vous dis qu'il y a grande apparence que j'irai vous embrasser l'hiver prochain ; mais n'en disons encore mot à personne, de peur de nous tromper une seconde fois dans nos calculs. Adieu, charmant abbé, aimez-moi, vous n'avez rien de mieux ni de plus sensé à faire. Nous renvoyez-vous monsieur l'ambassadeur ? Il est aussi de ceux qu'on ne peut aimer sans passion. Nous sommes menacés de perdre le chevalier de Magallon sous un mois ; c'est une perte irréparable, et combien n'en avons-nous pas fait depuis six ans ? »

A peine arrivé, Grimm songeait déjà à repartir : il parlait de visiter l'Italie, de retourner en Allemagne, et madame d'Épinay de se désoler. Elle comprenait cependant la nécessité de ces voyages, mais elle n'avait pas toujours la force de dissimuler le chagrin qu'elle en ressentait. Lorsque Galiani sait les appréhensions de son amie, il ne peut contenir sa colère contre celui qui la tourmente ainsi sans repos ni trève :

« Peste soit de l'Allemand ! s'écrie-t-il, il est donc toujours ivre ? Toujours ? Et ne voit-il pas qu'avec ses propos bêtes de retour et de nouveaux voyages, il vous empêche de vous bien porter, selon mon ordonnance. Enfin, ma belle dame, prenez patience, attendez qu'il ait cuvé son Nord. Lorsqu'il sera rassis, je me flatte qu'en se frottant les yeux, il dira : Que j'étais ivre [1] ! »

Cédant aux instances de madame d'Épinay, Grimm consentit à retarder son voyage jusqu'à la fin de l'année 1775.

C'est dans les premiers jours de cette même année que madame d'Épinay fit paraître les *Conversations d'Émilie*. Pendant les absences de Grimm et quand madame de Belsunce résidait à Méharin, les soins affectueux des belles-sœurs de madame d'Épinay ne lui manquaient point, ses amis ne la négligeaient pas non plus quand elle pouvait les recevoir, mais sa maladie avait fait de tels progrès qu'une partie de ses journées se passait dans son lit ou sur une chaise longue ; les heures alors s'écoulaient bien

---

1. 19 décembre 1774.

lentes pour la pauvre malade. Elle cherchait une occupation qui pût la distraire de ses douleurs, parfois intolérables, et ce fut sa chère petite Émilie qui la lui fournit. Vivant sans cesse avec cette enfant, elle eut l'idée d'écrire pour elle un livre d'éducation. On reconnaît là sa passion favorite, mais cette fois, loin de *disserter pédantesquement*, elle sut revêtir ses idées d'une forme neuve et originale, en reproduisant presque littéralement les conversations qu'elle avait avec sa petite-fille. Le rôle d'Émilie n'est pas le moins joli, il y a dans ses répliques une naïveté et un piquant qu'on n'inventerait pas. Ces qualités sont rendues à merveille par madame d'Épinay, dont le principal talent a toujours été la fine observation et la reproduction de ce qu'elle avait vu ou entendu.

Dès que l'ouvrage parut, il obtint le plus grand succès; de tous côtés arrivèrent les éloges et les félicitations[1].

VOLTAIRE A MADAME D'ÉPINAY.

A Ferney, 28 janvier 1775.

« La fille de l'arrière-petite-fille du grand Corneille, madame, lit les *Conversations d'Émilie*. Elle s'écrie

---

1. La princesse de Beauvau écrivait à Grimm :
« Je viens de lire les *Conversations d'Émilie* avec un plaisir
» si sensible que je désire infiniment les avoir à moi. Je
» ne sais où elles se trouvent. Si M. de Grimm voulait
» bien se charger de me les procurer, je lui en aurais une

à chaque page. « Ah! la bonne maman! la digne maman! » Et moi, je me dis tout bas : Pourquoi ne puis-je être aux pieds de l'auteur! pourquoi mes quatre-vingt-un ans me privent-ils du bonheur de la voir et de l'entendre! pourquoi me faut-il finir ma vie si loin d'elle! Ah! mademoiselle de Belsunce, que vous êtes heureuse!

» Je ne sais où est M. Grimm. S'il est à Paris, il vous fait sa cour sans doute, et je vous demande votre protection, madame, pour qu'il se souvienne de moi. Vous datez de votre grabat. Il y a trois mois que je ne suis sorti du mien. Je suppose que votre joli grabat est vers la place Vendôme; c'est là que j'adresse mes très sincères remercîments et mes très humbles respects. »

Catherine elle-même, à qui l'auteur s'était empressé d'envoyer un exemplaire, répondit à Grimm :

« ... Je lis présentement vos *Conversations d'Émilie* et je ne peux pas les quitter ; et, dès que je pourrai m'en séparer, je les ferai traduire en russe.

» véritable obligation. Cet excellent et agréable ouvrage
» m'aurait fait regretter plusieurs fois de n'être pas mère,
» s'il était aussi aisé d'imiter que d'admirer celle qui a su
» l'être avec cette sensibilité, cette raison et cette lumière. »
(Bibliothèque nationale, manuscrits fr. nouv. acq. 1186.)

C'est un livre, non seulement charmant, mais de toute utilité pour quiconque s'intéresse à l'éducation des enfants. Hélas! si, au lieu de se casser la tête pour faire des bêtises, les auteurs voulussent n'écrire que des choses pareilles, il y aurait moins de choses inutiles dans le monde. »

GALIANI A MADAME D'ÉPINAY.

Naples, 28 janvier 1775.

« Savez-vous bien, ma belle dame, que vous avez pensé me faire étouffer à force de rire. Si j'en étais mort, votre livre en aurait été cause. Cette dixième conversation est chose incroyable (car le mot chef-d'œuvre est trop avili). Émilie s'est surpassée elle-même en contant ce conte des *Et puis*[1]. Mon Dieu, quel conte! Ah çà, je rêve depuis quelques jours à décider à quoi votre livre est bon; et je crois l'avoir trouvé. Je m'en servirai comme d'une pierre de touche pour connaître les hommes. Voici un échantillon de la table de ce nouveau baromètre.

» Ceux qui disent que ce livre est bon, utile, mais qu'on aurait pu le faire mieux et le rendre plus

---

1. Voir l'Appendice II.

instructif, ce sont des têtes bornées, petits esprits rétrécis.

» Ceux qui ne le goûteront point du tout, ce sont des plats b...., sans âme ni cœur.

» Ceux qui le trouveront parfait, ce sont des flatteurs.

» Ceux qui le trouveront d'une gaieté et d'une naïveté originales, qui en étoufferont de rire, et qui ne le trouveront utile en rien, parce que rien n'est utile à l'éducation, attendu que l'éducation est en entier l'effet du hasard, autant que la conception, ce sont des hommes sublimes, Diderot, Grimm, Gleichen et votre serviteur. »

Tous ces témoignages flatteurs causèrent une grande joie à madame d'Épinay.

L'année 1775 lui ménageait encore une profonde satisfaction. On se rappelle que, depuis la fin de 1773, Louis d'Épinay était en Suisse; sa conduite y fut très bonne. Sa vie, du reste, est émaillée de contrastes. Fils de fermier général, gâté et choyé à l'excès; puis, petit commis, balayant les bureaux de M. Bethmann et mouchant les chandelles; élégant conseiller au Parlement, poète et musicien, courtisant tour à tour femme de chambre et comédienne, pendant qu'il jure un amour sans partage à mademoiselle de Saint-Pau, puis arrêté brusquement et jeté en prison pendant des années; brillant officier aux dragons de Schomberg, jouant gros jeu et friand de la lame, emprisonné de nouveau, puis installé à Berne, dans la société de trois vieilles dames, dont il fait les délices, nous le retrouvons toujours avec son imperturbable insouciance, sa bonne humeur qu'aucune disgrâce ne peut altérer.

Après un séjour prolongé à Berne, Louis s'était rendu à Fribourg où M. d'Affry l'avait chaudement recommandé aux de Boccard, ses parents. Si un milieu était de nature à régénérer d'Épinay, c'était à coup sûr celui dans lequel il allait vivre. La haute société fribourgeoise se composait alors de cent familles patriciennes, inscrites aux registres d'État. Il fallait, pour être admis au patriciat, non seulement des preuves de noblesse, mais une vie et une réputation sans tache. Les d'Affry, les de Boccard, les Diesbach, les Maillardoz, les de Castella en faisaient partie. Une faute grave suffisait pour en être exclu. Cette aristocratie affectait une rare simplicité dans ses habitudes ; du reste les mœurs austères de la République ne toléraient aucun luxe. La plupart des chefs de ces grandes familles avaient servi la France, Naples ou le Pape.

M. de Boccard était chevalier de Saint-Louis et ancien lieutenant au régiment des gardes suisses au service de France. Sa femme était morte lui laissant deux filles charmantes. D'Épinay fut très bien accueilli dans la maison ; son esprit, son amabilité plurent à mademoiselle de Boccard, la cadette, dont il s'éprit lui-même très rapidement ; grâce à l'influente intervention du comte d'Affry, le mariage fut décidé. Si cette union était fort modeste au point de vue de la fortune, elle était des plus honorables et, on peut le dire, inespérée après toutes les folies de Louis.

Nous touchons à la fin des péripéties de cette vie orageuse; d'Épinay va enfin trouver le port et sauf quelques dettes, qu'il ne pourra jamais s'empêcher de contracter, il vivra tranquillement en père de famille dans la bonne ville de Fribourg.

La future se mariait sans argent comptant, avec ses droits.

Le futur n'avait pour tous biens que la somme de 20.000 livres, provenant de la liquidation de l'office de conseiller au Parlement de Pau, plus les revenus et bénéfices de 3/13 dans un quart de place de fermier général.

M. et madame d'Épinay s'engagèrent, dans le cas où les revenus de leur fils ne monteraient pas à 5.000 livres, à compléter la somme. Chaque fois que les revenus dépasseraient 5.000 livres, le surplus serait affecté à payer les créanciers. Sur les dettes contractées avant le 26 juin 1773, c'est-à-dire avant l'interdiction, il restait encore 32.000 fr. à payer.

Louis d'Épinay s'engageait à donner à sa femme, annuellement, 700 livres pour son entretien et 2.000 livres pour le même objet, à partir du jour où il aurait hérité de son père. Il s'engageait également à lui donner 200 livres par enfant jusqu'à l'âge de huit ans et 400 au-dessus de cet âge.

Les deux époux s'obligeaient en outre à fixer leur demeure à Fribourg, pendant les sept premières années de leur mariage, et à habiter chez M. de Boccard, qui leur fournissait tous les meubles et ustensiles, vaisselle et linge nécessaires sans pouvoir rien exiger d'eux pour lesdits logements et fournitures.

Enfin, l'interdiction de Louis était levée à l'occasion de son mariage, mais il s'engageait à habiter Fribourg durant la vie de son père.

Cette clause fut insérée à la demande de M. de Boccard et aussi de madame d'Épinay, qui connaissait mieux que personne le caractère faible de son fils, les dangers d'un séjour à Paris et l'influence désastreuse que pourrait avoir sur lui M. d'Épinay. Louis désirait passionnément revoir Paris et il saisit l'occasion de son mariage pour y faire une courte apparition.

MADAME D'ÉPINAY A MADEMOISELLE DE BOCCARD LA CADETTE.

Ce 3 juin 1775.

« Vous aviez bien raison, ma chère fille, d'empêcher mon fils de partir ; c'était assurément une peine bien inutile et de l'argent dépensé bien inutilement. Je ne puis pas dire cependant que je n'aie été fort aise de le voir, mais je suis d'un autre côté tout aussi impatiente de voir son bonheur constaté ; aussi je vous le renvoie tout de suite, il part dans une heure, et je n'ai que le temps de vous remercier de la lettre charmante que vous m'avez écrite. Ma chère fille, je vous aime, je vous embrasse mille fois, je donnerais beaucoup pour passer quelque temps avec vous, mais cette douceur m'est interdite, au moins quant à présent. Plus de compliments à la fin de vos lettres; je suis votre maman, il est vrai, mais je suis, ou du moins je veux être, votre amie, votre meilleure amie, partant, nulle, nulle cérémonie. Bonjour, ma chère enfant. »

M. et madame d'Épinay ne purent assister au mariage; M. d'Épinay se contenta d'écrire à sa belle-fille en lui envoyant un cadeau :

M. D'ÉPINAY A MADEMOISELLE DE BOCCARD.

Ce dimanche au soir.

« Tous les rapports avantageux qui m'ont été faits à votre sujet, mademoiselle, justifient parfaitement l'empressement de mon fils et me sont un sûr garant que vous ferez son bonheur. J'espère, mademoiselle, qu'il méritera, par tous les procédés dont je le sais capable, le retour des sentiments que vous lui avez inspirés. J'ai bien du regret de ne pouvoir être témoin d'une union aussi satisfaisante pour moi. J'espère bien un jour me dédommager de cette privation que les circonstances présentes rendent inévitable.

» En attendant cet heureux moment, je vous prie, mademoiselle, de recevoir les sentiments du père le plus tendre pour la fille la plus chérie. »

P.-S. « Madame d'Épinay et madame de Belsunce, toutes deux dans leur lit, incommodées d'une forte migraine, me chargent de leurs excuses si elles remettent à vous écrire au premier courrier. Pour moi, je n'ai pas voulu retarder plus longtemps le plaisir de m'entretenir avec vous, après en avoir beaucoup parlé à M. de Maillardoz, avec lequel je viens de passer une partie de la soirée. Il a de plus que moi le bonheur de vous connaître, et il en sent tout le prix. Voudrez-vous bien permettre, mademoiselle, que mon fils vous présente de la part de madame d'Épinay et de la mienne une bourse de cinquante louis, qui vous plairont peut-être plus qu'un bijou qui pourrait n'être pas de votre goût. »

Madame d'Épinay s'éprit pour sa belle-fille de la plus vive affection. Ce mariage qui la comblait de joie avait presque rétabli sa santé ; elle s'empressa d'en faire part à tous ses amis.

« Jamais lettre de vous ne m'a fait plus de plaisir, lui répond Galiani : le rétablissement de votre santé, l'établissement de votre fils, sont des objets solides de gaieté et de bonheur humain...

» Votre fils séjournant à Fribourg pendant quelque temps est tout ce que je trouve de mieux dans votre affaire. L'air froid, flegmatique de la Suisse, la société avec des êtres calmes, sensés, pesants même, fera grand bien à la tournure d'esprit de votre fils, et j'espère qu'à Fribourg il deviendra le fils de sa mère, comme à Pau il était bien le fils de son père. »

XVII

1775-1778

Départ de Grimm pour l'Italie. — Son séjour à Naples. — Correspondance de madame d'Épinay avec Galiani.— Mort de madame de Furcy (mademoiselle Verrière). — Aurore de Saxe, son mariage avec Francueil. — Interdiction de M. d'Épinay. — Retour de Grimm. — Émilie de Belsunce. — Arrivée de Voltaire à Paris. — Honneurs qui lui sont décernés, sa mort. — Mort de Rousseau.

Grimm, depuis plus d'un an, renvoyait toujours son voyage d'Italie; il se décida enfin à l'entreprendre, il accompagnait les princes Romanzoff. Après un court séjour dans le nord, il arriva à Naples. La joie de Galiani en retrouvant son ami fut grande, malgré les préoccupations que leur causait la santé de madame d'Épinay, de nouveau gravement altérée.

Naples, 20 janvier 1776.

« Sans flatterie, votre lettre est la plus belle lettre qu'on ait écrite depuis qu'on a écrit des lettres. Je vous en fais juge. La chaise de paille et moi embrassés, voulant jouir de ce bonheur tant soupiré, et commençant à le goûter en effet, si une lettre de vous était arrivée avec de fâcheuses nouvelles de votre santé, quel coup de massue! quelle horrible situation pour nous deux de ne nous être revus que pour pleurer ensemble! En revanche, j'ai reçu votre lettre dictée par vous : je ne faisais que le quitter ; vite, j'ai couru chez lui : nous nous sommes embrassés comme des pauvres, et vite et vite, nous avons pris des arrangements pour le Vésuve, le Cocagne[1], les Presepios et mille autre niaiseries napolitaines. Ah! la bénite lettre, la bienheureuse lettre! elle nous a ressuscités.

» Si je l'ai revu, pourquoi ne vous reverrais-je pas aussi? »

Galiani ne jouit pas longtemps de la présence de son cher Grimm ; après un court séjour, la chaise de poste et de paille et ses princes repartirent pour

---

1. *Cocagne*, les mâts de ce nom, nouveauté de cette époque, étaient très en faveur à Naples. — *Présepios*, crèches avec personnages de grandeur naturelle. On leur donne souvent en Italie une importance artistique considérable Celle du palais de Capo di Monte est célèbre. Ces crèches ressemblent assez à celles que l'on voit à Noël dans nos églises.

l'Allemagne et la Russie; en traversant la Suisse ils firent un pèlerinage à Ferney.

Dans le courant de 1776, la santé de madame d'Épinay paraît se raffermir; elle retrouve aussitôt sa gaieté, et ses lettres s'en ressentent; elle plaisante agréablement Galiani sur le peu d'intérêt des nouvelles qu'ils ont à se communiquer :

MADAME D'ÉPINAY A GALIANI.

29 juillet 1776.

« C'est certainement, mon charmant abbé, une correspondance unique que la nôtre; nous nous écrivons toutes les semaines des lettres de trois ou quatre pages dans lesquelles on ne trouve autre chose, sinon : Je me porte bien, je suis gaie, je suis triste, il fait chaud, il fait froid, un tel est parti, un autre arrive, etc.; et nous sommes contents de nous comme des rois : nous nous trouvons de l'esprit comme quatre. Si, par hasard, un courrier manque, voilà des plaintes, des cris, il semble que tout soit perdu. Savez-vous que je commence à penser que nous sommes bien plus heureux que nous ne le croyons? Puisque vous l'êtes de ma meilleure santé, je vous dirai qu'elle chemine vers la robusticité, et, pour vous donner du nouveau, j'ajouterai que je me remets, non à travailler, mais à penser, et si ce bon état dure, je ne désespère pas de pouvoir continuer mes *Dialogues sur l'éducation.*

» Adieu, adieu, mon cher abbé, je vous embrasse. »

Et cependant cette correspondance, si peu intéressante qu'elle fût, au dire de madame d'Épinay, Galiani y tenait par-dessus tout et se montrait de fort méchante humeur quand par hasard des retards se produisaient :

MADAME D'ÉPINAY A GALIANI.

Paris, 20 février 1777.

« Oh ! je vous entends d'ici, mais, en vérité, mon cher abbé, ce n'est pas ma faute, et, si je n'ai point écrit, c'est que je n'ai pu écrire. Mal aux entrailles, mal aux dents ; des comptes à retirer des mains d'une veuve désolée, qui n'avait le temps que de pleurer et ne trouvait pas celui de me rendre mon argent ; des *Dialogues* à faire ; un *Catéchisme moral* que j'ai entrepris, une pièce de mes amis qui est tombée et qu'il a fallu relever ; que sais-je ? et tout cela du fond de mon fauteuil, car je n'en bouge pas ; et puis le temps qui coule sans en avertir ; un dimanche n'attend pas l'autre ; on ne sait pas comment faire. Enfin, me voilà, je vais vous conter une histoire et puis nous verrons.

» M. le lieutenant de police était prié d'un grand dîner de cérémonie, d'un repas de communauté. C'était le cas d'avoir une perruque neuve : il la commanda. Le jour arriva et la perruque n'arrivait pas. Un valet de chambre va la chercher. Le perruquier fait mille excuses, mais sa femme était accouchée deux jours avant, l'enfant était mort la veille, la femme était encore très mal ; il n'est pas étonnant que, dans ces moments de trouble et d'embarras, on ait oublié de porter la perruque à monseigneur. Mais la voilà dans cette boîte : « Vous verrez, dit-il, que
» j'y ai apporté tous mes soins. » On ouvre la boîte avec précaution pour ne pas gâter la perruque, on y trouve l'enfant mort de la veille. « Ah ! Dieu ! s'écria
» le perruquier, les prêtres se sont trompés, ils ont
» enterré la perruque !... » Il a fallu un ordre de l'archevêque, un procès-verbal, un arrêt du conseil et je ne sais quoi encore pour enterrer l'enfant et déterrer la perruque.

» Il y a aussi un procès fort plaisant entre la marquise de Saint-Vincent et un tailleur, à qui elle a commandé une paire de culottes pour l'abbé un tel, et qu'elle refuse aujourd'hui de payer ; mais le détail de cette affaire, assez plate en elle-même, serait trop long.

» Comment vont vos dents, l'abbé ? Les miennes

ne veulent ni tomber ni rester, elles se bornent à me faire des maux enragés. Est-ce qu'on ne peut pas les mettre à la raison ? Chaque partie de nous-même a donc une volonté, une puissance ? Y entendez-vous quelque chose ? Ah ! dites-le-moi, je vous prie !

» Bonsoir, mon abbé. Soyez-en sûr, je vous aime toujours, toujours ; mais le temps de le dire, où le trouve-t-on ? »

L'abbé se fâche et répond :

« Voici, en vérité, la première de vos lettres depuis huit ans qui, sans m'affliger, m'a déplu. Elle est, en vérité, gaie, folâtre, plaisante, ce qui prouve un assez bon fonds de santé à la fin d'un hiver fort rude, et cela m'empêche de m'affliger ; mais elle me prouve aussi que vous commencez à me négliger et que vous ne m'écrivez que par manière d'acquit ! et cela me déplaît fort. »

A cette apostrophe, madame d'Épinay ne peut contenir sa colère et elle reproche à Galiani son ingratitude. L'abbé se déclare enchanté :

« Vous avez donc cru bonnement que je me fâcherais bien de m'entendre appeler monstre, ingrat, tout ce qu'on peut être, etc.? vous vous trompez. Toutes les passions me sont égales. La seule indifférence me tue. Je me réjouis des colères, des rages, des transports : tout cela est amour. Fâchez-vous et aimez-moi. Voilà la loi et les prophètes. »

Depuis bien longtemps, nous n'avons pas parlé de Francueil, qui a joué un si grand rôle dans notre récit. Il était resté cependant en relations avec madame d'Épinay, et elle le voyait de temps à autre. Dans le courant de 1777 un événement singulier mit un terme à ses visites.

L'aînée des demoiselles Verrière avait eu du célèbre maréchal de Saxe une fille qui fut appelée Aurore. La Dauphine adopta cette enfant à la mort du maréchal et la fit élever dans un couvent en lui interdisant de voir sa mère, puis, en 1766, elle lui fit épouser le comte de Horn, bâtard de Louis XV et lieutenant du roi à Schlestadt[1].

Au bout d'un an, la jeune femme était veuve;

---

[1]. Suivant la coutume assez fréquente à cette époque, la jeune femme ne vit son mari que la veille de ses noces et en eut grand'peur. Heureusement pour elle, un valet de chambre du comte dévoila certains dangers qu'Aurore pouvait courir avec son mari, et il ne fut jamais que de nom l'époux de sa femme. Ils partirent pour l'Alsace, mais une nuit, au milieu d'un bal donné en l'honneur des nouveaux époux, le comte de Horn disparut ; on le rapporta quelques moments après, la poitrine traversée d'un grand coup d'épée.

elle dut rentrer au couvent; mais l'année suivante, lorsque la dauphine mourut, elle recouvra sa liberté et en profita pour aller vivre chez sa mère ; à partir de cette époque elle prit part à tous les divertissements qui se donnaient dans la maison.

La jeunesse d'Aurore retint chez les Verrière ceux que n'auraient pu garder leurs charmes surannés. La jeune veuve fut bientôt l'attrait de la maison. Francueil lui faisait une cour discrète. « Les demoiselles Verrière vivaient toujours ensemble dans l'aisance et menaient grand train. Elles vivaient agréablement avec l'insouciance que le peu de sévérité des mœurs de l'époque leur permettait de conserver, et *cultivant* les Muses, comme on disait alors. » On s'occupait là exclusivement de littérature et de musique... On y donnait aussi l'opéra-comique. Aurore fit Colette dans le *Devin du village*, Azemia dans les *Sauvages*, et tous les principaux rôles dans les opéras de Grétry et les pièces de Sedaine.

Mais, en 1775, elle perdit sa mère. « Mademoiselle Verrière mourut un soir, au moment de se mettre au lit, sans être indisposée le moins du monde et en se plaignant seulement d'avoir un peu froid aux pieds. Elle s'assit devant le feu, et, tandis que sa femme de chambre lui faisait chauffer sa pantoufle, elle rendit l'esprit sans dire un mot ni exhaler un soupir. Quand la femme de chambre l'eut chaussée, elle lui demanda si elle se sentait bien réchauffée, et, n'en obtenant pas de réponse, elle la regarda au visage et s'aperçut que le dernier sommeil avait fermé ses yeux[1]. » Aurore ne voulut pas demeurer chez sa tante et se retira au couvent; c'était la mode à cette époque pour une jeune veuve sans parents; on s'y installait paisiblement, on recevait des visites, on sortait quand on voulait, le soir même, avec un chaperon convenable. Le charme et l'esprit de la jeune femme avaient inspiré à Francueil la plus violente passion et à partir de cette date il ne passa plus un jour sans aller au couvent visiter son amie. En 1777 il finit par obtenir sa main, mais ce fut à grand'peine, on ne trouvait pas que M. Dupin fût digne de la veuve du comte de Horn. Elle avait trente ans, Francueil soixante-deux. Le mariage fut célébré en Angleterre. Juste neuf mois après, le 13 janvier 1778, les deux époux eurent un fils[2].

Aurore nous a laissé le portrait de son mari, plus adorable que jamais malgré ses soixante ans.

« Je suis convaincue que j'ai eu le meilleur âge de sa vie, et que jamais jeune homme n'a rendu une jeune femme aussi heureuse que je le fus; nous ne nous quittions pas d'un instant, et jamais je n'eus un instant d'ennui auprès de lui. Son esprit était une encyclopédie d'idées, de connaissances et de

---

1. George Sand, *Histoire de ma vie*. T. I.
2. Maurice Dupin, qui fut le père de madame George Sand.

talents, qui ne s'épuisa jamais pour moi. Il avait le don de savoir toujours s'occuper d'une manière agréable pour les autres autant que pour lui-même, il était excellent violon, et faisait ses violons lui-même, car il était luthier, outre qu'il était horloger, architecte, tourneur, peintre, serrurier, décorateur, poète, compositeur de musique, menuisier et qu'il brodait à merveille. Je ne sais pas ce qu'il n'était pas. Le malheur, c'est qu'il mangea sa fortune à satisfaire tous ces instincts divers et à expérimenter toutes choses ; mais je n'y vis que du feu, et nous nous ruinâmes le plus aimablement du monde. Le soir, quand nous n'étions pas en fête, il dessinait à côté de moi, tandis que je faisais du parfilage, et nous nous faisions la lecture à tour de rôle ; ou bien quelques amis charmants nous entouraient et tenaient en haleine son esprit fin et fécond par une agréable causerie[2]. »

La mort de mademoiselle Verrière l'aînée aurait dû plonger M. d'Épinay dans une profonde douleur. Une liaison de trente ans ne se rompt pas sans laisser un grand vide. Mais il avait eu la prudence de nouer avec les deux sœurs une intimité si étroite que la disparition de l'une d'elles ne l'affecta qu'à moitié. Ayant perdu madame de Furcy, il continua

---

1. George Sand, *Histoire de ma vie*, t. I.

à vivre avec madame d'Orgemont et rien, ou bien peu de chose, ne fut changé à leur existence. Les dépenses non plus ne changèrent pas.

En 1776, M. d'Épinay parut se rendre compte de la ruine complète qui l'attendait et, dans un moment de lucidité, il céda aux prières de sa famille, et s'adressa lui-même au Châtelet de Paris, en sollicitant la nomination d'un Conseil judiciaire. Le tribunal, faisant droit à sa demande, lui désigna comme conseil [1] M. Le Pot d'Auteuil, le célèbre notaire [2].

Cette nomination ne rendit pas M. d'Épinay plus sage, peut-être s'en rapporta-t-il à la surveillance de son conseil qui, suivant l'usage, ne surveilla rien. En effet dix mois après, le 11 avril 1777, un arrêt du Parlement de Paris constatait de nouvelles dettes, des plus considérables, et ordonnait la distribution d'une partie des biens de M. d'Épinay aux créanciers.

M. Le Pot d'Auteuil résigna ses fonctions et fut remplacé par M. Pinon du Coudray, avocat au parlement et secrétaire du roi ; il s'efforça vainement de ramener son client à la raison ; endetté plus que jamais, M. d'Épinay fut même cité au tribunal des juges consuls et contraint par corps [3].

1. Par jugement du 10 juin 1776.
2. Florent-Jacques Le Pot d'Auteuil exerça les fonctions de notaire de 1759 à 1783 ; il demeurait rue Saint-Honoré, vis-à-vis l'hôtel de Noailles.
3. En juillet, l'actif de M. d'Épinay s'élevait à 150,000 livres, son passif à 650,000, sans compter les intérêts de cette somme depuis un nombre d'années inconnu.

Madame d'Épinay, épuisée par les chagrins, comprit que, si elle venait à mourir, ses enfants seraient complètement ruinés et ne trouveraient rien de la substitution imaginée par la prudence de M. de Bellegarde ; faisant donc appel à toute son énergie et réunissant toutes ses forces, elle voulut sauver les derniers débris de la fortune de son mari.

Après avoir pris l'avis de la famille qui fut unanime, elle adressa une requête à M. Angran d'Alleray, lieutenant civil du Châtelet de Paris, pour obtenir l'interdiction de M. d'Épinay. C'était une grave démarche, et le magistrat proposa, pour éviter le scandale, des moyens juridiques qui lieraient le prodigue sans pour cela prononcer l'interdiction. A la nouvelle de ce qui se tramait contre lui, M. d'Épinay s'empressa d'écrire à sa femme pour lui faire les plus violents reproches. Elle lui répondit simplement par le billet suivant :

A M. D'ÉPINAY.

En son hôtel, rue des Saussayes.

« Madame d'Épinay est toujours dans son lit avec de la fièvre et une attaque de douleurs très vives et très continues ; on lui fait cependant espérer qu'avec beaucoup de repos, cette crise n'aura pas de suite. Elle a grande impatience de la voir finir, afin de pouvoir répondre à la lettre qu'elle vient de recevoir de M. d'Épinay, qui lui fait une peine extrême. Elle espère, lorsqu'elle sera en état d'écrire, de le faire changer d'opinion sur les soupçons qu'il montre; mais, malheureusement, elle n'est ni en état de parler ni en état d'écrire. Elle le prie d'avance d'être persuadé que quelque tournure que prennent les affaires, elle ne manquera jamais à ce qu'elle doit à sa personne et à ses véritables intérêts. »

Le 8 juillet 1777.

En même temps qu'à sa femme, M. d'Épinay avait écrit au lieutenant civil pour le supplier, l'assurant que, si sa famille voulait lui avancer 30,000 livres cette somme suffirait pour arranger ses affaires.

Madame d'Épinay, à bout de patience, ne voulait plus entendre parler de transactions; elle répondit par un mémoire assez dédaigneux dans lequel, rappelant tous les efforts déjà tentés inutilement, toutes les sommes déjà avancées sans résultat, elle déclarait que ni elle ni la famille ne viendraient en aide à M. d'Épinay, si l'interdiction n'était pas prononcée. Elle écrivait en même temps une lettre affectueuse à son mari où elle lui déclarait que cette détermination pénible à son cœur lui avait été dictée par ses devoirs de mère. « Les délais sont inutiles, concluait-elle, croyez-moi, finissez le plus tôt que vous pourrez. Venez me voir et soyez sûr que vous n'aurez jamais de meilleurs amis que vos enfants et moi. » M. d'Épinay se résigna enfin, et déclara que : « par déférence pour sa femme et pour sa famille, pour faciliter à ses créanciers le paiement de leurs dettes et pour se procurer une tranquillité que l'embarras de ses affaires lui avait enlevée, il consentait volontairement à son interdiction. » Mais il mettait pour condition qu'il toucherait avant tout sur ses revenus une pension de 10,000 livres, qu'il restait en possession de son mobilier, de son logement et qu'il pourrait loger et déloger quand il voudrait. De plus, il se reconnaissait débiteur de mademoiselle d'Orgemont de sommes considérables et stipulait encore en sa faveur une rente de 1,000 livres.

Toutes ces propositions furent repoussées et la procédure s'ouvrit le 11 août. Madame d'Épinay adressa au lieutenant civil, une requête dans laquelle elle résumait tous ses motifs pour obtenir l'interdiction [1].

Le 18 août M. d'Épinay fut interrogé. Un mois s'écoula sans résultat. Sa femme, inquiète et impatientée de ces retards, écrit de nouveau au magistrat :

MADAME D'ÉPINAY A M. ANGRAN D'ALLERAY.

10 septembre.

« Mon état m'empêche, monsieur, d'avoir l'hon-

---

[1]. Ce réquisitoire très important confirme absolument tout ce que madame d'Épinay a écrit sur son mari dans ses Mé-

neur de vous faire ma cour et de solliciter notre jugement auprès de vous. J'ose vous supplier de vouloir bien rapporter dès demain, s'il est possible, notre affaire à la Chambre du conseil... Tirez-nous de la perplexité affreuse où nous sommes tous. Vous êtes touché avec juste raison, monsieur, de l'état de M. d'Épinay; mais si vous me faisiez l'honneur de me venir voir, et que vous fussiez témoin des souffrances, qui sont la suite de vingt ans de chagrins, obligée de prendre chaque jour une dose d'opium pour être en état de vaquer à mes affaires, je crois, monsieur, que vous penseriez que si le personnel doit entrer pour quelque chose dans la décision de cette affaire, le mien peut mériter quelque attention de votre part et quelques égards.

» J'ai l'honneur d'être très parfaitement, monsieur, votre très humble et obéissante servante[1]. »

L'interdiction fut prononcée le 18 septembre 1777. On laissait à M. d'Épinay 10,000 livres pour subvenir à tous ses besoins. On lui nommait pour conseils judiciaires, MM. Antoine Joly et Pinon du Coudray.

---

moires; sa véracité complète se trouve encore affirmée par l'interrogatoire des parents et amis devant le lieutenant civil. (Voir l'appendice III.)

1. Archives nationales, Y, 5034.

Madame d'Épinay en était venue à ses fins, mais au prix de quelles peines et de quels soucis! Il est assez curieux qu'on l'ait laissée mener seule cette pénible négociation. Grimm n'était pas encore de retour et il est probable qu'il avait à dessein prolongé son voyage pour qu'on ne pût lui prêter un rôle odieux en l'accusant d'être l'instigateur de madame d'Épinay.

Depuis son départ de Naples en 1776, il avait séjourné successivement à Berlin, à Kœnigsberg, à Pétersbourg; il assista dans cette dernière ville aux fêtes données en l'honneur du mariage du grand-duc Paul avec la princesse Marie de Wurtemberg, et à la visite du roi de Suède, Gustave III.

En quittant Pétersbourg, il visita Stockholm et Berlin, il ne rentra à Paris qu'en novembre 1777, son absence avait duré près de deux ans. L'état de santé de madame d'Épinay s'était singulièrement aggravé pendant la fin de l'année 1777; les soucis que lui avait donnés l'interdiction de son mari devaient en être la cause. Des crachements de sang répétés avaient effrayé tous ses amis et elle se trouvait dans un tel état de faiblesse qu'elle dut charger madame de Belsunce de la remplacer auprès de Galiani. Celui-ci cherche à rassurer sa correspondante:

« Commençons par le plus important. Vous comprenez que c'est de la santé de maman dont je veux vous parler? Pourquoi vous inquiétez-vous si fort qu'elle fasse toujours usage de l'opium ? Qu'en craignez-vous ? Ignorez-vous (non, vous ne l'ignorez pas) que l'Orient tout entier, c'est-à-dire la moitié du genre humain, vit avec l'opium, ou pour mieux dire dans l'opium jusqu'à la décrépitude ? L'Occident se sert de vin au lieu d'opium et en tire le même parti. Ne connaissez-vous pas de vieilles ivrognesses ? Eh bien ! maman sera une vieille ivrognesse d'opium. J'ai connu la comtesse Borromée, qui, par une santé frêle, à l'âge de cinquante ans, eut besoin, pour ses nerfs de l'opium et du musc. On ne saurait imaginer le dégât qu'elle en a fait dans sa vie ; elle vient de mourir à l'âge de cent deux ans.

» Mettez-vous bien dans la tête que la vie n'étant qu'un amas de maux, de souffrances et de chagrins :

Dieu fit de s'enivrer la vertu des mortels. »

On se rappelle que, depuis de longues années, madame d'Épinay gardait près d'elle sa petite-fille Émilie. Grimm s'était extrêmement attaché à cette enfant qui avait pour ainsi dire grandi sous ses yeux, et il lui donna pendant toute sa vie les preuves de la plus tendre affection. Le soin de son avenir le préoccupait sans cesse, et, dès 1778, il s'inquiétait de créer à la jeune fille une petite fortune indépendante qui pût lui venir en aide en cas de malheur.

M. de Belsunce, consulté et sollicité d'intervenir, répondit :

M. DE BELSUNCE A MADAME D'ÉPINAY[1].

A Méharin, le 14 janvier 1778.

« Madame ma très chère maman,

» J'ai reçu la lettre que vous m'avez fait l'honneur de m'écrire le 31 du mois dernier.

» Quant à la somme de 7,056 francs que vous me demandez pour finir l'opération que M. de Grimm a envie de faire pour placer 40,000 livres à fonds perdu sur la tette de ma fille Émélie, il m'ait impossible de vous envoyer cet argent, mais je m'ange[2] de payer exactement l'intérêt de cette somme dans deux semestres, de six en six mois, ce qui fait par chaque année 352 livres 1 denier, et pour cet objet j'ai ocmenté dimanche dernier mon revenu de 358 livres. Ci ma proposition peut convenir, on ne doit pas être en peine de mon exactitude à payer l'intérêt de la somme de 7,056 livres 1 denier. De

---

1. Bibliothèque nationale, manuscrits B. N. 4071. Nous avons scrupuleusement respecté l'orthographe de cette lettre.
2. Probablement « *je m'engage* ».

grâce, ma respectable maman, ne manquons pas de faire le bonheur de ma fille. Je ne vous écris pas plus longuement, j'ai une fluxion à un œil qui me fait souffrir. Émélie m'a écrit une jolie lettre. Cette fille est un bijoux.

» Je suis avec respect, madame ma très chère maman, votre très humble et très obéissant serviteur.

Le vicomte de Belsunce.

» Mille choses, je vous prie, à M. de Grimm, de ma part. »

Émilie portait déjà le titre de comtesse; elle avait été reçue chanoinesse du chapitre de Notre-Dame de Coyse en Largentière[1]. Il semble que l'on ait cherché peu à peu à soustraire la jeune fille à la direction de ses parents et à lui créer une situation

---

1. « Diocèse de Lyon, département de l'Ardèche. Il fallait, » pour être admis dans ce chapitre, faire preuve de huit » degrés de noblesse paternelle et de trois degrés de noblesse » maternelle. Les chanoinesses de Notre-Dame de Coyse » portaient le titre de comtesse. Leur marque distinctive » était une croix d'or émaillée, surmontée d'une couronne » de comte avec cette inscription d'un côté : Notre-Dame de » Coyse, fondée en 1273, et de l'autre : Comtesses de Largen- » tière. Cette croix était attachée à un ruban vert que les » dames portaient en écharpe et fixé sur l'épaule par des » ganses à glands d'or. » (Campardon, *Prodigalités d'un fermier général.*)

indépendante. L'avenir ne pourra que nous confirmer dans cette opinion.

Au mois de mars, madame d'Épinay eut la joie de revoir Voltaire, son ami de vingt ans. Malgré ses quatre-vingt-quatre ans le philosophe fit le voyage de Paris en cinq jours, au mois de février. Il rejoignit à Fontainebleau madame Denis, M. et madame de Villette, qui l'avaient précédé, et le lendemain il reçut les hommages de toute la France. « Non, l'apparition d'un revenant, celle d'un prophète, d'un apôtre, n'auraient pas causé plus de surprise et d'admiration que l'arrivée de M. de Voltaire. Ce nouveau prodige a suspendu quelques moments tout autre intérêt; il a fait tomber les bruits de guerre, les intrigues de robe, les tracasseries de cour, même la grande querelle des Glückistes et des Piccinistes. L'orgueil encyclopédique a paru diminué de moitié, la Sorbonne a frémi, le Parlement a gardé le silence, toute la littérature s'est émue, tout Paris s'est empressé de voler aux pieds de l'idole. »

Voltaire descendit provisoirement dans l'hôtel de M. le marquis de Villette, à l'angle de la rue de Beaune et du quai Voltaire. Madame d'Épinay reçut la visite du vieillard dès son arrivée, et leur reconnaissance fut touchante; elle s'empressa d'en écrire à Galiani :

« Vos deux lettres du 1er et du 22 mars, répond-il, m'ont fait un plaisir infini, et ont diminué mon regret de n'être pas à Paris pour y voir le phénomène de Voltaire. Vous me le peignez avec des couleurs si vives, que je le vois, que je l'entends, et je ris de bon cœur. »

MADAME D'ÉPINAY A GALIANI.

3 mai 1778.

« J'espère que ma lettre vous trouvera de retour à Naples, mon charmant abbé. J'ai reçu votre lettre de change, et je fais courir après le banquier; aussitôt que j'aurai touché les soixante francs, je vous le manderai.

» Il n'est pas donné à l'espèce humaine d'être heureuse et tranquille, puisque vous-même, l'abbé, vous avez des chagrins domestiques qui dérangent votre santé, qui vous font courir les champs, qui troublent votre repos, votre gaieté. Et qu'est-ce donc qui peut vous tourmenter à ce point? La mortalité est-elle parmi vos chats? l'amour ou l'envie parmi vos servantes ou vos valets? Et qu'importe la cause, grave ou frivole! c'est l'effet sur votre âme qu'il faut calculer.

» Que vous m'avez fait plaisir en me donnant de si bonnes nouvelles de notre cher Gatti! Je l'aime toujours, et je m'intéresse vivement à son bonheur. J'ai des petits-enfants qui le rendraient bien heureux.

Ma petite Émilie, qui est une charmante enfant, lui tournerait la tête. Dites-lui encore que s'il vient dans ce pays-ci, et que je lui fasse le récit détaillé de tout ce qui m'est arrivé depuis cinq ans, il croira plus que jamais aux miracles de la nature, car Tronchin ne m'a rien fait que de petites choses pour l'aider, lorsqu'elle avait bien clairement annoncé son intention.

» Voltaire a acheté une maison assez près de moi. Il l'habitera au mois de septembre. Sa nièce est assez sérieusement malade. Cette circonstance lui a fait renoncer au projet d'aller passer deux mois à Ferney. Il parle d'un voyage de cent vingt lieues comme d'une course à Chaillot. Il partage toujours avec Franklin les applaudissements et les acclamations du public. Dès qu'ils paraissent soit au spectacle, aux promenades, aux académies, les cris, les battements de mains ne finissent plus. Les princes paraissent, point de nouvelles. Voltaire éternue, Franklin dit : « Dieu vous bénisse, » et le train recommence.

» Parlons de l'opium. Je commence à m'en passer d'un jour l'un pour ne pas m'user sur ce charmant remède. Le général Koch arrive; il ne m'interrompt pas, mais il me dit de vous embrasser pour lui. Gleichen part mercredi; nous parlerons encore une fois de vous, et je vous dirai cela ou autre chose à la première occasion. »

Peu de jours après son arrivée, Voltaire tomba malade. La fatigue du voyage, les émotions diverses qu'il éprouva provoquèrent une hémorragie qui le mit à deux doigts de la tombe. Aussitôt un grand nombre de prêtres se présentèrent pour lui demander la préférence, en cas qu'il voulût se confesser[1]. Il les renvoya tous ; mais une nouvelle hémorragie étant survenue, il se ravisa : « Qu'on envoie chercher le prêtre sur-le-champ, s'écria-t-il, je ne veux pas qu'on me jette à la voirie. » Il se confessa dans toutes les formes au chapelain des Incurables, le Père Gauthier, et signa même en présence de témoins une profession de foi.

Il se rétablit cependant, et put aller à l'Académie qui lui rendit les honneurs qu'elle n'avait pas accordés aux plus illustres princes. Peu de jours après il assista à la représentation d'*Irène* : « Il avait sa grande perruque à nœuds grisâtres qu'il peigne tous les jours lui-même et qui est toute semblable à celle qu'il portait il y a quarante ans ; de longues manchettes de dentelle et la superbe fourrure de martre zibeline, donnée par Catherine ; couverte

---

1. Un entre autres força la porte et lui dit en se jetant au pied de son lit : « Au nom du Ciel ! écoutez-moi ; je » serai pour vous le bouc émissaire, je viens me charger » de tous vos péchés, mais confessez-vous tout à l'heure et » tremblez de perdre le seul moment que la grâce vous » laisse encore. » Voltaire lui demanda de quelle part il » venait. « De la part de Dieu même. — Eh bien ! monsieur » l'abbé, vos lettres de créance ? » L'abbé resta court et n'insista plus. (Grimm, *Corresp. littéraire*.)

d'un beau velours cramoisi, mais sans aucune dorure. »

Son buste couronné de lauriers resta sur la scène pendant toute la représentation, et à chaque instant les acclamations recommençaient. Une foule immense accompagna le vieillard jusqu'à sa demeure. Tout Paris vint lui rendre hommage. Malgré la fatigue extrême qu'une pareille existence devait lui faire éprouver, la vivacité de son esprit ne l'abandonnait pas [1].

Tous ces honneurs, toutes ces visites, et surtout l'apothéose au Théâtre-Français portèrent le dernier coup à la santé déjà ébranlée du vieillard. Il mourut le 30 mai. Le clergé refusa de l'inhumer en terre sainte. Les discussions les plus violentes s'en suivirent. On bataillait encore lorsqu'on apprit que l'abbé Mignot, son neveu, avait fait secrètement transporter le corps à l'abbaye de Scellières, dont il était commendataire et avait procédé à l'inhumation.

Madame d'Épinay ressentit très vivement la mort de son vieil ami, et elle écrivit à Vagnière [2] une lettre touchante à ce sujet :

---

1. M. de Saint-Ange, le traducteur des *Métamorphoses* d'Ovide, en venant lui présenter ses devoirs, voulut finir sa visite par un trait de génie et lui dit : « Aujourd'hui, mon-
» sieur, je ne suis venu voir qu'Homère ; je viendrai voir un
» autre jour Euripide et Sophocle, et puis Tacite, et puis
» Lucien, etc. — Monsieur, je suis bien vieux, répondit
» Voltaire, si vous pouviez faire toutes ces visites en une
» fois ? »

2. Secrétaire de Voltaire.

« Mon malheureux état de souffrances perpétuelles ne me permet pas d'écrire ni de dicter, mais pour vous, monsieur, je ne puis me refuser la consolation de vous dire quatre mots et de les écrire de ma main tremblante. Il me semble que c'est un hommage que je rends à un homme que je pleurerai toute ma vie... Il ne savait pas combien je l'aimais, mais vous qui le saviez, monsieur, nous sommes dignes de le pleurer ensemble. »

En apprenant la mort de Voltaire et le scandale auquel elle avait donné lieu, Catherine écrivit à Grimm :

Tsarko Sélo, 11 juin 1778.

« J'ai eu hier un mal de tête qui ne se mouchait pas du pied. J'ai été cependant à la messe parce que c'était dimanche ; puis, au lieu de dîner, j'ai dormi trois heures ; après quoi, j'ai fait une belle toilette et la revue d'un régiment de grenadiers, et puis le tour de l'étang à pied, criant toujours au mal de tête. Aujourd'hui, cela va mieux, mais je n'ai pas plus d'esprit qu'une épingle.

» Hélas, je n'ai que faire de vous détailler les regrets que j'ai sentis à la lecture de votre numéro 19. Jusque-là, j'espérais que la nouvelle de la mort de

Voltaire était fausse, mais vous m'en avez donné la certitude, et tout de suite je me suis senti un mouvement de découragement universel et d'un très grand mépris pour toutes les choses de ce monde. Le mois de mai m'a été très fatal : j'ai perdu deux hommes que je n'avais jamais vus, qui m'aimaient et que j'honorais, Voltaire et milord Chatham ; longtemps, longtemps, et peut-être jamais, surtout le premier, ne seront remplacés par des égaux ; et jamais par des supérieurs. Je voudrais crier ! Mais est-il possible qu'on honore et déshonore, qu'on raisonne et déraisonne, aussi supérieurement quelque part, que là où vous êtes ? On a honoré publiquement, il y a quelques semaines, un homme qu'aujourd'hui on n'ose y enterrer, et quel homme ! Le premier de la nation et dont ils ont à se glorifier bien et dûment. Pourquoi ne vous êtes-vous pas emparé, vous, de son corps, et cela en mon nom ! Vous auriez dû me l'envoyer, et, morgué ! vous avez manqué de tête pour la première fois dans votre vie en ce moment ; je vous promets bien qu'il aurait eu la tombe la plus précieuse possible ; mais si je n'ai point son corps, au moins ne manquera-t-il pas de monument chez moi. »

Rousseau, fidèle à une haine que la mort elle-même ne pouvait apaiser, composa sur Voltaire l'épitaphe qui suit :

> Plus bel esprit que beau génie,
> Sans foi, sans honneur, sans vertu,
> Il mourut comme il a vécu,
> Couvert de gloire et d'infamie.

Il ne lui survécut que peu de mois; et mourut à Ermenonville le 2 juillet 1778. Ainsi madame d'Épinay voyait peu à peu s'éteindre autour d'elle tous ceux qui à des titres divers avaient occupé sa vie.

Grimm publia sur la mort de Jean-Jacques des considérations d'un esprit élevé et au-dessus d'une vulgaire rancune :

« Cette âme naturellement susceptible et défiante, aigrie par des malheurs qui furent peut-être son propre ouvrage mais qui n'en étaient pas moins réels, tourmentée par une imagination qui exagérait toutes ses affections comme tous ses principes, plus tourmentée peut-être encore par les tracasseries d'une femme qui, pour demeurer seule maîtresse de son esprit, avait éloigné de lui ses meilleurs amis en les lui rendant suspects; cette âme, à la fois trop forte et trop faible pour porter tranquillement le fardeau de la vie, voyait sans cesse autour d'elle des abîmes et des fantômes attachés à lui nuire. » Cette monomanie de la persécution avait fait chez Jean-Jacques de terribles progrès; il se croyait en butte à la haine de tous les souverains; il était persuadé qu'on avait cherché à ameuter contre lui la population de Paris. Il soupçonnait l'univers entier et jusqu'aux

Savoyards du coin, prétendant que pour l'humilier ils lui refusaient les services qu'ils offrent à tout le monde[1].

Madame d'Épinay composa pour son plus cruel ennemi une épitaphe qu'elle fit placer à l'Ermitage :

> O toi dont les brûlants écrits
> Furent créés dans ce simple Ermitage,
> Rousseau, plus éloquent que sage,
> Pourquoi quittas-tu mon pays ?
> Toi-même avais choisi ma retraite paisible
> Qui t'offrait le bonheur, et tu l'as dédaigné ;
> Tu fus ingrat, mon cœur en a saigné ;
> Mais pourquoi retracer à mon âme sensible...
> Je te vois, je te lis et tout est pardonné.

---

1. La conduite de Thérèse Levasseur n'était pas étrangère à la misanthropie croissante de Rousseau : « M. le » Bègue de Presle était médecin et censeur royal. Il était » véritablement l'ami de J.-J. Rousseau et prenait un grand » intérêt à sa santé. Quelque temps avant sa mort, étant » allé le voir à Ermenonville, il le trouva remontant péni- » blement de sa cave et lui demanda pourquoi, à son âge, » il ne confiait pas ce soin à madame Rousseau. — Que » voulez-vous, répondit-il, quand elle y va, elle y reste. » Après la mort de Rousseau, Thérèse épousa Montretout, laquais du marquis de Girardin, seigneur d'Ermenonville. Tout le monde fut indigné de la bassesse de cette femme.

XVIII

1778-1783

Louis d'Épinay à Fribourg, ses dettes, son interdiction. — Madame d'Épinay vend ses diamants. — La vie à Fribourg, lois somptuaires. — Cruelles souffrances de madame d'Épinay. — Seconde édition des *Conversations d'Émilie*. — Voyage de Grimm à Spa. — Générosité de Catherine II. — Mademoiselle de Salnat. — Son mariage. — Mort de M. d'Épinay. — Madame d'Épinay obtient le prix Montyon. — Sa mort. — Son testament.

Il est difficile de rencontrer un caractère qui se soutienne mieux que celui de Louis d'Épinay ; c'est un modèle du genre. Il suit une ligne inflexible dont il ne s'écarte jamais. A Bordeaux, à Paris, à Pau, à Nancy, il s'endette : aucune influence humaine ne peut l'en empêcher ; chaque fois, il éprouve les mêmes remords, fait les mêmes serments et recommence de plus belle. Si madame d'Épinay avait pu croire un instant que le mariage et la naissance d'un enfant rendraient son fils plus sensé, elle fut bien vite désabusée. Trois ans à peine après son installation à Fribourg, les dettes de Louis montaient à plus de 80,000 livres. Déjà les créanciers se montraient exigeants et menaçaient leur débiteur des rigueurs de la loi.

Il fallait vraiment à d'Épinay des aptitudes particulières pour parvenir à contracter 80,000 livres de dettes dans la ville de Fribourg ! Cette conduite, à laquelle on n'était pas habitué, causa un véritable scandale et M. de Boccard n'hésita pas à demander l'interdiction de son gendre ; c'était le seul moyen de remédier au passé et de préserver l'avenir. Louis, contre lequel on avait déjà pris une première fois cette salutaire mesure, ne résista pas. Il fit aussitôt, comme d'habitude, un état complet de ses dettes pour le soumettre à sa famille. Il est à remarquer qu'au milieu de ses dilapidations, il conserva toujours de singulières habitudes d'ordre ; à chaque instant, nous retrouvons dans ses papiers des *États de dettes*, minutieusement établis et où les sommes les plus insignifiantes se trouvent scrupuleusement consignées. Malheureusement, on ne put jamais en obtenir autre chose.

Madame d'Épinay fut naturellement appelée à venir en aide à son fils et à le tirer des griffes des créanciers :

LOUIS D'ÉPINAY A SA MÈRE[1].

Fribourg en Suisse[2], le 20 juin 1778.

« Je me suis enfin déterminé, ma chère maman, à faire la démarche que vous désiriez que je fisse. J'en sens toute la nécessité, mais en même temps j'y avais la plus grande répugnance, à cause de la publicité; j'étais même intérieurement résolu à n'y jamais consentir, à moins que ce ne fût, comme je l'avais proposé, sous seing privé. Cela pourrait vous faire douter de la sincérité de mes résolutions, mais je vous jure que c'était uniquement pour éviter l'éclat et les mauvais propos des Fribourgeois. Ma sœur a fait évanouir sur-le-champ mes craintes et m'a décidé à vous satisfaire au plus tôt, en m'assurant que vous désiriez vivement cette démarche de ma part, et que de son exécution dépendait entièrement votre repos. D'après cela, je n'ai pas balancé un seul instant pour vous prouver ma tendresse et mon dévouement. Ce langage, direz-vous, s'accorde assez mal avec les nouvelles dettes dont M. de Maillar-

---

1. Bibliothèque nationale, manuscrits B. N. 4071 f^{ds} fr., nouv. acq.
2. Louis d'Épinay habitait à Fribourg, rue de la Grande-Fontaine, n° 5.

doz¹ veut bien vous faire passer l'état aujourd'hui. A cela, ma chère maman, je n'ai absolument rien à répondre qu'à me jeter à vos pieds. Je ne puis concevoir comment il est possible que j'aie dépensé tant d'argent en si peu de temps, car, en travaillant à cet état, je croyais que cela n'irait pas à la moitié, et je suis resté stupéfait quand j'ai vu que cela allait si haut. Je dois cependant vous dire, pour diminuer, s'il est possible, mes torts, que mon ménage me coûtant, l'un portant l'autre, dix louis par mois, et ayant prodigieusement de censes à payer, que je n'ai jamais laissé arriérer, il m'a fallu emprunter pour faire aller ma maison, dans laquelle ma sœur peut vous dire qu'il règne cependant beaucoup d'économie.

» Sacrifiant donc toutes mes répugnances au désir de vous rendre promptement le repos, j'ai sur-le-champ dressé la requête suivante :

« Souverains seigneurs²,

» Les bontés que Vos Excellences se plaisent à ré-
» pandre, non seulement sur leurs sujets, mais aussi

---

1. M. de Maillardoz était fils de M. de Maillardoz et d'Othile d'Affry, sœur aînée du comte d'Affry ; sa mère était morte en 1744, son père en 1768.
2. On désignait ainsi les membres du pouvoir exécutif du Petit Conseil de Fribourg.

» sur tous les particuliers qui ont le bonheur de vivre
» sous leur domination, et les marques de bien-
» veillance distinguée dont j'ai été entouré jusqu'à
» présent, m'inspirent une telle confiance, qu'elles
» m'engagent à représenter très respectueusement à
» Vos Excellences qu'ayant trop consulté l'état futur
» de ma fortune, sans réfléchir assez mûrement aux
» circonstances présentes, je me suis jeté par cette
» inconsidération dans un état de dérangement d'où
» mes parents vont s'empresser de me tirer par une
» suite de leurs bontés pour moi. Pour leur donner
» un garant sûr et non équivoque de ma résipis-
» cence, je me sens porté par une juste reconnais-
» sance à faire une démarche qui puisse parfaitement
» les tranquilliser aussi bien que moi-même. Je sup-
» plie donc en conséquence Vos Sacrées Excellences
» de vouloir bien déroger sur ce point à leurs lois,
» et me nommer un curateur en la personne de
» M. Reiff de Cugy. J'ose espérer que cette démarche
» que je fais de plein gré et avec réflexion ne dimi-
» nuera point l'estime que j'ambitionne de mériter
» de Vos Sacrées Excellences, mais qu'au contraire,
» ce retour me fera acquérir de plus en plus la con-
» sidération que je m'efforcerai de mériter.

» *Signé* : L.-J. DE LALIVE D'ÉPINAY. »

» Je ne suis pas dans le cas de vous demander aucune grâce, M. de Maillardoz a bien voulu s'en charger pour moi. Je me borne donc à réclamer vos bontés, qui ne se sont jamais démenties, et à vous prier d'avoir de ma femme et de mes enfants plus de pitié que je n'en ai eu moi-même ; elle a toujours des étouffements fréquents, surtout quand elle s'applique : c'est ce qui l'empêche d'avoir l'honneur de vous écrire. Elle me charge de vous offrir ses respects les plus tendres, et de vous prier de ne pas me retirer vos bontés dans un moment où j'en ai si grand besoin. Le petit Louis est un peu moins enrhumé ; il m'a bien inquiété.

» J'ai un plaisir inexprimable à savoir de vos nouvelles tous les courriers, et d'apprendre que votre santé se consolide de plus en plus. J'ai peur qu'elle ne souffre cruellement des nouvelles que le marquis vous apprendra. Mais ménagez-vous, je vous supplie, et quoique le mal soit bien pressant, je serais au désespoir que votre état en souffrît. Soyez, je vous prie, bien persuadée de toute ma tendresse et de tout mon respect. »

Un cousin de Louis d'Épinay, M. Ignace de Boccard[1], avait bien voulu se charger de traiter avec

1. M. Ignace de Boccard était conseiller d'État.

les créanciers. « Quand on est porteur de bonnes nouvelles, écrit-il à madame d'Épinay, on ne doit pas craindre de l'annoncer, quelque inconnu qu'on soit. C'est à ce titre madame que j'ai l'honneur de vous écrire pour vous faire part de la situation où se trouve monsieur votre fils qui est maintenant à l'abri des poursuites de ses créanciers, qui sont apaisés par le moyen d'un arrangement qui tranquillise à la vérité M. d'Épinay, mais qui lui retranche trois mille francs de la pension alimentaire qu'on avait la bonté de lui faire parvenir. » A cette seule condition, les créanciers avaient bien voulu prendre patience.

« Je sais, madame, écrivait encore M. de Boccard, que s'il dépendait de vous le vert et le sec seraient employés pour l'acquittement des dettes de monsieur votre fils. » Malheureusement, madame d'Épinay avait épuisé toutes ses ressources; elle ne pouvait plus rien, pas même donner les cent louis que M. de Boccard réclamait dans chacune de ses lettres pour éteindre des dettes criardes.

Enfin, elle se décida, pour venir en aide à son fils, à vendre ses diamants; l'impératrice Catherine s'empressa de les acheter en les payant généreusement. Grimm était d'une délicatesse extrême dans les affaires d'argent, les lettres de Catherine en font foi. Jamais il ne demande pour lui, même la chose la plus insignifiante; il lui en coûta beaucoup pour adresser cette requête à l'impératrice. Il le lui dit quelque temps après :

« Il faut que Votre Majesté sache que, de ma vie, je n'ai fait un plus grand effort qu'en lui proposant ces diamants. Une voix secrète me disait toujours : Pourquoi faut-il que l'impératrice achète des diamants dont elle n'a que faire, parce que celle qui les possède est dans l'infortune ? Cette voix secrète me reprochait sans cesse mon injustice. Mais cette femme infortunée était madame d'Épinay. On n'aime pas toujours à faire parade de sa détresse ; et si elle avait passé par les mains des joailliers elle aurait vraisemblablement perdu un tiers de sa valeur. »

LOUIS D'ÉPINAY A SA MÈRE[1].

Fribourg, ce 30 décembre 1778.

« J'ai lu, ma chère maman, la lettre que vous avez pris la peine d'écrire à mon cousin M. de Boccard, et j'en ai été pénétré. Quoi ! pas un reproche de votre part ! Tandis que j'en mérite autant ! Si mes torts pouvaient être aggravés, votre indulgence excessive produirait cet effet immanquablement. Ah ! que je me sens coupable ! il n'est pas possible de vous représenter combien je déteste ma conduite passée, surtout depuis la réception de votre lettre à M. de Boccard. Non, ma chère maman, je vous ne demande

---

1. Bibliothèque nationale, manuscrits B. N. 4071 fr., nouv. acq.

avec instance, ne vous défaites pas de vos diamants.
Je vous ai déjà dépouillée de tout. Vos bontés pour
moi vous ont réduite à l'exact nécessaire; je suis
indigne de voir le jour, un malheureux qui me fais
horreur à moi-même. J'ai pu affliger une mère qui
m'a toujours accablé de marques de tendresse, malgré tous mes égarements, une femme que j'aime
plus que ma vie, et qui me donne chaque jour des
preuves du plus grand attachement, enfin réduire à
l'étroit nécessaire des pauvres enfants qui auraient
dû être à leur aise, si leur père n'avait pas été un
insensé. Je vous assure, ma chère maman, que je
n'ai jamais éprouvé ce que je ressens dans cette
occasion; jusqu'à présent et dans mes précédents
égarements, je n'ai fait tort qu'à moi seul; mais l'idée
de faire souffrir par ma faute tout ce que j'ai de plus
cher au monde me déchire; je ne puis la supporter.
N'importe, ma chère maman, je vous le répète, et
vous en supplie à genoux, quoique nous soyons
réduits bien bas et que nous n'aurons guère cette
année plus de deux louis et demi par mois, ne vous
défaites pas de vos diamants, gardez-les, je vous en
conjure. Nous tâcherons de nous tirer d'affaire
comme nous le pourrons. La Providence est grande;
en mettant notre confiance en elle, elle ne nous
abandonnera pas; ce n'est que l'affaire de cette

année, pendant laquelle nous serons bien gênés. L'année suivante nous serons un peu mieux. »

» Ma pauvre femme souffre beaucoup depuis une dizaine de jours ; la semaine passée on a cru qu'elle allait accoucher, mais ses douleurs ont un peu diminué, pas assez cependant pour lui permettre d'écrire. Elle a fait un effort pour finir ce matin une lettre pour M. de la Briche, commencée depuis huit jours, et ce n'est pas sans la plus grande peine qu'elle en a pu venir à bout. Elle me charge de ses excuses auprès de vous, et tâchera de reprendre la plume samedi pour mon père et pour vous et pour ma sœur. Je vous prie de vouloir, ma chère maman, agréer nos vœux ardents pour l'entier rétablissement de votre santé, qui nous est si précieuse, et pour l'accomplissement de tout ce que vous pouvez désirer. Nous vous demandons la continuation de vos bontés, tout indigne que j'en suis, mais en faveur de votre chère belle-fille et de la promesse que je vous fais de les mériter à l'avenir, j'ose espérer que vous voudrez bien ne me pas refuser cette grâce.

» J'ai l'honneur, etc.

Une lettre de M. de Boccard nous donne d'intéressants détails sur la situation financière de Louis d'Épinay ; elle n'était pas brillante :

MONSIEUR DE BOCCARD A MADAME D'ÉPINAY [1].

26 avril 1779.

« Madame,

» ... Il faut cependant espérer que maintenant, quoique un peu tard, M. d'Épinay rentrera en lui-même ; je ne serais pourtant pas d'avis de le libérer de curatelle quelqu'événement qu'il puisse arriver ; une légèreté d'esprit, qui me paraît lui être naturelle, pourrait l'entraîner dans de nouveaux malheurs, s'il n'était pas bridé de façon à ne pouvoir s'échapper.

Voici en peu de mots son état actuel. Sa pension est de 5,000 livres, sur lesquelles il faut déduire pour payer les intérêts annuels des dettes 3,775 livres.

5,000 livres de pension
3,775 à déduire

il resterait pour vivre par
année . . . . 1,225 livres.

En ajoutant à 1,225 livres les petits revenus annuels de madame d'Épinay que je compte à 600 livres, les revenus produiraient chaque année

1. Bibliothèque nationale, manuscrits B. N. 4071 fr.; nouv. acq.

1,825 livres; avec cette somme, il est possible de vivre avec deux servantes sans même craindre de maigrir; car il est de fait qu'à Fribourg, avec 5,000 livres de rente, on peut avoir carrosse et donner assez souvent à manger quand on a de l'ordre et de l'intelligence [1]...»

---

[1]. Il paraît cependant que le luxe avait fait des progrès inquiétants dans la République, puisqu'à cette époque on jugea à propos de publier des lois somptuaires; en voici un extrait :

« 20 janvier 1779.

» Nous l'avoyer, Petit et Grand Conseil de la Ville et
» République de Fribourg, savoir faisons, qu'ayant remar-
» qué, malgré nos ordonnances, que le luxe, les nouvelles
» modes et les dépenses superflues dans l'habillement s'intro-
» duisaient chaque jour dans notre capitale d'une manière
» excessive et très onéreuse aux pères de famille, etc.;

» En conséquence, nous défendons tout or et tout argent
» sur les habillements quelconques, y compris les habits de
» livrée, qu'il soit fin ou faux, pincebec et tout autre en
» galons, broderies, rubans, boutons de traits, de lames et
» autres, excepté seulement ce qui est massif; et permettons
» aux hommes uniquement les bords et cordons de cha-
» peaux, et aux officiers de porter les habits d'ordonnance
» de leurs régiments, à l'exclusion toutefois des points
» d'Espagne que nous défendons aux uns et aux autres.

» Nous défendons pareillement tous les velours des rubans,
» et permettons tant seulement de porter le velours noir.
» Nous défendons de même toutes les broderies en soie et
» en chenille ; mais nous les permettons sur les souliers des
» dames tant seulement.

» Nous permettons de porter les *diames*, pierres et toutes
» sortes de pierreries fines et fausses en bagues, colliers et
» boucles d'oreilles, pourvu que celles-ci soient montées en
» rose, en rocher, ou d'une pierre seule sans pendeloques,

Dix-huit cent vingt-cinq francs pour vivre avec femme et enfants! M. de Boccard a beau nous dire

» et défendons tous autres ornements en diamants, perles
» et autres pierreries fines et fausses, comme boutons,
» agrafes, boucles, épingles et semblables.
   » Nous interdisons aux hommes les dentelles pour man-
» chettes, mais permettons aux dames l'usage de toutes les
» dentelles et blondes pour coiffures, mouchoirs de cou et
» manchettes, pourvu toutefois qu'elles n'excèdent point
» dans le prix. Nous permettons les falbalas et garnitures sur
» les robes et habillements de femmes, pourvu qu'on les
» fasse de la même étoffe que la robe et habillement ; défen-
» dons, par contre, tout falbalas et garnitures en pompons,
» chenilles, papillons, cocos, gazes, rubans, bords d'indienne,
» en un mot, toutes les autres garnitures, de quel nom
» qu'elles puissent être appelées qui ne sont pas de la
» même étoffe que la robe et l'habillement. Nous défendons
» toutes manchettes à trois rangs ; enfin, nous défendons
» toutes les plumes et panaches, de quelles forme et matière
» qu'elles soient, dont se servent les femmes pour orner
» leur tête.
   » Nous défendons très expressément à chaque domestique
» et servante de se servir pour leur habillement d'aucune
» espèce d'étoffe de soie, les galons en soie des livrées
» exceptés, que nous permettons, ainsi que de porter les
» mouchoirs de tête et de cou en soie, les barrettes, capotes
» et gorgerins en velours noir et soie et les mouchoirs et
» manchettes de mousseline commune, pourvu qu'il n'y
» entre aucune broderie.
   » Toutefois notre intention n'étant pas de confondre tous
» les états, nous voulons qu'il soit permis avec discrétion,
» tant en ville que sur le pays, à toutes personnes distinguées
» par leur naissance ou leur fortune, à tous les préposés
» dans les Conseils, justice ou militaire, à ceux qui rappor-
» tent dans leur patrie des biens qu'ils ont gagnés, ou qui y
» amènent des femmes étrangères, de s'habiller conformé-
» ment à leur état et à proportion de leurs facultés, etc., etc. »

(Chancellerie de Fribourg.)

qu'avec ce revenu on ne risque pas de maigrir, nous croyons que l'intérieur du jeune ménage était loin de l'aisance. Ce qui le prouve, ce sont les demandes incessantes d'argent de Louis à sa mère.

LOUIS D'ÉPINAY A SA MÈRE [1].

Fribourg, en Suisse le 8 mai 1779.

« M. de Boccard m'a dit, ma chère maman, que vous aviez bien voulu lui faire passer une lettre de change, et, par votre lettre, j'ai vu toute l'étendue de vos bontés et des sacrifices que vous daignez faire pour moi. Mes regrets sur ma vie passée portent plus sur ma femme et mes enfants que sur moi-même. J'ai le cœur navré, de voir l'aîné venir me caresser et commencer à balbutier quelques mots quand je me sens intérieurement si coupable vis-à-vis de lui. Et la mère, que j'aime si tendrement et qui ne me dit jamais un seul mot de reproche quand elle en aurait autant de sujet! Son extrême douceur, les caresses innocentes de mes enfants, la gêne où je mets leur mère, au lieu de l'honnête abondance dans laquelle nous aurions pu vivre, le chagrin que je vous cause, quoique vous ayez la générosité de

---

1. Bibliothèque nationale, manuscrits B. N. 4071 fds fr. nouv. acq.

m'en cacher la plus grande partie, tout cela me rend
à mes yeux mille fois plus coupable, et m'affermit
davantage dans mes résolutions pour l'avenir. Par
la manière dont nous avons arrangé le ménage, nous
vivons à fort bon marché. Je n'ai plus pour domestiques que la nourrice, à qui je donne trois louis par
an, une cuisinière à deux louis et demi, et une servante à trente-six livres, de sorte que leurs trois
gages se montent à sept louis par an. Le boucher, le
boulanger vont pour nous, étant seuls, à environ un
louis et demi par mois, faisant annuellement dix-huit
louis. Je mets ensuite pour farine, froment, bois,
chandelle, charbon, fumier pour le jardin, etc.,
environ seize louis par an; plus, pour notre menu
entretien, celui de nos enfants, mille autres petites
choses qu'on ne peut pas prévoir, il faut encore
vingt-quatre louis par an; cela fera en tout
soixante-cinq louis; plus pour la rente de la maison
seize louis et demi, et pour M. le Mercier, douze et
demi. En tout, quatre-vingt-quatorze louis de dépense absolue, et je n'ai de revenu que quatre-vingt-quatre louis, après avoir prélevé trois mille francs à
payer annuellement pour les censes. Vous voyez, ma
chère maman, par ce détail, que nous avons besoin
d'une excessive économie pour nous tirer d'affaires.
Ma pauvre femme se donne dans la maison une

peine incroyable à avoir l'œil à tout, à tout serrer. Je l'ai priée de me donner des leçons d'économie et de me gronder dès que je m'en écarte. Car je n'ai encore à cet égard que de la bonne volonté, sans pouvoir me piquer d'y avoir fait de grands progrès.

» J'ai bien des remerciements à vous faire du joli chapeau que vous avez bien voulu envoyer à Louis. Il est charmant et lui va à merveille. Cet enfant devient plus joli de jour en jour. Il n'est plus aussi gras, son râlement l'a quitté, et sa santé se consolide bien, de sorte que mes craintes à son sujet sont dissipées, et je commence à espérer de pouvoir le conserver. Il n'y a plus que la petite vérole que je redoute pour lui. La ville en est pleine, et jusqu'ici il en est préservé. Je désire qu'il ne l'attrape pas jusqu'à ce qu'il soit en âge d'être inoculé. Alors... mais à Paris.

» Je sais que votre santé devient toujours meilleure. Ma sœur me l'a marqué. J'en suis enchanté. Conservez-vous longtemps ainsi, ma chère maman, pour contribuer à faire le bonheur de tout ce qui vous entoure et d'un fils qui ne veut désormais s'occuper que du vôtre.

» Ma femme se porte à merveille et vous assure de ses respects les plus tendres. »

Pendant l'année 1779, on crut plusieurs fois

que madame d'Épinay ne pourrait résister à ses souffrances. Il faut rendre justice à Grimm : il ne la quitta pas et la soigna avec un grand dévouement. Il négligea même pour elle cette impératrice qui lui avait tourné la tête.

CATHERINE II A GRIMM.

Saint-Pétersbourg, 7 décembre 1779.

« Mon cher seigneur, chacun a ses douleurs et ses afflictions dans ce monde ; chacun aussi a ses manques de loisirs ; pardonnons-nous réciproquement nos manquements, et soyons indulgents les uns pour les autres.

» Je suis très fâchée de toutes les souffrances que vous endurez depuis si longtemps près de ce lit de douleurs où vous êtes cloué. Tronchin avec toute sa science est bien court vis-à-vis des variations de dame Nature, en fait de tempéraments et de moyens. Les médecins, tout comme les augures, ne devraient jamais se rencontrer sans rire de leur ignorance et de la bonne foi des autres humains. Je dois horriblement vous ennuyer dans l'état où vous êtes, et plus on vous parle de moi et plus je suis en droit de vous faire des excuses sur les importuns et les importunités que vous essuyez à mon sujet et de moi. Je vous ai grondé par ma dernière ; je vous fais excuse aujourd'hui, et j'entre parfaitement dans votre état; rien de pire au monde que de voir souffrir les gens auxquels on s'intéresse, et il faudrait être d'une cruauté horrible, si c'était possible de concevoir rancune en pareille occasion, pour une réponse ou même plusieurs de retardées; ainsi, soyez tranquille de mon côté et agissez à votre commodité. »

LOUIS D'ÉPINAY A SA MÈRE [1].

Fribourg en Suisse, le 22 décembre 1779.

« J'apprends avec la plus vive satisfaction, ma chère maman, que votre santé va beaucoup mieux. J'ai craint que votre dernière indisposition n'ait des suites plus fâcheuses. Grâce à Dieu et à M. Tronchin, me voilà délivré de mes alarmes. Vous êtes dans une convalescence qu'il faut consolider par le plus grand ménagement. Je vous y exhorte fortement et vous offre à cette occasion tous les vœux que je fais pour vous en ce renouvellement d'année. Vous connaissez leur sincérité. J'espère en leur efficacité. Ma femme vous présentera les siens par ce même courrier, et en même temps vous demandera une grâce, une permission pour ses étrennes qu'elle et moi vous con-

---

1. Bibliothèque nationale; manuscrits B. N. 4071 f^{ds} fr., nouv. acq.

jurons de ne lui pas refuser, si vous ne voulez pas la mettre au désespoir. Il y a longtemps qu'elle désire vivement de vous offrir elle-même ses respects, et de faire connaissance avec ma famille. Il se présente une occasion bien favorable de faire le voyage de Paris. M. d'Affry l'aîné lui offre une place dans sa voiture et veut s'en charger aussi pour le retour, le lendemain de la revue du roi, et moi, quelque désir que j'eusse de l'accompagner, je resterai ici pour garder les enfants. Elle attend votre réponse et votre consentement avec la plus vive impatience. M. d'Affry part pour Paris vers le milieu ou la fin d'avril; c'est une absence d'environ un mois. Vous ne sauriez croire, ma chère maman, combien elle se réjouit d'être à ce temps. Elle ne parle que de la satisfaction de vous embrasser et de vous donner ses soins pendant ce court espace de temps. Et moi je serai enchanté de vous faire connaître une bru si digne de votre tendresse. »

Le voyage à Paris que madame Louis d'Épinay se montrait si désireuse de faire eut lieu en 1780; elle y passa un mois. La belle-mère et la belle-fille s'aimaient beaucoup avant de se connaître, elles s'adorèrent après cette courte visite[1].

1. En 1782 madame d'Épinay insista pour que sa belle-fille revînt à Paris; elle y amena sa fille aînée, Louise.

, Malgré cette diversion à ses peines, tout se réunissait pour accabler madame d'Épinay. La réforme des fermes mit le comble à ses embarras pécuniaires [1].

GRIMM A CATHERINE II.

« .. Il est des destinées bien malheureuses dans ce monde. Cette femme est depuis sept ou huit ans dans un état de santé et de souffrance déplorable, je l'ai vue à l'agonie deux ou trois fois; malgré cela, la force de son esprit la soutient avec une vigueur étonnante, et elle m'a convaincu de la vérité de l'axiome de M. de Buffon, qu'on ne meurt que parce qu'on y consent. Elle jouissait d'un petit revenu sur les fermes générales depuis qu'elle existe. Ses enfants en avaient une portion plus forte. Sa fille, mariée à un homme de qualité, qui a bien servi, et dont le frère, estimé comme bon général, est mort gouverneur de Saint-Domingue, a trois charmants enfants, dont

---

[1] « La grande réforme dans les fermes a enfin vu le jour » aujourd'hui. Tous les fermiers généraux sont assemblés chez » le directeur des finances, qui est grandi de deux pouces » depuis cette opération; il ne restera que quarante fermiers » généraux. Les croupes sont supprimées, et bien des gens en » souffriront dans leur fortune. M. Necker a renoncé aux » droits que ses prédécesseurs s'étaient attribués au renouvel- » lement des baux. » (21 janvier 1780.) « La duchesse de Mazarin perd 150,000 livres de rente par la réforme que M. Necker veut faire des fermiers généraux. »

deux vont être sous-lieutenants de dragons, et leur sœur est cette petite Émilie à qui les *Conversations* ont fait une réputation. Eh bien! c'est dans ce moment d'infirmité et de souffrance d'un côté, de besoins pour l'éducation d'aimables enfants de l'autre, que M. Necker, par un arrangement général, supprime tous les bénéfices sur les fermes, et voilà toute cette famille réduite à la misère. On ne peut pas blâmer l'opération de M. Necker. Il connaît madame d'Épinay, il s'intéresse à sa situation, il a plaidé sa cause dans le temps du bienheureux Louis XV, où madame Dubarry et l'abbé Terray voulurent s'emparer de cette portion. Il lui conserva alors ce qu'il lui ôte aujourd'hui. Il est vrai que le roi, en supprimant tous les bénéfices, dit qu'il aura égard aux situations particulières, et il n'y en a pas qui mérite autant d'égards que celle de madame d'Épinay; mais il y a trop de ces situations particulières, on ne fera rien pour elle. Tout cela est inintelligible pour notre impératrice, parce qu'elle ne concevra jamais comment un souverain reprend ce qu'il a accordé, et ne le remplace par rien; mais c'est que Votre Majesté ne peut pas avoir une idée nette de ce que c'est qu'un gouvernement endetté, et par conséquent toujours gueux et toujours aux expédients pour trouver de l'argent.

» J'espère que dans quelques mois, quand la nouvelle édition des *Conversations* sera publique, et qu'on aura trouvé dans leur augmentation un des meilleurs ouvrages sur l'éducation, Votre Majesté ne regrettera pas son acte de bonté, quoique exercé sans aucun motif valable, et M. Necker regrettera la rigueur à laquelle les tristes devoirs de sa place l'ont condamné, supposé qu'il ait le temps de s'en apercevoir. »

Les *Conversations d'Émilie* avaient réussi au delà de toute espérance, et une seconde édition fut bientôt nécessaire. Grimm, au nom de madame d'Épinay, demanda à l'impératrice la permission de lui dédier cette nouvelle édition. Catherine, qui avait adopté pour ses petits-fils la méthode d'éducation de madame d'Épinay, accepta avec plaisir[1].

Pendant l'année 1779 la correspondance avec Galiani avait été presque interrompue : Grimm n'avait pas le courage d'écrire, madame d'Épinay n'en avait pas la force. L'abbé de son côté gardait le silence et comme il le disait tristement dans une de

---

[1]. Les *Conversations d'Émilie* ont été réimprimées à Paris en 1781 et 1783, à Lausanne en 1784, et de nouveau à Paris en 1787, 1788, 1812, 1822. « L'amour maternel, dit madame Briquet, soutint madame d'Épinay dans cette entreprise, qu'elle exécuta au milieu des souffrances les plus cruelles. Elle voudrait que l'éducation fût divisée en trois époques principales : la première finirait à l'âge de dix ans, la seconde à quatorze ans, la troisième durerait jusqu'au mariage. Son ouvrage n'a pour objet que la première époque. »

ses dernières lettres : « A la fin le temps a opéré et a gagné la bataille, personne ne m'écrit plus de Paris. » Le temps avait mis douze ans à vaincre, mais en effet il avait vaincu ; en 1781 il y a encore quelques lettres de l'abbé, puis c'est tout.

Depuis l'attaque de choléra dont il fut atteint en 1777, Grimm avait conservé une grande délicatesse d'entrailles, « un boyau fêlé » comme disait Catherine. En janvier 1781 il eut une rechute et tomba gravement malade. « Votre maladie m'a fait beaucoup de peine, lui écrivait l'impératrice ; je vous prie, ayez soin de la convalescence, elle est souvent pire que la maladie. » Et surtout elle lui recommandait de ne point se fier aux médecins qu'elle détestait. « Adieu, souffre-douleurs ! J'ai été bien affligée de la mort du général Bauer. Je peste contre médecins, chirurgiens et toute la faculté ; ce sont tous des bêtes à manger du foin. Ils m'ont fait crever encore une personne qui était près de moi depuis trente-trois ans ; enfin, je ne finirais pas si j'allais vous dire tous les torts qu'ils m'ont faits cette année. M. Tom[1] cependant se porte bien, lui qui ne se sert point de médecin. »

Au mois d'août, Grimm se rendit à Spa pour y prendre les eaux ; il s'y rencontra avec le prince Henri de Prusse et l'empereur Joseph II ; Catherine lui écrit : « Je vous vois à table à la Comédie, assis et jasant avec eux, et les badauds de Spa vous

---

1. Le chien de l'impératrice.

contemplant. Je me réjouis infiniment du bonheur que vous avez eu cet été de voir toutes les principautés possibles et jusqu'à Charles-Théodore, électeur palatin et duc de Bavière, dont le plat favori est une assiette de mouches ! »

L'impératrice, qui connaissait la situation plus que précaire de madame d'Épinay, désirait beaucoup lui venir en aide, mais elle voulait le faire avec délicatesse et sans froisser l'amour-propre de sa protégée. Dans ce but elle s'adressa à M. de Vérac, ambassadeur de France à Pétersbourg, et le pria d'intervenir auprès du ministre pour faire rendre à madame d'Épinay la pension retranchée par M. Necker. M. de Vergennes promit tout ce qu'on voulut, mais ne fit rien. Alors l'impératrice s'impatiente et écrit à Grimm :

« ... Écoutez : plutôt que de vous mettre en faux frais avec des gens qui ne peuvent ou ne veulent pas accorder une chose qui est juste, et qui, outre cette justice, est encore grande bagatelle pour tout trésor de roi, vous qui me dépensez de l'argent tous les jours de l'année pour des inutilités, prenez de cette argent jusqu'à deux fois 8,000 livres, donnez-le à l'auteur des *Conversations d'Émilie;* en cas qu'elle ne voulût pas les accepter, prêtez-les-lui pour cinquante ans et surtout ne m'en parlez plus ni à personne, mais dites-moi tout simplement j'ai donné ou j'ai prêté les deux fois 8,000 livres.

» Pour Émilie, faites-lui faire une prétention ou quelque chose de pareil avec mon nom en diamants, et nouez-le à son cou, afin qu'elle se souvienne de moi. »

Si tous les amis de madame d'Épinay s'occupaient de son étroite situation pécuniaire et cherchaient à l'améliorer, M. d'Épinay, lui, ne s'en souciait guère. Il avait complètement cessé de voir sa femme depuis son interdiction, et il vivait plus que jamais chez madame d'Orgemont. Madame de Furcy en mourant avait laissé deux filles : Aurore de Saxe, dont nous connaissons l'histoire, et une certaine demoiselle Salnat, soi-disant fille d'un officier. Cette jeune personne n'était autre qu'une fille de M. d'Épinay. Elle était née en 1760 et, peu de temps après, sa naissance fut dévoilée d'une singulière façon.

« Mon époux est tombé des nues ce matin, écrit madame d'Épinay, je ne sais d'où il vient, mais sa chaise était crottée et toute en pièces, ses gens et lui harassés. Il est monté dans mon appartement, je lui ai fait quelques reproches sur l'embarras où il nous a laissés, il m'a tendu la main les larmes aux yeux : « Ne m'accablez pas, ma chère amie, je suis assez mal» heureux. » Persuadée que j'avais quelque accident affreux à redouter, je me sentis si saisie qu'à peine osai-je le questionner ; cependant, voyant qu'il ne disait mot et qu'il pleurait toujours : « Parlez donc,

» lui dis-je, je m'attends à tout; il y a longtemps que
» je prévois... — Ne vous alarmez pas, ma chère
» amie, ma peine ne regarde que moi. » Croyez-vous que je fus assez sotte pour n'être pas plus tranquille. « Il faut qu'elle soit bien grave, lui dis-je;
» puis-je la partager? — Hélas! vous n'y pouvez
» rien... Tenez, je puis vous parler, vous n'êtes pas
» une âme comme une autre, vous êtes mère tendre...
» Une personne que j'aime et que j'estime, avec qui
» je passe ma vie, a sa petite fille à la mort, à la
» mort sans ressource. »

On voit la stupeur de madame d'Épinay à cette belle confidence, qui lui révélait sans détour l'existence d'une fille de M. d'Épinay et de mademoiselle Verrière.

Mademoiselle de Salnat était douée d'une figure charmante, elle avait de l'esprit, des talents et elle reçut une éducation très soignée. Vivant chez sa mère, elle prenait part aux fêtes données dans la maison. Colardeau, à la demande de M. d'Épinay, composait pour elle des vers qui nous ont été conservés; ils devaient être récités dans la célèbre petite maison d'Auteuil.

Après la mort de madame de Furcy, madame d'Orgemont garda chez elle mademoiselle de Salnat, qui continua à vivre dans la maison entre son père et sa tante.

En 1779, Pierre Joseph Reynaud, ancien juge

royal, fut amené chez madame d'Orgemont. Il y fit la connaissance de sa nièce; on la lui présenta comme fille de Salnat, officier au service du roi et de madame de Furcy. Séduit par l'esprit et la grâce de la jeune fille, Reynaud risqua une demande qui fut fort bien accueillie, et le 27 mai 1779, mademoiselle de Salnat devint son épouse [1].

A partir de cette époque le juge infortuné n'eut plus un instant de repos. On avait mis pour condition au mariage que les époux habiteraient chez madame d'Orgemont et Reynaud avait eu la faiblesse d'y consentir. Il s'aperçut bientôt qu'on ne le comptait pour rien, que M. d'Épinay était tout dans la maison ; du reste il n'en bougeait. C'était lui qui administrait tous les biens de madame d'Orgemont et de telle façon qu'une ruine prochaine était inévitable; de plus il manquait de bonne foi et s'attribuait dans des actes la qualité de propriétaire pour des biens qui appartenaient à sa maîtresse.

Reynaud s'inquiétait à juste titre de cette situation ; car la dot de sa femme était restée entre les mains de madame d'Orgemont et hypothéquée sur ses biens. Il s'efforça de lui donner de meilleurs conseils et lui proposa même un arrangement avec ses créanciers, qui devait la libérer très rapidement.

M. d'Épinay prit en très mauvaise part qu'un autre que lui se permît de diriger sa maîtresse et il ne pardonna pas à Reynaud, dont la vie devint un enfer.

---

1. Voir l'Appendice IV.

Il le dénigra dans l'esprit de madame d'Orgemont, le tourna en ridicule en présence même de sa femme, se moqua de la vie simple qu'il voulait mener, excita la jeune femme à des dépenses bien au-dessus de son état et de sa fortune et lui inspira des sentiments de hauteur fort déplacés. Il en résulta les scènes les plus orageuses dans le ménage.

Après un an de souffrances, Reynaud prit un grand parti; il quitta avec sa femme la maison de madame d'Orgemont et loua un petit appartement. Pour se mettre plus sûrement à l'abri, il annonça qu'il allait se retirer en province, où il comptait obtenir une charge de magistrat. A cette nouvelle la colère de madame d'Orgemont et de M. d'Épinay n'eut pas de bornes; ils excitèrent de toutes manières la jeune femme pour qu'elle refusât de suivre son mari; M. d'Épinay composa même un mémoire qu'il adressa au ministère, sollicitant une lettre de cachet pour que la dame Reynaud fût mise au couvent et arrachée à un mari barbare. Sur le refus du ministre, il imagina une demande en *séparation d'habitation*, qu'il fit signer de madame Reynaud.

A la suite de tous ces incidents, le malheureux juge porta plainte, suppliant la justice de le prendre sous sa protection et de le préserver des manœuvres de M. d'Épinay[1]. Il allait en être débarrassé à jamais.

En décembre 1781, M. d'Épinay fut atteint d'une maladie grave, bientôt jugée mortelle. A cette nou-

---

1. Archives nationales, Y 11,506. — M. Campardon, *Prodigalités d'un fermier général*, p. 149.

velle sa femme écrit un billet qui témoigne encore d'une affectueuse sollicitude pour ce mari qui l'avait abreuvée de chagrins. « Je vous demande en grâce, mon ami, tranquillisez-vous ; je suis très en peine de votre santé ; j'avais donné ordre qu'on allât savoir de vos nouvelles ce matin, ils l'ont oublié. Je vous attendrai cette après-dînée. Bonjour, je vous embrasse et partage bien vos inquiétudes. Ce samedy[1]. »

Néanmoins, redoutant les déprédations de madame d'Orgemont, elle se fit transporter chez un commissaire au Châtelet pour demander l'apposition des scellés, aussitôt que le décès de son mari serait constaté[2].

Deux mois plus tard, le 15 février 1782, M. d'Epinay mourut dans sa maison de la rue des Saussaies. Le surlendemain, il fut inhumé dans l'église d'Épinay, où reposaient M. et madame de Bellegarde.

Madame d'Orgemont eut l'audace de se porter créancière de sa succession pour soixante-quatre mille livres dont elle fut intégralement payée. Cependant la succession exerça sur cette créature quelques revendications pour des meubles auxquels madame d'Épinay attachait du prix, entre autres un clavecin à filets dorés, peut-être le clavecin d'Aubier, sur lequel M. d'Épinay, trente-cinq ans auparavant, accompagnait le duo de Thétis et de Pélée, en faisant à Louise d'Esclavelles sa déclaration d'amour.

1. Ce billet nous a été gracieusement offert par madame Redelsperger.
2. Voir M. Campardon, les *Prodigalités d'un fermier général*, p. 69.

M. d'Épinay possédait encore un mobilier magnifique qui fut réparti entre ses enfants, madame d'Épinay ne voulut rien. Nous trouvons entre autres la description de la pendule du salon, qui intéressera les curieux d'aujourd'hui. Cette pendule fabriquée par Thiout, horloger célèbre à Paris, *carillonnait* douze airs différents et *jouait* douze autres airs d'orgue à chaque heure; elle était ornée en dessus d'un pot pourri d'ancien Japon et de six groupes en porcelaine de Saxe et enfin d'un baromètre et d'un thermomètre, le tout sur un socle avec ornement de bronze doré et ciselé. Nous ignorons auquel des héritiers échut cette merveille.

Peu de temps après la mort de son mari, madame d'Épinay se fit transporter dans la petite maison qu'elle habitait rue des Batailles, à Chaillot. Les efforts qu'elle faisait depuis deux ans malgré ses souffrances avaient achevé d'épuiser ses forces, elle sentait la vie l'abandonner peu à peu. Quel contraste entre cette maison et les splendeurs de la Chevrette! Que de fois les souvenirs du passé durent venir assaillir son pauvre cœur brisé! Mais toujours courageuse, toujours occupée des siens, elle alla jusqu'au bout sans défaillance.

Malade à mourir, ne quittant plus son lit, elle composait encore des vers en envoyant à Grimm de ses cheveux :

> Les voilà, ces cheveux que le temps a blanchis;
> D'une longue union ils sont pour nous le gage.
> Je ne regrette rien de ce que m'ôta l'âge:

Il m'a laissé de vrais amis.
On m'aime autant, j'ose aimer davantage.
L'astre de l'amitié luit dans l'hiver des ans;
Elle est le fruit du goût, de l'estime et du temps.
On ne s'y méprend plus, on cède à son empire,
Et l'on joint sous les cheveux blancs,
Au charme de s'aimer, le droit de se le dire.

Ne pouvant plus écrire de longues lettres, sa correspondance se bornait à de courts billets.

MADAME D'ÉPINAY A M. LE CONSEILLER TRONCHIN.

Chaillot, le 17 juillet 1782.

» Recevez, mon bon ami, mes compliments sur votre délivrance[1]; tout le monde, vous dira, et votre cœur vous le dira mieux que personne, que j'ai été mille fois plus affectée que vous-même de la situation où vous, votre famille et tous nos amis se trouvèrent depuis un mois. Enfin tout est bien, et continue à aller bien, je l'espère. Quant à moi, je suis établie à Chaillot, où j'ai débuté par une rechute de toux, à laquelle s'est jointe l'épidémie cou-

1. A la suite de troubles graves, dans la ville de Genève, le parti populaire s'était emparé du pouvoir; les puissances protectrices assiégèrent la ville, qui était dans un état d'anarchie des plus dangereux. Enfin les troupes alliées pénétrèrent dans la ville et les anciens conseils reprirent leurs fonctions.

rante que l'on appelle l'*influenza*. Cela trouble furieusement ma jouissance et le plaisir véritablement vif que j'ai de me trouver à la campagne. C'est le seul événement, depuis plus de trois ou quatre ans, qui m'ait fait sortir de mon apathie.

» Rendez-moi le service, je vous prie, de dire ou faire dire un mot de ma part à tous nos amis, tout ce qui est Tronchin, de Lubière, Huber, Cramer, de Saussure, etc.

» Je vous quitte, ne pouvant vous en dire davantage, et je vous embrasse mille fois, ainsi que votre chère femme. »

Une dernière satisfaction était réservée à madame d'Épinay. Le prix d'utilité fondé par M. de Montyon fut décerné aux *Conversations d'Émilie*, par l'Académie française, dans sa séance du 13 janvier 1783. On eut l'attention délicate de charger M. le marquis de Saint-Lambert, un des meilleurs amis de l'auteur, de le lui annoncer. Cette récompense lui causa la joie la plus vive, et apporta quelque distraction à ses souffrances, car les douleurs causées par sa maladie ne lui laissaient pas un instant de relâche; elle ne digérait même plus l'opium qui avait eu pendant quelques années le pouvoir de la calmer. Madame de Genlis avait envoyé au concours son ouvrage d'*Adèle et Théodore*, elle fut amèrement déçue de voir le prix remporté par sa rivale[1].

Madame d'Épinay remercia l'Académie par la lettre suivante :

MADAME D'ÉPINAY A D'ALEMBERT.

Paris, 18 janvier 1783.

« L'Académie française vient de donner, monsieur, une grande preuve de son indulgence en accordant aux conversations d'Émilie le prix d'utilité. Sans doute elle a eu plus d'égard à l'intention qu'à l'exécution de l'ouvrage, et peut-être le zèle d'une mère lui a-t-il tenu lieu de talent. Le suffrage de l'Académie serait un grand motif d'encouragement pour travailler à le mériter, si une santé continuellement vacillante n'opposait trop souvent à ce projet des obstacles invincibles. Ce serait alors que je croirais m'être rapprochée des vues du respectable citoyen fondateur du prix, et avoir en quelque façon répondu à l'honneur que l'Académie m'a fait. Veuillez, monsieur, être auprès d'elle l'interprète de ma

---

[1]. La malicieuse duchesse de Grammont disait à ce propos : « Je suis ravie que l'Académie ait décerné le prix aux *Conver-* » *sations d'Émilie*, d'abord parce que cela fera crever de » dépit madame de Genlis, ce qui sera une excellente affaire; » ensuite parce que cela prouve que l'Académie tombe en » enfance, ce dont je me doutais depuis longtemps. »

reconnaissance; le bonheur que j'ai de la lui présenter par vous, monsieur, et le choix de l'organe par qui elle m'a fait part de sa décision, sont deux circonstances qui ajoutent infiniment à ma satisfaction. Vous connaissez l'attachement aussi sincère qu'invariable avec lequel j'ai l'honneur d'être, monsieur, etc. »

D'ALEMBERT A MADAME D'ÉPINAY.

19 janvier 1783.

« L'Académie me charge, madame, d'avoir l'honneur de vous répondre que vous ne lui devez aucun remerciement du jugement qu'elle a porté en donnant à votre ouvrage le prix d'utilité; elle n'a fait que rendre justice aux excellents principes que cet ouvrage renferme et à la manière aussi nette que simple dont ils sont présentés.

» La Compagnie désire beaucoup, madame, que vous lui fournissiez, par de nouveaux succès, l'occasion de rendre encore la même justice à vos talents et à votre zèle pour les rendre utiles. Permettez-moi d'ajouter que je partage ce sentiment avec tous mes confrères.

« Je suis avec respect, madame, etc. »

Trois mois après, épuisée par les souffrances et la

terrible maladie qui la dévorait, madame d'Épinay succombait, entourée de Grimm, de M. et madame de Belsunce, d'Émilie, de madame d'Houdetot et de madame de La Live, qui reçurent son dernier soupir.

« L'an mil sept cent quatre-vingt-trois, le mardi 15 avril, à dix heures du soir, nous, huissiers, etc. Ayant été requis, nous nous sommes transportés rue de la Chaussée-d'Antin, en une maison dont est propriétaire et où demeure madame d'Épinay, où étant dans une pièce au rez-de-chaussée, ayant vue sur le jardin et servant de chambre à coucher, il nous a été dit que dame Louise-Florence-Pétronille-Tardieu d'Esclavelles, veuve de Denis La Live d'Épinay, chevalier d'Épinay, seigneur de Deuil, la Chevrette et autres lieux, vient de décéder dans les lieux où nous sommes, il y a environ une heure... Et après qu'il nous est apparu d'un cadavre féminin qu'on nous a dit être celui de ladite d'Épinay et que nous avons pris et reçu serment des présents n'avoir rien pris ni détourné, disons qu'il va être procédé aux appositions des scellés, etc., etc. »

Et il nous est apparu d'un cadavre féminin! Voilà la dernière mention faite de la séduisante Louise d'Esclavelles!

C'est par une lettre de madame du Bocage que Galiani apprit la mort de sa fidèle amie. Il en ressentit une douleur qu'il exprime dans les termes de la plus pathétique éloquence. Nous ne pouvons clore l'histoire de madame d'Épinay mieux que par la lettre que nous transcrivons ici, et qui restera comme un haut témoignage de sa valeur morale, au jugement du plus tendre et du plus sagace de ses amis.

GALIANI A MADAME DU BOCAGE.

Naples, 19 juin 1783. —

« Madame,

» Madame d'Épinay n'est plus! j'ai donc aussi cessé d'être. Vous m'aviez proposé dans votre dernière de continuer avec vous la correspondance que j'eus l'honneur d'entretenir si longtemps avec elle; je sens tout le prix du sacrifice que vous daignez vous imposer; mais comment pourrais-je y répondre? Mon cœur n'est plus parmi les vivants, il est tout entier dans un tombeau. Pardonnez-moi madame, si je vous écris avec tant de franchise, si je vous montre tant d'ingratitude.

» Madame la vicomtesse, qui me donna si souvent des nouvelles de sa pauvre mère, n'a pu se résoudre à m'apprendre une si grande perte; c'est vous qu'elle a priée de remplir cette triste mission ; elle ne pouvait mieux choisir ; qui mieux que vous soulagerait ma douleur, si elle était susceptible de soulagement, mais il n'y en a plus pour moi. J'ai vécu, j'ai donné de sages conseils, j'ai servi l'État et mon maître, j'ai tenu lieu de père à une famille nombreuse, j'ai écrit pour le bonheur de mes semblables, et dans cet âge où l'amitié devient plus nécessaire, j'ai perdu tous mes amis. J'ai tout perdu ; on ne survit point à ses amis ! »

En septembre 1782, madame d'Epinay, sentant ses forces s'affaiblir de plus en plus, avait fait venir Mes Brichard et Boulard, notaires au Châtelet de Paris, pour leur dicter son testament.

Dans ce dernier acte de sa vie, madame d'Épinay se montre ce qu'elle a toujours été, affectueuse, bonne et fidèle amie; non seulement elle pense aux pauvres et récompense largement tous ses domestiques, mais à tous ses amis elle laisse une marque d'affection, un souvenir et toujours l'objet qu'elle sait leur plaire davantage [1].

« Je donne et lègue à madame la baronne d'Holbach, mon amie, mon tableau de Rembrandt, représentant une tête de vieillard. Je tiens ce tableau du souvenir de M. le marquis de Croismare, qui était notre ami commun. Je prie madame la baronne

---

[1]. Le testament est trop long pour que nous puissions le citer. Voir les *Prodigalités d'un fermier général*, p. 79.

d'Holbach de l'accepter comme une faible marque de mes sentiments pour elle et de la reconnaissance de ceux qu'elle a pour moi.

» Je donne et lègue à madame Sedaine une table ronde et une table ployante de bois d'acajou. Je la prie de se rappeler quelquefois combien elle m'était chère.

» Je donne et lègue à mademoiselle de Valori, l'amie et la compagne de mon enfance, ma tabatière de sanguine, montée en or et de forme ovale. Je me recommande à son souvenir.

» Je donne et lègue à madame de Vandeuil, fille de M. Diderot, une bague de cornaline antique représentant une tête de Pallas. Je la prie de regarder ce simple don comme un souvenir d'amitié.

» Je donne et lègue à madame de La Live, ma belle-sœur, la bonne et tendre amie de mon cœur, quinze volumes de ma bibliothèque à son choix. Je la prie de conserver à mes enfants et petits-enfants les mêmes sentiments qu'elle avait pour moi, je lui recommande spécialement Émilie. J'exhorte mes enfants à ne jamais se décider dans les occasions importantes sans avis et conseil de madame de La Live en tout.

» Je donne et lègue à ma chère belle-sœur, madame la comtesse d'Houdetot, le buste de M. le docteur Tronchin, terre cuite sculptée par M. Houdon, et je la prie de l'accepter comme une légère marque de l'amitié que nous avons toujours eue l'une pour l'autre depuis notre enfance.

» Le même motif m'engage à prier M. de La Briche, mon beau-frère, d'agréer le camée représentant un sacrifice à Esculape que je tiens de l'amitié de milord vicomte de Stormont. »

ÉPILOGUE

1783-1813

Lutte entre madame de Belsunce et Grimm. — Émilie entre au couvent. — Son mariage. — Mort de Henry de Belsunce. — Madame de Bueil se retire à la campagne. — Retour de madame de Bueil à la cour. — Départ de Grimm et de madame de Bueil pour l'Allemagne. — Bienfaits de l'Impératrice. — Mort de Catherine II. — Mort de Grimm. — Madame de Belsunce en Espagne. — Louis d'Épinay pendant la Révolution. — Il abandonne ses biens à ses enfants. — Discussion d'intérêt avec madame de Belsunce. — Mort de madame de Belsunce et de Louis d'Épinay.

Après avoir fidèlement suivi madame d'Épinay dans la bonne et dans la mauvaise fortune jusqu'à sa dernière heure, il nous paraît impossible de quitter brusquement ceux qu'elle a tant aimés, son fils, madame de Belsunce, Émilie et Grimm.

Après la mort de leur mère, Louis et sa sœur passèrent quelque temps à Paris pour régler leurs affaires d'intérêt. Quand tout fut terminé, ils partirent l'un pour Fribourg, l'autre pour le Béarn ; ils ne devaient plus se revoir.

Un incident singulier signala le départ de madame de Belsunce. Elle voulait naturellement emmener avec elle sa fille, Émilie, qui ne pouvait rester seule à Paris; mais elle se heurta à une résistance invincible de la part de Grimm. Faisant trêve à l'abattement dans lequel l'avait plongé la mort de madame d'Épinay, il usa de toute son influence pour éviter une cruelle séparation. La pensée de perdre cette Émilie qui lui rappelait le passé, et sur laquelle il avait reporté toutes ses affections, lui paraissait insupportable. Grâce à son crédit à la cour, il obtint que la jeune fille n'accompagnerait pas sa mère et qu'elle serait placée jusqu'à son mariage au couvent de Saint-Antoine.

Ayant pris auprès d'Émilie la place de ses parents, il dut s'occuper de son avenir et songer à lui trouver un parti qui assurât son bonheur. Elle recevait de sa famille cent mille livres de dot; Catherine, dont elle était demoiselle d'honneur, lui donnait, en outre, douze mille roubles.

La czarine pria même le comte de Ségur, ambassadeur de France, d'intéresser le roi au sort de la jeune fille. Louis XVI connaissait déjà ses deux frères, officiers distingués qui recevaient à la cour le plus favorable accueil. Il promit un régiment pour le mari de mademoiselle de Belsunce.

Le comte de Bueil, jeune officier aux gardes

françaises, se présenta et fut agréé; il était orphelin et sa fortune consistait en terres situées à vingt-cinq lieues de Paris [1]. Le mariage se fit au printemps de 1786 [2], et l'époux reçut un brevet de major en second [3] au régiment du Maine alors en Corse.

En 1789, Henry de Belsunce, fils aîné de madame de Belsunce, fut nommé major en second du régiment de Bourbon (infanterie) en garnison à Caen. A cette époque déjà troublée par des mouvements populaires, dont la disette était la principale cause, les convois de blé servaient particulièrement de prétexte aux émeutiers. Dans toute la Normandie, on avait à plusieurs reprises pillé les voitures chargées de grains, maltraité et parfois tué les paysans qui les conduisaient.

Un tel état de choses n'était propre qu'à faire disparaître le blé et à aggraver la disette. Il était donc d'une importance extrême de faire protéger les convois par une escorte de soldats assez forte, pour intimider les fauteurs de désordre. Henry de Belsunce, doué du caractère énergique de son père, comprit la nécessité de donner le commandement de

---

1. M. de Bueil s'appelait du Roux de Bueil. Il était issu d'une ancienne maison d'Auvergne, qu'on croit la même que celle des Ruffo de Naples. Il portait le nom de Bueil du chef de sa mère.

2. Les mariés avaient environ 30,000 livres de revenu, mais des héritages devaient augmenter considérablement leur fortune.

3. Avant de commander un régiment, on faisait d'abord un stage comme major en second.

ces escortes à des officiers d'un rang supérieur et non à de bas officiers sur la fermeté desquels on ne pouvait pas toujours compter. Il fit cette observation au major en premier qui n'en tint compte; deux jours après, un convoi était pillé à l'entrée d'un faubourg de Caen, les charretiers assaillis à coup de pierres, et l'un d'eux tué sur place, sans que les soldats fissent mine de les défendre.

A dater de ce jour, le major de Belsunce s'imposa la loi de commander lui-même les détachements protecteurs; il consigna sévèrement les troupes dans leurs casernes pour empêcher les tentatives d'embauchage. La haute taille et la belle figure du jeune major le rendaient facilement reconnaissable; il devint bientôt aux yeux des révolutionnaires de Caen la personnification de la résistance, et le premier prétexte fut saisi pour se délivrer de lui. Une médaille arrachée à un soldat du régiment d'Artois par un soldat du régiment de Bourbon suffit pour provoquer une émeute[1]: la populace s'empare du major de Belsunce, le massacre à coups de fusil et à coups de pierres; il est mis en pièces par les mégères qui faisaient partie de l'émeute; elles lui arrachent le cœur, le font cuire et le mangent. Cette scène de cannibales se passait à Caen, au mois d'août 1789.

Il est inutile de décrire le désespoir de la famille de Belsunce à cette horrible nouvelle. Madame de

---

1. Voir les détails à l'Appendice V.

Bueil tomba dans un état de langueur qui donna de vives inquiétudes et se retira à la campagne.

En 1790, Grimm partit pour Bourbonne où l'appelait le soin de sa santé ; il se rendit de là à Francfort et enfin se décida à rentrer en France ; rien ne l'y obligeait, mais il ne voulait pas abandonner madame de Bueil. Nous trouvons là une fois de plus la preuve des sentiments généreux qui animaient Grimm, quand ses amis couraient un danger.

Il écrit à Catherine :

Paris, 13 (25) novembre 1790.

« Quand je dirai à mon auguste souveraine que je suis ici depuis cinq jours, que j'ai quitté Francfort le 1er (12), que je suis rentré dans Paris avec le cœur navré, et que, pour ma bienvenue, on m'a donné pour spectacle national le saccage de l'hôtel de Castries, Votre Majesté me demandera : « Eh! qui donc, imbécile, t'obligeait d'y revenir? » Eh qui m'y obligeait? Ce n'est, certes, ni mon plaisir, ni le vœu de mon cœur qui m'y ont ramené. J'aurais pu m'établir à Lausanne, auprès du maréchal de Castries, à qui je suis attaché depuis quarante ans, qui s'y est retiré depuis le commencement de la *régénération des Gaules*, parce que, dès le commencement, il a prévu toutes les bénédictions qui allaient fondre sur nous. J'aurais dû, pour l'intérêt de ma santé détruite et que Paris achèvera promptement, chercher un ciel plus doux. Mais Votre Majesté ne m'a-t-elle pas appris depuis longtemps, par son glorieux exemple, qu'il y a une vertu cardinale sans laquelle les autres ne méritent pas leurs noms? Cette vertu est la constance.

» Je me suis donc dit qu'ayant accoutumé madame de Bueil, depuis qu'elle existe, à compter sur moi, ce n'était pas le moment de l'abandonner, et que, puisqu'elle était attachée à la glèbe par les petites possessions de son mari il n'était pas en mon pouvoir de la tirer d'ici, c'était à moi à revenir ici partager le sort de mon enfant adoptif, à la soutenir, quoiqu'à vingt-cinq lieues l'un de l'autre, autant qu'il dépendait de moi. »

Grimm ne pouvait s'habituer à rester séparé de madame de Bueil, et il finit par obtenir d'elle qu'elle rentrerait à Paris. Sa première apparition à la cour fut marquée par un touchant incident :

« Tout le monde en la voyant, écrivait Grimm à Catherine, s'est souvenu avec émotion et attendrissement de son frère massacré et mangé à Caen. La reine s'est approchée d'elle et, les larmes roulant dans les yeux, elle lui a dit : « Madame de Bueil, je voudrais vous parler, mais cela m'est impossible. » Les sanglots ont failli suffoquer la petite protégée de Votre Majesté ; toute la famille royale lui a témoigné un intérêt extrême. La reine, se détournant d'elle et dévorant ses larmes, a continué à tenir sa cour avec l'apparence de la plus grande tranquillité. C'est un art qu'elle a eu tout le temps d'apprendre à l'école du malheur ; je ne la vois jamais sans être frappé de sa contenance au milieu des dangers dont elle est environnée. »

A la fin de 1791, cédant aux instances de l'impératrice Catherine, Grimm se décida à quitter la France ; il emmena madame de Bueil et ses enfants à Aix-la-Chapelle. M. de Bueil se rendit à Coblentz pour faire campagne et le prince de Nassau le prit comme aide de camp. En 1793, ne se trouvant plus en sûreté à Aix-la-Chapelle, madame de Bueil et Grimm partirent pour Gotha.

Catherine mourut subitement en novembre 1796. Heureusement son fils continua les pensions qu'elle payait à la famille de Bueil [1] ; il confirma également la nomination de Grimm comme chargé d'affaires à Hambourg, poste auquel venait de l'appeler la confiance de l'impératrice. Madame de Bueil

---

[1]. La pension payée à la famille de Bueil et aux enfants de Jean de Belsunce le fut toujours régulièrement, même après la mort de Grimm.

et ses trois enfants suivirent Grimm dans sa nouvelle résidence et vécurent près de lui pendant de longues années, attendant toujours que les événements leur permissent de rentrer en France.

Les dernières et mélancoliques années de la vie de Grimm peuvent se résumer en quelques lignes. Revenu à Gotha avec la famille de Bueil et installé dans une dépendance du Palais grand-ducal, il survécut à tous ses contemporains. Malgré ses infirmités et son esprit assombri par la mort de presque tous ses amis, il exerçait autour de lui l'influence que conquiert une longue existence honorée d'illustres amitiés. Les deux filles de madame de Bueil l'entouraient des soins les plus tendres et lui servaient de secrétaires. Dans un cercle intime il causait volontiers, et nous avons pu voir, dans une intéressante correspondance avec le marquis de Nicolaï, quel charme il trouvait à évoquer ses anciens souvenirs! Il mourut à Gotha, le 19 décembre 1807. Toute sa fortune revint à madame de Bueil qu'il avait faite son héritière.

Madame de Belsunce, après la tragédie qui avait brisé son cœur, s'était enfuie à Méharin. Puis, en 1792, lorsque la situation ne fut plus tenable, elle émigra en Espagne pendant que son mari se rendait à Coblentz. Éloignée de tous les siens, sans nouvelles, sans argent, elle tomba dans une affreuse détresse et dut travailler pour avoir du pain. Ces dures épreuves ne purent abattre son courage, mais les sentiments religieux qu'elle avait puisés près de madame d'Esclavelles augmentèrent en raison même de ses malheurs, et prirent la forme d'une dévotion un peu exaltée.

Après la mort de M. d'Épinay (1782), Louis, par une sage administration de ses biens, était arrivé peu à peu à éteindre toutes les dettes de son père [1]. Malheureusement la Révolution arriva et ses revenus baissèrent dans une énormes proportion [2]. Les dépenses du ménage ne diminuèrent pas, bien au contraire; les émigrés avaient afflué à Fribourg, M. d'Épinay était connu; sa maison devint bientôt un centre de réunion; il fallut donner des assemblées, des soupers, des concerts; ses revenus, étant devenus insuffisants, il recourut à un expédient qui lui était familier, il emprunta.

En 1800, ses dettes montaient à 150,000 livres, somme énorme pour l'époque et surtout pour le pays. La famille de Boccard s'émut et l'on força

---

[1]. M. d'Épinay, à sa mort, laissa une substitution assez considérable et une succession embrouillée et fort chargée de dettes. Il avait pour héritiers ses deux enfants légitimes. Madame de Belsunce renonça à la succession et s'en tint à sa part de la substitution. Louis d'Épinay, au contraire, accepta la succession, à charge par lui de payer les dettes : il vint à bout de cette opération difficile. En 1782, pour faciliter les opérations de la succession, il fut relevé de son interdiction, « l'ordre et l'économie, qu'il avait mis dans l'administration de ses biens, lui méritant la faveur de rentrer dans les droits de tous citoyens ».

[2]. Tous les biens de d'Épinay étaient en France, et on lui envoyait ses revenus en Suisse; d'une traite de soixante louis, il ne tirait plus que *dix louis*.

d'Épinay à faire l'abandon de tous ses biens à ses enfants, en ne se réservant qu'une pension de 1,200 livres [1].

C'est au moment où ces derniers événements se passaient à Fribourg que madame de Belsunce rentra en France ; elle vint s'établir à Gemozac, petit bourg près de Saintes. Dès que son frère connut son retour, il s'empressa de lui écrire, pour lui exprimer sa joie de la savoir encore vivante, après ces funestes années. Il lui racontait en même temps les prétendus mauvais procédés des de Boccard et la misérable pension avec laquelle il devait vivre; enfin il profitait de la circonstance pour lui réclamer une dette de 13,800 livres.

Voici quelle était l'origine de cette dette. En 1792 M. l'abbé de La Tour [2] écrivit à madame de Belsunce et à Louis d'Épinay qu'il venait de recevoir une restitution anonyme de 27,600 livres à la succession de leur père, et qu'il tenait à la disposition de chacun des deux héritiers 13,800 livres.

D'Épinay s'empressa de répondre que sa sœur avait formellement renoncé à la succession et que

---

1. L'acte porte que « il fait un abandon général de tous ses biens actuellement échus à ses trois enfants, y compris la partie la plus considérable de son mobilier, sous la réserve d'une rente annuelle de 1,200 livres, jusqu'à l'entière liquidation de ses dettes, pendant lequel temps il sera nourri, logé, éclairé et blanchi dans la maison : dès que le payement des dettes sera effectué, la pension sera portée à 2,400 livres, sur lesquelles il sera tenu de payer sa nourriture. »

2. Ancien supérieur des Petits Pères, de la place des Victoires.

par conséquent la somme entière lui appartenait. Malheureusement M. de La Tour avait déjà payé les 13,800 livres à madame de Belsunce[1]. Lorsqu'en 1800 elle fut rentrée en France, Louis réclama la somme qu'elle avait indûment touchée, elle lui répondit que cet argent n'était qu'une restitution, et lui appartenait.

En 1807, la position pécuniaire de d'Épinay devient plus sombre que jamais ; ne sachant comment sortir d'embarras, il tente une dernière fois d'obtenir tout ou partie de ce que sa sœur lui doit depuis si longtemps, et il lui écrit[2] :

20 février 1807.

« Me voici, ma chère sœur, parvenu au point d'être obligé de fondre la cloche. Je n'ai plus aucune ressource, je me trouve dans la position la plus critique, et, loin de m'apporter quelques consolations, on y joint les formes morales les plus dures et les plus décourageantes. Dans ces circonstances affreuses, à qui pourrais-je m'adresser qu'à une sœur chérie? Dans quel sein verserais-je mes chagrins cuisants, que

---

1. Il paya la somme à M. Le Coulteux, sur une procuration de madame de Belsunce, autorisée de son mari.
2. Nous citons ces quelques lettres qui nous ont paru compléter l'étude des caractères de Louis et de Pauline d'Épinay.

dans celui d'une amie, et, j'ose dire, de la seule parente qui s'intéresse à moi....

» C'est madame d'Épinay qui palpe tout, qui me donne de l'argent, qui en donne à ses enfants, etc., ce qui est contre mon intention, puisque ce n'est pas à elle que j'ai fait donation, mais à eux. Il en résulte, ma chère amie, qu'après avoir joui d'une fortune assez honnête, je vois mon bien en d'autres mains que les miennes, et suis réduit à 50 louis pour m'habiller, m'entretenir et mes menus plaisirs : vous ne pourrez pas disconvenir que c'est plus que court, sans compter le très grand désagrément d'être obligé de le demander à ma femme, d'en recevoir toujours des reproches, et de la voir, d'un autre côté, donner à ses enfants tout ce qu'ils demandent, de les voir aux assemblées faire leur partie de quinze, tandis que la plupart du temps je puis faire à peine un triste reversis ; aussi cela me mine et me ronge de chagrin, mais ce n'est pas le tout. Depuis sept ans que je suis dépouillé et que je suis obligé de m'entretenir de tout avec 50 louis, n'étant pas accoutumé à vivre d'économie, j'ai fait quelques dettes qui se montent depuis sept ans à environ deux cents louis, on me demande de l'argent de tous les côtés....

Il lui rappelle alors l'affaire de M. de la Tour, la

restitution anonyme, les 13,800 livres qu'elle lui doit et il lui propose, moyennant 200 louis, de lui donner quittance du tout. Puis, réfléchissant qu'elle-même est fort gênée, il lui demande d'emprunter, s'il est nécessaire, les 200 louis dans le pays qu'elle habite, s'engageant à en payer régulièrement les intérêts et offrant, comme garantie du capital, d'hypothéquer le mobilier qu'il possède, d'une valeur de 6,000 francs. Enfin il termine ainsi :

« Réfléchissez à cela, ma tendre amie, et donnez-moi une prompte réponse, car cela presse; représentez-vous mon affreuse situation, à la veille d'être poursuivi juridiquement par des créanciers de mauvaise humeur. »

La réponse de madame de Belsunce ne se fit pas attendre. Elle n'envoyait à son frère que de bonnes paroles et de religieux conseils.

Ce 16 mars 1807, à Gemozac.

« C'est le 10, mon cher ami, que j'ai reçu la grande lettre que vous m'avez écrite. Vous vous êtes très fatigué et un peu aigri à me la tracer, j'en suis fâchée; personne, comme vous savez, n'a partagé plus que moi tous les événements qui vous sont arrivés et avec d'autant plus d'amertume que c'était la bonté de votre cœur, votre grande et trop grande facilité, votre légèreté, qui étaient en partie cause de toutes vos petites tribulations. Dieu a voulu vous donner une balance de plaisirs et de peines, votre cœur et votre esprit sont retournés à lui, il vous comble de ses dons en vous donnant une piété solide ; remerciez-le, mon cher frère, offrez-lui toutes les privations que vous pouvez avoir. La détresse où je me trouve depuis l'année 1793 m'a appris bien des choses, c'est une furieuse école que celle de l'adversité et de la misère ; c'est là où j'ai connu le vide du monde !... Ah ! mon cher ami, si j'avais cinquante louis par an ! Mais figurez-vous que, depuis 1793, je suis sans aucun domestique et que ce n'est que pour aller à Francfort que j'ai pris, par ordre de mon mari, qui en a fait les frais, une vieille femme, que j'ai encore, pour passer ma chemise, et que mes infirmités m'ont forcée de garder ; c'est avec elle que je partage le pain que j'arrose bien souvent de mes larmes...

» Mais il ne faut plus faire de dettes, cher ami ; à soixante ans il ne faut plus vivre que pour son salut ; n'êtes-vous pas content de voir vos enfants paraître ? Vous avez fait votre temps, il faut qu'ils fassent le leur, et dans la figure qu'ils font, vous devez vous applaudir et vous dire encore : « C'est mon

« ouvrage ; si je ne l'avais pas voulu, cela ne serait pas.

» ... Prenons les sentiers étroits remplis de ronces et d'épines pour nous conduire au ciel, ce n'est plus que cette route que nous devons prendre ; nous sommes trop vieux, l'un et l'autre, pour penser à autres ouvrages, et croyez qu'il y a bien parfois dans cette route autant de roses que d'épines. Mettez au pied de la croix toutes les petites choses qui vous font de la peine et prenez-les, cher frère, comme une pénitence que Dieu vous donne de vos fautes passées, qui vous évitera de les expier hors de cette vie...

» J'espère, mon cher ami, que vous ne me faites pas l'injure de prendre ma triste et affligeante position pour une défaite. Je serais pour lors bien plus à plaindre que je ne suis si mon frère pouvait douter un instant que je l'aime de toute mon âme, de tout mon cœur, et que je ressens ses torts et ses malheurs plus que lui-même. »

Quant aux propositions de d'Épinay, il n'en était question que très incidemment et pour y opposer des fins de non-recevoir. « Quand Tartuffe, revenu au monde, aurait dicté cette lettre, écrivait d'Épinay à un de ses amis, elle ne pourrait être davantage dans son genre. » Aussi, perdant toute patience, il répondit à sa sœur.

5 avril 1807.

Ah! mon ami, tire moi du danger,
Tu feras après ta harangue.
La Fontaine, XIXe fable.

« C'est moi qui suis l'enfant qui se noie, et vous, ma chère sœur, ne vous en déplaise, le maître d'école. En m'écrivant une longue homélie, un sermon de cinq pages, vous perdiez de vue que mes besoins étaient pressants, qu'il fallait avant tout et très promptement payer deux cents louis, pour lesquels j'allais être recherché désagréablement. Ce que vous en dites est très beau, très touchant, j'en sens parfaitement toute la justesse, toute l'onction, toute la consolation qu'on en peut tirer, mais il fallait en même temps m'indiquer un moyen quelconque pour sortir de mes cruels embarras, et vous ne me procurez seulement pas la branche de saule auquel le faible enfant s'était accroché, et qui, après Dieu, l'a empêché de se noyer.

» Je vais finir en vous avouant franchement que, quand j'ai réfléchi que vous vous étiez jetée dans la plus haute dévotion, j'ai désespéré du succès de ma demande et ai prévu votre réponse. L'extrême dévotion portée au point où est la vôtre rétrécit l'âme, atténue les affections, endurcit le cœur. Vous me dites que je suis probe, religieux, instruit des devoirs d'un véritable chrétien, professant en toute chose ma religion. Vous avez raison et j'en fais gloire; mais en même temps j'en garde le sentiment au fond de mon cœur, je n'en fais pas parade, je n'ai pas sans cesse et pour toutes sortes de sujets le nom de Jésus-Christ et de ses souffrances pour nous à la bouche; à côté de cela, je cherche et saisis les occasions de rendre service, et quand la malheureuse situation où je me trouve m'empêche de le faire par moi-même, je cherche les moyens d'y parvenir par d'autres. Je suis fâché de vous avoir écrit ma dernière grande lettre, je l'ai fait avec abondance de cœur; si j'en avais prévu la réponse, je vous l'aurais épargnée.

Nous ne savons comment se termina le différend entre le frère et la sœur; mais ces difficultés de famille et d'argent n'altérèrent en rien la bonne humeur de d'Épinay; sa légèreté et sa gaieté survécurent à tout[1]. Malgré l'existence la plus orageuse et les con-

---

1. Il publia de 1805 à 1809 un petit almanach historique et littéraire intitulé *les Étrennes fribourgeoises* : ce travail présenté avec talent réussit à merveille. Il composa également sur le canton de Fribourg un dictionnaire historique;

trastes les plus violents dans les différentes phases de sa vie, aucun événement humain n'avait eu prise sur son caractère.

Presque aussitôt après la mort de Grimm, madame de Bueil rentra en France et s'installa dans son château de Varennes près de Château-Thierry. Peu de temps après, sa mère, madame de Belsunce vint l'y rejoindre et y mourut en 1813. Louis d'Épinay mourut la même année à Fribourg. Ses dernières années avaient été charmées par des occupations littéraires qui lui laissèrent la réputation méritée d'un homme d'esprit et de goût [2].

la plupart des articles du dictionnaire avaient déjà paru dans *les Étrennes fribourgeoises*.

1. Nous en trouvons les traces dans une lettre moitié prose et moitié couplets que d'Épinay écrivit à sa femme en 1805 au retour d'un voyage à Paris. Voir l'Appendice VI.

FIN.

APPENDICE

I

VISITE DE JOSEPH II A M. BETHMANN

(Récit d'un employé de la maison.)

Vendredi 20 juin 1777.

« L'empereur d'Allemagne Joseph II arriva par eau dans le brigantin de la marine, sans aucune pompe ni éclat quelconque, venant de Paris, où il avait observé le plus rigoureux incognito, sous le nom du comte de Falkenstein, ayant toujours logé à l'auberge et refusé toute espèce d'honneur de qui que ce soit.....

» M. Bethmann lui avait fait préparer sa maison pour le recevoir. Sa Majesté lui dit, de la manière la plus gracieuse du monde, qu'il ne fût point fâché, s'il le refusait qu'il ne pouvait l'accepter, sans s'exposer à se brouiller avec madame sa sœur, la reine, qui lui avait offert et pressé de loger au château de Versailles, ainsi que dans ses voyages, les maisons royales, soit gouvernements et intendants, mais qu'il avait tout refusé et voulait loger aux auberges, qu'au reste il pouvait compter sur son amitié, et qu'il lui ferait visite dans sa maison. En effet le 22 dimanche matin, sa

Majesté, accompagnée de MM. les comte de Coloredo, Cobenel, et deux ou trois autres seigneurs de sa suite, sur les dix heures un quart, vinrent par la porte du jardin derrière la maison. M. Bethmann m'avait posté seul pour ouvrir les portes lorsque Sa Majesté arriverait.

» J'ouvris la porte, et M. Bethmann le reçut. Lorsqu'ils eurent passé le jardin en entrant au chay, Sa Majesté Impériale conversant toujours avec M. Bethman, je m'approchai de M. Bethmann et demandai d'une manière respectueuse si j'ouvrirais les magasins; l'empereur répondit oui vivement, « je veux voir les magasins. »

» J'ouvris toutes les portes et pris une chandelle à la main; j'avais l'honneur d'éclairer Sa Majesté. Il fit un nombre de questions touchant le vin et les futailles, à quoi M. Bethmann répondit toujours. Arrivés au lieu où sont 40 foudres pleins, il fit plusieurs questions; alors je lui dis : Sire, en voici qui sont en ovale.

Réponse : « Oh ! je veux les voir ! »

Il fut dans la maison, et je pençay que tout était fini et qu'il sortirait par le devant du chartron; après avoir visité la maison en haut et en bas et dans la salle où est le portrait de Leurs Majestés Impériales et Royales qu'il fixa, il retourna par le chay.

» J'étais au devant de Sa Majesté et de ses seigneurs qui l'accompagnaient, pour ouvrir encore les portes. Sa Majesté demanda à voir un fouët, je le lui portai et me dit : « Est-ce là un fouët ? »

Réponse : « Oui, Sire. »

Demande : « Montrez-moi comment vous fouetez ce vin, et dites-moi ce que vous y mettez.

Réponse : « Lorsque c'est du vin rouge, je prans deux blancs d'œufs de poule; je les bats ensemble comme qui fait une omelette. Quelques-uns y mettent une petite poignée de sel, pour donner plus de saveur au vins, pour nous, nous ne le faison pas, et après avoir tiré une douzième du vin qui est dans la barrique, Sa Majesté me dit : « Faites-moi voir vos mouvements.

Je foitai jusqu'à ce qu'Elle m'eût dit : « S'est assés. » Sa Majesté voulut savoir comment on fouétait les vins blancs; il fallut lui en faire le détail bien circonstancié, et, à mesure que je parlai, Sa Majesté m'écoutait avec une attention surprenante, ayant ses oreilles et son visage presque sur ma bouche. Il me demanda ce qu'on faisait des lies; si on ne pouvait en faire du brandevin. Je lui répondis que oui.

« Oh ! dit-Elle, je savais bien qu'on pouvait faire de l'eau-devie avec la lie de vin. Je lui dis aussi que l'on faisait du vinaigre avec le vin qui procédait des lies, ce qui parut affecter Sa Majesté plus que toute autre chose.

Est-ce, me dit-Elle, qu'on fait du vinaigre ici? Oui, Sire, lui dis-je, et on en fait de très bon. Elle voulut savoir comment ce faisait le vin muet, comment on préparait la quelle de poisson pour raffiner le vin blanc. Enfin cest entretien fut fort long, et je crois que Sa Majesté resta bien trois quarts d'heure dans le chay, voulant tout savoir, ce qui m'a valu l'honneur de parler longtemps avec ce grand monarque, qui est la première tête couronnée et le premier souverain que j'avais veu de ma vie. »

II

LE CONTE DES *ET PUIS*

ÉMILIE.

Mais à propos, maman, j'allais oublier le plus essentiel. J'ai lu hier une belle histoire dans ce livre que vous m'avez prêté. J'étais venue ce matin pour vous en parler; mais quand je vous ai vue souffrante... Oh! tenez, ne pensons plus à cela. Parlons de notre histoire. Elle est belle, belle, belle. Savez-vous, maman, qu'elle a fait pleurer mon frère?

LA MÈRE.

Lequel?

ÉMILIE.

Mon frère cadet.

LA MÈRE.

Et vous?

ÉMILIE.

Moi, je n'ai pas pleuré.

LA MÈRE.

L'histoire ne vous a donc pas paru touchante.

ÉMILIE.

Écoutez, maman, je vais vous la conter; vous direz si j'ai mal fait de ne pas pleurer.

LA MÈRE.

J'écoute de toutes mes oreilles.

ÉMILIE.

Il y avait deux vieux bonshommes qui étaient une fois sur les montagnes... les montagnes... J'ai oublié le nom de la montagne, mais c'est égal.

LA MÈRE.

Je ne saurai donc pas la patrie de ces bons vieillards?

ÉMILIE.

Ah! voilà que je m'en souviens. C'était au bord de la mer... Non, non, ils devaient y aller... Mais non, ils sont restés dans les Alpes, proche de la Savoie, si je ne me trompe.

LA MÈRE.

Dieu merci, me voilà orientée! A présent je les vois d'ici ces bonnes gens.

ÉMILIE.

Eh bien, maman, ces deux vieillards étaient là. Ils s'étaient fait une petite maison, et ils avaient un lit avec deux matelas et un sommier de crin, et puis des livres et puis deux chaises de paille; et puis ils priaient le bon Dieu, et puis...

LA MÈRE.

Et ils étaient là avec tous ces *et puis*?

ÉMILIE.

Mais non, maman, c'est que je conte.

LA MÈRE.

Je vous ai quelquefois conté des histoires, mais je ne me rappelle plus si je vous ai fait trébucher d'*et puis* en *et puis*. En ce cas, ce serait une représaille de votre part et j'aurais tort de vous chicaner...

ÉMILIE.

Allons, allons, je m'en vais bien dire. Il leur était arrivé bien des malheurs à ces deux messieurs. Il y en avait un qui était bien riche, bien riche, mais l'autre ne l'était pas.

LA MÈRE.

Et pourquoi ne l'était-il pas? Qu'est-ce qu'ils faisaient

tous deux sur cette montagne avec un lit et des livres, l'un d'eux étant si riche?

ÉMILIE.

Mais non, maman, un moment de patience, c'est qu'il ne l'était plus... Ah! j'y suis, je l'espère du moins. Celui qui était bien riche a tout donné, parce que l'autre n'avait rien. Il lui a dit : « Prends tout, mon frère! »

LA MÈRE.

Comment! ces messieurs étaient frères?

ÉMILIE.

Sans doute, maman, vous ne saviez pas cela?... Tenez, je me souviens à présent, ils ont essuyé une tempête parce qu'ils étaient embarqués... Ah!... c'est qu'ils demeuraient à Bruxelles et voulaient se rendre en Italie.

LA MÈRE.

Ils sont allés de Bruxelles par mer, sur les Alpes?

ÉMILIE.

Mais, maman, je ne suis pas obligée de savoir toutes leurs allées et venues, je ne les connais que depuis hier au soir. D'ailleurs, l'histoire est bien longue et je n'aurais pas fini d'ici à demain si je voulais tout expliquer. L'essentiel, c'est qu'ils sont très heureux sur cette montagne, excepté l'un d'eux qui est triste parce qu'il a perdu sa femme, qui est morte dans la prison en nourrissant son enfant. C'était son boulanger, son boucher et puis d'autres qui en étaient la cause. Ah! oui, son frère arriva malheureusement trop tard dans la prison, parce qu'elle était morte... Cette pauvre femme mourut, mais le frère emporta l'enfant.

LA MÈRE.

Dieu merci! voilà déjà un enfant de sauvé! Si vous mettiez dans vos récits autant d'ordre et de clarté que de rapidité et de mouvement, je crois que vous feriez des chefs-d'œuvre. Je ne vous ai jamais vu cette volubilité.

ÉMILIE.

C'est que je voudrais vous débarrasser de mon conte; tout beau qu'il était, il doit vous paraître insupportable. Ah! pardonnez-moi, j'y suis à présent. C'est le feu qui avait brûlé tout son bien la nuit, qui était dans son porte-

38

feuille, et puis... tout est réparé, ils sont vieux mais très heureux et très riches aussi. Vous disiez qu'ils n'avaient qu'un lit et des livres, détrompez-vous, maman; ils ont des vaches, des chèvres, une laiterie. Je voudrais que nous pussions leur demander à goûter. Et l'enfant n'est plus un enfant. Il s'est marié, et sa femme a soin de son vieux père qui pleure tous les jours d'attendrissement, et qui vivra cent ans, quoiqu'il ait eu bien des chagrins; mais ils sont oubliés, et les deux vieillards disent tous les soirs à leurs enfants, quand gens et bêtes se portent bien : « La providence de Dieu soit bénie ! elle est au-dessus de la sagesse humaine... » Ah !

LA MÈRE.

Je ne doute pas, ma chère amie, qu'avec tous ces ingrédients, une montagne, une tempête, une prison, un boulanger, un boucher, un portefeuille brûlé, un « *Prends tout, mon frère,* » des vaches, des chèvres, une laiterie, un vieillard qui pleure d'attendrissement et des petits-enfants qui jouent entre ses jambes, on ne puisse faire une histoire fort intéressante. Il ne s'agit que de trouver un joueur d'échecs assez habile pour nous aider à mettre chacune de ces pièces à sa véritable place... Voulez-vous savoir qui a embrouillé si fort votre histoire ?

ÉMILIE.

Qui donc ?

LA MÈRE.

Vous toute seule, parce que vous l'avez lue hier sans aucune attention...

ÉMILIE.

A présent, je me rappelle comment tout s'est passé. Quand j'ai vu mon frère pleurer, je me suis reprochée de n'avoir pas lu avec plus d'attention... car c'est moi qui lisais. Mais, il n'y avait plus moyen, car nous étions *à la providence de Dieu* quand cette réflexion m'est venue...

III

DIRE DES PARENTS ET AMIS DE M. LALIVE D'ÉPINAY

Lesquels, après serment par chacun d'eux fait de donner leur avis en leur âme et conscience pour l'intérêt dudit sieur Lalive d'Épinay, et avoir pris lecture de la requête à nous présentée par ladite dame son épouse, ont dit qu'il était à leur connaissance que ledit sieur Lalive d'Épinay a consommé depuis le décès du sieur son père six à sept cent mille livres de biens libres qu'il a recueillis des successions de ses père et mère, malgré les revenus considérables dont il jouissait, qu'il n'a jamais su la valeur de l'argent; que, fertile en idées, il a toujours voulu les satisfaire sans faire nulle attention aux dépenses qu'elles lui occasionneraient; qu'il s'y est toujours livré sans réflexion, et a contracté une multiplicité d'engagements sans faire réflexion que les revenus auxquels il était réduit, de tous les biens compris en la substitution dont il a été grevé par le sieur son père, ne pouvaient fournir au paiement de ce qu'il empruntait ou s'engageait de payer, pourquoi il s'est vu plusieurs fois poursuivi aux consuls pour le paiement de ses billets et lettres de change et condamné par corps à y satisfaire; qu'il en subsiste encore une quantité; que tous ses revenus ont été plusieurs fois saisis et arrêtés par ses créanciers, en sorte qu'il ne se trouvait souvent pas un écu dans la maison pour subvenir aux dépenses journalières; que déjà plusieurs fois la famille s'est entremise pour arranger ses affaires, mais que toujours ledit sieur Lalive en très peu de temps les a mis en aussi mauvais état pour satisfaire sa passion, en déférant à tout avec faiblesse et ne connaissant pas l'étendue de ses engagements, que les conseils qu'il nous a requis de lui donner n'ont pu jusqu'à présent mettre de l'ordre dans ses affaires, qui actuellement sont encore dans le plus grand désordre, et que nonobstant la certitude où il est de ne pouvoir satisfaire aucun de ses créanciers, et arrêter notamment les vives poursuites de ceux d'entre eux qui ont provoqué la contribution de ses revenus, fait saisie réellement et suivant la vente par décret de l'usufruit de ses biens substitués, il exige de ladite dame son épouse et de sa famille, par un écrit dans lequel il annonce l'état odieux de ses affaires, se reconnaît incapable d'y mettre ordre, consent à ce qu'il soit interdit et conduit par un curateur qui lui sera nommé, il exige de ladite dame son épouse et de la famille qu'il lui soit au préalable accordé la liberté de contracter de nouveaux engagements pour environ 150,000 livres en faveur de la demoiselle Dorgemont, à laquelle il a procuré par ses bienfaits plus de 20,000 livres de rente et ce pour parvenir à consommer des projets formés entre eux sur des acquisitions constructions de maisons, échanges et autres objets mentionnés en cet écrit signé de lui et daté du 5 du présent mois, que lesdits sieurs parents et amis nous représentent. Pour quoi lesdits sieurs parents et amis ainsi que lesdits maîtres Le Pot d'Auteuil et Pinon du Coudray, ci-devant nommés ses conseils, sont unanimement d'avis que pour le bien et l'avantage personnels dudit sieur Lalive d'Épinay, il doit être interdit avant de s'occuper à convenir avec ses créanciers d'arrangements possibles pour, en parvenant à leurs paiements dans les termes convenus, conserver audit sieur Lalive d'Épinay sa liberté et la jouissance provisoire de dix mille livres par an sur ses revenus.

Nomment de leur part pour curateur à l'interdiction du sieur Lalive d'Épinay, la personne du sieur X..., à l'effet de gérer et administrer ses biens et affaires de l'avis et conseil dudit Me Pinon du Coudray, et que ce curateur soit autorisé à compter audit sieur d'Épinay annuellement, de quartier en quartier à compter du jour de notre sentence d'interdiction, la somme de 10 000 livres pour entretien et nourriture.

IV

Voici une chanson composée par M. d'Épinay, dédiée à madame d'Orgemont et dont un couplet est consacré à madame Reynaud. Elle est écrite avec une grande facilité. Mais ce qui rend la chose plus piquante, c'est que nous possédons, également écrite de sa main, une chanson sur le même air et de la même coupe, le mois seul est changé: il s'agit du mois d'août; mais à la place des courtisanes, nous trouvons le nom de toutes les femmes de la société, c'est la contre-partie de celle que nous donnons ici. Il avait tiré deux moutures du même sac:

APPENDICE

A CLAUDINE (*Geneviève-Claude Rainteau dite Verrière*):

A chanter le mois de mai,
  Le monde s'obstine.
Celui de juin est plus gai,
  On fête Claudine.

  Oh! juin! Oh juin!
Oh! le joli mois de juin!

Juin, c'est dans ton mois divin
  Que naissent les roses;
Claudine, c'est sur ton sein
  Qu'on les voit écloses.

  Oh! juin! etc.

Sous ses pas naissent les fleurs,
  Nous annonce Flore;
Claudine en a la fraîcheur
  Mais elle l'ignore.

  Oh! juin! etc.

Déjà les fruits sont ramants
  Et la fraise mûre
Pour vous, messieurs les gourman
  La bonne aventure.

  Oh! juin! etc.

Au chasseur à la Saint-Jean,
  Quel espoir tu donnes :
Il voit les perdreaux volants
  Qu'il tue en automne.

  Oh! juin! etc.

Pontalba s'offre à nos yeux,
  La voir ou l'entendre,
Lequel est plus dangereux?
  On peut s'y méprendre.

  Oh! juin! etc.

Petit corps et grand talent
  Nous tournent la tête.
Raynaud, toujours bon onguen
  Dans petite boête.

  Oh! juin! etc.

Les queues de tous nos billards
Attendaient La Noue.
Nos cœurs de le voir si tard
Faisaient tous la moue.

Oh! juin! etc.

La Briche une fois dans l'an
Paraît au solstice ;
C'est peu, mais il est constant
Chez l'introductrice.

Oh! juin! etc.

Qu'un autre loin d'Orgemont
A Paris badaude,
Je prends ici pour patron
Saint-Jean ou Saint-Claude.

Oh! juin! etc.

Nous l'entendons rarement
Sa voix ravissante.
Mais il vient, ce mois charmant,
Et Claudine chante.

Oh! juin! etc.

De son goût et de son chant,
Notre âme est ravie ;
Mais elle a moins de talent
Que de modestie.

Oh! juin! etc.

V.

Aussitôt après cette épouvantable catastrophe qui eut un retentissement dans toute la France, la municipalité de Caen, effrayée de ce qu'elle avait laissé faire, chercha par tous les moyens à se justifier et permit la publication de libelles qui accusaient le malheureux Henri de Belsunce de crimes aussi absurdes qu'imaginaires. Son frère le chevalier prit la plume pour confondre ces calomnies et dans quelques pages éloquentes il les réduisit à néant. Nous n'en citerons que les dernières phrases :

« Mon silence eût été moins long, si je n'avais voulu que rapporter les faits de la fatale journée qui a voué ma famille au désespoir ; mais je devais à mon respect pour la mémoire de mon frère, aux sentiments d'indignation et d'horreur que m'inspirent ses calomniateurs, à la rage que le souvenir de son assassinat nourrit dans mon âme de rendre compte de sa conduite depuis son arrivée à Caen jusqu'à sa mort.

» Ce n'est qu'après avoir vengé l'assassinat de mon père que mon existence cessera de paraître un crime à mes yeux. Lorsque dans un temps moins cruel la voix des malheureux pourra se faire entendre, j'irai jusqu'au pied du trône porter l'expression de ma douleur, j'y ferai valoir des droits si affreusement légitimes... et le roi, pour lequel je suis prêt à verser mon sang, se rappellera peut-être que Henri de Belsunce est le septième de son nom et de sa branche tué en servant ses rois! Ma famille, habituée à porter le deuil à la suite des batailles, et à verser des larmes même à la suite des victoires, ne peut se faire à l'horrible idée de porter le deuil d'un assassinat! »

VI

M. D'ÉPINAY A SA FEMME.

Châtillon, 2 janvier 1806.

« Je suis roué, abîmé de fatigue, mais je n'oublie pas que je vous ai promis de mes nouvelles. Je ferai plus que de vous en donner purement et simplement. Je vais consacrer une heure, prise sur le peu de temps qu'on accorde à mon sommeil, à rassembler les mauvais vers que j'ai arrangés en couplets, pendant que la diligence, par sa marche peu diligente, me faisait donner au diable. Pendant votre dernier voyage, vous avez eu la bonté de penser à moi et de m'envoyer un couplet. Voici la monnaie de votre pièce.

» Je suis parti, comme vous le savez, le 31 décembre au soir. A minuit j'ai soupé à Nangis, qui n'est qu'à treize lieues de Paris. D'une année à l'autre, ne faire que treize lieues, c'est peu.

Air : du *Roi Dagobert*.

L'an passé je partis,
En diligence de Paris
En mil huit cent six
J'arrive à Nangis ;
En allant ainsi
J'espère quasi
Arriver dans dix ans
A Fribourg, où chacun m'attend.

« Le 1er janvier m'a paru bien triste.

Air : [*Ahi ! povero Calpigi !*

Pour mes étrennes, mon hôtesse
M'a donné du veau dans sa graisse,
Une omelette aux œufs pourris.
Ahi ! povero Louigi (*bis*) !
Un ragoût aux grains de genièvre,
Du vin fait pour le bal des chèvres,
Pour dessert du vieux beurre frais.
Ahi ! povero d'Épinay (*bis*) !

» Je n'ai pas besoin d'appuyer sur la qualité du vin. J'étais en Brie et il était du cru. Le pacha du théâtre de Louvois eût été beaucoup mieux placé ici qu'à Suresne.

Air : *Aussitôt que la lumière*.

Pour suivre son observance,
Tout honnête musulman
Doit, pour séjourner en France,
Choisir ce département.
Là, si l'infidèle abjure
La règle de l'Alcoran,
Son palais, je vous le jure
Est de plâtre ou de fer-blanc.

» Je suis sûr que vous mourez d'envie de connaître mes compagnons de voyage ; il faut vous satisfaire. Voici donc l'état de situation de la diligence :

Air : *Femmes, voulez-vous éprouver*.

Moi, je suis assis dans le fond
A ma gauche est un militaire,

Dans l'angle une grosse dondon
D'humeur joyeuse et débonnaire.
Entre mes genoux peu flattés
Je possède une créature
Dont les cinquante ans bien comptés
Me font maudire la nature (bis).

» Le reste ne vaut pas l'honneur d'être nommé. Cependant nous sommes au grand complet; six dans la voiture, trois dans le cabriolet et quatre soldats sur l'impériale. Nous sommes véritablement en état de siège; la garnison est sur le rempart et les paisibles citoyens dans l'intérieur. Nous faisons quelques sorties pour nous procurer des vivres; nous n'en sommes pas moins fort mal ravitaillés.

Air : *Le saint craignant de pécher*.

Vous pouvez bien vous douter
Que le militaire,
Ne cesse de nous parler
D'amour et de guerre.
Ce jeune sous-lieutenant
Espère dans peu de temps
Être fait ca ca
Être fait pi pi
Fait caca
Fait pipi
Capi, capitaine,
Mais non sans peine.

» En attendant il est fort bien avec sa voisine.

Air : *Que ne suis-je la fougère !*

La dondon a le cœur tendre.
Le jeune homme est égrillard,
Donc, il n'a pu se défendre,
De s'atteler à son char.
Tout le temps que le jour dure,
Les œillades vont leur train,
Et quand la nuit les rassure
Elle lui serre la main.

Air : *C'est ce qui me console*.

Mon étoile n'a pas voulu
M'envoyer ce bonheur d'élu,

C'est ce qui me désole (*bis*).
Mais en arrivant à Fribourg,
Je pourrai trouver à mon tour
Quelqu'un qui me console (*bis*).

» Pour me distraire, j'ai recours à ma pipe.

Air des *Fraises*.

Cinq ou six fois dans le jour,
Mon calumet s'allume,
Ma pipe brûle toujours,
Et pendant qu'on fait l'amour
Je fume, je fume, je fume.

Air : *Bouton de rose*.

Dans un nuage,
A l'Opéra, l'Amour descend,
Pour qu'il ait le même avantage,
Moi, j'enveloppe nos amants
Dans un nuage (*bis*).

« Un nuage de fumée de tabac ! vous sentez à quel point cela doit être voluptueux.

Air de *Joconde*

La vieille n'a pas d'amoureux
Et tout bas en murmure,
Mais, ma foi, les plus courageux
Ont peur de sa figure.
Lorsque je sens que contre moi
Son vieux genou se presse,
Je suis ému, mais c'est d'effroi
Et non pas de tendresse.

» Ce vieux genou est ordinairement préservé du froid par un pan de mon manteau, que cette vieille sorcière tire toujours à elle. On risque de geler. Je le lui abandonnerai certainement tout à fait, si elle s'avise de me témoigner autant de bienveillance que feu madame Putiphar en fit voir au chaste Joseph... »

TABLE

Pages

Introduction 1

I

1757. — Départ de madame d'Épinay pour Genève. — Accident de Châtillon. — La confession. — Arrivée à Genève. — L'accueil de Voltaire. — Lettre de Rousseau sur les spectacles. — Billets de Voltaire. 4

II

1758. — La société genevoise. — Voltaire à Lausanne. — Correspondance intime avec Grimm. — Voltaire aux Délices. 30

III

1758-1759. — La simplicité genevoise. — Les frères de Luc. — Madame d'Épinay géologue. — Linant espion. — Le chanoine Gaudon. — Grimm ne peut venir à Genève. — Discussion avec madame d'Épinay. — Réconciliation. — M. de Silhouette, contrôleur général. — Rechute de madame d'Épinay. — Départ de Grimm pour Genève. 5

IV

1759. — Grimm à Genève. — Correspondance avec Diderot. — Modifications dans les fermes générales. — Confidences de M. d'Épinay à sa femme. — Discussions d'intérêt. — La comédie aux Délices. — Voltaire achète Tournai. — Mademoiselle Fel aux Délices. — Rupture de Diderot avec Duclos. — Madame d'Épinay quitte Genève. 87

V

1759-1760. — Retour à Paris. — Liaison intime avec Diderot. — La maison du baron d'Holbach. — La *Correspondance littéraire*. — Lettres de Voltaire. — Représentation de *Tancrède*. — Madame Denis. — Le chanoine Gaudon. 116

VI

1759-1760. — Nouvelle société de madame d'Épinay. — Saurin. — Représentation de *Spartacus*. — Lettre de Voltaire. — La comédie des *Philosophes*. — La *Vision*, de Morellet. — Diderot et l'Académie. — Le séjour de la Chevrette. — Madame d'Houdetot. — L'abbé Galiani. — Départ de Diderot pour le Grandval. 145

VII

1761-1762. — Diderot au Grandval. — Le *Coucou*, l'*Ane et le Rossignol*. — Mademoiselle d'Ette. — Histoire de Pouf. — M. d'Épinay et le contrôleur général. — Réformes de M. d'Épinay. — Correspondance avec Voltaire. — Représentation du *Père de famille*. — Départ de M. de Croismare. — Disgrâce de Grimm. — Les Commentaires sur Corneille. — Mariage de Saurin. — Le cénobite. — Les *Salons*. 177

VIII

1762. — Destitution de M. d'Épinay. — Témoignages d'affection [que reçoit madame d'Épinay. Elle s'installe dans un faubourg. — Le mariage du déserteur. — Rencontre avec M. de Maupeou. — Voltaire et les

Corneille. — Les fêtes de madame Denis. — L'été à la Chevrette. — Suard et madame d'Holbach. — Rupture entre madame d'Épinay et les d'Holbach. — Mariage de M. de Jully. — Voyage au Bourgneuf. — Installation à la Briche. — Grimm est menacé de perdre la vue................................... 226

IX

1762-1764. — Départ de Louis pour Bordeaux. — M. Bethmann. — Blessure de M. de Castries. — Mort de madame d'Esclavelles. — Les manchettes de dentelle. — Les dangers de Bordeaux. — Maladie de Pauline. — L'habit vert. — Mécontentement de M. Bethmann. — Louis quitte Bordeaux.......... 270

X

1764-1768. — M. d'Épinay et les demoiselles Verrière. — Mariage de Pauline. — M. et madame d'Épinay à la Chevrette. — Les Savalette de Magnanville. — Vers de M. d'Épinay. — Sedaine et le *Philosophe sans le savoir*. — Mariage de Sedaine................... 298

XI

1767-1769. — Arrivée de Louis à Pau. — Il perd au jeu. — Naissance d'Armand de Belsunce. — Louis est reçu conseiller. — Menaces de M. et de madame d'Épinay. — Premier voyage à Bayonne. — Second voyage à Bayonne. — Louis contracte des dettes considérables. — Récit de ses malheurs. — Il est obligé de donner sa démission................................ 328

XII

1769-1771. — La lettre de cachet. — Louis est conduit à Bordeaux et enfermé au château Trompette, puis au fort du Hâ. — Correspondance avec la famille de Saint-Pau. — Projets de mariage. — Refus de madame d'Épinay. — Louis obtient un peu de liberté. — Il retourne à Paris..................... 359

XVII

1769-1770. — Salon de madame d'Épinay. — Portraits. — Disgrâce de Galiani, son départ, ses dialogues sur les blés. — Correspondance de Galiani et de madame d'Épinay 386

XIV

1770-1772. — Les *Confessions* de Rousseau. — Lettre à M. de Sartines. — Les réformes de l'abbé Terray. — Madame d'Épinay est ruinée. — Galiani l'engage à venir à Naples. — Nouveaux voyages de Grimm. — *Dialogues* et *Essais sur les femmes*. — Maladie de Grimm. — L'habit de cérémonie des barons allemands. — Mort du marquis de Croismare 411

XV

1771-1772. — Louis est nommé lieutenant aux Mousquetaires. — Séjour à Paris. — Nouvelles dettes. — Il est nommé aux dragons de Schomberg à Nancy. Il enfreint l'ordonnance de M. de Schomberg et est enfermé aux tours Notre-Dame. — Chagrin de sa mère. — On le fait interdire. — Il est nommé à la suite, mis en liberté, puis emprisonné de nouveau. — Départ pour Berne. — Les cercles. — Mœurs bernoises 433

XVI

1773-1775. — Départ de Grimm pour Darmstadt et de Diderot pour la Haye. — Galiani. — Séjour de Diderot à la Haye. — Son arrivée à Saint-Pétersbourg. — Séjour de Grimm à Berlin. — Ses impressions sur Saint-Pétesbourg. — L'avènement de Louis XVI jugé par Voltaire et par Galiani. — Maladie de Grimm, séjour à Carlsbad. — Retour de Grimm et de Diderot à Paris. — Les conversations d'Émilie. — Mariage de Louis 462

XVII

1775-1778. — Départ de Grimm pour l'Italie; son retour à Naples. — Correspondance de madame d'Épinay avec Galiani. — Mort de madame de Furcy (mademoiselle Verrière). — Aurore de Saxe. — Son mariage avec Francueil. — Interdiction de M. d'Épinay. — Retour de Grimm. — Emilie de Belsunce. — Arrivée de Voltaire à Paris. Honneurs qui lui sont décernés; sa mort. — Mort de Rousseau. 503

XVIII

1778-1783. — Louis d'Épinay à Fribourg, ses dettes. — Son interdiction. — Sa mère vend ses diamants. — La vie à Fribourg. — Lois somptuaires. — Cruelles souffrances de madame d'Épinay. — Seconde édition des *Conversations d'Émilie*. — Voyage de Grimm à Spa. — Générosité de Catherine II. — Mademoiselle de Salnat. — Son mariage. — Mort de M. d'Épinay. — Madame d'Épinay obtient le prix Montyon, sa mort, son testament. 531

ÉPILOGUE

1783-1813. — Lutte entre madame de Belsunce et Grimm. — Emilie entre au couvent. — Son mariage. — Mort de Henry de Belsunce. — Madame de Bueil se retire à la campagne. — Retour de madame de Bueil à la cour. — Départ de Grimm et de madame de Bueil pour l'Allemagne. — Bienfaits de l'impératrice. — Mort de Catherine II. — Mort de Grimm. — Madame de Belsunce en Espagne. — Louis d'Épinay pendant la Révolution. — Il abandonne ses biens à ses enfants. — Discussion d'intérêt avec madame de Belsunce. — Mort de madame de Belsunce et de Louis d'Épinay . . . 570

APPENDICE 589

www.ingramcontent.com/pod-product-compliance
Lightning Source LLC
Chambersburg PA
CBHW060403230426
43663CB00008B/1368